U MONDE

ARCTIQUE
RUSSIE
OCÉAN
PACIFIQUE
KAZAKHSTAN
MONGOLIE
GÉORGIE
ARMÉNIE
AZERBAÏDJAN
OUZBÉKISTAN
KIRGHIZISTAN
TURKMÉNISTAN
TADJIKISTAN
TURQUIE
ASIE
CHINE
CORÉE DU NORD
CORÉE DU SUD
JAPON
SYRIE
LIBAN
ISRAËL
19
IRAK
IRAN
AFGHANISTAN
JORDANIE
KOWEÏT
BAHREÏN
QATAR
É.A.U.
PAKISTAN
NÉPAL
BHOUTAN
TAIWAN
ÉGYPTE
ARABIE SAOUDITE
OMAN
BANGLADESH
INDE
MYANMAR (BIRMANIE)
LAOS
ÉRYTHRÉE
YÉMEN
THAÏLANDE
VIETNAM
PHILIPPINES
SOUDAN
DJIBOUTI
CAMBODGE
ÉTHIOPIE
SOMALIE
SRI LANKA
BRUNEI
MALAISIE
OUGANDA
SINGAPOUR
RWANDA
KENYA
BURUNDI
INDONÉSIE
TANZANIE
TIMOR ORIENTAL
PAPOUASIE-NOUVELLE-GUINÉE
OCÉAN
MALAWI
MADAGASCAR
Nouvelle-Calédonie (Fr.)
MOZAMBIQUE
AUSTRALIE
SWAZILAND
LESOTHO
OCÉANIE
INDIEN
NOUVELLE-ZÉLANDE
0
2 000 km
(à l'équateur)
IQUE

CAHIER DU JOUR
CAHIER DU SOIR

# Tout en Un

# 3e

Toutes les matières pour réussir son année !


**Français**
Philippe Lehu

**Mathématiques**
Bruno Bénitah

**Histoire-Géographie, Éducation civique**
Nadine Daboval
Sylvie Borrelly

**Anglais**
Louise Eisenstein

**Espagnol**
Marion Biasutti
Caroline Silvestre

**Allemand**
Christine Mulliez-Hoppenot

**Sciences de la Vie et de la Terre**
Hélène Vincent-Schneider
Benoît Schneider

**Physique-Chimie**
Patrick Rasset


MAGNARD

# Sommaire

## Français



## Mathématiques



## Histoire-Géographie, Éducation civique

## Anglais



## Espagnol



## Allemand



## SVT



## Physique-Chimie





## Spécial Brevet

Français

# 1 La formation des mots

## Observer et retenir

### Les mots simples

Le mot simple ne se décompose pas en radical, suffixe et/ou préfixe.

*table, chat, rat, mer, foi.*

### Les mots dérivés avec un suffixe

- Un suffixe s'ajoute **à la fin du radical** pour former un nouveau mot qui, souvent, change de classe grammaticale.

  *poser* [verbe] + *-ition* [suffixe] → *position* [nom].

- Les suffixes peuvent produire des **noms**.

  Action : -(*i*)*tion*, *-age*, *-ment* → *accrochage, enlèvement*. Agent et instrument : *-eur*, *-iste*, *-ien*, *-oir* → *acteur, biologiste, musicien, hachoir*.

- Les suffixes peuvent produire des **adjectifs**.

  Notion de possibilité, de capacité : *-able* et *-ible* → *lisible, palpable*. Approximation et dévalorisation : *-âtre* → *jaunâtre, saumâtre*.

- Les suffixes peuvent produire des **adverbes** grâce au suffixe *-ment*.

  *bravement, prudemment, savamment.*

- Les suffixes peuvent produire des **verbes**.

  Diminutifs → *voleter, vivoter.* Changement d'état → *solidifier, généraliser*.

### Les mots dérivés avec un préfixe

- Un préfixe s'ajoute **au début d'un mot** et modifie son sens sans changer sa classe grammaticale.

  *dé-* [préfixe] + *nouer* [verbe] → *dénouer* [verbe].

- Des préfixes peuvent produire des **noms**, des **adjectifs** ou des **verbes**.

  Négation ou privation : *in-, il-, ir-, a-* → *inaltérable, illégal, irrégulier, anormal.*

  Intensité : *archi-, extra-, hyper-, super-, sur-* → *archiconnu, extraordinaire, hypermarché, surdoué.*

### Les mots composés

Un mot est composé à partir d'un verbe, d'un nom avec un trait d'union, une préposition ou par juxtaposition, à partir de racines grecques ou latines.

*ouvre-boîtes, pomme de terre, chaise à porteurs, chaise longue, monologue.*

## Savoir faire

### Décomposer et former des mots de même famille

→ **Pour trouver la formation d'un mot**, il faut repérer, en s'appuyant sur le sens, son radical et les préfixes et/ou suffixes connus, la présence d'un trait d'union ou d'une préposition.

→ **Pour former un mot de la même famille**, il suffit souvent d'ajouter un préfixe et/ou un suffixe.

## S'entraîner

→ Corrigés p. 270

**1 ★ Classez les mots de cette liste en mots simples, dérivés ou composés.**

**1.** compte rendu – **2.** anticipation – **3.** science-fiction – **4.** niche – **5.** réflexion – **6.** thermomètre – **7.** noyau – **8.** portefeuille – **9.** aimable

..........................................................

..........................................................

**2 ★ Quels mots pouvez-vous former à partir des verbes suivants ?**

**1.** glisser – **2.** blanchir – **3.** battre – **4.** fumer – **5.** tendre – **6.** produire

..........................................................

..........................................................

**3 ★ Formez des adverbes à partir des adjectifs suivants.**

**1.** lent – **2.** franc – **3.** frais – **4.** ardent – **5.** savant – **6.** méchant – **7.** gentil – **8.** bon

..........................................................

..........................................................

**4 ★ Quels noms pouvez-vous former avec le suffixe *-ier* ?**

..........................................................

..........................................................

**5 ★ Quelle nuance les mots et expressions suivants expriment-ils ?**

**1.** tignasse – **2.** roussâtre – **3.** chauffard

..........................................................

..........................................................

**6 ★ À partir de ces mots, formez leur contraire.**

**1.** visible – **2.** responsable – **3.** normal – **4.** brancher – **5.** accord – **6.** plier – **7.** aventure

..........................................................

..........................................................

**7 ★★ À partir de chaque mot, formez un mot composé.**

**1.** plume – **2.** cahier – **3.** passer – **4.** patte – **5.** café – **6.** personne – **7.** poste – **8.** grand

..........................................................

**8 ★★ Décomposez les mots suivants et précisez leur classe grammaticale.**

**1.** froidure – **2.** incompréhension – **3.** emprisonner – **4.** affectueusement – **5.** fratricide – **6.** autobiographie – **7.** orthographe

..........................................................

..........................................................

**9 ★★ Décomposez les mots suivants en deux ou trois radicaux différents et citez un mot de la famille de chacun des radicaux.**

**1.** somnambule – **2.** anthropophage – **3.** carnivore – **4.** biologie – **5.** automobile

..........................................................

**10 ★★★ Remplacez les groupes soulignés par un mot de même sens comportant un préfixe.**

**1.** Au cirque, les enfants étaient en proie à une très forte excitation.

..........................................................

**2.** Les habitants du village ne supportent plus le bruit des avions qui volent plus vite que le son.

..........................................................

**3.** J'ai recouvert les grilles d'une peinture qui protège de la rouille.

..........................................................

**4.** Mes parents ne supportent plus le manque d'ordre de ma chambre.

..........................................................

Auto évaluation Très bien ☐ Bien ☐ Pas assez bien ☐

# 2 Synonymie, antonymie, homonymie

## Observer et retenir

### La synonymie

Un synonyme est un mot dont le sens, plus fort ou plus faible, est **proche du sens d'un autre mot** de même classe grammaticale.

*peur → inquiétude, crainte, appréhension, angoisse, effroi ; belle → jolie.*

### L'antonymie

- Les antonymes sont des mots de même classe grammaticale dont **les sens s'opposent ou se complètent**.

  *beau → laid ; honnêteté → malhonnêteté ; couvrir → découvrir.*

- Un antonyme se forme souvent en ajoutant un préfixe de sens négatif : *dé-*, *dys-*, *més-*, *a-*. C'est parfois un mot différent, d'une autre famille.

  *lisible → illisible ; union → désunion ; grand → petit ; arriver → partir.*

### L'homonymie

- Les homonymes **se prononcent** et parfois **s'écrivent de la même façon** mais ont des sens différents. Ils sont homophones.

  *un verre / un ver ; la mousse / le mousse ; la Grèce / la graisse.*

- Les homonymes grammaticaux se prononcent de la même façon mais s'écrivent différemment et appartiennent à des classes grammaticales différentes.

  *mai* (nom), *mais* (conjonction de coordination), *mets* (nom), *mets* (verbe *mettre*, impératif présent).

## Savoir faire

### Trouver des synonymes ou des antonymes et distinguer des homonymes

→ **Pour trouver des synonymes** de sens plus fort ou plus faible, on explore le champ lexical du mot à remplacer.

→ **Pour trouver des antonymes**, on ajoute au mot un préfixe de sens négatif ou on cherche d'autres mots dont le sens est opposé.

→ **Pour distinguer des homonymes**, on observe leur classe grammaticale, leur place, leur construction, la présence d'un déterminant.

# Mémento du Brevet 3e

**Français**

## LEXIQUE DES REGISTRES

### LE REGISTRE LYRIQUE

Le registre lyrique concerne l'expression des sentiments (joie, chagrin, plaisir, douleur, trouble, mélancolie, etc.) ; il porte sur divers thèmes : la vie, la mort, l'amour, la fuite du temps, la nature. Ce registre développe des procédés comme la comparaison, la métaphore, la personnification, la ponctuation expressive, etc.

### LE REGISTRE TRAGIQUE

Le registre tragique exprime les difficultés de l'homme face à sa condition, sa soumission à la fatalité, à des forces supérieures qui le dominent et le privent de sa liberté. Il apparaît surtout au théâtre, dans la tragédie, pièce qui se termine souvent par la mort violente du personnage principal. Il développe essentiellement l'exclamation, l'interrogation, l'expression de la douleur, les champs lexicaux de la fatalité, de la mort, de la culpabilité, etc.

### LE REGISTRE PATHÉTIQUE

Le registre pathétique (du grec *pathos*, « état de l'âme agitée par des circonstances extérieures ; disposition morale ; pitié, amour », etc.) exprime les émotions, joue sur la sensibilité, en évoquant la situation difficile d'êtres fragiles, faibles, victimes de la misère, de la violence, de l'exploitation, etc. Il développe la description réaliste, le champ lexical des sentiments, la ponctuation expressive, l'hyperbole, l'antithèse, la répétition, etc.

### LE REGISTRE DRAMATIQUE

Ce registre concerne les situations extrêmes ; il vise à provoquer la peur, la surprise, en dramatisant l'action : il développe le rythme rapide, le suspense, les oppositions, en utilisant l'hyperbole, l'accumulation, les phrases simples et non verbales, etc.

### LE REGISTRE COMIQUE

Le registre comique vise à faire rire, en employant diverses formes : la farce, le burlesque, l'humour, la caricature, les mots (niveaux de langue, grossièretés, jeux de mots), les gestes (coups, course-poursuite, etc.), les caractères, la parodie, l'absurde, etc.

**LE REGISTRE RÉALISTE**

Le registre réaliste vise à faire vrai, en montrant des situations réelles, concrètes, familières. Il développe la description de lieux réels ou qui semblent réels, du corps, de personnages qui incarnent des types sociaux, proches de nous (ouvrier, paysan, commerçant, employé de bureau, chômeur, etc.).

**LE REGISTRE FANTASTIQUE**

Le registre fantastique met en scène des phénomènes surnaturels, qui font irruption dans l'univers réaliste et familier d'un personnage. Il développe les manifestations du surnaturel, de l'étrange, de l'horreur, en traitant de thèmes comme le diable, les fantômes, les créatures monstrueuses, la matière qui s'anime, etc. Il exprime divers degrés de la peur, de l'inquiétude à l'horreur, à la terreur, ou encore le doute, l'hésitation entre le rationnel et l'irrationnel. Ce registre se construit grâce aux champs lexicaux (surnaturel, étrange, peur, doute, etc.), à la narration à la 1re personne, au point de vue interne et au vocabulaire de la subjectivité (sembler, paraître, croire, s'imaginer, etc.).

**LE REGISTRE SATIRIQUE**

Le registre satirique exprime la critique d'une institution, d'un homme, d'un groupe, d'un mode de vie ou de pensée, dans une perspective morale. Il développe un lexique dévalorisant, l'hyperbole, l'ironie, le registre comique, etc.

**LE REGISTRE POLÉMIQUE**

Le registre polémique exprime la dénonciation et la critique violentes des idées, des thèses contraires à celles que l'on défend. Il développe, dans le discours argumentatif, l'hyperbole, le lexique dévalorisant, l'ironie, la moquerie, la ponctuation expressive.

**LE REGISTRE DIDACTIQUE**

Le registre didactique vise à transmettre un enseignement moral, une leçon ; sa dimension pédagogique se manifeste par l'emploi du discours argumentatif ou explicatif, des connecteurs logiques, de la phrase injonctive (ordre, interdiction, conseil, moralité de la fable), par le recours à l'exemple ou à l'anecdote pour illustrer les propos.

## VERSIFICATION : LA QUALITÉ DE LA RIME

**RIME PAUVRE**

Une seule homophonie porte sur la dernière voyelle accentuée : *barbu/pointu*.

**RIME SUFFISANTE**

Deux homophonies :
– voyelle + consonne : *tête/fête* (le « e » est muet) ;
– consonne + voyelle : *ami/fourmi* (rime en [mi]).

**RIME RICHE**

Trois homophonies :
– consonne + voyelle + consonne : *cheval/rival* (rime en [val]) ;
– voyelle + consonne + consonne : *vaste/chaste* (le « e » est muet ; rime en [ast]) ;
– consonne + consonne + voyelle : *compris/mépris* (le « s » ne se prononce pas ; rime en [pri]) ;
– rime double ou léonine : trois homophonies sur deux voyelles et une consonne ;
– voyelle + consonne + voyelle : *carreaux/barreaux* (rime en [aro]).

# Mathématiques

## MÉMENTO ALGÉBRIQUE

### CALCUL NUMÉRIQUE

#### PUISSANCES

- $a^n \times a^p = a^{n+p}$
- $(a^n)^p = a^{n \cdot p}$
- $(ab)^n = a^n \times b^n$

• **Cas particulier des puissances de 10 :**

$10^{-n} = \dfrac{1}{10^n}$ et $10^n \times 10^p = 10^{n+p}$ ($n$ et $p$ sont deux entiers relatifs)

$\dfrac{10^n}{10^p} = 10^{n-p}$ ($n$ et $p$ sont deux entiers relatifs)

• **Écriture scientifique :** l'écriture scientifique d'un nombre N consiste à déterminer un nombre décimal $a$ ayant un seul chiffre non nul avant la virgule et un nombre entier relatif $n$ tel que : $N = a \times 10^n$.

#### RACINES CARRÉES

• On appelle racine carrée d'un nombre positif $a$ le nombre positif qui, élevé au carré, vaut $a$. On le note : $\sqrt{a}$. On aura alors : $(\sqrt{a})^2 = a$ pour tout nombre $a \geq 0$.
• On considère deux nombres $a$ et $b$ tels que $a \geq 0$ et $b > 0$ :

$\sqrt{a \times b} = \sqrt{a} \times \sqrt{b}$ ; $\sqrt{a^2} = a$ ; $\sqrt{\dfrac{a}{b}} = \dfrac{\sqrt{a}}{\sqrt{b}}$.

### CALCUL ALGÉBRIQUE

#### DÉVELOPPEMENT ET FACTORISATION

• Développer une expression comportant plusieurs facteurs signifie transformer le produit en une somme algébrique de plusieurs termes.
• Factoriser une expression comportant plusieurs termes signifie transformer la somme en un produit de plusieurs facteurs.

#### IDENTITÉS REMARQUABLES

| Formes factorisées | Formes développées |
|---|---|
| $(a+b)^2$ | $a^2 + 2 \cdot a \cdot b + b^2$ |
| $(a-b)^2$ | $a^2 - 2a \cdot b + b^2$ |
| $(a-b) \cdot (a+b)$ | $a^2 - b^2$ |
| Produits algébriques | Sommes algébriques |

#### ÉQUATIONS

• Résoudre une équation consiste à déterminer toutes les valeurs de l'inconnue (généralement appelée $x$) pour lesquelles l'égalité est vérifiée. Cela définit un ensemble de solutions.
• Les équations du type $ax + b = 0$ avec $a \neq 0$ ont pour solution unique le nombre $-b/a$.
• Un produit est nul si et seulement si l'un des facteurs, au moins, est nul. Ce théorème permet de résoudre certaines équations-produit.
• Les équations du type $(ax + b)(cx + d) = 0$ avec $a \neq 0$ et $c \neq 0$ admettent deux solutions : $-b/a$ et $-d/c$.

### INÉQUATIONS

• Résoudre une inéquation consiste à déterminer toutes les valeurs de l'inconnue (généralement appelée $x$) pour lesquelles l'inégalité est vérifiée. Cela définit un ensemble de solutions.

• Représentation graphique des solutions d'une inéquation :

| | $x < a$ | $x \leq a$ | $x > a$ | $x \geq a$ |
|---|---|---|---|---|
| $a < 0$ | 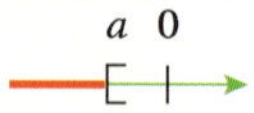 | 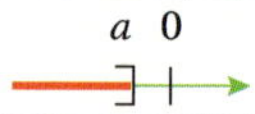 | 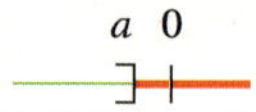 | 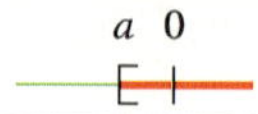 |
| $a > 0$ | 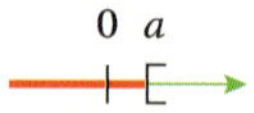 | 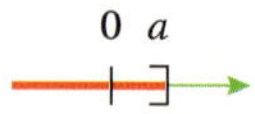 | 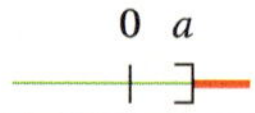 | 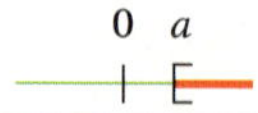 |

### SYSTÈME DE DEUX ÉQUATIONS À DEUX INCONNUES DU 1er DEGRÉ

• C'est un système de la forme : $\begin{cases} ax + by = c \\ a'x + b'y = c' \end{cases}$

• Ce système admet un unique couple solution si et seulement si $ab' \neq a'b$. Il n'admet aucune solution ou une infinité de solutions si $ab' = a'b$.

• Pour résoudre de tels systèmes, on utilise la méthode par substitution ou la méthode par additions (ou combinaisons linéaires).

## GESTION DES DONNÉES

### FONCTIONS

| | | | |
|---|---|---|---|
| Fonction linéaire | $f(x) = a.x$ avec $a > 0$ | $f(x) = 0$ avec $a = 0$ | $f(x) = a.x$ avec $a < 0$ |
| Fonction affine | $f(x) = a.x + b$ avec $a > 0$ | $f(x) = b$ avec $a = 0$ | $f(x) = a.x + b$ avec $a < 0$ |
| Équation de la droite représentative de la fonction linéaire | $y = a.x$ | $y = 0$ | $y = a.x$ |
| Équation de la droite représentative de la fonction affine | $y = a.x + b$ | $y = b$ | $y = a.x + b$ |
| Sens de variation | $f$ est croissante | $f$ est constante | $f$ est décroissante |

### STATISTIQUES

• Toute étude statistique porte sur des individus. L'ensemble constitué par tous ces individus formera une population. Un caractère d'une population donnée est aussi appelé une variable statistique.

• On distingue plus particulièrement deux types de caractère :

– les caractères qualitatifs (modalités) ;

– les caractères quantitatifs (valeurs).

• L'étude statistique d'un caractère se fait à l'aide d'un relevé statistique comportant, pour chaque individu de la population, la modalité ou la valeur prise par le caractère étudié.

• L'effectif total N d'une série est la somme des effectifs $n_i$ : $N = n_1 + n_2 + \dots + n_{13}$.

• La fréquence $f_i$ relative à la valeur du $x_i$ caractère peut être exprimée de deux façons :

$f_i = n_i/N$, qui est une valeur comprise entre 0 et 1.

$f_i = [(n_i/N) \times 100]\%$, qui représente la même valeur en terme de pourcentage.

La somme de toutes les fréquences vaut 1.

• On peut représenter graphiquement une série statistique selon sa nature en utilisant des diagrammes en bâtons, des histogrammes, des diagrammes circulaires ou semi-circulaires.

• On note la moyenne d'une statistique : $\overline{x} = \dfrac{n_1x_1 + n_2x_2 + \ldots + n_{13}x_{13}}{n_1 + n_2 + \ldots + n_{13}} \approx 11.$

Cette moyenne porte le nom de moyenne pondérée.

• On appelle médiane d'une série statistique ordonnée toute valeur qui sépare la série en deux parties de même effectif.

# MÉMENTO GÉOMÉTRIQUE

## ANGLES ET TRIGONOMÉTRIE

On considère un triangle ABC rectangle en A. Appelons $\alpha$ la mesure en degrés de l'angle $\widehat{ABC}$ et $\beta$ la mesure en degré de l'angle $\widehat{ABC}$.

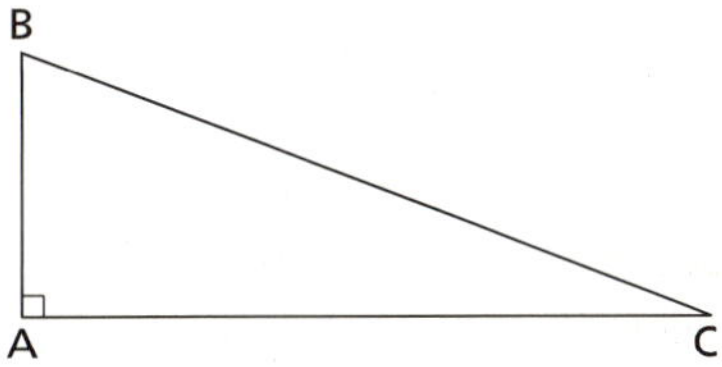


• $\cos(\alpha) = \dfrac{AB}{BC}$ et $\sin(\alpha) = \dfrac{AC}{BC}$.

• $\cos(\beta) = \dfrac{AB}{BC}$ et $\sin(\beta) = \dfrac{AB}{BC}$.

• $\tan(\alpha) = \dfrac{AC}{BC} = \dfrac{\sin(\alpha)}{\cos(\beta)}$ et $\tan(\beta) = \dfrac{AB}{AC} = \dfrac{\sin(\beta)}{\cos(\beta)}$.

• Avec les notations précédentes, on a : $\cos^2(\alpha) + \sin^2(\alpha) = \cos^2(\beta) + \sin^2(\beta) = 1$.

### THÉORÈMES DE L'ANGLE INSCRIT

• Dans un cercle, un angle inscrit a pour mesure la moitié de l'angle au centre interceptant le même arc.

• Dans un cercle, lorsque deux angles inscrits interceptent le même arc, alors ils ont la même mesure.

## THÉORÈME DE THALÈS

| | | |
|---|---|---|
| Théorème de Thalès | Soit ABC un triangle tel que M ∈ (AB), N ∈ (AC) et (MN) // (BC). | On a l'égalité des rapports : $\dfrac{AM}{AB} = \dfrac{AN}{AC} = \dfrac{MN}{BC}$. |
| Utilité | Calculer des longueurs. | |
| Contraposée | Soit ABC un triangle tel que M ∈ (AB), N ∈ (AC) et $\dfrac{AM}{AB} \neq \dfrac{AN}{AC}$. | Les droites (MN) et (BC) ne sont pas parallèles. |
| Utilité | Démontrer que deux droites ne sont pas parallèles. | |
| Réciproque | Soit ABC un triangle tel que M ∈ (AB), N ∈ (AC) et les points A, M, B et les points A, N, C sont alignés dans le même ordre. De plus, on a l'égalité $\dfrac{AM}{AB} = \dfrac{AN}{AC}$ | Les droites (MN) et (BC) sont parallèles. |
| Utilité | Démontrer que deux droites sont parallèles. | |

# Histoire-Géographie

## REPÈRES DU BREVET

### REPÈRES CHRONOLOGIQUES

#### L'HISTOIRE DES RELIGIONS

**II$^e$-I$^{er}$ millénaire avant J.-C. :** le temps de la Bible – **I$^{er}$ siècle :** début du christianisme – **622 :** l'hégire (début de l'ère musulmane) – **XIII$^e$ siècle :** le temps des cathédrales (Saint-Louis) – **1453 :** chute de Constantinople – **XVI$^e$ siècle :** réformes protestantes (Luther, Calvin)

#### LES INVENTIONS ET DÉCOUVERTES DES HOMMES

**VIII$^e$ millénaire avant J.-C. :** naissance de l'agriculture (Mésopotamie) – **IV$^e$ millénaire avant J.-C. :** naissance de l'écriture – **Milieu du XV$^e$ siècle :** naissance de l'imprimerie en Occident (Bible de Gutenberg) – **1492 :** découverte de l'Amérique ; prise de Grenade – **Seconde moitié du XVIII$^e$ siècle :** machine à vapeur (James Watt), début de l'âge industriel – **1885 :** Pasteur découvre le vaccin contre la rage

#### L'EUROPE, DE L'ANTIQUITÉ À AUJOURD'HUI

**V$^e$ siècle avant J.-C. :** apogée d'Athènes (Périclès, le Parthénon) – **52 avant J.-C. :** victoire de César sur Vercingétorix à Alésia – **II$^e$ siècle :** apogée de l'Empire romain – **V$^e$ siècle :** dislocation de l'Empire romain – **1957 :** traité de Rome – **1992 :** traité de Maastricht

#### L'HISTOIRE DE LA FRANCE

**496 :** baptême de Clovis – **800 :** couronnement de Charlemagne – **987 :** avènement d'Hugues Capet – **1661-1715 :** règne personnel de Louis XIV (Versailles) – **1792 :** proclamation de la République – **1804-1815 :** premier Empire (Napoléon I$^{er}$) – **1815-1848 :** monarchie constitutionnelle en France – **1848-1852 :** seconde République – **1852-1870 :** second Empire (Napoléon III) – **1870-1940 :** III$^e$ République – **1898 :** affaire Dreyfus – **1947-1958 :** IV$^e$ République – **1958-1969 :** les années de Gaulle – **1981-1995 :** les années Mitterrand

#### LA CONQUÊTE DES DROITS DE L'HOMME

**Milieu du XVIII$^e$ siècle :** l'*Encyclopédie* – **1789 :** *Déclaration des droits de l'homme et du citoyen*, prise de la Bastille – **1848 :** suffrage universel et abolition de l'esclavage – **1936 :** lois sociales du Front populaire – **1944 :** droit de vote des femmes – **1945 :** Sécurité sociale

#### LES DATES MARQUANTES DU XX$^e$ SIÈCLE

**Août 1914 :** début de la Première Guerre mondiale – **1917 :** révolutions russes – **11 novembre 1918 :** armistice – **1929 :** collectivisation des terres en URSS – **Janvier 1933 :** Hitler chancelier – **1935 :** lois de Nuremberg – **1936-1938 :** grands procès de Moscou – **Septembre 1939 :** invasion de la Pologne – **18 juin 1940 :** appel du général de Gaulle – **Mai 1945 :** capitulation allemande – **Août 1945 :** plan Marshall ; indépendance de l'Inde – **1949 :** République populaire de Chine – **1954-1962 :** guerre d'Algérie – **1991 :** éclatement de l'URSS

### REPÈRES SPATIAUX

#### GRANDS REPÈRES TERRESTRES

Équateur, tropiques, cercles polaires – zones chaude, tempérées, froides – continents et océans – grandes chaînes de montagnes : Himalaya, Andes, Rocheuses, Alpes – forêts denses : Amazonie, Afrique centrale – déserts : Sahara – grands fleuves : Nil,

Congo, Gange, Yangzi (Chang Jiang), Amazone, Mississippi – isthmes de Suez et de Panamá, détroit de Gibraltar

**POPULATION**

États et villes d'Afrique, d'Asie et d'Amérique : les foyers de très fortes densités humaines, les mégalopoles américaine et japonaise – États du Maghreb, Égypte – Union indienne, Chine, Japon – États-Unis, Canada, Mexique, Brésil – Le Caire, Pékin (Beijing), Shanghai, Bombay, Calcutta, Tokyo, New York, Los Angeles, São Paulo, Mexico

**L'EUROPE**

Mers principales : Méditerranée, mer du Nord, mer Noire, mer Baltique – grands fleuves : Volga, Danube, Rhin – États de l'Europe – États de l'Union européenne et leur capitale

**LA FRANCE**

Fleuves : Garonne, Loire, Rhône, Rhin, Seine – montagnes : Alpes, Jura, Massif central, Pyrénées, Vosges – grandes agglomérations : Bordeaux, Clermont-Ferrand, Lille, Lyon, Marseille, Metz, Nancy, Nantes, Nice, Paris, Rennes, Rouen, Strasbourg, Toulouse – régions administratives, les DOM-TOM

## LEXIQUE

**Antisémitisme :** hostilité systématique et violente à l'encontre des juifs.
**Balance commerciale :** différence entre la valeur des exportations (marchandises vendues à l'étranger) et des importations (marchandises achetées).
**Capitalisme :** système économique fondé sur la propriété des moyens de production (terres, usines…) et d'échanges (commerces, banques…) ; il s'oppose au socialisme.
**Collectivisation :** mise en commun, en URSS, des moyens de production privés comme les terres.
**Constitution :** texte fondamental qui fixe les règles de gouvernement d'un État et qui aboutit à la séparation des pouvoirs.
**Décentralisation :** transfert de certains pouvoirs de l'État à des collectivités territoriales (communes, départements, régions).
**Démocratie :** régime fondé sur le suffrage universel, sur le pluralisme politique (plusieurs partis) et respectant les droits de l'homme.
**Firmes multinationales ou transnationales (FTN) :** entreprises possédant au moins une unité de production ou filiale à l'étranger.
**Francophonie :** ensemble des personnes et des institutions qui pratiquent et font la promotion de la langue française.
**Front populaire :** alliance électorale des partis de gauche (SFIO, Parti radical, Parti communiste) ; c'est aussi le nom du gouvernement qui vote le 7 juin 1936 les accords Matignon (augmentation des salaires, liberté syndicale, conventions collectives).
**G8 :** groupe des pays les plus riches du monde (États-Unis, Royaume-Uni, France, Allemagne, Italie, Japon, Canada et Russie) qui se réunissent en sommet une fois par an.
**G20 :** forum économique regroupant 19 États et l'Union européenne. Parmi eux, il y a des puissances émergentes.
**Génocide :** extermination méthodique et systématique d'un groupe ethnique ; l'extermination des Juifs pendant la Seconde Guerre mondiale est appelée « Shoah ».
**Goulag :** en URSS, administration des camps de travail ; par extension, désigne les camps de travail eux-mêmes.
**Guerre froide :** entre 1947 et 1989, période marquée par l'opposition des systèmes politico-économiques de deux blocs (États-Unis et URSS), sans que cela ne dégénère en un conflit armé direct.

**IDH (indicateur de développement humain) :** il se calcule à partir de l'espérance de vie à la naissance, du niveau d'instruction et du PIB par habitant ; l'IDH varie de 0 à 1.
**Mégalopole :** grande région urbaine formée de la réunion de villes et d'agglomérations unies par des flux intenses d'échanges et ayant un pouvoir de commandement. Ex. : la mégapole japonaise.
**Mégapole :** pour l'ONU, une très grande agglomération atteignant huit millions d'habitants.
**Métropole :** grande ville possédant un pouvoir de commandement.
**Mondialisation :** développement des échanges et des liens économiques, culturels et politiques à l'échelle de la planète.
**Nationalisme :** doctrine plaçant la nation à laquelle on appartient au-dessus des autres et cherchant à développer sa puissance.
**NPI (nouveau pays industrialisé) :** État ayant connu une industrialisation rapide dans les années 1970 et 1980.
**ONG (organisation non gouvernementale) :** association indépendante des États, à but humanitaire et environnemental.
**OTAN (Organisation du traité de l'Atlantique Nord) :** alliance militaire créée en 1949 par les États-Unis et regroupant ses alliés occidentaux.
**Pacte de Varsovie :** traité d'alliance militaire créé par l'URSS en 1955, regroupant les démocraties populaires du bloc de l'Est, dissout en 1991.
**PMA (pays les moins avancés) :** désigne les pays les plus pauvres de la planète. L'ONU en recense une trentaine en Afrique et une dizaine en Asie.
**PIB (produit intérieur brut) :** ensemble des richesses produites à l'intérieur d'un pays.
**PNB (produit national brut) :** ensemble des richesses produites par un pays, sur son territoire et à l'étranger.
**Pouvoir exécutif :** faire appliquer les lois.
**Pouvoir législatif :** faire voter les lois.
**Pouvoir judiciaire :** juger les infractions à la loi.
**Rideau de fer :** expression utilisée en 1946 par Churchill pour désigner la séparation de l'Europe en deux blocs politiques et militaires opposés.
**Secteur primaire :** englobe l'agriculture et la pêche.
**Secteur secondaire :** englobe l'industrie.
**Secteur tertiaire :** englobe les activités d'échanges et de services ; on parle de tertiarisation de l'économie quand celle-ci est dominée par les activités de services.
**Socialisme :** courant politique fondé sur la propriété collective des biens de production et voulant instituer une société sans classe sociale ; il s'oppose au capitalisme.
**Sun Belt (« ceinture du soleil ») :** espaces plutôt ensoleillés des États-Unis situés du nord-ouest pacifique au sud-est atlantique, à taux de croissance démographique élevé, accueillant des populations qualifiées et des industries de pointe.
**Suffrage universel :** droit de vote accordé à tous les citoyens. Il est direct si les électeurs élisent leurs représentants et indirect si des élus sont désignés par d'autres élus.
**Taux d'accroissement naturel :** différence entre les taux de natalité et de mortalité.
**Taux d'urbanisation :** pourcentage de population vivant dans les villes par rapport à la population totale.
**Technopôle :** espace devant son activité à l'association d'un pôle de recherche et d'entreprises.
**Totalitarisme :** régime politique à parti unique, n'admettant aucune opposition et contrôlant l'ensemble des activités de la population.
**Triade :** les trois ensembles économiques et financiers dominant le monde (Amérique du Nord, Japon et Europe occidentale).

## S'entraîner

→ Corrigés p. 270

**1** ★ **Trouvez un synonyme pour chacun des mots suivants.**

**1.** gauche – **2.** courtois – **3.** blé – **4.** fidélité – **5.** inacceptable – **6.** lourd – **7.** émouvoir – **8.** joie

.................................................................

**2** ★ **Trouvez un antonyme pour chacun des mots suivants.**

**1.** souple – **2.** pauvre – **3.** dur – **4.** sensé – **5.** installer – **6.** emménager – **7.** constant – **8.** ordinaire – **9.** salé

.................................................................

**3** ★★ **Classez ces synonymes du nom « peur » par ordre croissant d'intensité.**

**1.** angoisse – **2.** panique – **3.** effroi – **4.** frayeur – **5.** épouvante – **6.** inquiétude – **7.** crainte

.................................................................

**4** ★★ **Remplacez les verbes soulignés par des synonymes plus précis ou plus expressifs.**

**1.** Nos voisins ont (..................) deux chats, une chèvre naine, un âne et six chiens.

**2.** Le journaliste a eu (..................) l'information d'une source proche du gouvernement.

**3.** Quelle beauté ! Elle avait (..................) une robe jaune et un chapeau de paille.

**4.** Quelle poisse ! Mes parents ont eu (............) mon bulletin scolaire.

**5.** Enfants, nous faisions (..................) des moulins à eau au bord de la Lys.

**6.** Le gouvernement a fait (..................) une nouvelle loi pour lutter contre le piratage informatique.

**5** ★★ **Trouvez quel homonyme correspond à chaque définition proposée.**

**1. a.** Aimé. **b.** Substance musculaire du corps humain. **c.** Pour le prêtre ou le professeur. **d.** Nourriture, bonne en général.

.................................................................

**2. a.** Croyance. **b.** Organe du corps humain. **c.** Occasion, cas.

.................................................................

**3. a.** Géniteur. **b.** Nombre entier divisible. **c.** Toujours par deux. **d.** Grand personnage de la France. **e.** D'une couleur où le bleu domine.

.................................................................

**6** ★★★ **Répondez aux questions à partir de la phrase suivante.**

*Ce matin-là, l'aire du Muguet avait des couleurs riantes.*

**1.** Trouvez deux homonymes du mot *aire*.

.................................................................

**2.** Employez chacun d'eux dans une phrase qui en éclairera le sens.

.................................................................

**7** ★★★ **Soulignez la forme qui convient parmi les homonymes proposés.**

**1.** Nous arrivâmes (*a* – *à* – *as*) la pièce d'eau.

**2.** De l'autre côté de l'(*étant* – *étend* – *étang*), un bonze (*vingt* – *vin* – *vins* – *vint* – *vain*) jeter du pain : je (*vis* – *vie* – *vit*) les carpes faire un (*seau* – *sceau* – *sot* – *saut*) pour les attraper.

**3.** Certaines (*été* – *étai* – *étaient* – *étais* – *était*) énormes.

**4.** (*S'était* – *C'était*) un jaillissement irisé qui allait du bleu acier (*a* – *à* – *as*) l'orange en passant par le noir, le blanc, l'argent (*est* – *et*) l'or.

Auto évaluation — Très bien ☐ Bien ☐ Pas assez bien ☐

Français

# 3 Le champ lexical et sémantique

## Observer et retenir

### Le champ lexical

- Le champ lexical est un ensemble de mots (noms, adjectifs, adverbes, verbes) qui expriment une **même idée**, une **même partie de la réalité**, désignée par un terme générique.

*Il allait vite le long de l'étroite rivière qui moussait, grognait, bouillonnait et filait dans son lit d'herbes, sous une voûte de saules. Les grosses pierres, arrêtant le cours, avaient autour d'elles un bourrelet d'eau, une sorte de cravate terminée en nœud d'écume. Par places, c'étaient des cascades d'un pied, souvent invisibles, qui faisaient sous les feuilles, sous les lianes, sous un toit de verdure, un gros bruit colère et doux ; puis plus loin, les berges s'élargissant, on rencontrait un petit lac paisible où nageaient des truites parmi toute cette chevelure verte qui ondoie au fond des ruisseaux calmes.* (Maupassant, *La Petite Roque*.)

Les mots *lit, cours, eau, écume, cascades, berges, lac, nageaient, truites, ondoie, ruisseaux* renvoient à la *rivière*.

- Plusieurs champs forment un **réseau lexical** (association, opposition), désigné par un terme générique.

*Dans cet extrait, le champ lexical de la rivière est associé à ceux de la végétation (*herbes, saules, feuilles, lianes, verdure, verte*), du mouvement (*allait, bouillonnait, filait, arrêtant, cours, nageaient, ondoie*), du bruit (*grognait, bouillonnait, gros bruit colère et doux*). Ils renvoient au réseau lexical de la nature, vivante, pleine d'une énergie qui couve puis se libère.*

### Le champ sémantique

Certains mots possèdent **un seul sens**. D'autres sont **polysémiques** : ils possèdent plusieurs sens, propres et figurés. Le champ sémantique d'un mot englobe l'ensemble des **différents sens** de ce mot.

*Mordu : 1. Qui a subi une morsure. 2. Amoureux. 3. Passionné (de rap, de rock…).*

**Pour distinguer un champ lexical d'un champ sémantique**, il faut se rappeler que le champ lexical présente un sens et plusieurs mots ; le champ sémantique présente un mot et plusieurs sens, propre et figuré, que le dictionnaire explique.

## Savoir faire

### Bâtir et interpréter un champ lexical

Pour bâtir un champ lexical, il faut **relever les mots du texte** qui renvoient au thème principal et aux thèmes secondaires qui lui sont associés.

## S'entraîner

➜ Corrigés p. 270

**1 ★ Quel terme générique convient pour chaque champ lexical ?**

1. gratte-ciel, rue, quartier, avenue, immeuble, cinéma, arrêt d'autobus ............................

2. pied, pas, musique, rat, ballet, sardane, valse

..........................................................

3. toile, chevalet, ligne, fond, marine, pinceau

..........................................................

4. Flaubert, Zola, Maupassant, Poe, Goncourt, Huysmans, Gide ................................

**2 ★ Définissez les différents sens des mots suivants.**

1. quête : ..............................................
2. tête : ...............................................
3. rouge : .............................................
4. train : ..............................................
5. malin : .............................................

**3 ★ Regroupez les termes suivants en deux champs lexicaux et donnez-leur un nom générique.**

a. squelette – b. frisson – c. livide – d. linceul – e. caveau – f. sueur – g. froide – h. ail – i. crucifix – j. château – k. spectre – l. canines – m. agonie – n. gorge – o. paralysie – p. pâle

1. ......................................................
2. ......................................................

**4 ★★ Bâtissez les champs lexicaux suivants.**

1. théâtre : ...........................................
2. vacances : .........................................
3. sensations : .......................................

**5 ★★ À partir de la phrase ci-dessous, écrivez trois phrases en employant « tableau » dans trois sens différents.**

*Le tableau était noir bien sûr, et nous l'effacions à tour de rôle.*

..........................................................

..........................................................

..........................................................

**6 ★★★ Lisez le poème ci-dessous et répondez aux questions.**

Avec ton parapluie bleu et tes brebis sales,
Avec tes vêtements qui sentent le fromage,
Tu t'en vas vers le ciel du coteau, appuyé
Sur ton bâton de houx, de chêne ou de
[néflier.
Tu suis le chien au poil dur et l'âne portant
Les bidons ternes sur son dos saillant.
Tu passeras devant les forgerons des villages,
Puis tu regagneras la balsamique montagne
Où ton troupeau paîtra comme des buissons
[ blancs.
Là, des vapeurs cachent les pics en se
[ traînant.
Là, volent des vautours au col pelé et
[ s'allument
Des fumées rouges dans les brumes
[ nocturnes.
Là, tu regarderas avec tranquillité
L'esprit de Dieu planer sur cette immensité.

F. JAMMES, *De l'angélus de l'aube à l'angélus du soir*, © Mercure de France.

1. Bâtissez les champs et les réseaux lexicaux du poème.

..........................................................

..........................................................

2. Comment éclairent-ils la signification du texte ?

..........................................................

..........................................................

Auto évaluation Très bien ☐ Bien ☐ Pas assez bien ☐

# 4 Le lexique et l'expressivité

## Observer et retenir

Pour produire divers effets (émotion, rire, pitié, peur...), le poète, le romancier, l'argumentateur rendent leurs propos plus expressifs en utilisant des **figures de style**.

### Les images

- La **comparaison** établit, à partir d'un point commun, une ressemblance (analogie) entre deux éléments, grâce à un mot outil (*comme, ainsi que, tel que, ressembler à...*).
  *Mon amie Nina est très bien habillée, **comme** une actrice cinéma.*
- La **métaphore** assimile sans mot outil deux éléments à partir d'un point commun ; l'élément comparé disparaît parfois au profit du seul comparant.
  *Mon professeur de français est un vrai **fossoyeur de mots**. L'an dernier, je n'aimais pas non plus la **gardienne de cimetière** que nous avions.*
- La **personnification** transforme un objet, un être inanimé en une personne.
  *Ainsi **s'endort une fleur d'églantier**, / Dans son calice enfermant une abeille.* (Musset, *Poésies nouvelles*.)

### La substitution et la construction

- La **métonymie** remplace un mot par un autre mot qui lui est lié par un rapport logique.
  *Boire un verre* (le contenu remplacé par le contenant) ; *voir un Spielberg* (l'œuvre remplacée par l'artiste).
- La **périphrase** remplace un terme par sa définition ou par une expression plus imagée (figure de substitution).
  *La capitale britannique* (Londres), *l'exécuteur des hautes œuvres* (le bourreau).
- L'**antithèse** rapproche des termes ou des réalités opposés (figure de construction).
  *Lui regarde en avant, je regarde en arrière.*

## Savoir faire

### Identifier et interpréter les figures

→ **Pour repérer l'emploi d'une figure de style**, on repère le moment où le langage informe et se montre plus expressif, dans un poème, une argumentation, une description.

→ **Pour reconnaître une figure de style**, on identifie les éléments concernés, les éventuels mots outils (comparaison), les emplois inhabituels ou surprenants de certains mots (métaphore), les oppositions ou les reformulations (périphrase).

→ **Pour comprendre le sens d'une figure**, on observe le sens propre, les sens figurés, puis on les interprète pour saisir l'effet recherché : émouvoir, faire rire ou pleurer, se moquer, effrayer, valoriser ou dévaloriser, etc.

## S'entraîner

→ Corrigés p. 270

**1 ★ Nommez et expliquez les images des phrases suivantes.**

1. D'autres chiens étaient grands comme des veaux, comme des ânes.

........................................................................................................................

2. Les livres et mon cahier sont devenus mes plus chers complices et amis.

........................................................................................................................

3. Alors j'entends quelque chose comme le vent de la montagne, ou plutôt sa voix ; tantôt il murmurait dans les herbes du ruisseau, tantôt il ronflait dans les branches des arbres.

........................................................................................................................

**2 ★ Relevez et expliquez les antithèses employées dans ces vers.**

1. Mon luth constellé
Porte le soleil noir de la Mélancolie. (Nerval)

..........................................................

2. Et, comme le soleil dans son enfer polaire,
Mon cœur ne sera plus qu'un bloc rouge et glacé. (Baudelaire)

..........................................................

3. Je vis, je meurs ; je me brûle et me noie.
J'ai chaud extrême en endurant froidure ;
La vie m'est et trop molle et trop dure. (L. Labé)

..........................................................

**3 ★★ Relevez les métonymies et expliquez-les.**

1. D'Artagnan croise souvent le fer avec les gardes du cardinal de Richelieu.

..........................................................

2. Hier, on a dérobé un Picasso au musée d'Art moderne.

..........................................................

3. Au loin, sur les flots apparaissait une voile.

..........................................................

4. Rentrez vite ! Avec ce froid et cette neige, vous allez attraper la mort.

..........................................................

**4 ★★ Relevez et expliquez les périphrases.**

1. Flipote, voiturez-nous ici les commodités de la conversation.

..........................................................

2. Un vrai choc de Titans !

..........................................................

3. J'adore me promener dans la Ville éternelle.

..........................................................

**5 ★★ Relevez et expliquez les figures de style présentes dans le texte ci-dessous. Quel effet l'auteur produit-il ?**

Le feu au souffle court dardant soleils et flammèches se liquéfia parmi les herbes, rampa, tout à la fois debout et couché, puis gicla vers une vieille 2 CV qu'il nettoya jusqu'à l'os. Multiple, confus, tout en tentacules échevelés, un anneau embrasé s'empara de la clairière qui soudain devint le centre d'un tourbillon fourchu. Des rafales jaunes accéléraient la course circulaire de ce tronçon de feu qui ressembla un moment à une énorme bête rousse à la poursuite de sa queue.

REZVANI, *Le Vol du feu*, © Actes Sud, 2000.

..........................................................

..........................................................

Auto évaluation — Très bien ☐ Bien ☐ Pas assez bien ☐

# 5 L'alternance des genres

## Observer et retenir

### Le genre des noms

- Certains noms peuvent **changer** de genre. D'autres ont toujours le même genre.
  *un acteur/une actrice, un avocat/une avocate ; un orchestre, un pain, une région.*
- Pour former le **féminin d'un nom** :

– on change le genre du **déterminant** (*un élève/une élève, un artiste/une artiste*) ;
– on ajoute un **-e** ; la prononciation change si le nom se termine par une consonne (*un ami/une amie, un candidat/une candidate*) ;
– on transforme la **terminaison** (*directeur/directrice, chameau/chamelle, tigre/tigresse*) ;
– on ajoute un **-e** et on **redouble la consonne finale** des noms en **-en**, **-on**, **-et**, **-el** (*chien/chienne, champion/championne, paysan/paysanne, poulet/poulette*) ;
– on utilise **deux mots différents**, notamment pour les membres d'un couple (*coq/poule, cheval/jument, homme/femme, frère/sœur*).

### Le genre des adjectifs

Pour former le **féminin d'un adjectif** :
– on ajoute un **-e** ; la prononciation change parfois (*bleu/bleue, joli/jolie, vert/verte, gris/grise, gourmand/gourmande*) ;
– on transforme la **terminaison** (*heureux/heureuse, vif/vive, roux/rousse*) ;
– on ajoute un **-e** et on **redouble la consonne finale** des adjectifs en **-on**, **-et**, **-el**, **ot** (*cruel/cruelle, muet/muette, sot/sotte*).

**Exceptions** ▸ *désuet/désuète, secret/secrète, complet/complète.*

- Les adjectifs en **-c** forment leur féminin en **-che** ou en **-cque** (*sec/sèche, blanc/blanche, franc/franche, grec/grecque*).
- Les adjectifs en **-x** forment leur féminin irrégulièrement (*faux/fausse, roux/rousse, doux/douce, vieux/vieille*).

## Savoir faire

### Reconnaître les genres et les faire varier

→ **Pour déterminer le genre d'un nom,** on cherche l'équivalent féminin ou masculin, qui est souvent un nom différent. Certains noms masculins désignent à la fois une femme ou un homme (un mannequin), ou le mâle et la femelle pour les animaux : un rhinocéros, une girafe.

→ **Pour faire varier le genre d'un adjectif,** on observe sa terminaison et on le classe dans les formations régulières ou irrégulières.

## S'entraîner

➜ Corrigés p. 271

**1 ★ Donnez le féminin des noms suivants. Attention, la liste contient une exception.**

**1.** pâtissier : ............ – **2.** patron : ............ – **3.** préfet : ............ – **4.** chameau : ............ – **5.** travailleur : ............ – **6.** conducteur : ............ – **7.** duc : ............ – **8.** journaliste : ............ – **9.** parrain : ............ – **10.** veuf : ............

**2 ★ Donnez le masculin des noms suivants.**

**1.** monitrice : ............ – **2.** souveraine : ............ – **3.** louve : ............ – **4.** laie : ............ – **5.** fille : ............ – **6.** déesse : ............ – **7.** pouliche : ............ – **8.** épouse : ............ – **9.** colonelle : ............ – **10.** damoiselle : ............

**3 ★ En mettant les mots au féminin, entourez les intrus.**

**1.** bas, las, gras, épais, ras : ........................

**2.** taquin, malin, anodin, voisin : ........................

**3.** courtisan, sultan, paysan, artisan : ........................

**4.** complet, simplet, maigrelet, blanchet : ........................

**4 ★★ Mettez ces groupes de mots au féminin en trouvant des équivalents pour les noms.**

**1.** un vin frais : ........................

**2.** un garçon gentil : ........................

**3.** un chant entraînant : ........................

**4.** un fait banal : ........................

**5.** un enfant fluet : ........................

**6.** un cri aigu : ........................

**7.** un visage pâlot : ........................

**5 ★★ Dans les proverbes ou dictons suivants, remplacez le mâle par la femelle ou la femelle par le mâle. Attention aux accords !**

**1.** À bon chat, bon rat.

........................

**2.** Les loups ne se mangent pas entre eux.

........................

**3.** Quand les poules sont perchées, la pluie est annoncée.

........................

**4.** Âne qui saute et brait sans fin, pluie pour demain.

........................

**6 ★★★ Récrivez ces phrases en changeant le genre des noms soulignés. Attention, d'autres mots peuvent aussi changer leur forme !**

**1.** Cet <u>homme</u> grand, mince et élégant a un accent ; c'est sûrement un Anglais.

........................

**2.** La <u>sœur</u> de Jacques est une élève assidue et brillante. Elle veut devenir avocate.

........................

**3.** Le <u>vieillard</u> bavard racontait de longues histoires. On aurait dit un acteur de cinéma !

........................

**4.** Le <u>gardien</u>, attentif, veillait sur son troupeau.

........................

**Auto évaluation** Très bien ☐ Bien ☐ Pas assez bien ☐

# 6 L'alternance des nombres

## Observer et retenir

### Les mots invariables au pluriel

- Les noms terminés par un -s, un -z ou un -x et les adjectifs terminés au masculin par un -s ou un -x sont invariables.
  *un tapis → des tapis ; le nez → les nez ; un tapis gris poussiéreux → des tapis gris poussiéreux.*
- Les adjectifs désignant une couleur composée sont invariables.
  *des robes bleu ciel ; des yeux bleu clair ; des maillots jaune et noir.*
- Les adjectifs de couleur formés sur un nom restent invariables, sauf *rose*, *fauve*, *mauve*, *pourpre*, *écarlate* et *incarnat*.
  *des yeux marron, des lèvres grenat ; des joues roses, des étoffes incarnates.*

### Les mots dont l'orthographe change au pluriel

- Le pluriel des noms et des adjectifs se forme en ajoutant un -s à la forme du singulier. La prononciation ne change pas.
  *un livre → des livres ; un arc → des arcs ; un clou → des clous.*
- Les noms et les adjectifs en -*eau*, en -*au*, en -*eu* ont un pluriel en -x . Leur prononciation ne change pas.
  *des châteaux, des tuyaux, des feux ; beaux, nouveaux.*

**Exceptions** ▸ Les mots *pneu*, *bleu* et *lieu* (le poisson), *landau* et *sarrau* prennent un -s au pluriel.

- Sept noms en -ou prennent un -x au pluriel : *bijou, caillou, chou, genou, hibou, pou, joujou.*

### Les mots dont l'orthographe et la prononciation changent au pluriel

- Les noms et les adjectifs en -al ont un pluriel en -aux.
  *cheval/chevaux, mal/maux, amical/amicaux.*

**Exceptions** ▸ Les mots *bal*, *festival*, *carnaval*, *chacal*, *récital* et *régal* ainsi que les adjectifs *bancal*, *fatal*, *natal*, *naval*, *bestial*, *glacial* prennent un -s au pluriel.

- Quelques noms en -ail ont un pluriel en -aux.
  *travail, soupirail, vitrail, corail, émail, vantail, bail.*

## Savoir faire

### Former le pluriel d'un mot

→ On observe la fin du mot et on s'aide de la prononciation pour savoir quelle marque employer au pluriel.

→ Il faut mémoriser les formations irrégulières ou inhabituelles.

## S'entraîner

→ Corrigés p. 271

**1 ★ Donnez le pluriel des noms suivants.**

1. un envoi : ............ – 2. un aveu : ............ – 3. un noyau : ............ – 4. un rôle : ............ – 5. une année : ............ – 6. un épouvantail : ............ – 7. un pou : ............ – 8. un fou : ............ – 9. une union : ............ – 10. un lit : ............ – 11. un bocal : ............ – 12. un bureau : ............ – 13. un esquimau : ............ – 14. un pieu : ............

**2 ★ Soulignez l'intrus de chaque liste.**

1. roudoudou, caribou, cachou, sapajou, bambou, joujou, cou
2. fléau, préau, landau, fabliau, gruau, nobliau
3. fois, temps, poids, avis, champs, frimas, amas
4. poitrail, bétail, chandail, gouvernail, émail, foirail, sérail, attirail

**3 ★★ Donnez le pluriel des adjectifs suivants.**

1. enfantin : ............ – 2. puéril : ............ – 3. épaisse : ............ – 4. idiote : ............ – 5. bleu : ............ – 6. douillet : ............ – 7. secrète : ............ – 8. joyeuse : ............ – 9. routier : ............ – 10. jumeau : ............

**4 ★★ Donnez le pluriel des groupes nominaux suivants.**

1. un agent spécial : ..................................
2. un magnifique récital : ..............................
3. un bel éventail : ....................................
4. un énorme chou : ....................................
5. un vitrail bleu et rouge : ..........................
6. une chambre bleue : ..............................
7. un œil marron : ....................................

**5 ★★ Complétez les noms suivants par un adjectif de couleur simple.**

1. des noix ............ – 2. des pommes ............ – 3. des joues ............ – 4. des cheveux ............ – 5. des pneus ............

**6 ★★ Récrivez ces phrases en mettant au pluriel les mots ou les groupes soulignés. Faites toutes les modifications nécessaires.**

1. C'était une fillette avec une robe mauve qui s'arrêtait au genou.

..........................................................

2. L'ouvrier avait terminé le travail dans le chantier naval.

..........................................................

3. L'épouvantail portait un joli chapeau.

..........................................................

4. Le carreau bleu et rouge dominait dans le vitrail de cette église moderne.

..........................................................

**7 ★★★ Récrivez ce texte en mettant les mots soulignés au pluriel. Faites toutes les modifications nécessaires.**

La chaleur était partout : dans le ciel, sur la terre, dans le fond de la terre et même dans l'eau. […] Le petit oiseau quittait le nid, se posait sur la branche, mais dès qu'il fermait l'œil, il perdait l'équilibre. On entendait dans le pin vert foncé le récital de la cigale. Bientôt le feu de la Saint-Jean effraierait le hibou. Sur le siège bancal, l'aïeul prendrait place et conterait une histoire de désert, de chacal peu amical, de berger lançant un caillou pour chasser l'animal.

J. GIONO, *Que ma joie demeure*, © Éditions Grasset.

Auto évaluation Très bien ☐ Bien ☐ Pas assez bien ☐

# 7 L'accord de l'adjectif qualificatif

## Observer et retenir

### L'accord de l'adjectif épithète ou apposé

- L'adjectif s'accorde en genre et en nombre avec le nom ou le pronom qu'il qualifie.
  *De belles contrées. Des parents sévères et méfiants.*
- L'adjectif qualifiant :
  – **deux noms du même genre** se met au pluriel et prend le genre de ces noms ;
  *Une rue et une avenue désertes. Un parc et un stade noirs de monde.*
  – **deux noms de genre différent** se met au masculin pluriel.
  *Un boulevard et une avenue déserts. Un gars et une fille amusants.*
- L'adjectif épithète qualifiant un des deux noms coordonnés par **et** ou reliés par la préposition **de** s'accorde avec l'un des deux, selon le sens.
  *Du béton et de la ferraille rouillée* (la ferraille est rouillée). *Une fraise et une pomme rouges* (les deux sont rouges).

### L'accord de l'attribut du sujet

- L'adjectif s'accorde en genre et en nombre avec le sujet d'un verbe d'état (*être, rester, demeurer, sembler, paraître, devenir, passer pour, avoir l'air*).
  *Cette fille est charmante. Elles sont charmantes. L'enfant semble fier.*
- Si le verbe a plusieurs sujets, on applique la règle d'accord de l'adjectif épithète ou apposé.

### L'accord de l'attribut du complément d'objet direct

L'adjectif s'accorde en genre et en nombre avec le C.O.D. qu'il qualifie, selon les règles d'accord de l'adjectif épithète ou apposé.
*Je trouve ton explication surprenante. Le critique juge ce paysage et ce portrait très maladroits.*

> Pour accorder l'adjectif, on détermine combien de noms il qualifie, leur genre et leur nombre. Il faut connaître les règles de formation du féminin et du pluriel.

## Savoir faire

### Savoir accorder un adjectif

Selon sa fonction, l'adjectif s'accorde avec un nom ou un pronom, proche ou loin de lui.

→ L'**épithète** s'accorde avec le nom placé devant ou derrière lui.

→ L'**adjectif apposé** se situe avant ou après le nom, le pronom, dont il est séparé par une virgule.

→ L'**attribut** s'accorde avec le sujet du verbe *être* ou de son équivalent. Il s'accorde avec le C.O.D. de verbes comme *appeler, imaginer, croire, estimer, considérer comme*.

## S'entraîner

→ Corrigés p. 271

**1** ★★ **Remplacez les expressions soulignées par l'adjectif qui convient selon leur sens.**

**1.** Une sentinelle et un gardien qui veillent (............). – **2.** Des robes et des chemisiers de couleur (............). – **3.** Des prairies et des forêts qui verdissent (............). – **4.** Les capitales de France et d'Italie (............). – **5.** Des pantalons et des chemises de la couleur du ciel (............). – **6.** Des hors d'œuvre et des viandes qui font envie (............). – **7.** Une comédie et une farce qui font rire (............). – **8.** Un déterminant et un pronom qui servent à montrer (............). – **9.** Une grand-mère et une mère qui protègent (............). – **10.** Un brugnon, une pêche et une poire à maturité (............).

**2** ★★ **Accordez l'adjectif entre parenthèses.**

**1.** un recueil de poésies (libanais) ................
**2.** des vitres en verre (fumé) ......................
**3.** des bidons de lait (vide) ........................
**4.** un chalet de montagne (isolé) .................
**5.** un festival de danses (folklorique) ............

**3** ★★ **Accordez les adjectifs attributs entre parenthèses.**

**1.** Ces chiens ont l'air (méchant) ............ .
**2.** On la considère comme (inoffensif) ........... .
**3.** Quelques personnes se montraient (impatient) ............ .
**4.** Rougeot rendait sa femme (malheureux) ............ ; sans doute était-elle un peu (sot) ............ .
**5.** Rastignac devint un des hommes (élégant) ............ de Paris.

**4** ★★★ **Complétez ce texte avec les adjectifs qui conviennent dans la liste ci-dessous. Veillez à les accorder.**

*imposant – vêtu – situé – sculpté – méfiant – inquiet – bleu – sombre – accablé – grand ouvert*

............ boulevard des Capucines, la maison du peintre François Porbus était ............ . Un jeune homme, pauvrement ............, frappa à la porte. ......... de la réception qu'on allait lui faire, il roulait de ............ pensées. Une domestique ouvrit et, ............, toisa cet importun, ce « va-nu-pieds » ............ de misère. Pourtant, elle le fit entrer dans un vestibule où trônait, ............, une armoire de chêne ............ . Un homme, portant un tablier de toile ............, des pinceaux à la main, descendit l'escalier.

D'après H. DE BALZAC, *Le Chef-d'œuvre inconnu*, 1831.

**5** ★★★ **Récrivez ces phrases en remplaçant « saltimbanque » par « danseuse ».**

Je vis un pauvre saltimbanque, voûté, caduc, décrépit, une ruine d'homme, adossé contre un des poteaux de sa cahute. Il était muet et immobile.

BAUDELAIRE, « Le Vieux Saltimbanque », *Le Spleen de Paris*.

..........................................................................
..........................................................................

Auto évaluation — Très bien ☐ Bien ☐ Pas assez bien ☐

# 8 L'accord du verbe

## Observer et retenir

### L'accord avec un sujet unique

- Le verbe est au **singulier** ou au **pluriel** quand le sujet est :

– un pronom **singulier** ou **pluriel** (personnel, démonstratif, indéfini, possessif, relatif avec un antécédent au singulier ou au pluriel) ;

*__Tu__ pars à dix heures. __Nous__ arrivâmes au matin. __Celui-ci__ n'est pas cher. __Quelqu'un__ a appelé. __Tous__ parlent. Ton père arrive à l'heure. __Le mien__ est toujours en retard. Le concert, __qui__ s'est déroulé hier, a attiré une foule nombreuse. __Quiconque__ enfreint le règlement sera puni.*

– un nom propre **singulier** ou **pluriel** ;

*Maupassant a écrit des contes fantastiques.*

– un nom commun ou un groupe nominal **singulier** ou **pluriel**.

*Le héros tombe amoureux. Les personnages principaux se marient.*

- Le verbe est au **singulier** quand le sujet est :

– un pronom interrogatif : *qui ? qui est-ce qui ? qu'est-ce qui ?* ;

*Qui sonne à la porte ? Qu'est-ce qui se passe ?*

– un infinitif seul ou un groupe infinitif ;

*Souffler n'est pas jouer. Danser le hip-hop n'est pas interdit.*

– une subordonnée complétive ;

*Que vous soyez venus tous les deux me touche beaucoup.*

– une subordonnée relative sans antécédent.

*Qui donne aux pauvres donne à Dieu. Qui s'y frotte s'y pique.*

### L'accord avec plusieurs sujets

- Le verbe est au **pluriel** si plusieurs sujets sont juxtaposés ou coordonnés (*et*, *ni*, *ou*, *ainsi que*).

*Un soldat, un adjudant et un sergent sont blessés. Toi et moi montons la garde ce soir.*

- Si le pronom **on** désigne plusieurs personnes et équivaut à **nous**, **vous**, **ils** ou **elles**, le participe passé ou l'adjectif prend la marque de genre et de nombre correspondant au sujet que remplace **on**.

*Toi et moi, on est prêts à partir. Nous, on est embauchées à l'usine.*

## Savoir faire

### Repérer et identifier le(s) sujet(s)

→ Il faut **repérer le sujet** car sa place varie : devant ou derrière le verbe, séparé par un mot ou un groupe de mots, par une subordonnée. On pose la question **qui est-ce qui ?** ou **qu'est-ce qui ?**

→ **On vérifie si le verbe a un ou plusieurs sujets** et on identifie le nombre et le genre (accord du participe passé).

→ Il faut **repérer l'antécédent** du pronom relatif sujet **qui**.

## S'entraîner

➜ Corrigés p. 271

**1 ★ Soulignez le sujet des verbes du texte suivant.**

Le brouillard qui, deux heures auparavant, flottait sur l'eau, s'était peu à peu retiré et ramassé sur les rives. Laissant le fleuve absolument libre, il avait formé sur chaque berge une colline ininterrompue, haute de six ou sept mètres, qui brillait sous la lune avec l'éclat superbe des neiges. De sorte qu'on ne voyait rien d'autre que cette rivière lamée de feu entre ces deux montagnes blanches ; et là-haut, sur ma tête, s'étalait, pleine et large, une grande lune illuminante au milieu d'un ciel bleuâtre et laiteux.

D'après G. DE MAUPASSANT, *Sur l'eau*, 1881.

**2 ★ Conjuguez les verbes entre parenthèses au présent de l'indicatif et accordez-les.**

**1.** Il (pleuvoir) ............ à torrents. – **2.** Pierre et Jean (être) ............ frères. – **3.** L'homme, sous les rafales, (marcher) ............ péniblement. – **4.** Le directeur des ressources humaines (recevoir) ............ un demandeur d'emploi. – **5.** Elle et moi (jouer) ............ du saxophone. – **6.** La plupart (chanter) ............ faux. – **7.** Tes parents (sembler) ............ sympathiques ; les miens (s'absenter) ............ très souvent. – **8.** Les élèves du collège « jazz » (rencontre) ............ des musiciens célèbres.

**3 ★★ Conjuguez les verbes entre parenthèses au temps de l'indicatif demandé et accordez-les.**

**1.** Sur les Champs-Élysées, (défiler, *présent*) ............, sous un soleil de plomb, les corps d'armées. – **2.** Les journalistes nous (avertir, *futur simple*) ............ des suites de l'affaire. – **3.** Dans notre jeunesse, mon frère et moi, on (être ballotté, *imparfait*) ............ d'une ville à une autre. – **4.** Elles vous (dire, *imparfait*) ............ que votre commande de produits (partir, *conditionnel présent*) ............ demain. – **5.** Les vents violents, qui (cesser, *passé composé*) ............ ce matin, (souffler, *présent*) ............ à nouveau ce soir. – **6.** Des manches de sa chemise bleue (dépasser, *imparfait*) ............ deux longues mains blanches.

**4 ★★ Complétez les phrases suivantes.**

**1.** ............ et ............ avons besoin de votre aide. – **2.** Dans le ciel brillaient ............ – **3.** Le 14 juillet, retentissaient ............ – **4.** ............ lui tends la main. – **5.** ............ qui suis irritable, ............ surveille mes réactions.

**5 ★★★ Récrivez ce texte en remplaçant « je » par « ils ».**

J'ai couru derrière la vie, vite et longtemps. Mais c'est trop rarement que je l'ai rattrapée. L'unique chose que j'attends d'elle aujourd'hui : un peu de légèreté et de liberté intérieure ; je sais déjà que, dans ce monde trompeur, je n'en aurai que quelques grammes, alors que j'en voulais par kilos.

D'après N. BOUVIER, « L'Attente », *L'Échappée belle, éloge de quelques pérégrinations*, éditions Métropolis, 2000.

**6 ★★★ Récrivez ce texte en remplaçant « je » par « elles ».**

J'étais arrivé tard, avec ma mère, dans un village normand ; nous logions dans une petite maison. Je devinais que nous étions venus pour la mer ; je ne l'avais jamais vue, ma mère non plus. J'étais impatient de la découvrir. À la nuit tombée, je m'échappai seul. Je n'oublierai pas cette première impression.

**Auto évaluation** Très bien ☐ Bien ☐ Pas assez bien ☐

# 9 L'accord du participe passé

## Observer et retenir

Le participe passé employé seul s'accorde avec le nom ou le pronom qu'il caractérise.
*des sorties permises ; un cycliste et une escrimeuse sélectionnés.*

### Le participe passé employé avec être

- Avec **être** ou un **verbe d'état**, le participe passé s'accorde avec le sujet.
*Nous sommes arrivé(e)s. Elles semblent parvenues à leurs fins.*
- Le participe d'un **verbe pronominal réfléchi direct** s'accorde avec le sujet.
*Les filles se sont baignées. Il s'est lavé. Ils se sont crus responsables.*
- Le participe d'un **verbe pronominal réfléchi indirect** :

– reste invariable si le complément d'objet direct est situé après ;
*Elles se sont lavé les mains. Je me suis acheté une voiture.*
– s'accorde avec le C.O.D. situé avant.
*Je vends la maison que mes parents se sont construite.*

- Le participe d'un **verbe pronominal sans C.O.D.** reste invariable.
*Ma mère s'est plu en Corse. Tes frères se sont déplu en Angleterre.*
- Le participe d'un **verbe pronominal à sens réciproque** :

– s'accorde avec le sujet si le pronom réfléchi (*me*, *te*, *se*, *nous*, *vous*) a valeur de C.O.D. ;
*Les enfants **se** sont encore battus.*
– s'accorde avec le C.O.D. situé avant le verbe.
*Les violences que manifestants et forces de l'ordre se sont reprochées.*

- Le participe passé d'un **verbe pronominal suivi de l'infinitif** :

– s'accorde avec le sujet si ce dernier est sujet des deux verbes ;
*Les passagères se sont senties tomber.*
– reste invariable si le sujet est complément d'objet de l'infinitif.
*Les passagères se sont senti entraîner par le courant.*

### Le participe passé employé avec avoir

Le participe passé s'accorde avec le C.O.D. s'il est **situé avant le verbe**.
*Ces livres, je les ai rendus. Admire la voiture qu'ils ont achetée.*

## Savoir faire

### Savoir accorder le participe passé

→ Il faut déterminer si le participe est employé sans auxiliaire, avec *avoir* ou avec *être*.

→ S'il s'agit d'un verbe pronominal, il faut en repérer le sens : réfléchi direct, indirect ou réciproque.

→ Il faut rechercher la présence d'un complément d'objet direct et observer son emplacement dans la phrase.

## S'entraîner

→ Corrigés p. 271

**1 ★ Complétez le texte suivant en employant le participe passé du verbe entre parenthèses.**

C'étaient des murailles (jaunir) ............, (manger) ............ par une lèpre jaune, (rayer) ............ de bavures par l'égouttement des toits (rouiller) ............ . Certaines fenêtres, (ouvrir) ............, laissaient pendre des matelas. Dans chaque façade, une porte (tailler) ............ dans le nu du plâtre, creusait un vestibule (lézarder) ............ ; on comptait quatre escaliers, (indiquer) ............ par les quatre premières lettres de l'alphabet, (peindre) ............ sur le mur.

**2 ★★ Lisez le texte suivant, puis répondez aux questions.**

Le passager aide un peu à la manœuvre ; un matelot furieux le frappe rudement et l'étend sur les planches ; mais des coups qu'il lui donne il a lui-même une si violente secousse qu'il tombe hors du vaisseau, la tête la première. Il reste suspendu et accroché à une partie de mât rompue. Jacques court à son secours, l'aide à remonter et des efforts qu'il fait, il est précipité dans la mer.

D'après VOLTAIRE, *Candide*.

1. Récrivez le texte au passé composé. Attention à l'accord du participe passé.
2. Justifiez l'accord des participes soulignés.

.......................................................

**3 ★★ Transformez les phrases suivantes en exclamatives, en plaçant le C.O.D. en tête de phrase. Attention aux accords.**

*Nous avons passé une merveilleuse soirée. → Quelle merveilleuse soirée nous avons passée !*

1. La bête a poussé de longs hurlements.

.......................................................

2. Ces gens ont vécu des années difficiles.

.......................................................

3. Picasso a peint de merveilleuses toiles.

.......................................................

4. Mes voisins se sont acheté une belle voiture.

.......................................................

5. On a raconté des sottises sur la guerre.

.......................................................

**4 ★★ Remplacez le pronom sujet par le groupe nominal entre parenthèses.**

1. Il s'est jeté à l'eau sans hésiter.
(Le passant et l'étudiante) ..........................
2. Il s'est enfui.
(Tous les rats de la ville) ..........................
3. Il s'est offert une télé 3D.
(Ma sœur Lou) ..........................
4. Il s'est indigné.
(Les témoins de la scène) ..........................
5. Il s'est aperçu de ces changements.
(Mes grands-parents) ..........................

**5 ★★ Récrivez ce texte en conjuguant les verbes soulignés au passé composé et complétez-le avec « mangé » ou « mangée ». Justifiez votre choix.**

Bibi-la-Grillade se leva pour aller lui chercher un verre d'anisette. Elle approcha sa chaise, elle s'attabla. Pendant qu'elle sirotait son anisette, elle eut tout d'un coup un souvenir, elle se rappela la prune qu'elle avait ............... avec Coupeau.

É. ZOLA, *L'Assommoir*.

Auto évaluation Très bien ☐ Bien ☐ Pas assez bien ☐

# 10 Les principales fonctions

## Observer et retenir

### Les fonctions essentielles

- Le **sujet** (situé devant ou derrière le verbe, parfois loin de lui) commande l'accord du verbe.

*Paul scrute le ciel. Qui m'aime me suive. Que Pierre ait réussi nous réjouit.*

- Le **complément d'objet direct** (nom, pronom, infinitif, complétive) se situe souvent après le verbe ; le pronom personnel se situe avant le verbe.

*Des enfants dévalent la colline. Il sait que la neige tombera bientôt.*

- Le **complément d'objet indirect** (nom ou pronom) dépend d'une préposition. Le **complément d'objet second**, associé au C.O.D., indique le destinataire d'un don.

L'Actu *parle de l'eau. Il faut donner cette ressource à tous les humains.*

- L'**attribut du sujet**, nom ou adjectif, se construit avec un verbe d'état : *être*, *rester*, *devenir*, *paraître*, *sembler*… Il exprime une caractéristique du sujet.

*L'Avare est une comédie de Molière. Ses péripéties sont amusantes.*

### Les fonctions accessoires

- L'**apposition** (nom ou adjectif) précise le nom complété, dont elle est séparée par une virgule. L'apposition se situe avant ou après le nom complété.

*Le véhicule, un solide 4x4, filait sur la piste. Solide, ce véhicule affronte tous les terrains.*

- L'**épithète**, adjectif ou participe seul, qualifie un nom qu'il précède ou suit.

*De ridicules superstitions. Une mémoire surprenante.*

- Le **complément du nom** précise un nom (matière, possession, lieu, prix, etc.) ; il est introduit par une préposition : *de*, *en*, *sans*, *à*, *contre*, *chez*, *sur*, etc.

*Une montre en or. La place du village. Un sirop contre la toux.*

- Les **compléments circonstanciels** (nom, adverbe, subordonnée) expriment les circonstances d'une action : temps, cause, conséquence, but, opposition, condition…

*L'après-midi, elles se promenaient dans le parc voisin, à cause du soleil brûlant.*

> La place d'un mot indique souvent sa fonction.

## Savoir faire

### Faire l'analyse logique d'une phrase

→ On identifie la **nature** grammaticale d'un mot ou d'un groupe :
– variables : déterminant, nom, adjectif, pronom, verbe ;
– invariables : adverbe, préposition, conjonction, interjection.

→ On définit si la **fonction** s'exerce par rapport au verbe (groupe verbal) ou par rapport à un nom (groupe nominal).

→ On observe les prépositions et les conjonctions de subordination pour identifier les **compléments** de la phrase.

## S'entraîner

→ Corrigés p. 272

### 1 ★ Quelle est la fonction des mots soulignés ? Précisez leur nature.

SCAPIN. – J'ai rejeté bien loin de pareilles propositions, et je lui ai bien fait entendre que vous n'étiez point une dupe, pour vous demander des cinq ou six cents pistoles.

MOLIÈRE, *Les Fourberies de Scapin.*

### 2 ★ Soulignez les adjectifs qualificatifs et les participes des phrases suivantes et donnez leur fonction.

**1.** Bien exposée au soleil levant, entourée d'un petit jardin, cette demeure accueillante, presque invisible, parfaitement intégrée au paysage, laissait imaginer une famille heureuse et aisée.

**2.** Timide, Pauline, imaginait que le monde était perfide, hostile, cruel. Pour elle, la vie demeurait mystérieusement compliquée.

### 3 ★ Soulignez les compléments du nom.

Le magasin de mon marchand de bric-à-brac était un véritable capharnaüm ; tous les siècles et tous les pays semblaient s'y être donné rendez-vous ; une lampe étrusque de terre rouge posait sur une armoire de Boule, aux panneaux d'ébène sévèrement rayés de filaments de cuivre.

T. GAUTIER, *Le Pied de momie.*

### 4 ★★ Donnez la fonction des propositions subordonnées dans les phrases suivantes.

**1.** La jeune femme, radieuse, emporta le marmot hurlant comme on emporte un bibelot désiré dans un magasin.

**2.** La mère Tuvache répétait qu'il fallait être dénaturé pour vendre son enfant.

**3.** Charlot se croyait supérieur à ses camarades parce que sa mère ne l'avait pas vendu.

**4.** Charlot prenait vingt et un ans, quand, un matin, une brillante voiture s'arrêta devant les deux chaumières.

**5.** Charlot demanda à ses parents pourquoi ils ne l'avaient pas vendu à cette femme riche.

**6.** Le jeune homme se mit tellement en colère contre ses parents qu'il quitta la maison.

D'après G. DE MAUPASSANT, « Aux champs »,
*Les Contes de la bécasse,* 1882.

### 5 ★★★ Identifiez trois compléments circonstanciels de lieu. Qu'en concluez-vous sur la situation des passagers ?

On tangue on tangue sur le bateau
La lune la lune fait des cercles dans l'eau
Dans le ciel c'est le mât qui fait des cercles
Et désigne toutes les étoiles du doigt

B. CENDRARS, « Clair de lune », *Au cœur du monde,*
© Éditions Denoël.

Auto évaluation — Très bien ☐ Bien ☐ Pas assez bien ☐

# 11 Les subordonnées complétives et relatives

## Observer et retenir

### Les complétives

• La complétive introduite par **que** complète un verbe, un nom, un adjectif ; elle est C.O.D., complément du nom ou de l'adjectif, attribut du sujet et, en tête de phrase, sujet.

*Je pensais que cette nouvelle te bouleverserait* (C.O.D.). *L'idée que Lise le quitte lui était insupportable* (complément de nom). *Qu'il ait réussi le remplit de joie* (sujet). *L'essentiel est que le piéton soit sain et sauf* (attribut du sujet).

• Le mode de la complétive est :

– le **subjonctif** après un verbe exprimant le souhait, l'ordre, le doute, un sentiment.

*Kevin craint que Leila soit indifférente.*

– l'**indicatif** ou le **subjonctif** après des verbes comme *dire, affirmer, croire, estimer* à la forme négative ou interrogative.

*Kevin ne croit pas que Leila le rejoindra/le rejoigne sur le balcon.*

• Après un verbe comme **demander**, **savoir**, **ignorer**, l'**interrogative indirecte** est introduite par **si** (interrogation totale) ou par un mot interrogatif – **qui**, **que**, **quel**, **où**, **quand**, **pourquoi**, **comment** – (interrogation partielle).

*Marc se demanda si ce cauchemar finirait un jour. Explique-moi qui est cet homme.*

### Les relatives

• Un **pronom relatif** (*qui, que, quoi, dont, où, lequel*...) introduit la relative.

*Le phénomène qui se produisait dans le ciel de Londres était étrange.*

• La relative est à l'**indicatif**. Elle est au subjonctif si l'antécédent comporte un superlatif, les adjectifs **seul**, **premier**, **dernier** ou si l'action n'est pas encore réalisée.

*Alors éclata la plus terrible tempête que Londres ait connue.*

• La relative déterminative est **épithète** de l'antécédent.

*Les invités qui étaient près des fenêtres furent blessés.* (Seuls les invités près des fenêtres sont blessés.)

• La relative explicative est **apposée** à l'antécédent, dont elle est séparée par une virgule.

*Les invités, que l'orage effrayait, partirent.* (Tous les invités partent.)

> Pour identifier une subordonnée, on repère le **subordonnant** : relatif, mot interrogatif, conjonction de subordination. Attention à *que* (complétive ou relative) et *si* (interrogative indirecte ou hypothèse).

## Savoir faire

### Subordonner des indépendantes ou des phrases

→ Pour relier deux indépendantes ou deux phrases, on détermine la relation qui les unit : reprise (relative), paroles ou pensées rapportées (complétive et interrogative indirecte).

→ On ajoute ensuite les éventuels mots qui serviront de lien entre les deux propositions.

## S'entraîner

→ Corrigés p. 272

**1 ★ Soulignez les complétives en bleu et les relatives en rouge.**

1. Les rues, que les soldats occupaient, offraient un spectacle de guerre.

2. Certains pensaient qu'il ne s'agissait pas d'un simple orage.

3. Les maisons, que dominait le velours noir de ce ciel d'apocalypse, étaient éclairées.

4. Diana dit qu'il faudrait fermer portes et fenêtres, pour se protéger de ces nuages.

**2 ★★ Transformez les phrases suivantes en interrogatives indirectes.**

1. Devons-nous fermer les fenêtres ? s'inquiéta Jenny.

..............................................................

2. Ce cauchemar est-il bientôt terminé ? demanda Diana.

..............................................................

3. Où la trombe de feu bleu est-elle tombée ? se demandaient les rares passants.

..............................................................

**3 ★★ Transformez les phrases suivantes pour obtenir une complétive.**

1. Le professeur a disparu depuis ce matin 8 heures, déclara la secrétaire.

..............................................................

2. Roy... dit-elle, j'ai peur. Cela me fait peur.

..............................................................

3. Si le professeur était parti en vacances, répondit-elle, je le saurais.

..............................................................

4. Le docteur Morrison déclara : « Excellente idée. C'est une bonne précaution. »

..............................................................

**4 ★★★ Employez une relative pour éviter les répétitions.**

1. On avait entrepris des analyses. Il fallait attendre les résultats de ces analyses avant d'avertir la population.

..............................................................

2. Il alluma une cigarette et jeta l'allumette enflammée dans le cendrier. Elle continua de brûler dans le cendrier.

..............................................................

3. Les infirmiers soignaient le blessé. Les pompiers avaient trouvé ce blessé dans une maison effondrée.

..............................................................

4. Dehors, on entendait tomber la pluie. Le chant de la pluie, dans la campagne anglaise, les berçait.

..............................................................

**5 ★★★ Donnez la nature et la fonction de la proposition subordonnée soulignée.**

1. La Tamise, <u>qui coulait paisiblement l'instant d'avant</u>, se mit à bouillonner. ......................

2. Mais elle sait <u>que sa mère, interrompant son travail, s'occupera du petit</u>. ......................

3. Ella essayait de comprendre <u>pourquoi son univers se trouvait ainsi bouleversé</u>. ..............

4. Omar revit les rues animées <u>qu'il aimait emprunter</u>. ......................................

5. <u>Que le cerveau malade d'un savant ait pu engendrer une telle catastrophe</u> semblait impossible à beaucoup de gens. ..................

D'après R. CLAUZEL, *Le Nuage qui vient*,
© Fleuve Noir.

Auto évaluation Très bien ☐ Bien ☐ Pas assez bien ☐

# 12 Les subordonnées circonstancielles

## Observer et retenir

### Le temps

- La subordonnée de temps exprime une action **simultanée** (*quand, pendant que, au moment où*).

  *Nous arrivons au sommet de la colline **au moment où le soleil se lève.***

- Elle exprime une action **antérieure** (*après que, depuis que, dès que, quand, lorsque*).

  ***Après qu'ils eurent rentré les moutons**, les enfants se reposèrent.*

- Elle exprime une action **postérieure** (*avant que, jusqu'à ce que*, suivis du subjonctif).

  ***Avant que les chèvres aient fui**, les bergers sifflèrent le rappel.*

### La cause et le but

- La subordonnée de **cause** explique l'action de la principale (*parce que, puisque, comme*).

  *Ils protègent les arbres **parce que les chèvres dévorent les pousses.***

- La subordonnée de **but** indique l'objectif poursuivi (*pour que, afin que, de peur que*, suivis du subjonctif).

  *Les sacs sont étalés **pour que le soleil finisse de les sécher.***

### La conséquence

La subordonnée de **conséquence** indique le résultat obtenu par le verbe de la principale (*si bien que, de sorte que, au point que, si… que, tellement… que*, suivis de l'indicatif).

*L'air, déjà vif et léger, devint **si froid que nous dûmes nous couvrir.***

### L'opposition

La subordonnée d'**opposition** oppose deux faits (*alors que, tandis que*, avec l'indicatif) ou présente un fait dont la conséquence ne se produit pas (*bien que, quoique*, suivis du subjonctif).

*Les journées sont très chaudes**, alors que les nuits sont froides.***

***Bien qu'elle ait trente ans**, elle semble déjà vieille.*

### L'hypothèse

L'hypothèse envisage si la réalisation de l'action est :
– **éventuelle** : *si* + indicatif présent ; la principale au futur ;
– **possible** : *si* + indicatif imparfait ; la principale au conditionnel présent ;
– **irréelle** dans le **présent** (*si* + indicatif imparfait ; principale au conditionnel présent), dans le **passé** (*si* + plus-que-parfait ; principale au conditionnel passé).

## Savoir faire

### Subordonner des propositions indépendantes

→ Pour relier deux indépendantes ou deux phrases, on détermine la relation logique qui les unit : temps, cause, conséquence, opposition, concession, hypothèse.

→ On ajoute ensuite les conjonctions de subordination qui lieront les deux propositions.

## S'entraîner

→ Corrigés p. 272

**1** ★★ **Remplacez la ponctuation ou la conjonction de coordination par une conjonction de subordination de même valeur logique.**

**1.** Delhomme était le plus riche du pays car il possédait de nombreuses terres et des vignes.

........................................................................

**2.** La pluie tombait sans cesse depuis trois jours : il avait fallu interrompre les vendanges.

........................................................................

**3.** Delhomme avait investi dans du nouveau matériel agricole : sa production de céréales augmenterait.

........................................................................

**4.** Jean aimait les promenades dans les bois : on y apercevait souvent un animal sauvage.

........................................................................

**5.** Les paysans ont fait beaucoup de bruit, donc nous n'avons pas fermé l'œil.

........................................................................

**6.** La carriole disparut, Jean, la fille et la vache continuèrent de marcher dans la plaine sans fin.

........................................................................

**7.** Le père Osmont pouvait parler mais il avait la gorge serrée à la pensée de perdre ses terres.

........................................................................

D'après É. ZOLA, *La Terre*.

**2** ★★ **Notez si l'action sur laquelle porte l'hypothèse est éventuelle (E), possible (P) ou irréelle (I).**

**1.** Dites, Jean, si vous retournez à la ferme, vous les accompagnerez. → ...

**2.** Soudain il y eut un crépitement. La grêle ! Si elle durait, elle ferait d'irréparables dégâts à la vigne. → ....

**3.** Si ton père avait vu cette catastrophe, il se serait fait du mauvais sang. → ....

**4.** Si on se reposait le dimanche, ce serait le paradis. Mais le travail ne manque pas ! → ....

D'après É. ZOLA, *La Terre*.

**3** ★★ **Récrivez la phrase suivante en faisant apparaître une subordonnée de conséquence.**

Le carton était mat, rugueux et, pour copier le plus de texte possible, il fallait adopter une écriture minimaliste.

........................................................................

**4** ★★★ **Soulignez les conjonctions de subordination et précisez la fonction de la subordonnée.**

**1.** Jean marchait en avant et, derrière, Mathieu conduisait la herse pour que le grain semé soit parfaitement enfoui.

........................................................................

**2.** Quand il atteignit le bout du sillon, Jean se retourna et partit du nord au midi.

........................................................................

**3.** Les cultivateurs de la Beauce se hâtaient parce que les gelées menaçaient les semailles.

........................................................................

**4.** Alors que jusque-là elle avait pu suivre la vache emballée, la fille buta et tomba dans la luzerne.

........................................................................

**5.** Jean cria si fort que la fille finit par lâcher la corde et l'animal s'enfuit.

........................................................................

**6.** Si jamais la bête se blessait, le maître la battrait et la renverrait.

........................................................................

D'après É. ZOLA, *La Terre*.

Auto évaluation Très bien ☐ Bien ☐ Pas assez bien ☐

# 13 Les connecteurs

## Observer et retenir

Les connecteurs relient des mots, des groupes, des propositions ou des phrases.

### Les connecteurs temporels

- Ils marquent la chronologie d'un récit, la succession d'actions ou de faits.

  *Il bat en retraite. **Alors** il éteint toutes les lampes **puis** se dirige vers le vestibule.*

- Ces connecteurs sont des adverbes (ou locutions adverbiales) : ***alors***, ***d'abord***, ***puis***, ***ensuite***, ***soudain***, ***enfin***.

  *François explore le salon, **puis** l'étage, **enfin** le grenier. **Tout à coup**, un cri retentit.*

### Les connecteurs spatiaux

- Ils organisent la description d'un espace (paysage, décor, pièce) et situent ses éléments les uns par rapport aux autres.

  *François explore les lieux. **À gauche**, une porte vitrée. **À droite**, un escalier qui mène à l'étage… **Au fond**, une petite porte.*

- Ces connecteurs sont des adverbes (ou locutions adverbiales), des groupes prépositionnels : *ici, là, en haut, en bas, à gauche, à droite, devant, derrière…*

  *Il entre dans la chambre. **En face**, la fenêtre donne sur le jardin ; **à droite**, le lit est impeccable ; **à gauche**, le petit bureau est bien rangé.*

### Les connecteurs logiques

- Ils marquent diverses relations entre des mots, des propositions, les parties d'un texte : opposition-concession (*mais, pourtant, cependant, toutefois, néanmoins, or*), cause-justification (*car, en effet*), conséquence-conclusion (*donc, ainsi, c'est pourquoi*), addition (*et, en plus, en outre, d'ailleurs, par ailleurs, aussi*), alternative (*ou, soit… soit*), reformulation (*c'est-à-dire, bref, autrement dit*).

  *J'aurais pu téléphoner, **mais** je n'ai pas pu **car** mon père a sursauté en voyant la dernière facture ! Je préfère **donc** t'écrire.*

- Ces connecteurs s'emploient surtout pour expliquer et argumenter.

## Savoir faire

### Déterminer une relation implicite

La relation temporelle ou logique n'est pas toujours exprimée ; il faut donc identifier ce rapport d'après le **type de discours** (narratif, explicatif, argumentatif), le **contexte** ou les **signes de ponctuation** (la virgule, les deux-points).

## S'entraîner

➜ Corrigés p. 272

**1 ★ Classez les connecteurs de ce texte selon leur valeur : temps ou espace.**

Tout d'abord, le reporter dit au marin de l'attendre à cet endroit ; il le rejoindrait plus tard. Aussitôt, il remonta le littoral puis il disparut derrière un angle de la côte. Enfin, il arriva dans une vaste crique. Là, le littoral se composait d'une plage de sable semée de rochers noirâtres. Plus loin, se détachait une falaise granitique, taillée à pic.

D'après J. VERNE, *L'Île mystérieuse*.

..........................................................

**2 ★ Relevez les connecteurs logiques de ce texte et indiquez leur valeur.**

L'ouragan dépassait en puissance ceux qui ravagèrent si épouvantablement la Havane et la Guadeloupe, en 1810 et en 1825. Or, pendant cette catastrophe, un drame se jouait aussi dans les airs. En effet, un ballon, ballotté par la trombe, parcourait l'espace à une vitesse folle. D'où venait cet aérostat ? Il n'avait pas pu partir pendant la tempête qui durait depuis cinq jours déjà. On pouvait donc penser que ce ballon venait de très loin car il n'avait pas dû franchir moins de deux mille milles par vingt-quatre heures.

D'après J. VERNE, *L'Île mystérieuse*.

..........................................................

**3 ★★ Complétez avec les connecteurs temporels *alors, soudain, et, puis, ensuite*. Un même connecteur peut être employé plusieurs fois.**

Pencroff prit le papier que lui tendait le reporter ............ il s'accroupit devant le foyer. ............, quelques poignées d'herbes et de mousses sèches furent placées sous les fagots. ............, Pencroff plia le papier en forme de cornet ............ il l'introduisit entre les mousses. Prenant ............ un galet raboteux, il l'essuya, il frotta, l'alluma. ............ la flamme jaillit.

D'après J. VERNE, *L'Île mystérieuse*.

**4 ★★ Transformez les propositions suivantes en une seule phrase en utilisant les connecteurs logiques qui conviennent.**

Le marin chercha dans sa veste la boîte qui ne le quittait jamais : c'était un fumeur acharné. Il ne la trouva pas.

..........................................................

..........................................................

**5 ★★★ Répondez aux questions.**

**1.** Rétablissez les connecteurs logiques : *car, au contraire, toutefois, or, en effet, alors.*

Le tabac agressé par une chenille émet ............ une odeur forte que les insectes sentent. La plupart des bestioles n'y prêtent ............ pas attention : c'est un parfum parmi d'autres. Pour les guêpes *Cardiochiles*, ............, il désigne clairement l'endroit où trouver des proies. Une aubaine ! ......... dégotter une chenille d'*Heliothis* dans un champ de tabac est très difficile : elle n'a aucune odeur et se cache sous les feuilles. ............ cette chenille est indispensable au développement des jeunes guêpes. L'adulte y pond .......... ses œufs.

D'après S. COISNE, © *Science et Vie Junior*, n° 121 bis.

**2.** Récrivez la phrase soulignée en remplaçant les deux-points par un connecteur.

..........................................................

Auto évaluation Très bien ☐ Bien ☐ Pas assez bien ☐

# 14 Les types et les formes de phrases

## Observer et retenir

### Les quatre types de phrases

Celui qui parle ou écrit peut varier les relations avec son interlocuteur, en fonction de son projet ou de son intention. Il utilise l'un des **quatre types** suivants.

- La phrase **déclarative** transmet une information, un jugement. Elle se termine par un point ou des points de suspension.
  *Il y a cinq ans, j'officiais comme DJ à New York.*
- La phrase **interrogative** sert à demander une information, une explication. Elle se termine par le point d'interrogation.
  *À quelle heure part le prochain train pour Saint-Malo ?*
- La phrase **injonctive** (ou **impérative**) transmet un ordre, un conseil, une interdiction. Elle se termine par un point, des points de suspension ou un point d'exclamation.
  *Silence. Il est interdit de marcher sur la pelouse. Soyez à l'heure !*
- La phrase **exclamative** exprime les sentiments ou les réactions de celui qui parle ou écrit. Elle se termine par le point d'exclamation.
  *Quelle belle victoire il a remportée encore cette année !*

Les quatre types de phrases ne peuvent pas se combiner entre eux.

### Les formes de phrases

- Celui qui parle ou écrit affirme ou nie un fait, une information, en utilisant :
  – la forme **affirmative** : *Il a beaucoup plu cette année dans votre région.*
  – la forme **négative** : *Il n'a pas plu cette année dans notre région.*
- La phrase **emphatique** met en relief un élément ou crée un effet d'insistance.
  *Tes photos sont très réussies.* **C'est** *celle-ci* **que** *je préfère.*

Les formes affirmative et négative se combinent avec chaque type de phrase.
*Daniel est parti en randonnée.* (déclarative affirmative)
*Daniel n'est-il pas parti en randonnée ?* (interrogative négative)
*Daniel, ne partez pas en randonnée.* (injonctive négative)

## Savoir faire

### Reconnaître les types et les formes de phrases

→ Pour reconnaître le type de phrase, on observe son **signe de ponctuation final**.

→ La **phrase injonctive** se reconnaît grâce à la présence de formules exprimant un ordre ou une interdiction (impératif, infinitif, futur simple, subjonctif, verbe d'ordre), un conseil ou un ordre atténué (conditionnel).
*Sortez. Qu'il sorte. Je vous ordonne de sortir. Je voudrais que vous sortiez.*

→ **Pour exprimer la négation**, les termes varient selon le sens : *ne… pas, ne… plus, ne… jamais, ne… que, rien ne…, personne ne…, aucun… ne*, etc.

## S'entraîner

➜ Corrigés p. 272

**1** ★ **Relevez les différents types de phrases dans le texte suivant.**

« Je vous demande la clef ! »
Mme Ruth ne comprit pas.
« La clef ! La clef de ma porte que vous gardez. Il me la faut car j'ai perdu la mienne.
– Je ne l'ai pas sur moi.
– Je vous attends. Allez la chercher ! » [...]
Hermet frotta une allumette.
« Nous y voilà. Vous trouvez la clef ? »

V. KATCHA, *Œil pour œil,* 1955, DR.

.............................................................

.............................................................

**2** ★ **Précisez si les phrases suivantes sont à la forme affirmative (A), négative (N) ou emphatique (E).**

**1.** Dans le loft de Studio 5, l'auteur d'*Osez Joséphine* n'est venu qu'avec deux guitaristes et un contrebassiste. → ...

**2.** C'est bien Alain Bashung qui chante *Osez Joséphine*. → ...

**3.** Ne ratez pas ce clip de trois minutes. → ...

**4.** Sa voix grave et profonde fait merveille au point de donner le frisson. → ...

**3** ★★ **Transformez ces phrases en utilisant les négations suivantes : *ne... pas, ne... plus, ne... jamais, personne ne...***

**1.** Leïla, avant de se coucher, soufflait toujours la lampe à pétrole.

.............................................................

**2.** Tout le monde ronflait sur le divan du salon.

.............................................................

**3.** Cédric vient tous les jeudis.

.............................................................

**4.** Le fils de la voisine portait encore son imperméable sur ses épaules.

.............................................................

**5.** C'est lui le coupable. Ses bottes étaient mouillées et salies par la boue du chemin.

.............................................................

**4** ★★ **Transformez ces phrases en utilisant l'impératif et une négation.**

**1.** Il est dangereux de s'aventurer seul en montagne par ce temps.

.............................................................

**2.** Il ne faut pas fumer dans les lieux publics.

.............................................................

**3.** L'autoroute A7 est encombrée : je te conseille de venir par la nationale.

.............................................................

**4.** Il est recommandé de laisser cette aire de pique-nique aussi propre qu'à votre arrivée.

.............................................................

**5** ★★★ **Donnez du relief à ces phrases en employant *c'est, voici* ou *il y a*.**

**1.** Lire Maupassant est un réel plaisir.

.............................................................

**2.** Les enfants sont heureux, au bord de la Seine, sur le sable de Paris-Plage.

.............................................................

**3.** Un nouveau contrat est conclu.

.............................................................

**4.** Ces tableaux de Monet sont très beaux, mais j'en préfère un par-dessus tout.

.............................................................

**5.** Tom nous a raconté une histoire vraie.

.............................................................

**Auto évaluation** Très bien ☐ Bien ☐ Pas assez bien ☐

# 15 La modalisation

## Observer et retenir

### La subjectivité

On appelle **modalisation** les moyens grâce auxquels l'émetteur manifeste sa subjectivité, ses sentiments, son adhésion ou sa distance, dans l'énoncé qu'il produit.

*Pour certains, l'heure est à la satisfaction, pour d'autres, il est trop tôt pour se réjouir.*

### Les marques de la subjectivité

- Les mots **synonymes** présentent parfois une **nuance** neutre, positive ou négative.
  *Le **développement** du nucléaire se poursuit. L'**essor** du nucléaire favorise notre indépendance énergétique. La **prolifération** du nucléaire est un risque majeur.*
- Les **verbes** expriment un **sentiment** (*aimer, haïr, admirer*), une **opinion** (*croire, estimer*), un **jugement de vérité** (*prétendre, s'imaginer, sembler*).
  *J'ai aimé les effets spéciaux et le rythme de ce film.*
- Le **conditionnel** marque une **distance** par rapport à la réalité ou la véracité des faits.
  *La police aurait retrouvé la trace du voleur du Picasso.*
- Des **adverbes** et des **prépositions** traduisent le **degré de certitude** ou d'incertitude, l'opinion : *vraiment, probablement, évidemment, sans doute, selon moi, d'après les scientifiques…*
  *Selon des savants chinois, on peut cloner les espèces menacées.*
- Les **guillemets**, l'**italique** signalent la **citation** de propos rapportés par l'émetteur.
  *La vaccination des chiens et chats contre la rage n'est plus obligatoire depuis 2001, car cette maladie « n'existe plus » officiellement depuis 1924.*
- Les **interjections** expriment aussi un sentiment, un **jugement**.
  *L'entraîneur a rappelé Fabien dans les buts. Hélas !*
- Des **figures de style** (hyperbole, répétition, emphase, comparaison, métaphore) manifestent la subjectivité de l'émetteur.
  *Julie me regarde avec des yeux globuleux, comme un gros poisson rouge.*

## Savoir faire

### Relever et interpréter les marques de subjectivité

→ Pour repérer la subjectivité, on identifie le **vocabulaire** valorisant ou dévalorisant. Il faut aussi étudier les **figures de style** : dans une comparaison, le comparant est-il valorisant ou dévalorisant ?

→ Il faut observer, dans le discours rapporté, les idées, les **opinions** qui diffèrent parfois de celles de l'émetteur principal.

→ Il faut ensuite **interpréter** correctement ces marques et les rapporter à la subjectivité qui se manifeste ; ce n'est pas toujours celle de celui qui parle ou écrit : parfois, plusieurs opinions s'expriment.

## S'entraîner

➜ Corrigés p. 273

**1 ★ Dans cette liste, soulignez les termes négatifs, dévalorisants.**

**1.** chauffeur – **2.** vin – **3.** maison – **4.** chauffard – **5.** vinasse – **6.** pleurer – **7.** braire – **8.** jaunâtre – **9.** masure – **10.** jaune

**2 ★★ Lisez le texte, puis répondez aux questions.**

Ce garnement, maigre, long, un peu crochu, avait des cheveux jaunes si légers qu'ils semblaient un duvet de poule plumée, si rares qu'il avait l'air chauve. Il possédait en outre des pieds énormes et des mains géantes, des mains de colosse.

G. DE MAUPASSANT, *Le Garde*.

**1.** Relevez dans ce portrait les marques de subjectivité.

........................................................................

**2.** Ce portrait est-il valorisant ou dévalorisant ?

........................................................................

**3 ★★★ Relevez et analysez, dans cet extrait de compte rendu sportif, les marques de subjectivité.**

L'heure du brunch a sonné depuis longtemps lorsque résonne l'appel aux joueurs. Accents rock et lumières de concert, le premier à pénétrer dans l'arène est le grand Suisse : un tour sur moi-même, un salut de la main et je vais m'asseoir. Plus chaleureusement accueilli, l'ami américain de Brooke Shields entre à son tour : et je pose mon sac, je m'assois puis me relève à la demande des photographes. Les deux finalistes se serrent la louche par-dessus le filet, Marc Rosset, double mètre et patachon, plie les genoux pour – ce sera l'un des rares moments – se mettre à la hauteur d'André Agassi.
Le XXL de Genève commence en effet un peu gêné aux entournures, face à ce chevelu aux chaussettes médiatiquement dépareillées. La semaine a pourtant été propice au champion olympique de la spécialité, déjà plaisant vainqueur en terre française, à Marseille comme à Lyon.

R. FIÈRE, © *Libération*, 7 novembre 1994.

........................................................................

........................................................................

**4 ★★★ Lisez le texte suivant, puis répondez aux questions.**

Au bout, à l'extrême bout de la rangée de baraques, comme si, honteux, il s'était exilé lui-même de toutes ces splendeurs, je vis un pauvre saltimbanque, voûté, caduc, décrépit, une ruine d'homme, adossé contre un des poteaux de sa cahute ; une cahute plus misérable que celle du sauvage le plus abruti, et dont deux bouts de chandelles, coulants et fumants, éclairaient trop bien encore la détresse.

C. BAUDELAIRE, « Le Vieux Saltimbanque », *Le Spleen de Paris*.

**1.** Relevez les adjectifs qui caractérisent le saltimbanque.

........................................................................

........................................................................

**2.** Quelle information la répétition de « au bout, à l'extrême bout » donne-t-elle sur la situation de l'homme ?

........................................................................

........................................................................

**3.** Quel participe passé renforce l'idée précédente ?

........................................................................

........................................................................

**4.** Quel sentiment Baudelaire veut-il inspirer au lecteur en faisant le portrait de ce personnage ?

........................................................................

........................................................................

Auto évaluation Très bien ☐ Bien ☐ Pas assez bien ☐

# 16 Les actes de parole

## Observer et retenir

### Les actes de parole

- Un émetteur peut affirmer, interroger, ordonner, s'excuser, promettre, menacer, convaincre... Par la parole, l'émetteur accomplit un **acte** qui vise à modifier la situation des interlocuteurs.

  *Traversez immédiatement.* (ordre) *Pourquoi tardez-vous à répondre ?* (question)

- L'émetteur qui accomplit un acte de parole attend du destinataire qu'il obéisse à l'ordre, réponde à la question, change d'avis, pardonne ou excuse.

  *– Où es-tu ? – Je suis à Courbevoie, au café en face des studios.*

### Les actes de parole directs

Ils correspondent à des **actes explicites de l'émetteur** et immédiatement compris du destinataire grâce à l'emploi des types de phrases.

*– Vous avez gardé l'adresse d'Agnès ? – Non, je ne l'ai pas gardée.*

### Les actes de parole indirects

Un type de phrase peut constituer un acte de parole indirect. La phrase déclarative « *Brr... j'ai froid* » signifie en réalité, dans une situation précise : « *Ferme la fenêtre car j'ai froid* ».

- La phrase **déclarative** peut traduire :
  – un ordre en employant le présent, le futur ou l'infinitif : *On ne touche à rien dans cet appartement : un crime y a été commis.*
  – un souhait en employant le mode conditionnel : *Je prendrais bien un autre café.*
- La phrase **interrogative** peut traduire :
  – un ordre : *Alors, Olivier, le téléphone sonne. Tu réponds ?*
  – une affirmation, notamment lorsque l'interrogative est négative : *Ne vaut-il pas mieux appeler la police ?*
- La phrase **exclamative** peut traduire :
  – un ordre : *Oh ! Qu'est-ce qu'il fait chaud ici !* (Ouvrez la fenêtre.)
  – une réaction contraire à celle énoncée explicitement : *Ah ! Inspecteur, je vous félicite pour cette brillante déduction !*

## Savoir faire

### Distinguer les différents actes de parole

→ Dans un énoncé, il faut identifier les types de phrases employés et les actes de parole qu'ils expriment.

→ On vérifie si la visée correspond bien au type de phrase ou s'il cache une **visée implicite**, variable selon le type de phrase, le contexte et la réaction du destinataire.

→ Il faut parfois interpréter le sous-entendu qui traduit la **visée réelle de l'émetteur**.

## S'entraîner

→ Corrigés p. 273

**1 ★ Reliez chaque verbe à sa définition.**

1. avouer •
2. conseiller •
3. sommer •
4. revendiquer •

• a. réclamer une chose sur laquelle on a un droit
• b. indiquer à quelqu'un ce qu'il doit faire ou ne pas faire
• c. reconnaître qu'une chose est ou n'est pas
• d. obliger quelqu'un à faire quelque chose

**2 ★ Quel acte de parole direct est accompli dans chacune des phrases suivantes ?**

1. Ce genre de poignard est-il rare en France ?
→ ..................................................

2. On en trouve chez les antiquaires.
→ ..................................................

3. Examinez les marques étranges sur la lame.
→ ..................................................

4. Je vous conseille de dire tout ce que vous savez à l'inspecteur. → ..............................

5. Je promets de dire toute la vérité sur cette affaire. →..........................................

6. Le tribunal vous condamne à six mois de prison avec sursis. →...............................

7. L'avocat plaide la légitime défense.
→ ..................................................

8. Nous vous accusons de vol. →..................

9. Je reconnais avoir dérobé ce tableau.
→ ..................................................

**3 ★★ Quel acte de parole indirect est accompli dans chacune des phrases suivantes ?**

1. Selon vous, docteur, le meurtrier était-il costaud ? → ..........................................

2. Le procureur souhaite que vous remettiez à l'inspecteur la pellicule de votre appareil photo.
→ ..................................................

3. Comment peux-tu être aussi rosse avec ce pauvre Henri ? → ....................................

4. Découvrir un meurtre deux jours de suite, vous croyez que ça m'amuse ? → .................

**4 ★★★ Récrivez ces phrases qui contiennent un acte de parole indirect en le formulant directement.**

1. Vous pouvez sortir maintenant : il n'y a plus de danger.

..................................................

2. Vous feriez mieux de ne rien cacher au juge.

..................................................

3. Voulez-vous m'accompagner au commissariat pour votre déposition ?

..................................................

4. L'avocat de la défense ouvre-t-il la bouche ? Les jurés ont des larmes dans les yeux.

..................................................

**5 ★★★ Que cherche à faire Victor Hugo dans ce texte ?**

Refaites votre pénalité, refaites vos codes, refaites vos prisons, refaites vos juges. Remettez les lois au pas des mœurs. Messieurs, il se coupe trop de têtes par an en France. Puisque vous êtes en train de faire des économies, faites-en là-dessus. Puisque vous êtes en verve de suppressions, supprimez le bourreau.

V. HUGO, *Claude Gueux*.

..................................................

Auto évaluation — Très bien ☐ Bien ☐ Pas assez bien ☐

# 17 Les mots de reprise

## Observer et retenir

Les mots de reprise (ou **substituts**) remplacent des mots ou groupes de mots déjà cités dans le texte pour éviter des répétitions ou une confusion, apporter un complément d'informations.

### Les reprises pronominales

- Les pronoms personnels de 3e personne, relatifs, démonstratifs, possessifs, indéfinis et numéraux, remplacent un élément déjà nommé.

*M. Jean était un vieux mercier. Il vivait là depuis quarante ans.*
*L'installation des grands magasins le rendait fou. Ceux-ci se montaient partout.*

- Les pronoms personnels reprennent :

– un nom propre, un nom commun, un groupe nominal : *Le mercier courait chez tous. Il défendait le petit commerce.*
– un adjectif qualificatif : *M. Jean devient fou. Oui, il l'est.*
– une proposition : *On découvrit que le mercier ne travaillait plus. Nous le savions déjà.*

### Les reprises nominales

- Le déterminant change, de l'indéfini au défini.

*Alphonse Daudet acheta un moulin à vent. Ce moulin était abandonné.*

- Le nom de reprise est un synonyme, enrichi ou non, une périphrase.

*Un vieux hibou habite le moulin depuis vingt ans. J'ai trouvé ce locataire du premier, immobile et droit, au milieu des plâtras et des tuiles tombées.*

- Le nom de reprise est un mot général qui englobe le terme cité dans sa définition.

*Un loup surgit du bois. Le berger vit la bête affamée bondir sur un agneau.*

### La reprise d'un passage du texte

Le(s) mot(s) de reprise résume(nt) parfois un passage du texte situé avant.

*Cette nuit, elle n'a pas dormi. Le vent soufflait, et les rafales l'ont tenue éveillée jusqu'au matin. La maison craquait. Cela lui a rappelé ses longues insomnies quand elle vivait au bord de l'océan.*

## Savoir faire

### Repérer les mots de reprise et déterminer leur sens

→ Il faut **identifier les éléments cités** du texte et les termes qui les reprennent. Si la reprise est fidèle, seul le déterminant change ; si elle est infidèle, il faut mettre en relation le(s) terme(s) repris et le pronom ou le groupe nominal (synonyme, périphrase, terme englobant) en s'intéressant au genre et au nombre.

→ Il faut **analyser les groupes de mots de reprise** pour connaître les informations qu'ils apportent et l'effet produit : comique, négatif, positif, etc.

*Le seigneur du pays → le gros maître, le gros cousu d'or.*

## S'entraîner

→ Corrigés p. 273

**1 ★ Quel élément de la phrase précédente le pronom souligné reprend-il (groupe nominal, adjectif, proposition) ? Précisez la nature du mot de reprise.**

1. Ces petits clercs étaient de vrais diables. L'un tirait la queue de la mule, l'autre les oreilles.

............................................................

............................................................

2. Il est arrivé quelque chose de grave à ma mule ! dit le Pape. J'en suis sûr.

............................................................

............................................................

3. Si vous saviez comme je l'aimais cette mule-là !... Comme je me suis langui d'elle en Italie !

............................................................

............................................................

4. Maintenant le Pape se méfiait de sa mule. « Elle est devenue folle une fois. Elle peut le redevenir. »

............................................................

............................................................

A. DAUDET, *Lettres de mon moulin.*

**2 ★★ Complétez les phrases à l'aide d'un groupe nominal de reprise et précisez le procédé que vous avez utilisé (périphrase, synonyme, terme englobant).**

1. À Paris, les oranges ont l'air triste. En Algérie, ............ ont l'éclat de verres de couleur, brillant à travers le feuillage. → ............

2. Le ciel se remplit de sauterelles et soudain la nuée creva et cette grêle ............ tomba drue et bruyante. → ............

3. Pour aller au village, je passe devant un mas bâti près de la route au fond d'une cour plantée de micocouliers. C'est ............ du ménager de Provence, avec ses tuiles rouges, sa large façade brune. → ............

4. Les parents de Jan n'ont pas été gâtés par la vie ; leur ............ n'a pas été facile depuis la mort tragique de leur fils. → ............

A. DAUDET, *Lettres de mon moulin.*

**3 ★★★ Lisez le texte suivant, puis répondez aux questions.**

Feu Minoret, son parrain, lui apparut et **lui** fit signe de venir avec **lui** ; elle s'habilla, le suivit au milieu des ténèbres jusque dans la maison de la rue des Bourgeois, où elle trouva les moindres choses comme elles étaient le jour de la mort de son parrain. Le vieillard portait les vêtements qu'il avait sur lui la veille de sa mort. […] Le docteur amena sa pupille jusque dans le cabinet du pavillon chinois.

H. DE BALZAC, *Ursule Mirouet.*

1. Relevez les groupes nominaux qui désignent le personnage souligné.

............................................................

............................................................

2. Quelles informations ces mots de reprise apportent-elles au lecteur ?

............................................................

............................................................

3. Qui reprennent les pronoms personnels en rose ?

............................................................

............................................................

Auto évaluation — Très bien ☐ Bien ☐ Pas assez bien ☐

Français

# 18 Le présent et le passé simple

## Observer et retenir

### Le présent de l'indicatif

Les terminaisons du **singulier** au présent varient selon le groupe du verbe.

- Pour le 1er **groupe** et les verbes *ouvrir, cueillir* : **-e**, **-es**, **-e**.
  *Je marche, tu places, il ouvre.*
- Pour le 2e **groupe** et certains verbes du 3e groupe : **-s**, **-s**, **-t**.
  *Je finis, tu aperçois (apercevoir), il vient (venir).*
- Pour le 3e **groupe** :

– les verbes en **-tir** (sauf *vêtir*) perdent le **-t** aux 1re et 2e personnes du singulier ;
*Je sors, tu sors, il sort ; je mens, tu mens, il ment ; je vêts, tu vêts.*
– les verbes en **-dre** gardent le **-d**, sauf les verbes en *-soudre* et en *-indre* ;
*Je répands, tu mords, il mord ; je plains, tu résous, il résout.*
– les verbes *pouvoir, vouloir, valoir* se terminent par **-x**, **-x**, **-t**.
*Je veux, tu veux, il veut ; je vaux, tu vaux, il vaut.*

### Le passé simple

- Si le participe passé se termine par une consonne que l'on entend au féminin ou s'il se termine par la voyelle **-i**, les terminaisons sont : **-is**, **-is**, **-it**, **-îmes**, **-îtes**, **-irent**.
  *Mettre (mis, mise) → je mis ; finir (fini) → je finis.*

**Exception** ▸ *mourir → je mourus.*

- Pour les participes passés en **-é**, les terminaisons sont **-ai**, **-as**, **-a**, **-âmes**, **-âtes**, **-èrent**.
  *Ranger (rangé) → je rangeai.*

**Exception** ▸ *naître (né) → je naquis.*

- Si la voyelle est **-u**, les terminaisons sont : **-us**, **-us**, **-ut**, **-ûmes**, **-ûtes**, **-urent**.
  *Lire (lu) → je lus ; vivre (vécu) → je vécus.*
- Pour les verbes en **-dre** (sauf *moudre* et *résoudre*) et *voir, battre, vaincre, rompre, vêtir*, le participe passé est en **-u** mais le passé simple en **-is**.
  *Mordre (mordu) → je mordis ; voir (vu) → je vis.*
- Les verbes **tenir**, **venir** et leurs dérivés ont un participe en **-u** et un passé simple en **-ins** : **-ins**, **-ins**, **-int**, **-înmes**, **-întes**, **-inrent**.
  *Tenir (tenu) → je tins ; venir (venu) → je vins.*

## Savoir faire

### Repérer les changements de radical d'un verbe

Il faut déterminer si un verbe a une ou plusieurs bases dans sa conjugaison.

→ Verbes à **une base** : *marcher (march-), cueillir (cueill-)*, etc.

→ Verbes à **deux bases** : *finir (fini-/finiss-), appeler (appel-/appell-)*, etc.

→ Verbes à **quatre bases et plus** : *aller (v-, all-, i-, aill-), avoir* et *être*.

## S'entraîner

→ Corrigés p. 273

**1 ★ Complétez ce tableau en conjuguant les verbes au présent, aux 1re et 3e personnes du singulier.**

| | étendre | gémir | conclure | peindre | connaître |
|---|---|---|---|---|---|
| Groupe | | | | | |
| 1re personne | | | | | |
| 3e personne | | | | | |

**2 ★★ Complétez ce tableau en conjuguant les verbes au passé simple, à la 1re personne du singulier et à la 3e personne du pluriel.**

| | offrir | éteindre | résoudre | percer | survenir |
|---|---|---|---|---|---|
| Groupe | | | | | |
| Participe passé | | | | | |
| 1re personne | | | | | |
| 3e personne | | | | | |

**3 ★★ Conjuguez les verbes suivants au présent, aux trois personnes du singulier et à la 1re personne du pluriel.**

**1.** louer – **2.** manger – **3.** placer – **4.** semer – **5.** rejeter – **6.** blanchir – **7.** découvrir – **8.** voir – **9.** savoir – **10.** joindre – **11.** remettre – **12.** combattre – **13.** convaincre – **14.** vouloir

.....................................................................

.....................................................................

.....................................................................

**4 ★★ Conjuguez les verbes suivants au passé simple, aux 1re et 3e personnes du singulier.**

**1.** être – **2.** avoir – **3.** devoir – **4.** errer – **5.** aller – **6.** recouvrir – **7.** défaire – **8.** ressentir – **9.** recevoir – **10.** boire

.....................................................................

.....................................................................

.....................................................................

**5 ★★ Transposez ce texte au présent de l'indicatif.**

Cette voix me rassura, je n'étais plus seule ; mais curieuse de savoir qui s'amusait à me contrefaire, je rentrai dans l'appartement, je croyais y trouver quelqu'un. J'y étais absolument seule comme à l'ordinaire. Je revins sur la terrasse, et j'appelai ma mère ; la voix répéta le mot d'une voix très douce, mais très nette, et cela me donna beaucoup à penser. Je grossis ma voix.

G. SAND, *Histoire de ma vie.*

**6 ★★★ Transposez ce texte au passé simple.**

Maria s'est réveillée tôt. Quand elle a senti le vent chaud entrant par la fenêtre, elle a bondi, a revêtu son jean et son pull. Elle a descendu l'escalier de l'immeuble et a retrouvé la place déserte, les parkings encore silencieux. Elle a perçu de nouveau la brise chaude sur son visage ; la caresse l'a fait frissonner. Soudain, le bruit des motos est venu très vite, elle l'a entendu éclater entre les tours.

Auto évaluation — Très bien ☐ Bien ☐ Pas assez bien ☐

# 19 L'emploi des temps de l'indicatif

## Observer et retenir

### Le présent

- Le **présent d'énonciation** est le temps coïncidant avec le moment où l'on parle ou écrit.
  *Nous sommes le 2 octobre, j'écris un ouvrage pour les élèves de 3e.*
- Le présent exprime une **vérité générale** (fait scientifique, proverbe).
  *La mer est salée. Tant va la cruche à l'eau qu'à la fin elle se casse.*
- Le **présent de narration**, dans un récit au passé, rend le récit plus vivant.
  *Candide demanda qu'on voulût bien avoir la bonté de lui casser la tête : il obtint cette faveur ; on lui bande les yeux ; on le fait mettre à genoux.* (Voltaire, *Candide*.)
- Le présent exprime un **passé très récent** ou un **futur immédiat**.
  *Tu n'as pas vu Eliott ? Il sort d'ici. J'arrive dans cinq minutes.*

### Le passé composé

- Il marque l'**antériorité** d'une action par rapport au présent.
  *Quand j'ai fini mon travail à l'usine, je vais au parc pour me distraire.*
- Dans un récit, il exprime les **actions de premier plan** qui font progresser l'histoire.

### Le passé simple

- Il exprime une **action totalement achevée**, considérée dans sa totalité. Temps de base du **récit**, il marque la succession des actions de premier plan.
  *Julien connut la faim, la soif. Il s'habitua au fracas des batailles.*

### L'imparfait

- Il montre l'**action en train de se dérouler**, qu'elle soit brève ou longue.
  *Les hyènes marchaient devant lui, le loup et le sanglier derrière.*
- Il exprime la **répétition** ou l'**habitude**.
  *Autrefois, on voyait des chameaux cheminant dans le désert.*
- Dans un récit au passé, il traduit **l'arrière-plan**.

## Savoir faire

### Respecter la concordance des temps

Il faut lier les temps de la principale et de la subordonnée à l'indicatif.

| Verbe principal | Verbe de la subordonnée | | |
|---|---|---|---|
| | **Action antérieure** | **Action simultanée** | **Action postérieure** |
| Présent ou futur | imparfait, passé composé | présent | futur |
| Passé | plus-que-parfait, passé antérieur | imparfait | conditionnel présent |

## S'entraîner

→ Corrigés p. 273

### 1 ★ Identifiez les temps des verbes dans les textes suivants.

**1.** Quand je me lève, il est onze heures. Lorgnon, qui a l'air d'avoir oublié l'incident d'hier soir, s'agite instantanément en direction du placard de la cuisine, en sort tout un attirail spécial petit déjeuner. En un coup de cuillère à pot, je suis installé devant un bol de chocolat, flanqué de trois tartines bourrées à mort de confiture.

G. MONCOMBLE, *Mes chers voisins*, © Nathan Jeunesse.

.............................................................

.............................................................

**2.** Nous devions dîner ce jour-là à Puygarrig, chez les parents de la future ; nous montâmes en calèche, et nous nous rendîmes au château, éloigné d'Ille d'environ une lieue et demie. Je fus présenté et accueilli comme l'ami de la famille. Je ne parlerai pas du dîner ni de la conversation qui s'ensuivit, et à laquelle je pris peu de part. M. Alphonse, placé à côté de sa future, lui disait un mot à l'oreille tous les quarts d'heure.

MÉRIMÉE, *La Vénus d'Ille*.

.............................................................

.............................................................

### 2 ★★ Quelle est la valeur du présent dans les phrases suivantes ?

**1.** La nappe phréatique, formée par l'infiltration des eaux de pluie, alimente les sources et les puits. → ............

**2.** Aujourd'hui, plus d'un milliard de personnes n'ont pas accès à l'eau potable. → ............

**3.** Les petits gueux quittèrent aussitôt le jeu, en laissant à terre leurs palets, et tout ce qui avait servi à leurs divertissements. Candide les ramasse, court au précepteur, et les lui présente humblement. Le maître, en souriant, les jeta par terre, regarda Candide avec beaucoup de surprise. (Voltaire, *Candide*.) → ............

**4.** Un mauvais arrangement vaut mieux qu'un bon procès. → ............

**5.** Oui, maman, je descends tout de suite.

→ ............

### 3 ★★ Conjuguez les verbes entre parenthèses au temps qui convient dans ce récit au passé.

Elle (sourire) ............ en le regardant ; elle (commencer) ............ même à rire ; et il (perdre) ............ la tête, cherchant un compliment à dire. Mais il ne (trouver) ............ rien. Alors, saisi d'une audace de poltron, il (penser) ............ : « Tant pis, je (risquer) ............ tout ».

### 4 ★★★ Récrivez ce texte au présent, puis au passé composé.

Elle se précipita dans le courant et sentit rouler sous ses pieds le sable et les galets tapissant le fond qui s'inclinait rapidement. Elle plongea dans l'eau fraîche, émergea en soufflant et nagea d'une brasse vigoureuse vers la rive opposée.

J. AUEL, *Le Clan de l'ours des cavernes*.

.............................................................

.............................................................

.............................................................

.............................................................

.............................................................

.............................................................

Auto évaluation Très bien ☐ Bien ☐ Pas assez bien ☐

# 20 Le discours rapporté

## Observer et retenir

Le **discours rapporté** cite des paroles ou des pensées, à l'oral ou à l'écrit.
On entend les voix de celui qui cite et de celui qui est cité.

### Le style direct

- Il rapporte les paroles **telles qu'elles ont été prononcées** par la personne.
  *Une personne qui s'occupe des ours dans le Haut-Béarn a déclaré : « Nous n'avions pas vu d'ourson dans le secteur depuis 2000 ! »*
- Le style direct se repère grâce aux **marques** suivantes :

– un verbe introducteur : *dire, affirmer, répondre, rétorquer*, etc. ;
– les guillemets, qui encadrent l'ensemble des paroles rapportées ; le retour à la ligne, le retrait (alinéa) et le tiret pour signaler le changement d'interlocuteur ;
– les 1re et 2e personnes, les temps, les repères *ici, maintenant, hier, demain*...

*Ma mère entra dans ma chambre. Elle me dit :*
*« – Comment ! Tu ne dors pas encore ?*
*– Je n'ai pas sommeil, maman. »*

### Le style indirect

- Il rapporte les paroles dans une subordonnée complétive ou interrogative indirecte.
  *Elles avaient très faim. Pouce disait qu'elle était prête à dévorer.*
- Les personnes et les possessifs de la subordonnée changent éventuellement selon la personne qui rapporte les propos et qui les a tenus.
  *Je dis que j'appelle un docteur. Liana dit qu'elle appelle un docteur.*
- Les temps suivent la concordance des temps. Les repères temporels changent si le verbe introducteur est au passé simple.
  *Il affirme qu'il rentrera demain.* → *Il affirma qu'il rentrerait le lendemain.*

### Le style indirect libre

- Il garde les marques du style indirect, sans dépendre d'un verbe introduisant une subordonnée.
  *Elle s'inquiétait. Viendrait-il ? À cinq heures, elle rentrerait.*
- Il garde certaines marques du style direct : l'interrogation, l'exclamation, l'interjection.
  *Ariane protestait. Quoi ! Elle pouvait rentrer seule !*

## Savoir faire

### Reconnaître et transposer les styles

→ **Pour identifier un style**, il faut observer la présence de marques caractéristiques : guillemets, tirets, retrait, 1re et 2e personnes, temps, ponctuation, subordonnée...

→ **Pour transposer d'un style à un autre**, il faut définir qui parle et qui rapporte les paroles, le temps du verbe introducteur, afin d'opérer les modifications nécessaires.

## S'entraîner

→ Corrigés p. 274

**1 ★ Identifiez le style employé pour rapporter les paroles.**

**1.** Personne ne lui disait qu'Annah manquait l'école depuis un mois. → ............

**2.** « Tu travailles bien à l'école ? » → ............

**3.** Annah écoutait sa mère. Pourquoi faisait-elle l'école buissonnière ? Où allait-elle tous les jours ? Elle était profondément déçue. → ............

**4.** Allez, viens, tu ne peux pas rester là. → ............

**5.** Pierre lui annonça que la vieille maison serait bientôt démolie. → ............

D'après J.-M. G. LE CLÉZIO, *Orlamonde*, © Éditions Gallimard.

**2 ★★ Dans ce passage, quels sont les procédés utilisés pour rapporter les paroles du personnage de Zola, Gervaise ?**

« Oh ! c'est vilain de boire ! » dit-elle à mi-voix.
Et elle raconta qu'autrefois, avec sa mère, elle buvait de l'anisette, à Plassans. Mais elle avait failli en mourir un jour, et ça l'avait dégoûtée ; elle ne pouvait plus voir les liqueurs.

É. ZOLA, *L'Assommoir*.

............................................................

**3 ★★ Dans ce passage, quels sont les procédés utilisés pour rapporter les paroles du personnage de Maupassant, Bel-Ami ?**

Il examinait ces lettres assemblées qui lui paraissaient mystérieuses, pleines de sens inquiétants. « Louis Langremont », qui était cet homme ? De quel âge ? De quelle taille ? De quelle figure ? N'était-ce pas révoltant qu'un étranger, un inconnu, vînt ainsi troubler votre vie, tout d'un coup, sans raison, par pur caprice, à propos d'une vieille femme qui s'était querellée avec son boucher ?
Il répéta encore une fois, à haute voix :
« Quelle brute ! »

G. DE MAUPASSANT, *Bel-Ami*.

............................................................

............................................................

............................................................

............................................................

**4 ★★★ Transformez les phrases suivantes du style indirect au style direct.**

**1.** Éliane se dit qu'elle aimerait mieux marcher pieds nus.

............................................................

**2.** Mila crie qu'elle ne veut pas retourner là-bas, dans cette ville qui semble morte.

............................................................

**3.** Elle dit de la ramener chez elle, au pays du soleil.

............................................................

**5 ★★★ Récrivez ces phrases au style indirect en effectuant toutes les transformations nécessaires. Vous commencerez par « Elle me disait que ».**

**1.** Moi je resterai près de ton lit jusqu'à ce que tu t'endormes et, si tu veux, je te raconterai l'histoire de Diamantine.

............................................................

**2.** Tes parents ne t'abandonneront jamais, ils te garderont près d'eux.

............................................................

**3.** Mes parents ne se sont pas occupés de moi.

............................................................

**4.** Ce sont mes grands-parents qui m'ont élevée.

............................................................

Auto évaluation — Très bien ☐ Bien ☐ Pas assez bien ☐

# 21 Le discours narratif

## Observer et retenir

### Le récit

- Le récit d'événements réels ou imaginaires suit la chronologie ou le **schéma narratif** (situation initiale, modification, action, dénouement, situation finale).
  *Il enfila un pantalon, passa son polo bleu, laça ses baskets, puis plongea la main dans une boîte d'où il sortit cent euros. Ensuite, il fila dans la rue.*
- Retour en arrière, anticipation, résumé, ellipse peuvent bouleverser la chronologie.
  *Max sombra d'un coup… Le lendemain, il se réveilla courbaturé.*

### La narration et le narrateur

- Un narrateur anonyme, extérieur à l'action ou simple témoin, raconte l'histoire à la 3e personne.
  *Marie rentra du collège toute triste et gravit lentement les étages.*
- Un personnage, principal ou secondaire, raconte l'histoire à la 1re personne.
  *Le 21 mai, je rentrais à Tlemcen avec bœufs, moutons et chameaux.*
- Dans l'autobiographie ou le journal intime, une personne réelle raconte sa vie.
  *Je suis né le samedi 7 mars 1936, vers neuf heures du soir, dans une maternité sise 19, rue de l'Atlas, à Paris, 19e arrondissement.* (Georges Perec, *W ou Le Souvenir d'enfance*, 1975, © Éditions Denoël.)

### Le point de vue

- Le point de vue **interne** rapporte les événements à travers le regard d'un personnage ; sa perception se limite à ce qu'il voit, entend ou sait.
  *M. Durand me semblait préoccupé, sans doute troublé par le drame récent.*
- Le point de vue **externe** rapporte les événements de l'extérieur : un témoin, étranger à l'action, ne révèle aucune information sur les personnages.
  *Dans la pénombre de la salle de café, le patron dispose les tables et les chaises, les cendriers, les carafes d'eau ; il est six heures du matin.*
- Le point de vue **omniscient** : un narrateur anonyme qui voit et sait tout rapporte les événements ; il adopte parfois le point de vue interne d'un personnage.
  *La maison dont il s'agit avait toujours été occupée par des abbés et appartenait à une vieille fille nommée mademoiselle Gamard.*

## Savoir faire

### Reconnaître le discours narratif et identifier sa visée

→ **Pour identifier le discours narratif**, il faut repérer la présence de personnages agissants, la succession d'événements (péripéties), le passé simple ou le passé composé, le présent de narration.

→ **Pour identifier la visée du discours narratif**, il faut observer son origine : dans la fable ou le conte, il sert à argumenter ; dans le fait divers, il informe. Il sert aussi à expliquer, dans les contes explicatifs.

## S'entraîner

→ Corrigés p. 274

**1 ★ Quelles phrases relèvent du discours narratif ? Identifiez les autres discours.**

**1.** Cet endroit est un désert de pierres, une solitude battue par le vent de la mer.

..........................................................

**2.** Quand Napoléon rétablit le culte catholique, l'abbé Chapeloud fut nommé chanoine de Saint-Gatien et Birotteau devint vicaire de la cathédrale. (BALZAC, *Le Curé de Tours.*)

..........................................................

**3.** Le vicaire est celui qui exerce en second les fonctions attachées à un office ecclésiastique ; c'est le prêtre qui aide le curé.

..........................................................

**4.** En octobre 1864, un jeune ouvrier, âgé de seize ans, s'arrêta sur une petite place au bas de Moulins. ..........................................

**5.** Ses cheveux grêles et rares laissaient voir son crâne par plusieurs sillons réguliers.

(BALZAC, *L'Interdiction.*)

..........................................................

**2 ★ Identifiez, dans ces extraits, retour en arrière (R), sommaire (S), anticipation (A).**

**1.** À cette époque, Jérémie Larrey n'était pas encore marié. Il épousera Léa Duval l'année suivante. Balthazar ne naîtra que dans dix-huit mois. → ......

**2.** Il voyagea. Il connut la mélancolie des paquebots, les froids réveils sous la tente, l'étourdissement des paysages et des ruines, l'amertume des sympathies interrompues. Il revint. Il fréquenta le monde, et il eut d'autres amours encore. → ......

(FLAUBERT, *L'Éducation sentimentale.*)

**3.** Hugues leur raconta sa vie passée. L'idée de travailler la terre l'avait effrayé. Il était parti à Rouen où il s'était fait embaucher chez un imprimeur mais le métier ne lui avait pas plu. Alors il avait embarqué sur un chalutier. → ......

**3 ★★ Identifiez le type de narrateur dans chaque phrase, ainsi que le point de vue adopté.**

**1.** J'avais la peur au ventre, et le ventre vide. Un copain m'avait conseillé de ne pas manger avant une attaque. (C. LAMBERT, *L'Or et la Boue,* © Nathan Jeunesse.)

..........................................................

**2.** La nuit. Le fleuve roulait à coups d'épaules à travers la forêt, Antonio s'avança jusqu'à la pointe de l'île. (J. GIONO, *Le Chant du monde,* © Éditions Gallimard.)

..........................................................

**3.** À neuf heures, la salle du théâtre des Variétés était encore vide. Quelques personnes, au balcon et à l'orchestre, attendaient perdues parmi les fauteuils de velours grenat, dans le petit jour du lustre à demi-feu. (ZOLA, *Nana.*)

..........................................................

**4 ★★★ Quelle est la visée de ce récit ?**

Ménalque descend son escalier, ouvre sa porte pour sortir, il la referme : il s'aperçoit qu'il est en bonnet de nuit ; et venant à mieux s'examiner, il se trouve rasé à moitié, il voit que son épée est mise du côté droit, que ses bas sont rabattus sur ses talons, et que sa chemise est par-dessus ses chausses. S'il marche dans les places, il se sent tout d'un coup rudement frappé à l'estomac ou au visage ; il ne soupçonne point ce que ce peut être, jusqu'à ce qu'ouvrant les yeux et se réveillant, il se trouve ou devant un limon de charrette, ou derrière un long ais de menuiserie que porte un ouvrier sur ses épaules.

LA BRUYÈRE, *Les Caractères.*

..........................................................

Auto évaluation Très bien ☐ Bien ☐ Pas assez bien ☐

# 22 Le discours descriptif

## Observer et retenir

Le discours descriptif représente des lieux, des objets, des êtres vivants, de manière **objective** ou **subjective**. Il montre un **décor**, fait « exister » des personnages et des personnes réelles (portrait). Il **informe**, **explique** (ouvrages scientifiques), **convainc** ou **critique**.

*Apparut une grosse femme, une fausse blonde, la figure rougie par le fard.*

### La caractérisation

- Les caractéristiques permettent de distinguer un objet des autres objets décrits.
  *La chambre bleue a un lit, des rideaux et des fauteuils en velours bleu.*
- La caractérisation, grâce aux expansions du nom, aux comparaisons et métaphores, est :

– objective : neutre, elle ne comporte ni jugement, ni sentiment ;
*La rue de Saint-Lézer est une longue avenue droite, bordée d'acacias.*
– subjective : elle exprime des sentiments, un jugement positif, négatif.
*Les prairies formaient un extraordinaire jardin aux mille fleurs.*

### L'organisation de la description

- Le **regard de l'observateur** suit un ordre précis :

– il se poste à un endroit (fenêtre, porte, pont, sommet...) ;
*Accoudé à la fenêtre, il contemplait les toits rouges et bleus de la ville.*
– il se déplace (dans une maison, une ville...).
*De là, il prit le Pont-Neuf, à gauche il longea les quais de Seine encore déserts.*

- Des **connecteurs de lieu** (ou de temps) organisent l'espace : *proche/lointain, droite/gauche, bas/haut, d'abord/ensuite/enfin...*
  *À gauche se creusent des boutiques basses. À droite s'étend une muraille grise.*
- Le **portrait** présente le physique, le caractère, la situation familiale ou sociale, selon un ordre variable.
  *À seize ans, ils portaient encore des culottes courtes marron ; petits, maigres, turbulents, les deux frères étaient les tyrans de la maison.*

## Savoir faire

### Reconnaître le discours descriptif et identifier sa visée

→ **Pour repérer une description**, il faut observer le développement du lexique (corps, couleurs, forme, relief, qualités, etc.) et les verbes de perception (les cinq sens).

→ **Pour identifier la visée du discours descriptif**, il faut voir si la description est objective (informer, expliquer, convaincre) ou subjective (valoriser, dévaloriser, dénoncer, critiquer, persuader) en étudiant le lexique et l'expressivité.

## S'entraîner

→ Corrigés p. 274

**1 ★ Quelles phrases relèvent du discours descriptif ? À quel discours appartiennent les autres ?**

**1.** Les résistants filèrent et montèrent dans la tour. → ............

**2.** La tour où se réfugiaient les résistants faisait une saillie sur le corps du bâtiment. → ............

**3.** La douve est le nom donné au petit canal du fossé qui entoure un château fortifié. → ............

**4.** Derrière ses lunettes d'écaille, ses yeux gris brillaient d'un éclat minéral. → ............

**2 ★★ Lisez ce texte, puis répondez aux questions.**

Coffrets théières Colonies. Présentée dans son coffret comme dans un écrin, la théière Colonie est un vrai bijou qui rappelle des traditions vietnamiennes anciennes. Le thé étant un produit précieux, il était en effet d'usage de l'offrir. Ici, c'est la théière en faïence de Hanoi accompagnée de deux bols et déclinée dans quatre couleurs qui rappelle cet art de vivre de l'Indochine. Le coffret est revêtu d'un décor provenant d'une caisse ancienne : c'est un magnifique objet.

*L'Amateur de thé*, déc. 2004.

**1.** Relevez les principaux champs lexicaux.

............................................................

**2.** Comment cette description est-elle organisée ?

............................................................

**3.** Quelle impression cherche-t-on à produire ?

............................................................

**4.** Quelle est la visée du texte ?

............................................................

**3 ★★★ Lisez ce texte, puis répondez aux questions.**

Je voulais rêver, et j'en étais toujours détourné par quelque spectacle inattendu. Tantôt d'immenses roches pendaient en ruines au-dessus de ma tête. Tantôt de hautes et bruyantes cascades m'inondaient de leur épais brouillard. Tantôt un torrent éternel ouvrait à mes côtés un abîme dont les yeux n'osaient sonder la profondeur. Quelquefois je me perdais dans l'obscurité d'un bois touffu. Quelquefois, en sortant d'un gouffre, une agréable prairie réjouissait tout à coup mes regards.

J.-J. ROUSSEAU, *La Nouvelle Héloïse*.

Comment la description est-elle organisée ? Quelle impression produit-elle ?

............................................................

**4 ★★★ Lisez les deux textes ci-dessous, puis répondez aux questions.**

**1.** L'eau jaunâtre en était constamment remuée en sens contraire par les mouvements de la marée, qui se faisait sentir jusque-là. On y respirait, dans les vents humides, des odeurs de goudron, de chanvre, et de planches de sapin. Tout cela était monotone et laid, et rien au fond ne me consolait des Trembles. (E. FROMENTIN, *Dominique*.)

**2.** Le rang du Beauregard aligne ses façades typiques de l'architecture lilloise. Brique, calcaire et grès en sont les piliers. Au XVII^e^ siècle, les bourgeois s'amusent à parer leurs demeures d'accessoires rococos. Angelots, pilastres et autres festons sculptés dans le calcaire tendre venu de Lezennes, au sud-est de Lille. (J.-L. ANDRÉI, © *GÉO*, n° 260.)

**a.** Quelle description est subjective ? Justifiez.

............................................................

**b.** Quel type de point de vue y est employé ?

............................................................

Auto évaluation Très bien ☐ Bien ☐ Pas assez bien ☐

# 23 Les discours explicatif et argumentatif

## Observer et retenir

### Expliquer

- Le discours explicatif répond à une **question**, explicite ou implicite : « pourquoi ? », « comment ? », « qu'est-ce que ? » ; il fait comprendre un phénomène, un mode d'emploi, le sens d'un mot… Le présent de vérité générale y est employé.

  *Qu'est-ce que le refichage ? Le refichage consiste à regarnir les joints des pierres. On pique puis on lave le mur ; on y introduit un mortier de sable fin et de chaux.*

- Le lexique est souvent **scientifique** ou **technique**, illustré parfois par une image.

  *À l'usine de pâte à papier, le bois est d'abord débarrassé de l'écorce (écorçage). Il est ensuite « défibré », transformé en copeaux, puis lessivé.*

- Le discours explicatif se divise en trois étapes : la **question**, l'**explication** et une éventuelle **conclusion**. Il suit la chronologie ou la logique des opérations grâce à des connecteurs logiques et à la ponctuation (virgule, point-virgule, deux-points).

  *L'origine de la houille est celle-ci : d'abord, engloutissement dans la croûte terrestre des grandes forêts de l'époque géologique, puis lente minéralisation des végétaux, sous l'action de la pression, de la chaleur et de l'acide carbonique.*

### Argumenter

- Le discours argumentatif exprime une **opinion** ou un **jugement**, vise à convaincre ou à persuader, à l'aide d'arguments rationnels ou affectifs, illustrés d'exemples.

  *Nous trions nos déchets parce que nous refusons de polluer la Terre.*

- Il sert à débattre de problèmes, à combattre des idées, à défendre une cause. On le trouve partout : presse, lettre, politique, publicité, roman, théâtre, poésie, fable, etc.

  *Enduits Bouch'trou. Bouch'trou vous garantit un résultat impeccable et durable.*

- Le **thème** est l'objet du désaccord, de la **discussion** ; il se repère grâce au titre d'un texte et aux champs lexicaux. La **problématique** met ce thème en question. Les **thèses** sont les prises de position sur ce sujet.

  *On parle beaucoup de la vitesse sur la route. Quelles solutions sont envisageables ? Certains pensent que la limitation ne suffit pas, ils proposent de brider les moteurs.*

> **Objectif**, le discours explicatif apporte en général une seule réponse, parfois fondée scientifiquement. **Subjectif**, le discours argumentatif défend une thèse, apporte diverses réponses et repose sur des opinions, sur des valeurs que tous ne partagent pas.

## Savoir faire

### Distinguer l'explicatif et l'argumentatif

→ Pour les distinguer, on observe les **marques d'objectivité** (discours explicatif) et **de subjectivité** (discours argumentatif).

→ Il faut rester vigilant car ces deux discours emploient les mêmes **connecteurs logiques**.

## S'entraîner

→ Corrigés p. 274

### 1 ★ Indiquez les phrases explicatives (E) et argumentatives (A).

**1.** Les plaines, vastes étendues, à la pente faible ou nulle, ont souvent été constituées par le dépôt de sédiments (calcaires, sables, argiles) au fond de mers ou de lacs asséchés. → ......

**2.** Il faut reboiser les forêts incendiées parce que les arbres sont indispensables à la survie de l'homme : ils fabriquent l'oxygène indispensable. → ......

**3.** Comment fonctionnait leur navire interplanétaire ? C'était une sorte de sphère dont l'enveloppe – la voile – très fine et légère, se déplaçait dans l'espace, poussée par la pression des radiations lumineuses. → ......

**4.** Le climat est déréglé ! Ce sont toutes les fusées et les satellites qu'ils envoient dans l'espace. En plus, ils finiront par nous tomber sur la tête ! → ......

### 2 ★★ Lequel de ces deux textes est explicatif ? Justifiez votre réponse.

**1.** Grâce à son filtre à particules deuxième génération, cette voiture s'inscrit parfaitement dans la stratégie du constructeur visant à réduire les émissions polluantes sans diminuer les performances ni le plaisir de conduire.

**2.** Le pot catalytique est un superpot d'échappement dont l'intérieur en céramique est à structure alvéolaire recouverte d'une fine couche de métal précieux (platine, radium, paladium...). Lorsque les gaz sont en contact avec cet alliage, il se produit des réactions chimiques qui transforment ces gaz polluants en azote, soufre, gaz carbonique et vapeurs d'eau, tous non toxiques.

..........................................................

..........................................................

..........................................................

..........................................................

..........................................................

### 3 ★★ Lisez le texte suivant, puis répondez aux questions.

Ponpon. – Ce chiot ressemble peut-être à un saucisson à pattes, il n'en est pas moins le chouchou de la famille Choubert, qui vient de l'adopter. Comment nourrir, dresser, soigner le délicieux Ponpon, sous l'œil clinique et sagace du Dr Klebs ? Réponse dans ce savoureux court métrage d'animation en volume, qui oscille entre la chronique familiale et le documentaire animalier délirant.

S. BOURDAIS, © *Télérama*, 15 décembre 2004.

**1.** Quelle est la visée de ce texte argumentatif ?

..........................................................

**2.** Quels sont les arguments ?

..........................................................

### 4 ★★★ Lisez le texte suivant, puis répondez aux questions.

Je n'ai pas besoin de te recommander d'être économe, dit Michaud. Tu sais combien la vie est devenue difficile. Ne te laisse jamais entraîner à une dépense inutile sans réfléchir à ce qu'elle représente dans le domaine de l'indispensable. Je ne veux pas dire du mal des gens qui gagnent de l'argent facilement. La chance a quelquefois un visage honnête. Mais je te mets en garde contre la tentation de croire que l'argent vite gagné et vite dépensé puisse avoir la même valeur que le nôtre.

MARCEL AYMÉ, *Le Chemin des écoliers*, © Éditions Gallimard.

**1.** Quel est le thème de cet extrait ?

..........................................................

**2.** Quelle est la thèse défendue ?

..........................................................

**3.** Quels arguments identifiez-vous ?

..........................................................

**Auto évaluation** Très bien ☐ Bien ☐ Pas assez bien ☐

# 24 Le paragraphe argumentatif

## Observer et retenir

### Le paragraphe

Le paragraphe, unité de base du texte argumentatif, suit principalement deux schémas :

- **idée directrice** → **arguments (justification)** → **exemple(s)** (illustrations ou preuves) ;
  *Que doit un chien à un chien, et un cheval à un cheval ? Rien, aucun animal ne dépend de son semblable ; mais, l'homme ayant reçu le rayon de la Divinité qu'on appelle* raison, *quel en est le fruit ? C'est d'être esclave dans presque toute la terre.* (Voltaire, « Égalité », *Dictionnaire philosophique*.)
- **exemples** → **arguments** → **idée directrice** (thèse refusée ou soutenue).
  *Partout les actes d'incivilité se multiplient. Jeunes et adultes développent un comportement violent, ne résistent plus à leurs pulsions ou impulsions. L'éducation parentale ou scolaire n'humanise plus ces attitudes « primaires ». On peut donc affirmer que la violence caractérise notre société.*

### Arguments et exemples

- Pour défendre une thèse, on emploie des **arguments** : un fait, une idée ou une analyse justifient cette thèse.
  *Si la violence se développait réellement de manière continue, nos sociétés auraient sombré dans la tourmente depuis bien longtemps.*
- Les **exemples** (faits, anecdotes, statistiques) illustrent l'argument et servent aussi de preuve.
  *Pourtant, les trains roulent, les usines produisent, les administrations gèrent.*

### L'organisation du discours argumentatif

On organise les paragraphes d'un raisonnement grâce aux **connecteurs logiques**.

*La démocratie est un État où le peuple souverain, guidé par des lois qui sont son ouvrage, fait par lui-même tout ce qu'il peut bien faire, et par des délégués tout ce qu'il ne peut pas faire lui-même.*

*C'est **donc** dans les principes du gouvernement démocratique que vous devez chercher des règles de votre conduite politique.*

***Mais** pour fonder et pour consolider parmi nous la démocratie, pour arriver au règne paisible des lois constitutionnelles, il faut terminer la guerre de la liberté contre la tyrannie.* (Robespierre, *Discours du 7 février 1794*.)

## Savoir faire

### Analyser un raisonnement, un argumentaire

→ On observe l'**ordre** des paragraphes.

→ On repère les **connecteurs** logiques (addition, opposition, cause, etc.).

→ On identifie la **thèse**, les arguments et les exemples utilisés pour la défendre.

## S'entraîner

→ Corrigés p. 274

**1** ★★ **Étudiez la composition de ce paragraphe argumentatif.**

Aujourd'hui comme autrefois, tout être porte en lui le démon de l'aventure. Or, bien peu sont en état de la vivre ; l'immense majorité se contente de la rêver. Manque d'audace ? D'occasion ? Timidité ? Lâcheté ? Esprit casanier ? Certes. Mais pourquoi affronter corporellement les risques ? Il y a les livres, les revues, les spectacles qui, sollicitant l'imagination, donnent presque chaque jour le sentiment exaltant d'une insécurité permanente. Romans policiers, romans d'espionnage, feuilletons télévisés, westerns, films d'action…

R. MATHÉ, *L'Aventure d'Hérodote à Malraux*, © Bordas.

..............................................................

..............................................................

..............................................................

**2** ★★ **Étudiez l'organisation de cet extrait d'interview.**

– Qu'avez-vous à dire aux détracteurs du renard ?

– Il faut arrêter de le considérer comme un nuisible.

Au contraire, il est utile ! Même s'il dérange parfois parce qu'il mange des poules, il y a des solutions pour se prémunir.

Il suffit de clore entièrement le poulailler jusque dans sa partie supérieure, avec du grillage à maille étroite que l'on enterre profondément en faisant un retour à angle droit. Le piégeage et le déterrage sont des pratiques moyenâgeuses. Il faudrait les stopper. Mais c'est difficile car la haine du renard est culturelle, ancestrale.

**1.** Quelles sont les thèses en présence ?

..............................................................

..............................................................

**2.** Quels arguments sont avancés ?

..............................................................

..............................................................

**3** ★★★ **Analysez ce texte publicitaire.**

Whiskas. Vous avez certainement remarqué à quel point votre chat raffole du poisson. Rien d'étonnant à cela. Le chat, à l'origine, était un pêcheur. On situe sa naissance sur les bords du Nil, où, pour s'alimenter, il pêchait dans des marécages poissonneux. Félinité oblige. Chez Whiskas, nous connaissons vraiment les chats. Et nous les aimons comme ils sont : difficiles, exigeants, mais si fascinants.

Alors, pour leur plaisir, nous avons préparé 5 recettes à base de poisson : au saumon, à la truite, au cabillaud et aux crevettes, aux fruits de mer et délice de poissons.

5 recettes avec les poissons qu'ils aiment, les morceaux dont ils raffolent.

D'ailleurs, il suffit de regarder votre chat devant son assiette de Whiskas au poisson.

Il est heureux, il se régale. Il dévore à pleines dents. Et bien sûr, il n'en laisse pas une miette.

Il n'y a que Whiskas qui lui apporte ce plaisir-là, un plaisir qui le mène par le bout du nez.

*Whiskas* ®, 2005.

**1.** Quelle est sa visée ?

..............................................................

..............................................................

**2.** Quelle thèse soutient-il ?

..............................................................

..............................................................

**3.** Quels arguments et quels exemples sont utilisés ?

..............................................................

..............................................................

..............................................................

Auto évaluation Très bien ☐ Bien ☐ Pas assez bien ☐

# 25 Les genres

## Observer et retenir

### Une classification

Les genres ont évolué au fil du temps : certains sont apparus, d'autres se sont enrichis. L'Antiquité distingue la tragédie, la comédie, la poésie, la fable. Le roman se développe à partir du XVIIIe siècle.

### Les genres narratifs

- Le **récit court** existe sous diverses formes : le conte, la nouvelle, la fable : les *Contes* de Perrault, les *Fables* de La Fontaine.
- Le **roman**, au Moyen Âge récit en vers et en langue romane, puis récit en prose, aborde tous les sujets. On distingue le roman psychologique, historique, épistolaire, policier, etc. : les *Lettres persanes* de Montesquieu (épistolaire), *Le Chien jaune* de Simenon (policier).

### Le théâtre

- La **tragédie** se codifie au XVIIe siècle (unité d'action, de lieu et de temps) ; elle met en scène des dieux, des rois, des nobles affrontant le destin, la fatalité, souvent la mort. Ce spectacle suscite la crainte et la pitié : *Phèdre* de Racine.
- La **comédie** met en scène des personnages de milieu modeste ou moyen ; elle provoque le rire et son dénouement est heureux. On distingue la farce, la comédie de mœurs, de caractère : *Le Bourgeois gentilhomme* de Molière.
- Le **drame** emprunte quelques caractéristiques à la tragédie et à la comédie : drame bourgeois du XVIIIe (Diderot), romantique au XIXe (Musset).

### La poésie

- Le poème en vers comporte des régularités (nombre de syllabes ou de vers, strophes, rimes, forme – sonnet, ballade) ou il s'en affranchit (vers libre, poème en prose).
- On distingue la poésie épique, lyrique, engagée (satire, critique), didactique : *Les Feuilles d'automne* (Hugo), *Petits Poèmes en prose* (Baudelaire).

### L'autobiographie

Une personne réelle fait le récit de sa propre existence ; les mémoires ont une dimension historique marquée. L'auteur peut se cacher derrière un personnage fictif dont il narre la vie : *Les Mots* de Sartre.

## Savoir faire

### Reconnaître les genres et leurs caractéristiques

→ Pour reconnaître un genre, on observe le **« dessin »** que forme le texte sur la page (poème en vers, strophes, calligramme), la **narration** (roman, conte, nouvelle), la **représentation de l'action** (dialogues, didascalies du théâtre).

→ Le **nom de l'auteur** est aussi un bon indicateur, certains auteurs s'étant spécialisés dans un genre précis : Molière et le théâtre comique, Zola et le roman, etc.

## S'entraîner

➜ Corrigés p. 275

### 1 ★ Identifiez les genres dont sont extraits les textes suivants.

**1.** Rosine, *avec une colère simulée* – Tout ce que vous direz est inutile, monsieur. J'ai pris mon parti ; je ne veux plus entendre parler de musique.

........................................................

**2.** Chuck Eagan engagea la longue Cadillac dans une petite rue du centre et ralentit. Plus loin, sur la droite, il aperçut deux voitures de patrouille arrêtées devant un haut immeuble plongé dans l'obscurité, à l'exception de deux fenêtres allumées au septième étage.

........................................................

**3.** C'est un trou de verdure où chante une rivière
Accrochant follement aux herbes des haillons
D'argent ; où le soleil, de la montagne fière,
Luit ; c'est un petit val qui mousse de rayons.

........................................................

**4.** Je suis née le 7 novembre 1948, dans un petit village de montagne, dans les Pyrénées espagnoles. Je suis la quatrième d'une famille de sept enfants : cinq garçons et deux filles. Mes parents travaillaient la terre, une terre peu fertile dont ils tiraient, au prix d'efforts continus, notre maigre subsistance.

........................................................

### 2 ★ Relevez toutes les marques qui prouvent l'appartenance de cet extrait au genre théâtral.

Arlequin, *brusquement*. – Je ne sais point cela : cela m'est inutile.

Trivelin. – Je vous l'apprends.

Arlequin, *brusquement*. – Je ne me soucie pas de nouvelles.

Marivaux, *La double inconstance*, acte I, scène 4.

........................................................

........................................................

### 3 ★★ Relevez les caractéristiques de ce poème.

Après trois ans

Ayant poussé la porte étroite qui chancelle,
Je me suis promené dans le petit jardin
Qu'éclairait doucement le soleil du matin,
Pailletant chaque fleur d'une humide
[étincelle.

Rien n'a changé. J'ai tout revu : l'humble
[tonnelle
De vigne folle avec les chaises de rotin…
Le jet d'eau fait toujours son murmure
[argentin
Et le vieux tremble sa plainte sempiternelle.

Les roses comme avant palpitent ; comme
[avant,
Les grands lys orgueilleux se balancent au
[vent,
Chaque alouette qui va et vient m'est connue.

Même j'ai retrouvé debout la Velléda,
Dont le plâtre s'écaille au bout de l'avenue,
– Grêle, parmi l'odeur fade du réséda.

Verlaine, *Poèmes saturniens*.

........................................................

........................................................

### 4 ★★★ Reliez ces œuvres à leur auteur.

| | |
|---|---|
| **1.** *L'Avare* • | • **a.** Jean de La Fontaine |
| **2.** *Le Horla* • | • **b.** Émile Zola |
| **3.** *Les Misérables* • | • **c.** Molière |
| **4.** *L'Assommoir* • | • **d.** Guy de Maupassant |
| **5.** *Fables* • | • **e.** Charles Perrault |
| **6.** *Contes* • | • **f.** Victor Hugo |

Auto évaluation — Très bien ☐ Bien ☐ Pas assez bien ☐

# 1 Puissances entières d'un nombre relatif

## Observer et retenir

### Définitions

- Pour tout nombre relatif non nul $a$ et pour tout nombre entier positif $n$ supérieur ou égal à 2, on appelle $a^n$ le produit de $n$ facteurs tous égaux à $a$.

On écrira : $a^n = \underbrace{a \times a \times \ldots \times a}_{n \text{ facteurs égaux à } a}$.

Par convention, on aura : $a^0 = 1$ mais $0^0 = 0$ et $a^1 = a$.

**Remarque** $a^n$ se lit « $a$ exposant $n$ ».
Communément, on lira $a^2$ « $a$ au carré » et $a^3$ « $a$ au cube ».

- Pour tout nombre relatif non nul $a$ et pour tout nombre entier positif $n$ supérieur ou égal à 1, on appelle $a^{-n}$, l'inverse de $a^n$.

On aura ainsi : $a^n \times a^{-n} = 1$ donc $a^{-n} = \dfrac{1}{a^n}$.

### Propriétés des puissances

- Pour tous nombres relatifs $a$ et $b$ non nuls et pour tous les nombres entiers positifs $p$ et $q$, on a les quatre propriétés suivantes :

- $a^p \times a^q = a^{p+q}$
- $\dfrac{a^p}{a^q} = a^{p-q}$
- $(a^p)^q = (a^q)^p = a^{p \times q}$
- $(a \times b)^p = a^p \times b^p$

Exemples : $(3^4)^5 = 3^{4\times5} = 3^{20}$ ; $(3 \times 4)^2 = 3^2 \times 4^2 = 9 \times 16 = 144$ ; $(x \times y)^2 = x^2 \times y^2$.

**Remarque** $a^p + b^p \neq (a + b)^p$.

## Savoir faire

### Savoir organiser un calcul

On veut calculer l'expression $B = 6 + 8 \times 4 - 3 \times 4^2 + 42 \div 7$.

→ En l'absence de parenthèses, on effectue d'abord les puissances.
Donc $B = 6 + 8 \times 4 - 3 \times 16 + 42 \div 7$.

→ En l'absence de parenthèses et de puissance, on effectue en priorité les multiplications et les divisions.
Si le calcul comporte plusieurs multiplications et/ou divisions, on les calcule de la gauche vers la droite.
Donc $B = 6 + 32 - 48 + 6$.

→ En l'absence de parenthèses, de puissance, de multiplication et de division, on effectue enfin les additions et les soustractions.
Donc $B = 38 - 48 + 6 = -10 + 6 = -4$.

## S'entraîner

→ Corrigés p. 275

**1 ★ Complétez les égalités suivantes.**

1. $(2^3)^4 = 2^{\cdots}$
2. $(2^3)^4 = 4^{\cdots}$
3. $(2^3)^4 = 8^{\cdots}$
4. $(2^3)^4 = 16^{\cdots}$

**2 ★ Complétez les égalités suivantes.**

1. $(4^3)^4 = 2^{\cdots}$
2. $(2^3)^{\cdots} = 2^{12}$
3. $(\ldots^3)^4 = 4^6$
4. $(2^{\cdots})^4 = 256$

**3 ★★ Complétez les égalités suivantes.**

1. $3^4 \times 3^5 = 3^{\cdots}$
2. $3^3 \times \ldots^5 = 3^8$
3. $\ldots^4 \times 4^6 = 4^{10}$
4. $6^4 \times 3^5 = 16 \times 3^{\cdots}$

**4 ★★ Complétez les égalités suivantes.**

1. $(-1)^3 \times (-1)^5 \times (-1)^4 \times (-1)^3 \times (-1) = \ldots\ldots$
2. $(-2)^{-3} \times (-2)^4 \times (-2)^2 \times (-2) = \ldots\ldots$
3. $(2)^3 \times (2^{-3})^{-2} \times (2)^3 = \ldots\ldots$
4. $(-1)^3 + (-1)^5 - (-1)^4 + (-1)^3 - (-1) = \ldots\ldots$

**5 ★★ Écrivez sous la forme d'une seule puissance les expressions suivantes.**

1. $A = \dfrac{5^4}{5^2} \times 5^{-1} =$ ........................................
2. $B = 3^{-2} \times \dfrac{3^6}{3^{-1}} =$ ........................................
3. $C = \dfrac{4^6}{4^{-3}} \times \dfrac{4^3}{4^7} =$ ........................................
4. $D = \dfrac{6^{-2}}{6^5} \times \dfrac{(6^2)^3}{6^3} =$ ........................................

**6 ★★★ Calculez les expressions suivantes.**

1. a. $A = 9 + 3^3 \times (11 - 8)^{-2} =$ ..........................

b. $B = (8 - 6)^3 \times 2^{-4} \times 6^{-1} =$ ..........................

c. $C = \dfrac{4^2 + 2^3}{4^2 - 2^3} =$ ..........................

2. Déduisez-en que le produit $A \times B \times C = 3$.

........................................................................

**7 ★★★ On considère le cylindre de révolution ci-dessous dont la base est un disque de rayon $2^4$ cm et dont la hauteur mesure $2^6$ cm.**

1. Déterminez le volume V exact de ce cylindre de révolution.

........................................................................

2. Donnez une valeur approchée de ce volume arrondie au dm³.

........................................................................

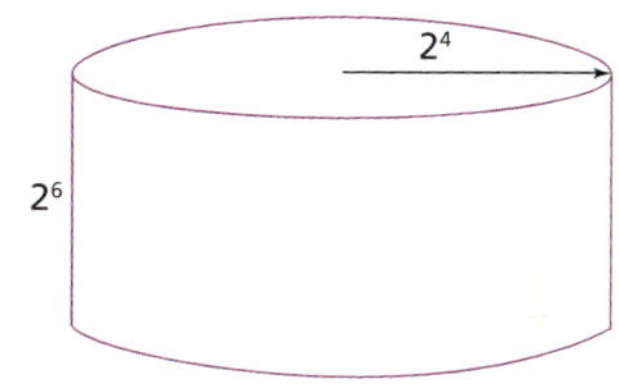


**8 ★★★ On considère la pyramide ABCD ci-dessous de hauteur [AB] dont la base DBC est un triangle rectangle en C.**

On donne AB = 37 cm, BC = 35 cm et CD = $3^4$ cm.

1. Déterminez le volume V de cette pyramide.

........................................................................

2. Donnez une valeur approchée de ce volume au dixième de m³ près.

........................................................................

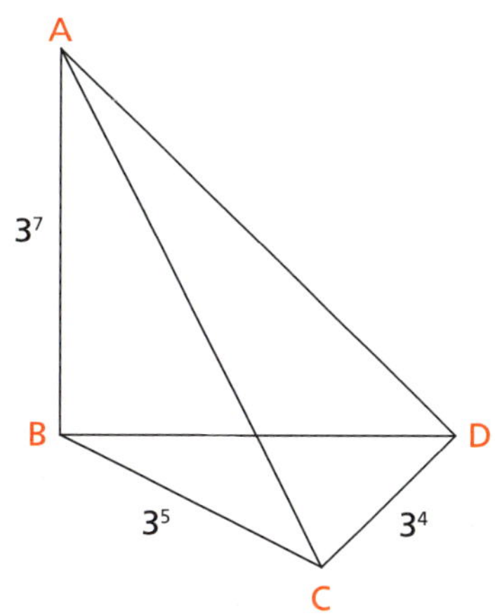


Auto évaluation Très bien ☐ Bien ☐ Pas assez bien ☐

# 2 Identités remarquables

## Observer et retenir

### Les trois identités remarquables

Les identités remarquables sont au nombre de trois. Il faut les connaître par cœur pour pouvoir les utiliser avec profit.

**Remarque** ▸ Pour supprimer une parenthèse précédée du signe (–), il faut remplacer chaque terme de la parenthèse par son opposé.

| Formes factorisées | | Formes développées |
|---|---|---|
| $(a + b)(a + b) = (a + b)^2$ | Développer → | $a^2 + 2ab + b^2$ |
| $(a - b)(a - b) = (a - b)^2$ | | $a^2 - 2ab + b^2$ |
| $(a + b)(a - b)$ | ← Factoriser | $a^2 - b^2$ |

## Savoir faire

### Développer et factoriser avec une identité remarquable

→ **Développer l'expression $A = (2x + 3)^2 - (4x - 1)^2$**

• On développe l'expression à l'aide des deux premières identités remarquables.
On obtient ainsi : $A = (2x)^2 + 2 \times (2x) \times (3) + 3^2 - [(4x)^2 - 2 \times (4x) \times (1) + 1^2]$.
On calcule : $A = 4x^2 + 12x + 9 - (16x^2 - 8x + 1)$.

• On supprime la parenthèse précédée du signe (–) : $A = 4x^2 + 12x + 9 - 16x^2 + 8x - 1$.

• On simplifie le résultat que l'on ordonne selon les puissances décroissantes de $x$ :
$A = -12x^2 + 20x + 8$.

→ **Factoriser l'expression $B = (3 - x)^2 - 25$**

• Il n'y a pas de facteur commun évident ; dans ce cas, il faut penser à utiliser une identité remarquable.

Dans le cas présent, il s'agit de la troisième : $a^2 - b^2 = (a + b)(a - b)$.

On obtient ainsi : $B = (3 - x)^2 - 5^2 = (3 - x + 5)(3 - x - 5)$.
• On simplifie chacun des deux facteurs : $B = (8 - x)(-2 - x)$.
• Conclusion : $B = -(8 - x)(2 + x)$.

## S'entraîner

→ Corrigés p. 275

**1** ★ **Complétez les tableaux suivants à l'aide des trois identités remarquables.**

**1.**

| $a$ | $b$ | $a^2$ | $2ab$ | $b^2$ | $(a+b)^2$ |
|---|---|---|---|---|---|
| $2x$ | 4 | | | | |
| 5 | $2x$ | | | | |
| 1 | $3x$ | | | | |

**2.**

| $a$ | $b$ | $a^2$ | $2ab$ | $b^2$ | $(a-b)^2$ |
|---|---|---|---|---|---|
| $2x$ | 3 | | | | |
| 5 | $3x$ | | | | |
| 3 | $5x$ | | | | |

**3.**

| $a$ | $b$ | $a^2$ | $b^2$ | $(a+b)(a-b)$ |
|---|---|---|---|---|
| $-x$ | 2 | | | |
| 7 | $2x$ | | | |
| 7 | $3x$ | | | |

**2** ★ **Complétez les tableaux suivants en utilisant les bonnes identités remarquables.**

**1.**

| $a$ | $b$ | $a^2$ | $2ab$ | $b^2$ | $(a+b)^2$ |
|---|---|---|---|---|---|
| $4x$ | | | | 9 | |
| | $2x$ | 49 | | | |
| | | | $10x$ | | |

**2.**

| $a$ | $b$ | $a^2$ | $b^2$ | $a^2-b^2$ |
|---|---|---|---|---|
| | | | | $36x^2 - 16$ |
| 5 | | | $16x^2$ | |
| | $4x$ | 64 | | |

**3** ★★ **On considère l'expression $A = 4x^2 + 4x + 1 - (2 + 3x)(1 + 2x)$.**

**1.** Développez l'expression $(2x + 1)^2$. ..............................................................................

**2.** Déduisez-en que $A = -(2x + 1)(x + 1)$. ..............................................................................

**4** ★★ **On considère l'expression $B = 9x^2 - 12x + 4 - 3(2x + 1)(3x - 2)$.**

**1.** Développez l'expression $(3x - 2)^2$. ..............................................................................

**2.** Déduisez-en que $B = -(3x - 2)(3x + 5)$. ..............................................................................

Auto évaluation Très bien ☐ Bien ☐ Pas assez bien ☐

Maths

# 3 Équations-produit

## Observer et retenir

### Définition

On appelle **équation-produit** toute équation dont le premier membre est un produit de plusieurs facteurs (généralement du premier degré) et dont le second membre est nul.
Les équations-produit que l'on étudiera seront de la forme $(ax + b)(cx + d) = 0$, où $a$ et $c$ sont des nombres non nuls fixés et $b$ et $d$ des nombres quelconques.

### Théorèmes

- **Théorème :** si l'un des facteurs d'un produit est nul, alors le produit est nul.
Traduction mathématique : quel que soit le nombre $b$, si $a = 0$, alors le produit $a \times b = 0$.

- **Réciproque :** si un produit de plusieurs facteurs est nul, alors l'un au moins des facteurs est nul.
Traduction mathématique : quels que soient les nombres $a$ et $b$, si $a \times b = 0$, alors $a = 0$ ou $b = 0$.

- On peut résumer ces deux propriétés en citant le théorème suivant : **un produit de plusieurs facteurs est nul si et seulement si l'un des facteurs, au moins, est nul.**

### Application

Les solutions d'une équation du type $(ax + b)(cx + d) = 0$ avec $a \neq 0$ et $c \neq 0$ sont $-\frac{b}{a}$ et $-\frac{d}{c}$.

## Savoir faire

### Résoudre une équation de la forme $(ax + b)(cx + d) = 0$

On veut résoudre l'équation $(4x - 1)(3 - 2x) = 0$.

Le produit est nul.

$$(4x - 1)(3 - 2x) = 0$$

1er facteur — 2e facteur

→ Il s'agit d'une équation-produit.

→ Ce produit est nul si et seulement si l'un des facteurs, au moins, est nul.
Donc soit $4x - 1 = 0$ ou $3 - 2x = 0$.

Donc soit $x = \frac{1}{4}$ ou $x = \frac{3}{2}$.

→ Les solutions de l'équation sont donc : $\frac{1}{4}$ **et** $\frac{3}{2}$.

Maths

## S'entraîner

→ Corrigés p. 275

**1** ★ **Résolvez les équations-produit suivantes.**

1. $(2x + 6)(3 - x) = 0$ ..............................
2. $(4 - x)(2 + x) = 0$ ..............................
3. $(3 + 2x)(x - 1) = 0$ ..............................
4. $(2x + 5)(3x - 4) = 0$ ..............................
5. $(2x + 1)^2 = 0$ ..............................
6. $(x - 1)(x - 2)(x - 3) = 0$ ..............................

**2** ★★ **Soit F = $(2x - 5)^2 - x(2x - 5)$.**

1. Développez et réduisez F.

..............................

2. Factorisez F.

..............................

3. Résolvez l'équation $(2x - 5)(x - 5) = 0$.

..............................

**3** ★★ **Soit F = $9x^2 - 16 + 4(3x - 4)^2$.**

1. Développez F.

..............................

2. Factorisez $9x^2 - 16$.

..............................

3. Déduisez-en la factorisation de F.

..............................

4. Résolvez l'équation $3(3x - 4)(5x - 4) = 0$.

..............................

**4** ★★ **Soit E = $(4x + 5)^2 - (3x - 2)^2$.**

1. Développez et réduisez E.

..............................

2. Factorisez E.

..............................

3. Résolvez l'équation $(7x + 3)(x + 7) = 0$.

..............................

**5** ★★★ **Laquelle de ces surfaces colorées a pour aire $25 - (x + 3)^2$ ?**
**On pose E = $25 - (x + 3)^2$.**

1. Développez et réduisez E.

..............................

2. Factorisez E.

..............................

3. Résolvez l'équation $(2 - x)(x + 8) = 0$.

..............................

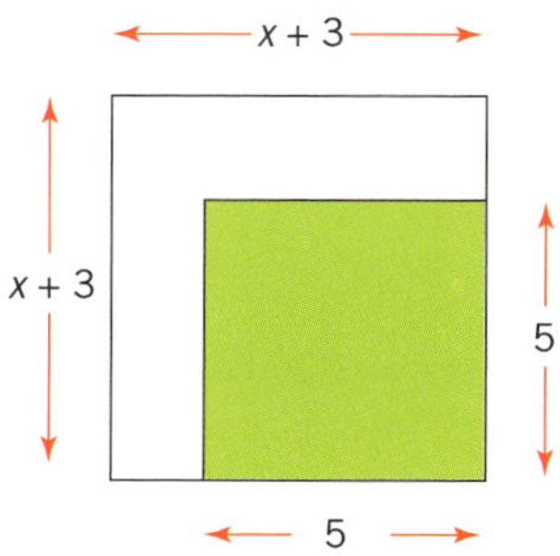


$S_1$

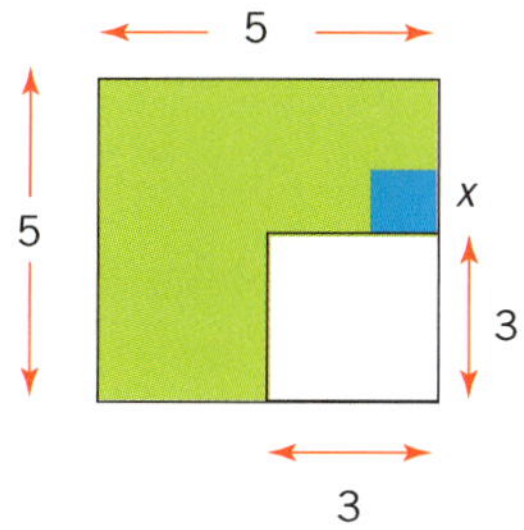


$S_2$

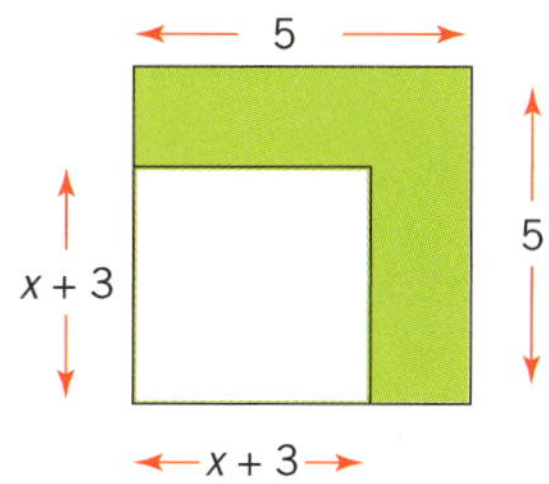


$S_3$

Auto évaluation Très bien ☐ Bien ☐ Pas assez bien ☐

Maths

# 4 Inéquations

## Observer et retenir

### Ordre et inégalité

- On ne modifie pas une inégalité lorsque l'on **ajoute** ou lorsque l'on **retranche** aux deux membres un même nombre.
- On ne modifie pas une inégalité lorsque l'on **multiplie** ou lorsque l'on **divise** les deux membres de l'inégalité par un même nombre **strictement positif**.
- On **renverse** le sens d'une inégalité lorsque l'on **multiplie** ou lorsque l'on **divise** les deux membres de l'inégalité par un même nombre **strictement négatif**.

### Inéquations du premier degré à une inconnue

- On appelle inéquation du premier degré à une inconnue toute inégalité entre deux membres dans lequel ou dans lesquels figure une inconnue généralement appelée $x$.
- Résoudre une inéquation revient à déterminer **toutes** les valeurs de l'inconnue pour lesquelles l'inégalité est vérifiée.

### Représentation graphique des solutions

On peut représenter sur un axe gradué l'ensemble des solutions d'une inéquation.

| | $x < a$ | $x \leqslant a$ | $x > a$ | $x \geqslant a$ |
|---|---|---|---|---|
| $a < 0$ | $a$ 0 | $a$ 0 | $a$ 0 | $a$ 0 |
| $a > 0$ | 0 $a$ | 0 $a$ | 0 $a$ | 0 $a$ |

## Savoir faire

### Résoudre une inégalité

On veut résoudre l'inégalité : $2x - 5 \geqslant 3 - 4x$.

Il s'agit d'une inégalité

$2x - 5 \geqslant 3 - 4x$ ← L'inconnue $x$ est à la puissance un. On dit que l'inéquation est du **premier degré**.

Membre de gauche — Membre de droite

→ L'inéquation $2x - 5 \geqslant 3 - 4x$ est équivalente à l'inéquation $2x - 5 + 4x \geqslant 3 - 4x + 4x$.
L'inéquation $2x - 5 \geqslant 3 - 4x$ est équivalente à l'inéquation $6x - 5 + 5 \geqslant 3 + 5$.
L'inéquation $2x - 5 \geqslant 3 - 4x$ est équivalente à l'inéquation $6x \div 6 \geqslant 8 \div 6$.
L'inéquation $2x - 5 \geqslant 3 - 4x$ est équivalente à l'inéquation $x \geqslant \frac{4}{3}$.

→ **Conclusion :** les solutions de l'inéquation sont tous les nombres supérieurs ou égaux à $\frac{4}{3}$.

## S'entraîner

→ Corrigés p. 276

**1** ★ **Résolvez les inéquations suivantes.**

**1.** $2x + 3 < 3 - 4x$

**2.** $2(3 - x) - 3(2x - 1) > 0$

**3.** $5x - 3(2x - 3) \geqslant 3 + x$

**4.** $(3 + 3x)(4x - 1) \leqslant (2x - 1)(6x - 5)$

**2** ★★ **On considère l'inéquation : $4x + 7 > 2 - 3x$.**

**1. a.** Le nombre 0 est-il solution de cette inéquation ? Justifiez la réponse.

**b.** Le nombre (–1) est-il solution de cette inéquation ? Justifiez la réponse.

**2.** Résolvez l'inéquation $4x + 7 > 2 - 3x$ et représentez ses solutions sur une droite graduée.

**3** ★★ **Résolvez les inéquations suivantes et représentez graphiquement les solutions.**

**1.** $3 - 2x > 2 + 5x$

**2.** $3(2 + 3x) - 4(5x - 1) \leqslant 1$

**3.** $6 + 3x - 5(2 - 5x) < 6$

**4.** $6(3 - x) - 3(2 + x) \geqslant 0$

**4** ★★ **On considère le prisme droit ABCDEF. L'unité est le cm.**

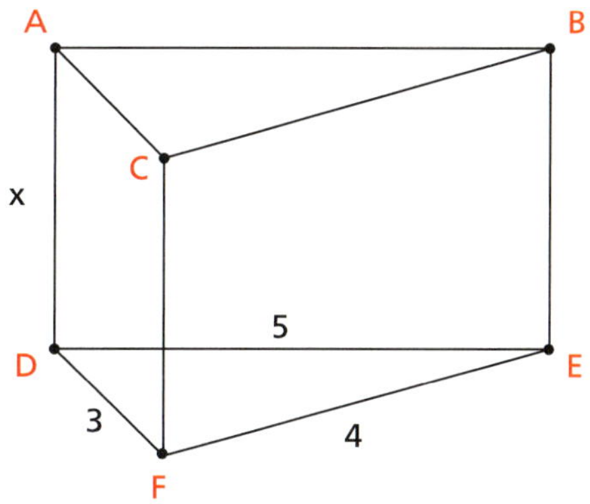


**1.** Démontrez que la base de ce prisme est un triangle rectangle.

**2.** Calculez l'aire latérale de ce prisme.

**3.** Pour quelles valeurs de $x$ l'aire latérale de ce prisme est-elle un nombre compris entre 36 cm² et 180 cm² ?

**5** ★★ **Soit $D = \dfrac{4x + 2}{5}$.**

**1. a.** Calculez D pour $x = \dfrac{3}{4}$.

**b.** Le nombre $\dfrac{3}{4}$ est-il solution de l'inéquation $\dfrac{4x + 2}{5} < 3$ ?

**2.** Résolvez l'inéquation $\dfrac{4x + 2}{5} < 3$ puis représentez ses solutions sur une droite graduée.

Auto évaluation — Très bien ☐ Bien ☐ Pas assez bien ☐

# 5 Système de deux équations (1)



## Observer et retenir

### Définition

- On appelle système de deux équations à deux inconnues du premier degré la donnée de deux équations du premier degré à deux inconnues qui sont dépendantes l'une de l'autre.
- Résoudre un système de deux équations à deux inconnues du premier degré revient donc à déterminer **tous les couples** $(x ; y)$ qui vérifient **simultanément** les deux équations. Pratiquement, résoudre un tel système revient à trouver les couples solutions communs aux deux équations.

### Méthode par substitution

- On isole une des deux équations.
- On choisit une des deux inconnues que l'on exprime en fonction de l'autre. On obtient une expression (E).
- Dans la seconde équation, on **substitue l'inconnue** choisie par son expression (E).
- On obtient ainsi une équation du premier degré à une inconnue que l'on sait résoudre.
- On trouve la valeur numérique solution de l'équation précédente.
- Il ne reste plus qu'à remplacer cette valeur dans l'expression (E) pour trouver la valeur numérique de la seconde inconnue.

## Savoir faire

### Résoudre un système à l'aide de la méthode par substitution

On veut résoudre le système $\begin{cases} x - y = 1 \\ 3x + 4y = 1 \end{cases}$ en utilisant la méthode par substitution.

→ Exprimer $x$ en fonction de $y$ à l'aide de la première équation : $x - y = 1$, donc $x = 1 + y$.

→ On **substitue** alors $x$ par $1 + y$ dans la seconde équation. Le système est équivalent au système $\begin{cases} x = 1 + y \\ 3(1 + y) + 4y \end{cases}$.

→ On résout la seconde équation : $3(1 + y) + 4y = 1$, donc $y = -\frac{2}{7}$.

→ On utilise la première équation pour **déterminer la valeur de $x$**.

Nous savons que : $\begin{cases} x = 1 + y \\ y = -\frac{2}{7} \end{cases}$ donc $\begin{cases} x = 1 - \frac{2}{7} \\ y = -\frac{2}{7} \end{cases}$. Finalement $\begin{cases} x = \frac{5}{7} \\ y = -\frac{2}{7} \end{cases}$

→ **Conclusion** : la solution du système est l'unique couple $\left(\frac{5}{7} ; -\frac{2}{7}\right)$.

## S'entraîner

→ Corrigés p. 276

**1** ★ **Résolvez les systèmes suivants en utilisant la méthode par substitution.**

1. $\begin{cases} x - y = 1 \\ x + 2y = 1 \end{cases}$ ........................................

2. $\begin{cases} x - 2y = 1 \\ 3x + 4y = 5 \end{cases}$ ........................................

3. $\begin{cases} x - y = 1 \\ 3x + 2y = 1 \end{cases}$ ........................................

4. $\begin{cases} 2x - y = 4 \\ 5x + 4y = 3 \end{cases}$ ........................................

**2** ★★ **Suivez les étapes et résolvez le système :** $\begin{cases} x^2 - y^2 = 1 \\ x + y = 1. \end{cases}$

1. Factorisez l'expression $x^2 - y^2$.

........................................................................

2. Déduisez-en que le système $\begin{cases} x^2 - y^2 = 1 \\ x + y = 1 \end{cases}$ est équivalent au système $\begin{cases} x - y = 1 \\ x + y = 1. \end{cases}$

........................................................................

3. Résolvez le système.

........................................................................

**3** ★★ **Résolvez le problème suivant.**

Marie et Anne pratiquent l'équitation. Marie a pris pendant un trimestre 16 heures de leçons et a fait 3 stages d'une journée chacun. Marie a payé 344 €.
Pendant le même trimestre, Anne a pris 18 heures de leçons et a fait seulement 2 stages d'une journée chacun. Anne a payé 332 €.
Déterminez le prix d'une heure de leçon et celui d'une journée de stage.

........................................................................

........................................................................

**4** ★★★ **L'unité est le cm.**

1. Démontrez que $\dfrac{x}{y} = 0{,}6$.

........................................................................

2. L'aire du trapèze MNCB est 120 cm². Déduisez-en que $x$ et $y$ sont solutions de l'équation : $x + y = 60$.

........................................................................

3. Calculez $x$ et $y$.
Soit ABC un triangle rectangle en B.
Soit M et N deux points appartenant respectivement aux segments [AB] et [AC] et tels que les droites (MN) et (BC) soient parallèles.

........................................................................

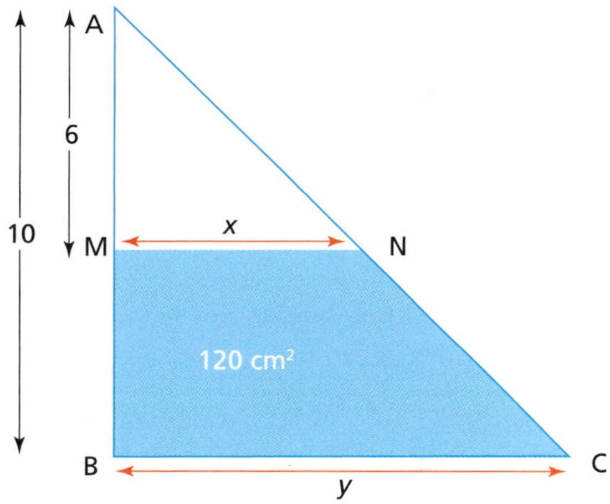


**5** ★★★ 1. Résolvez le système suivant :
$\begin{cases} 3x + 2y = 47 \\ x + 3y = 32 \end{cases}$

........................................................................

2. À la pépinière, un client achète 3 plants de manguier et 2 plants de goyavier pour 47 €.
Un autre client paye 32 € pour un plant de manguier et 3 plants de goyavier.
Déterminez le prix d'un plant de manguier et le prix d'un plant de goyavier.

........................................................................

Auto évaluation — Très bien ☐ Bien ☐ Pas assez bien ☐

# 6 Système de deux équations (2)

## Observer et retenir

### Méthode par addition

- Une méthode permet de résoudre les systèmes de deux équations à deux inconnues du premier degré lorsque l'on ne pourra pas exprimer facilement une inconnue en fonction de l'autre à l'aide d'une des deux équations.

On appellera cette méthode la **méthode par addition** ou **par combinaisons linéaires**.

- Cette méthode consiste à :

• Multiplier chaque équation afin d'obtenir un système équivalent au précédent pour lequel le coefficient de $x$ ou de $y$ est le même dans les deux équations.

• Additionner ou soustraire membre à membre les deux équations pour obtenir une équation du premier degré en $x$ ou en $y$, que l'on pourra résoudre aisément.

• Ayant trouvé $x$ ou $y$, on appliquera la même méthode pour déterminer la valeur de l'inconnue manquante.

## Savoir faire

### Résoudre un système à l'aide de la méthode par addition

On veut résoudre le système : $\begin{cases} 2x + 3y = 1 \\ 3x - 2y = 1 \end{cases}$ en utilisant la méthode par combinaisons linéaires.

→ **Supprimer une inconnue :** on multiplie les deux membres de la première équation par 3 et ceux de la seconde équation par 2.

Le système $\begin{cases} 2x + 3y = 1 \\ 3x - 2y = 1 \end{cases}$ est équivalent au système $\begin{cases} 3 \times (2x + 3y) = 3 \times 1 \\ 2 \times (3x - 2y) = 2 \times 1. \end{cases}$

Le système à résoudre est donc : $\begin{cases} 6x + 9y = 3 \\ 6x - 4y = 2. \end{cases}$

→ **Soustraire membre à membre les deux équations :**

$$- \begin{cases} 6x + 9y = 3 \\ 6x - 4y = 2 \end{cases}$$

$$0x + 9y - (-4y) = 3 - 2$$

Ainsi, $13y = 1$ donc $y = \frac{1}{13}$.

→ **En utilisant le même raisonnement, supprimer la seconde inconnue (donc $y$) :**

le système à résoudre sera alors : $\begin{cases} 4x + 6y = 2 \\ -9x + 6y = -3. \end{cases}$

On soustrait membre à membre les deux équations.

$$- \begin{cases} 4x + 6y = 2 \\ -9x + 6y = -3 \end{cases}$$

$4x - (-9x) + 0y = 2 - (-3)$, donc $x = \frac{5}{13}$.

→ **Conclure :** la solution du système est l'unique couple $\left(\frac{5}{13} ; \frac{1}{13}\right)$.

## S'entraîner

→ Corrigés p. 277

**1** ★ **Résolvez les systèmes suivants par la méthode par addition.**

1. $\begin{cases} 2x + 3y = 5 \\ 4x + 5y = 6 \end{cases}$ ..................................

2. $\begin{cases} -5x + 4y = 3 \\ 3x + 5y = 2 \end{cases}$ ..................................

3. $\begin{cases} 3x - 2y = 5 \\ 4x + 5y = 6 \end{cases}$ ..................................

4. $\begin{cases} 7x + 3y = 5 \\ 3x + 2y = 1 \end{cases}$ ..................................

**2** ★★ **On considère la figure géométrique ci-dessous, composée de deux rectangles.**

*(Dans cet exercice, les longueurs sont exprimées en centimètres.)*

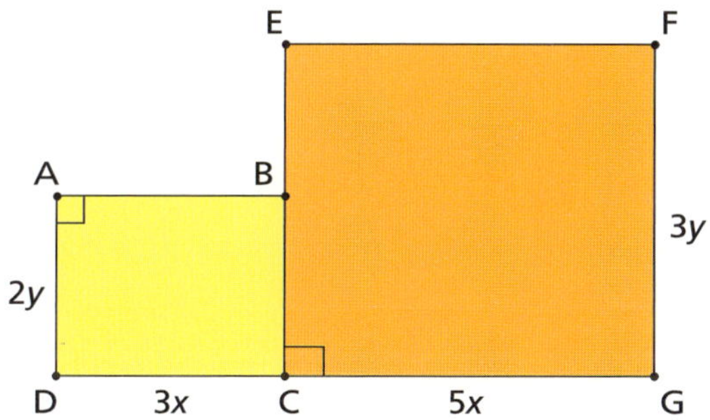


**1.** Exprimez, en fonction de $x$ et de $y$, les périmètres respectifs P et P′ des rectangles ABCD et CEFG.

..................................................................

..................................................................

**2.** Sachant que P = 36 et P′ = 58, déterminez la longueur et la largeur de chacun des deux rectangles.

..................................................................

..................................................................

**3** ★★ **Deux amis ont fait des courses le même jour et à la même boulangerie. L'un a payé 5,85 euros pour l'achat de 5 pains au chocolat et 3 croissants. L'autre a payé 3,65 euros pour l'achat de 3 pains au chocolat et 2 croissants.**

**1.** Écrivez un système d'équations traduisant ces données.

..................................................................

..................................................................

**2.** Déduisez-en le prix d'un pain au chocolat et celui d'un croissant.

..................................................................

..................................................................

**4** ★★★ **Longueur et largeur d'un rectangle**

*(Dans cet exercice, les longueurs sont exprimées en mètres.)*

Calculez la longueur et la largeur d'un rectangle sachant que :

– si l'on augmente la longueur de 2 et la largeur de 3, l'aire du rectangle augmente de 56 ;

– si l'on diminue la longueur de 3 et la largeur de 4, l'aire du rectangle diminue de 57.

**Conseil :** on pourra désigner par $x$ et $y$ la longueur et la largeur du rectangle et traduire l'énoncé par un système de deux équations à deux inconnues $x$ et $y$.

..................................................................

..................................................................

..................................................................

..................................................................

..................................................................

..................................................................

Auto évaluation Très bien ☐ Bien ☐ Pas assez bien ☐

Maths

# 7 Racines carrées

## Observer et retenir

### Définition

- On appelle racine carrée d'un **nombre positif** $a$ le nombre positif (que l'on note $\sqrt{a}$) qui, élevé au carré, vaut $a$.
- Pour tout nombre $a \geqslant 0$, on a $\sqrt{a} \geqslant 0$.
- Pour tout nombre $a \geqslant 0$, on a $\sqrt{a^2} = a$.

$\sqrt{0} = 0$ et $\sqrt{1} = 1$.

**Remarque** La racine carrée d'un nombre n'a de sens que si le nombre est positif.

### Propriétés

- Pour tout nombre $a \geqslant 0$, on a $(\sqrt{a})^2 = a$.
- Pour tout nombre $a \geqslant 0$, on a $\sqrt{a^2} = a$.
- Pour tous nombres $a$ et $b$ positifs, $\sqrt{a} \times \sqrt{b} = \sqrt{a \times b}$.

$\sqrt{18} = \sqrt{9} \times \sqrt{2} = 3\sqrt{2}$.

- Pour tout nombre $a$ et $b$ strictement positifs : $\dfrac{\sqrt{a}}{\sqrt{b}} = \sqrt{\dfrac{a}{b}}$.

$\dfrac{\sqrt{27}}{\sqrt{48}} = \sqrt{\dfrac{27}{48}} = \sqrt{\dfrac{9}{16}} = \dfrac{3}{4}$.

- Soient deux nombres $a$ et $b$ positifs.

Si $a \leqslant b$, alors $\sqrt{a} \leqslant \sqrt{b}$.

Si $4 \leqslant x \leqslant 25$, alors $2 \leqslant \sqrt{x} \leqslant 5$.

**Remarque** Généralement, on a : $\sqrt{a+b} \neq \sqrt{a} + \sqrt{b}$.

## Savoir faire

### Simplifier une expression contenant plusieurs radicaux

On veut écrire sous la forme $a\sqrt{b}$, où $a$ et $b$ sont des nombres relatifs, l'expression suivante :
$A = 4\sqrt{8} - 3\sqrt{18} + 2\sqrt{50}$.

→ **On applique les propriétés du cours pour calculer :**
$\sqrt{8} = \sqrt{2^2 \times 2} = \sqrt{2^2} \times \sqrt{2} = 2\sqrt{2}$ ; $\sqrt{18} = \sqrt{3^2 \times 2} = \sqrt{3^2} \times \sqrt{2} = 3\sqrt{2}$ ;
$\sqrt{50} = \sqrt{5^2} \times \sqrt{2} = 5\sqrt{2}$.

→ **L'expression A peut alors s'écrire en fonction de $\sqrt{2}$ :**
$A = 4 \times (2\sqrt{2}) - 3 \times (3\sqrt{2}) + 2 \times (5\sqrt{2}) = 8\sqrt{2} - 9\sqrt{2} + 10\sqrt{2}$.

→ **Finalement, on peut mettre $\sqrt{2}$ en facteur :**

$A = \sqrt{2} \times (8 - 9 + 10)$
donc $A = 9\sqrt{2}$.

## S'entraîner

→ Corrigés p. 278

**1 ★ Écrivez les expressions suivantes sous la forme $a\sqrt{b}$, où $a$ et $b$ sont des nombres entiers et $b$ le plus petit possible.**

1. $A = \sqrt{8}$ ..............
2. $B = \sqrt{75}$ ..............
3. $C = \sqrt{48}$ ..............
4. $D = \sqrt{192}$ ..............

**2 ★ Écrivez les expressions suivantes sous la forme d'un nombre entier.**

1. $A = \sqrt{9} \times \sqrt{4}$ ..................................
2. $B = \sqrt{3} \times \sqrt{12}$ ..................................
3. $C = \sqrt{8} \times \sqrt{2} \times \sqrt{4}$ ..............................
4. $D = \sqrt{5} \times \sqrt{2} \times \sqrt{10}$ ..............................

**3 ★★ Écrivez les expressions suivantes sous la forme d'un nombre entier ou rationnel.**

1. $A = \dfrac{\sqrt{27}}{\sqrt{3}}$ ..................................
2. $B = \dfrac{\sqrt{63}}{\sqrt{112}}$ ..................................
3. $C = \dfrac{\sqrt{27} \times \sqrt{7}}{\sqrt{189}}$ ..................................
4. $D = \dfrac{\sqrt{6 \times 13}}{\sqrt{3} \times \sqrt{26}}$ ..................................

**4 ★★ On considère la pyramide régulière à base carrée SABCD de hauteur [SO]. Déterminez, en justifiant vos calculs, la longueur du segment [AS].**

..........................................................................

..........................................................................

..........................................................................

..........................................................................

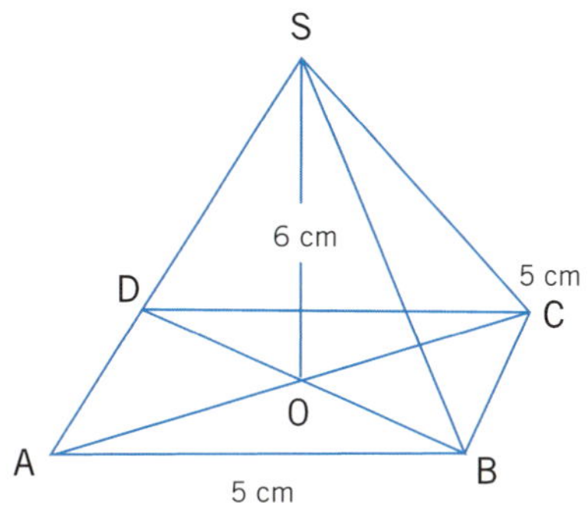


**5 ★★ Soit $A = 5\sqrt{3} - 4\sqrt{27} + \sqrt{75}$.**

Écrivez A sous la forme $a\sqrt{b}$, où $a$ et $b$ sont des entiers relatifs, $b$ étant un nombre positif le plus petit possible.

..........................................................................

**6 ★★ Soit $B = 7\sqrt{2} - 3\sqrt{8} + 2\sqrt{72}$.**

Écrivez B sous la forme $a\sqrt{b}$, où $a$ et $b$ sont des entiers relatifs, $b$ étant un nombre positif le plus petit possible.

..........................................................................

**7 ★★ On donne : $C = (\sqrt{7} + 1)^2 + (\sqrt{7} - 1)^2$.**

1. Après avoir développé les carrés, montrez que A est un nombre entier.

..........................................................................

2. Déduisez-en la nature d'un triangle dont les côtés mesurent respectivement, en centimètres, $\sqrt{7} + 1$, $\sqrt{7} - 1$ et 4. Justifiez votre réponse.

..........................................................................

**8 ★★★ On donne : $D = 3 - 4\sqrt{3}$.**

1. Calculez $D^2$.

..........................................................................

2. Déduisez-en une écriture simplifiée de l'expression $E = \sqrt{57 - 24\sqrt{2}}$.

..........................................................................

Auto évaluation — Très bien ☐ Bien ☐ Pas assez bien ☐

Maths

# 8 Équations du type $x^2 = a$

Maths

## Observer et retenir

### Résolution de l'équation $x^2 = a$

On discute les solutions de ce type d'équations en fonction du signe de $a$.

- Si $a < 0$, l'équation $x^2 = a$ n'admet aucune solution.
- Si $a = 0$, l'équation $x^2 = 0$ admet une solution unique : 0.
- Si $a > 0$, l'équation $x^2 = a$ admet deux solutions opposées l'une de l'autre : $-\sqrt{a}$ et $\sqrt{a}$.

En résumé, on peut utiliser l'organigramme suivant :

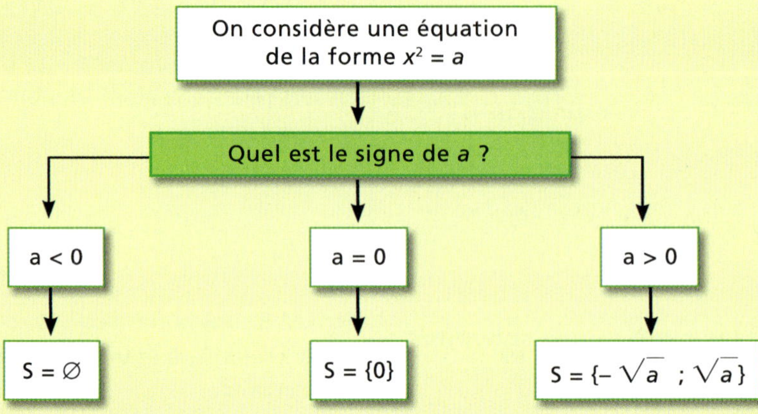


## Savoir faire

### Résoudre des équations du type $x^2 = a$ et $(x \pm b)^2 = a^2$

**→ Résoudre l'équation $x^2 - 9 = 0$**

- Il faut transformer cette équation pour se ramener à une équation du type $x^2 = a$.

On a ainsi : $x^2 - 9 = 0$ donc $x^2 = 9 = 3^2$.

- $3^2 > 0$, donc l'équation admet deux solutions distinctes : $-\sqrt{3^2} = -3$ et $+\sqrt{3^2} = +3$.
- Conclusion : l'équation admet deux solutions qui sont $-3$ et $+3$.

**→ Résoudre l'équation $(x + 3)^2 = 16$**

- $16 = 4^2$. donc $(x + 3)^2 - 4^2 = 0$.
- On factorise le membre de gauche en utilisant l'identité remarquable $a^2 - b^2 = (a + b)(a - b)$.

On obtient alors l'équation-produit : $(x + 3 - 4)(x + 3 + 4) = 0$.
Cette équation est équivalente à l'équation : $(x - 1)(x + 7) = 0$.

- Il s'agit d'une équation-produit. Ce produit est nul si et seulement si l'un, au moins, des facteurs est nul.

Soit $x - 1 = 0$ ou $x + 7 = 0$.
Soit $x = 1$ ou $x = -7$.

- Conclusion : L'équation admet deux solutions distinctes qui sont $-7$ et $1$.

## S'entraîner

→ Corrigés p. 278

### 1 ★ En appliquant le cours, résolvez les équations suivantes.

**1.** $x^2 = 64$ ..........

**2.** $9x^2 = 121$ ..........

**3.** $5x^2 - 12 = 0$ ..........

**4.** $7x^2 + 2 = -2x^2 + 11$ ..........

**5.** $-3x^2 + 21 = 6$ ..........

### 2 ★★ Soit l'expression $A = 9x^2 - 49 + (3x + 7)(2x + 3)$.

**1.** Développez l'expression A.

..........

**2.** Factorisez $9x^2 - 49$ ; puis l'expression A.

..........

**3.** Résolvez l'équation $(3x + 7)(5x - 4) = 0$.

..........

### 3 ★★ Factorisez les sommes suivantes, puis résolvez les équations obtenues.

**1.** $2(3x - 1)^2 + (5x - 1)^2 = 0$ ..........

**2.** $(2x + 1)^2 - 16(2 - x)^2 = 0$ ..........

**3.** $4x^2 + 4x - 25(3 - 4x)^2 = -1$ ..........

### 4 ★★★ Dans cet exercice, l'unité est le mètre.

Soit SABCD une pyramide régulière dont la base est un carré de $(x - 1)$ de côté et de hauteur 3.
Soit ABCDEFGH un pavé droit dont la base est un carré de $(2x - 3)$ et dont la hauteur est de 1.
Déterminez la valeur entière de $x$ pour laquelle les deux solides ont le même volume.

..........

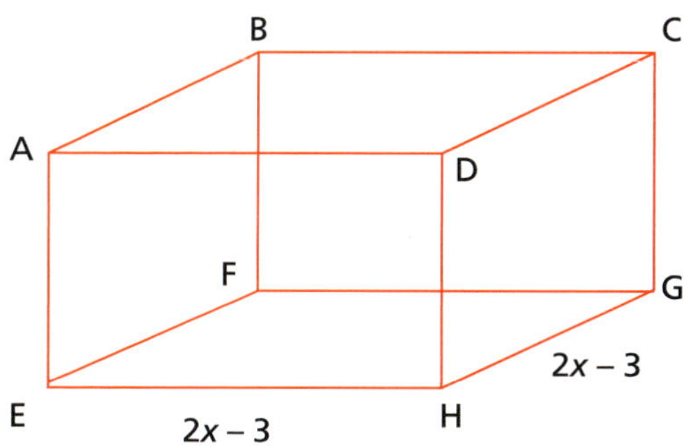


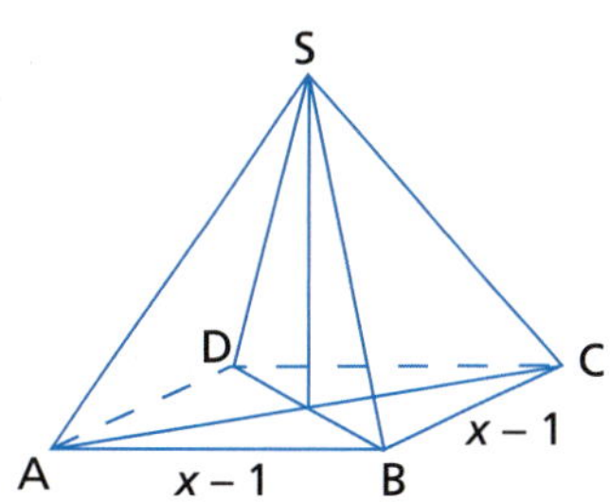


Auto évaluation — Très bien ☐ Bien ☐ Pas assez bien ☐

# 9 Méthode des soustractions successives

## Observer et retenir

### Algorithme des soustractions successives

- Il s'agit d'une méthode permettant de déterminer le PGCD (plus grand diviseur commun) de deux nombres entiers. Cette méthode s'appuie sur la propriété suivante : **si un nombre entier non nul en divise deux autres, alors il divise également leur différence**.
- Lorsque les deux nombres $a$ et $b$ sont finalement égaux, le processus est fini et le PGCD est déterminé.

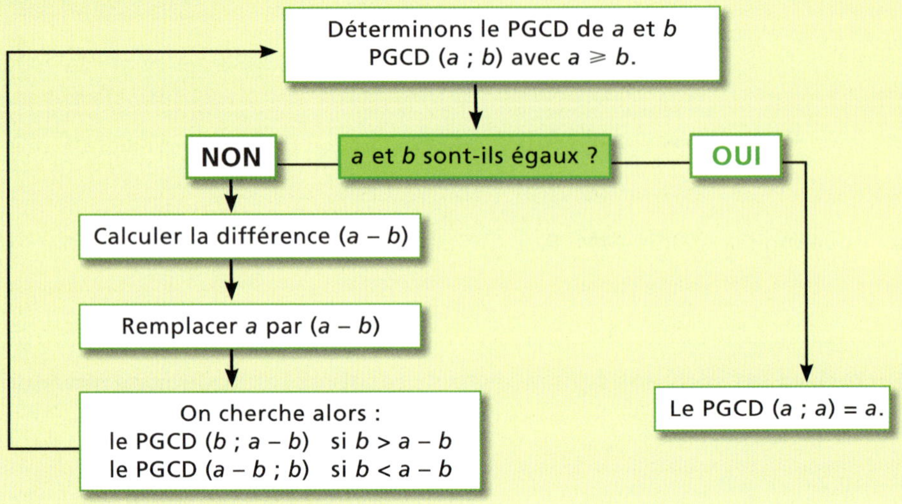


## Savoir faire

### Déterminer le PGCD de deux nombres par la méthode des soustractions successives

Déterminons le PGCD des nombres 891 et 189, on a :

→ **On utilise l'organigramme proposé ci-dessus :**

891 – 189 = 702 donc le PGCD (891 ; 189) = PGCD (702 ; 189)
702 – 189 = 513 donc le PGCD (702 ; 189) = PGCD (513 ; 189)
513 – 189 = 324 donc le PGCD (513 ; 189) = PGCD (324 ; 189)
324 – 189 = 135 donc le PGCD (324 ; 189) = PGCD (189 ; 135)
189 – 135 = 54 donc le PGCD (189 ; 135) = PGCD (135 ; 54)
135 – 54 = 81 donc le PGCD (135 ; 54) = PGCD (81 ; 54)
81 – 54 = 27 donc le PGCD (81 ; 54) = PGCD (54 ; 27)
54 – 27 = 27 donc le PGCD (54 ; 27) = PGCD (27 ; 27) = 27

→ **Conclusion** : le PGCD des nombres 891 et 189 est 27.

**Remarque :** cette méthode, longue et fastidieuse, ne présente aucune difficulté de calcul. Néanmoins, on optera, lorsque cela sera possible, pour la méthode des divisions successives, plus performante.

## S'entraîner

➜ Corrigés p. 278

**1** ★ **Complétez le tableau suivant. Déduisez-en le PGCD des nombres 665 et 323.**

| | | | | | | |
|---|---|---|---|---|---|---|
| 665 – 323 | = | 342 | donc | PGCD (665 ; 323) | = | PGCD (342 ; 323) |
| 342 – 323 | = | 19 | donc | | = | PGCD (323 ; 19) |
| 323 – 19 | = | | donc | PGCD (323 ; 19) | = | PGCD (304 ; 19) |
| | = | 285 | donc | PGCD (304 ; 19) | = | PGCD (285 ; 19) |
| 285 – 19 | = | 266 | donc | PGCD (285 ; 19) | = | |
| 266 – 19 | = | 247 | donc | | = | |
| 247 – 19 | = | 228 | donc | PGCD (247 ; 19) | = | PGCD (228 ; 19) |
| 228 – 19 | = | 209 | donc | PGCD (228 ; 19) | = | PGCD (209 ; 19) |
| 209 – 19 | = | 190 | donc | PGCD (209 ; 19) | = | PGCD (190 ; 19) |
| 190 – 19 | = | 171 | donc | PGCD (190 ; 19) | = | PGCD (171 ; 19) |
| 171 – 19 | = | 152 | donc | PGCD (171 ; 19) | = | PGCD (152 ; 19) |
| 152 – 19 | = | 133 | donc | PGCD (152 ; 19) | = | PGCD (133 ; 19) |
| 133 – 19 | = | 114 | donc | PGCD (133 ; 19) | = | PGCD (114 ; 19) |
| 114 – 19 | = | 95 | donc | | = | PGCD (95 ; 19) |
| | = | | donc | | = | PGCD (76 ; 19) |
| | = | | donc | | = | |
| | = | | donc | | = | PGCD (38 ; 19) |

.............................................................................................................

**2** ★ **Calculez le PGCD des nombres 4 029 et 1 785 en utilisant la méthode des soustractions successives.**

.............................................................................

**3** ★★ **1.** Calculez le PGCD des nombres 391 et 713.

.............................................................................

**2.** Calculez le PGCD des nombres 1 035 et 713.

.............................................................................

**3.** Déduisez-en le PGCD des nombres 1 035, 713 et 391.

.............................................................................

**4** ★★★ **Répondez aux questions.**

**1.** Quel est le plus grand diviseur commun de 540 et 300 ?

.............................................................................

**2.** Une pièce rectangulaire de 5,40 m de long et de 3 m de large est recouverte par des dalles de moquette carrées, toutes identiques.

**a.** Quelle est la mesure du côté de chacune de ces dalles, sachant que l'on veut le moins de dalles possible ?

.............................................................................

**b.** Calculez alors le nombre de dalles utilisées.

.............................................................................

Auto évaluation Très bien ☐ Bien ☐ Pas assez bien ☐

# 10 Algorithme d'Euclide

## Observer et retenir

### Algorithme des divisions successives

Si un nombre entier non nul en divise deux autres, alors il divise également le reste de leur division euclidienne. On appelle ce processus « algorithme d'Euclide ».

### Algorithme d'Euclide

Le PGCD des nombres $a$ et $b$ correspond au dernier reste non nul.

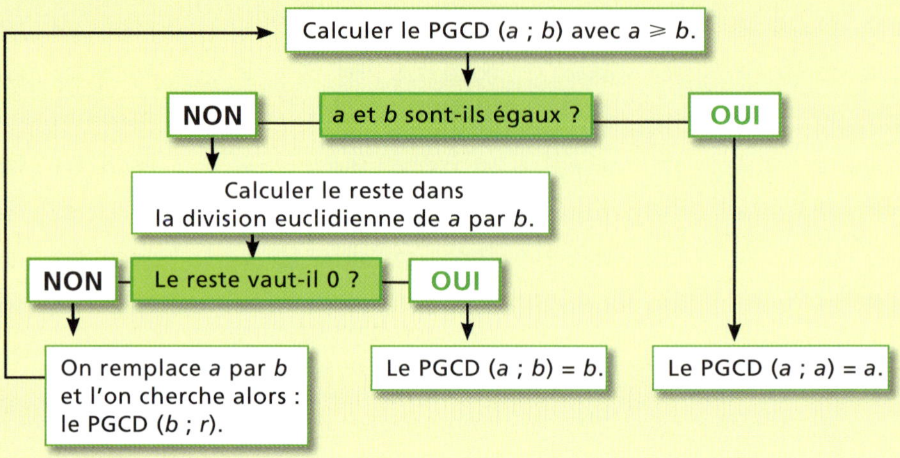


## Savoir faire

### Déterminer le PGCD de deux nombres entiers en utilisant l'algorithme d'Euclide

On veut calculer le PGCD des nombres 4 543 et 1 001.

→ **Effectuer la division euclidienne de 4 543 par 1 001 :**
$4\,543 = 4 \times 1\,001 + 539$. Donc PGCD(4 543 ; 1 001) = PGCD(1 001 ; 539).

→ **Effectuer la division euclidienne de 1 001 par 539 :**
$1001 = 1 \times 539 + 462$. Donc PGCD(1 001 ; 539) = PGCD(539 ; 462).

→ **Effectuer la division euclidienne de 539 par 462 :**
$539 = 1 \times 462 + 77$. Donc PGCD(539 ; 462) = PGCD(462 ; 77).

→ **Effectuer la division euclidienne de 462 par 77 :**
$462 = 6 \times 77 + 0$. Donc PGCD(462 ; 77) = 77.

→ **Conclure :** le PGCD est le dernier reste non nul, donc il s'agit de 77.
On peut résumer très simplement ces 4 étapes en remplissant le tableau suivant :

| | | | | | | |
|---|---|---|---|---|---|---|
| | | 4 | 1 | 1 | 6 | **Quotients** |
| **Dividendes** | 4 543 | 1 001 | 539 | 462 | **77** | **Diviseurs** |
| **Restes** | 539 | 462 | **77** | 0 | | |

77 est le dernier reste non nul : c'est le PGCD des nombres 4543 et 1001.

## S'entraîner

→ Corrigés p. 279

**1** ★ **Le tableau ci-dessous résume une suite de divisions euclidiennes.**

| | | | | | |
|---|---|---|---|---|---|
| | | 2 | 8 | 2 | **Quotients** |
| **Dividendes** | 1 332 | 629 | 74 | 37 | **Diviseurs** |
| **Restes** | 74 | 37 | 0 | | |

**1.** Écrivez les trois divisions euclidiennes effectuées.

..................................................................................................................................

**2.** Déduisez-en le PGCD des nombres 1 332 et 629. ..................................................................

**2** ★ **On considère le tableau suivant qui résume une suite de divisions euclidiennes.**

| | | | | | |
|---|---|---|---|---|---|
| | | | | | **Quotients** |
| **Dividendes** | 391 | 161 | | ............ | **Diviseurs** |
| **Restes** | | ............ | | | |

Complétez le tableau et déterminez le PGCD de ces deux nombres.

..................................................................................................................................

**3** ★★ **On considère la suite de divisions successives suivante :**

$1\,961 = 1 \times 1\,147 + 814$ ; $1\,147 = 1 \times 814 + 333$ ; $814 = 2 \times 333 + 148$ ; $333 = 2 \times 148 + 37$ ; $148 = 4 \times 37$.

**1.** Complétez le tableau suivant qui résume les divisions euclidiennes précédentes.

| | | | | | | | |
|---|---|---|---|---|---|---|---|
| | | 1 | 1 | 2 | 2 | 4 | **Quotients** |
| **Dividendes** | 1 961 | 1 147 | 814 | 333 | 148 | ............ | **Diviseurs** |
| **Restes** | 814 | 333 | 148 | ............ | 0 | | |

**2.** Déduisez-en le PGCD des nombres 1 961 et 1 147.

..................................................................................................................................

**4** ★★ **Effectuez les calculs suivants.**

**1.** Calculez le PGCD de 1 756 et 1 317 (en détaillant les calculs nécessaires).

..................................................................................................................................

**2.** Un fleuriste a reçu 1 756 roses blanches et 1 317 roses rouges. Il désire réaliser des bouquets identiques (c'est-à-dire comprenant un même nombre de roses et la même répartition entre les blanches et les rouges) en utilisant toutes les fleurs.

**a.** Quel sera le nombre maximum de bouquets identiques ? Justifiez clairement votre réponse.

..................................................................................................................................

**b.** Quelle sera alors la composition de chaque bouquet ?

..................................................................................................................................

Auto évaluation Très bien ☐ Bien ☐ Pas assez bien ☐

# 11 Fractions irréductibles

## Observer et retenir

### Définitions et propriétés

- Deux nombres entiers non nuls sont premiers entre eux si leur PGCD vaut 1.
- Si le PGCD de deux nombres entiers non nuls est différent de 1, alors ces deux nombres ne sont pas premiers entre eux. Si le PGCD de deux nombres entiers non nuls vaut 1, alors ces deux nombres sont premiers entre eux.
- Une fraction est dite **irréductible** si son numérateur et son dénominateur sont premiers entre eux. Deux cas se présentent :
  - le PGCD du numérateur et du dénominateur vaut 1, donc la fraction est irréductible.
  - le PGCD du numérateur et du dénominateur est différent de 1, alors la fraction n'est pas irréductible.

Si l'on divise le numérateur et le dénominateur d'une fraction par le PGCD des deux nombres, on obtient une fraction irréductible.

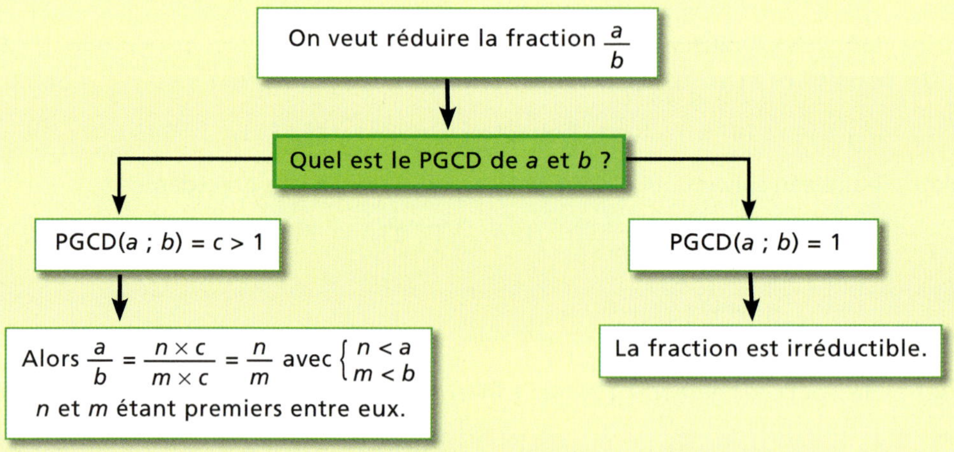


## Savoir faire

### Rendre une fraction irréductible

La fraction $\frac{198}{561}$ est-elle irréductible ?

→ Une fraction est irréductible si son numérateur et son dénominateur sont premiers entre eux. On a : PGCD (561 ; 198) = 33.

→ Conclusion : les nombres 561 et 198 ne sont pas premiers entre eux, donc la fraction $\frac{198}{561}$ n'est pas irréductible. Donc $\frac{198}{561} = \frac{33 \times 6}{33 \times 17} = \frac{6}{17}$ et l'on peut affirmer que la fraction obtenue est irréductible.

## S'entraîner

→ Corrigés p. 279



### 1 ★ Le tableau ci-dessous résume une suite de divisions euclidiennes.

| | | | | | | |
|---|---|---|---|---|---|---|
| | | 3 | 2 | 1 | 3 | **Quotients** |
| **Dividendes** | 851 | 253 | 92 | 69 | 23 | **Diviseurs** |
| **Restes** | 92 | 69 | 23 | 0 | | |

**1.** Écrivez les quatre divisions euclidiennes effectuées.

**2.** Déduisez-en le PGCD des nombres 851 et 253.

**3. a.** Application : calculez l'expression $A = 3 + \frac{92}{253}$.

**b.** La fraction A est-elle irréductible ? Sinon, réduisez-la.

### 2 ★ Effectuez les calculs suivants.

**1.** Calculez le PGCD de 9 240 et 3 822.

**2.** Simplifiez la fraction $\frac{3\,822}{9\,240}$ pour la rendre irréductible en notant le détail des calculs.

### 3 ★ On considère la fraction $\frac{5\,148}{1\,386}$.

**1.** Déterminez, par la méthode de votre choix, le PGCD des nombres 5 148 et 1 386.

**2.** Utilisez le résultat de la question précédente pour rendre irréductible la fraction $\frac{5\,148}{1\,386}$.

### 4 ★★ Est-il possible de simplifier les fractions $F = \frac{1\,681}{108}$ et $G = \frac{6\,652}{924}$ ? Pourquoi ? Simplifiez-les si cela est possible.

### 5 ★★★ Répondez aux questions.

**1.** Écrivez sous une forme irréductible le nombre F tel que : $F = \frac{3\,520}{10\,780}$. Vous pourrez, par exemple, déterminer le PGCD des deux entiers 3 520 et 10 780.

**2. a.** Quel est l'entier naturel $n$ tel que : $n^2 = 49 \times F$ ?

**b.** Quels sont les entiers relatifs $p$ tels que : $p^2 = 49 \times F$ ?

Auto évaluation Très bien ☐ Bien ☐ Pas assez bien ☐

# 12 Théorème de Thalès

## Observer et retenir

### Théorème

- On considère deux droites $(d)$ et $(d')$ sécantes en un point A.

Soit B et M deux points de $(d)$, distincts de A.
Soit C et N deux points de $(d')$, distincts de A.
**Si** les droites (BC) et (MN) sont parallèles, **alors** on a l'égalité des rapports :
$\frac{AM}{AB} = \frac{AN}{AC} = \frac{MN}{BC}$.

- Pratiquement, ces hypothèses se traduisent par **trois configurations** possibles :

| Cas 1 | Cas 2 | Cas 3 |
|---|---|---|
| $M \in [AB]$ et $N \in [AC]$. | $M \in [AB)$ et $M \notin [AB]$,<br>$N \in [AC)$ et $N \notin [AC]$ | $M \in [BA)$ et $M \notin [AB]$,<br>$N \in [CA)$ et $N \notin [AC]$<br>Cette configuration porte aussi le nom de **papillon de Thalès**. |
| 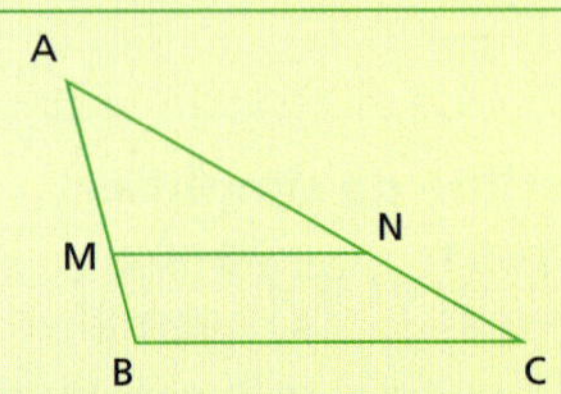  | 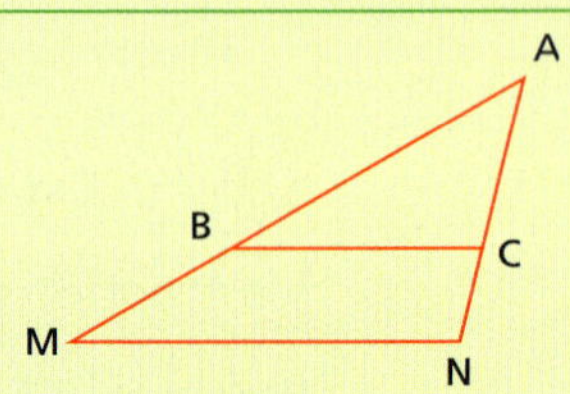  | 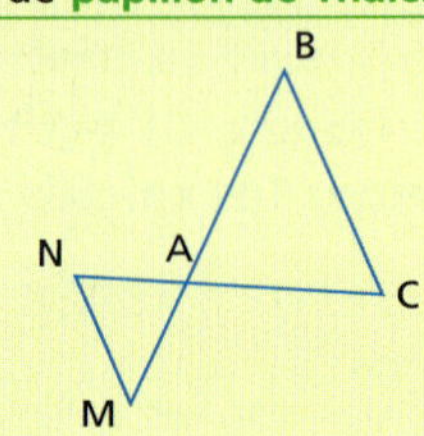  |

Le théorème direct permet essentiellement de calculer la longueur de certains segments. En revanche, la contraposée du théorème permet de montrer que deux droites ne sont pas parallèles.

## Savoir faire

### Apprendre à bien utiliser le théorème de Thalès

Soit ABC un triangle tel que AB = 7 cm, AC = 11,2 cm et BC = 14 cm. Placer le point M sur le segment [AB] tel que AM = 5 cm. Par M, mener la parallèle à la droite (BC) qui coupe le segment [AC] en N. Déterminer les longueurs des segments [AN] et [MN].

→ **Après avoir construit la figure, appliquer le théorème de Thalès :** dans le triangle ABC, $M \in [AB]$ ; $N \in [AC]$ ; les droites (MN) et (BC) sont parallèles. Le théorème de Thalès peut donc s'appliquer : $\frac{AM}{AB} = \frac{AN}{AC} = \frac{MN}{BC}$.

→ **Calculer les longueurs respectives des segments [AN] et [MN] :** $\frac{AM}{AB} = \frac{AN}{AC}$ et $\frac{AM}{AB} = \frac{MN}{BC}$.

Donc $AN = \frac{AM \times AC}{AB}$ et $MN = \frac{AM \times BC}{AB}$.

- Application numérique : $AN = \frac{5 \times 11,2}{7} = 8$ et $MN = \frac{5 \times 14}{7} = 10$.
- Conclure : les longueurs des segments [AN] et [MN] sont respectivement 8 cm et 10 cm.

Maths

## S'entraîner

→ Corrigés p. 279

**1** ★ **Dans les trois configurations ci-dessous, les droites (MN) et (BC) sont parallèles.**

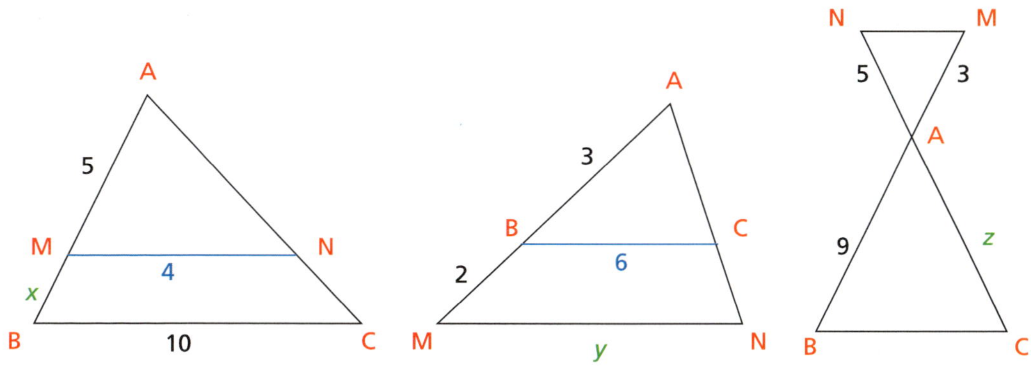


**1.** Peut-on appliquer le théorème de Thalès ? ..........

**2.** Déterminez les nombres $x$, $y$ et $z$. ..........

**2** ★★ **Construisez le triangle ABC tel que AB = 7,5 cm, BC = 10 cm et AC = 12,5 cm.**

**1.** Montrez que le triangle ABC est rectangle.

..........

**2. a.** M est un point du segment [BC] tel que BM = 4 cm. Placez le point M et construisez la droite (d) parallèle à la droite (AC) passant par M. La droite (*d*) coupe [AB] au point N.

**b.** Calculez BN et MN. ..........

**3** ★★ **Dans la figure ci-dessous, les droites (AB) et (CD) sont parallèles. Les droites (AD) et (BC) se coupent en E. On donne : DE = 6, AE = 10, AB = 20 et BE = 16.**
*(La figure n'est pas réalisée à l'échelle.)*

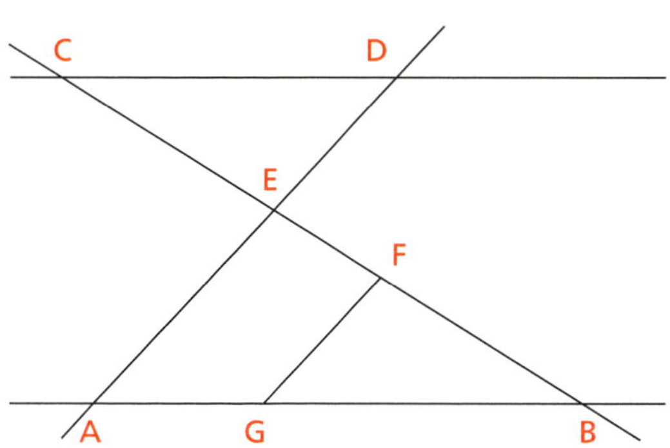


**1.** Calculez la distance CD.

..........

**2.** Les points F et G appartiennent respectivement aux segments [BC] et [AB]. Ils vérifient : BF = 12,8 et BG = 16. Montrez que les droites (FG) et (AE) sont parallèles.

..........

**4** ★★★ **Construisez le triangle ABN, sachant que AB = 6 cm ; BN = 6,2 cm et AN = 3,6 cm.**

**1.** Placez le point P appartenant au segment [AN] tel que AP = 1,2 cm.

**2.** Par P, on mène la parallèle à la droite (BN) qui coupe le segment [AB] en M. Par B, on mène la parallèle à la droite (MN) qui coupe la droite (AN) en C.

**3.** Démontrez que $AN^2 = AP \times AC$.

..........

..........

..........

**4.** Déduisez-en la longueur du segment [AC].

..........

Auto évaluation Très bien ☐ Bien ☐ Pas assez bien ☐

Maths

# 13 Réciproque du théorème de Thalès

## Observer et retenir

### Énoncé de la réciproque du théorème de Thalès

Soit *d* et *d'* deux droites sécantes en A.
Soit B et M deux points de *d*, distincts de A.
Soit C et N deux points de *d'*, distincts de A.
Les points A, B et M d'une part et les points A, C et N d'autre part sont alignés dans le même ordre.
Si, en plus des conditions précédentes, on établit l'égalité des rapports : $\frac{AM}{AB} = \frac{AN}{AC}$,
alors la réciproque du théorème de Thalès s'applique et nous pouvons affirmer que les droites (BC) et (MN) sont parallèles.

**Remarque** ▸ Exprimer que les points A, B et M d'une part et A, C et N d'autre part sont alignés dans le même ordre est une formulation habile qui se traduit graphiquement par l'une des trois configurations ci-contre.

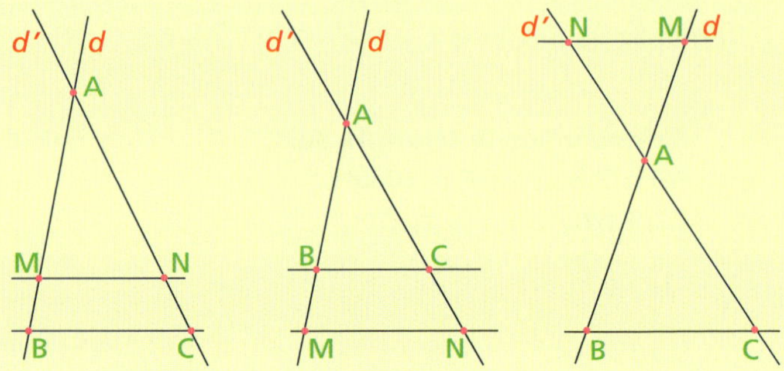


## Savoir faire

### Démontrer que deux droites sont parallèles

Soit IJK un triangle tel que IJ = 10 cm et IK = 7 cm. Soient M et N deux points appartenant respectivement aux segments [IJ] et [IK] et tels que : IM = 4 cm et IN = 2,8 cm. On souhaite démontrer que les droites (MN) et (JK) sont parallèles.

→ **Vérifier les hypothèses :**

- les droites (IJ) et (IK) sont sécantes en I ;
- M et J sont deux points de la droite (IJ) distincts de I ;
- N et K sont deux points de la droite (IK) distincts de I ;
- M ∈ [IJ] et N ∈ [IK] donc les points I, M, J et I, N, K sont alignés dans le même ordre ;
- de plus, on a : $\left.\begin{array}{l}\frac{IM}{IJ} = \frac{4}{10} = 0{,}4 \\ \frac{IN}{IK} = \frac{2{,}8}{7} = 0{,}4\end{array}\right\}$ donc $\frac{IM}{IJ} = \frac{IN}{IK}$.

→ **Conclure :** avec les conditions précédentes, la réciproque du théorème de Thalès s'applique et nous permet d'affirmer que les droites (MN) et (JK) sont parallèles.

Maths

## S'entraîner

→ Corrigés p. 280

**1 ★ Deux droites (PB) et (RC) sont sécantes en un point A.**

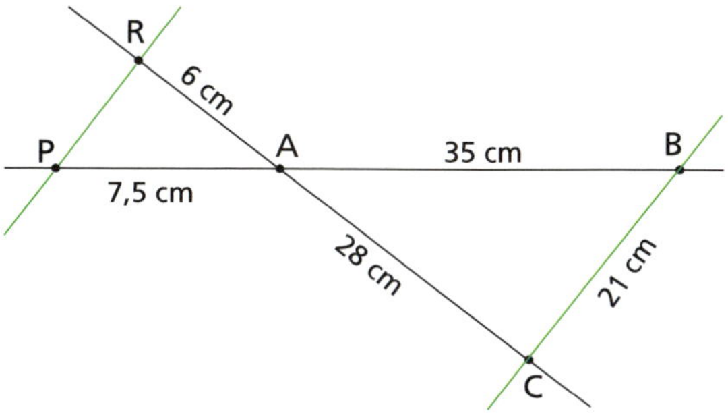


*(La figure n'est pas à l'échelle.)*

**1.** Démontrez que les droites (PR) et (BC) sont parallèles.

........................................................................

**2.** Calculez la longueur RP. ........................

**2 ★★ Soit la figure suivante.**
*(La figure ci-dessous n'est pas à l'échelle.)*

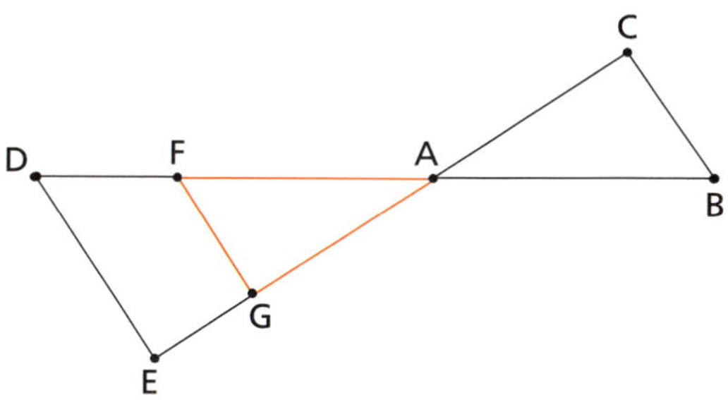


Les points D, F, A, B sont alignés.
Les points E, G, A, C sont alignés.
Les droites (DE) et (FG) sont parallèles.
L'unité est le centimètre : AF = 5 ; FG = 3 ; AG = 4 ; DE = 7,5 ; AC = 3 ; AB = 3,75.

**1.** Démontrez que le triangle AFG est un triangle rectangle.

........................................................................

**2. a.** Calculez AD, déduisez-en FD. ...............

**b.** Calculez AE, déduisez-en EG. ..................

**3.** Démontrez que les droites (FG) et (BC) sont parallèles.

........................................................................

**3 ★★ Les droites (BE) et (FC) sont parallèles. AB = 6 cm ; AC = 15 cm et AF = 12 cm.**

**1.** Calculez la longueur AE. ........................

**2.** Sachant que AK = 30 cm, démontrez que les droites (BF) et (CK) sont parallèles.

........................................................................

**3.** Sachant que FC = 9 cm, démontrez que le triangle AFC est rectangle en F.

........................................................................

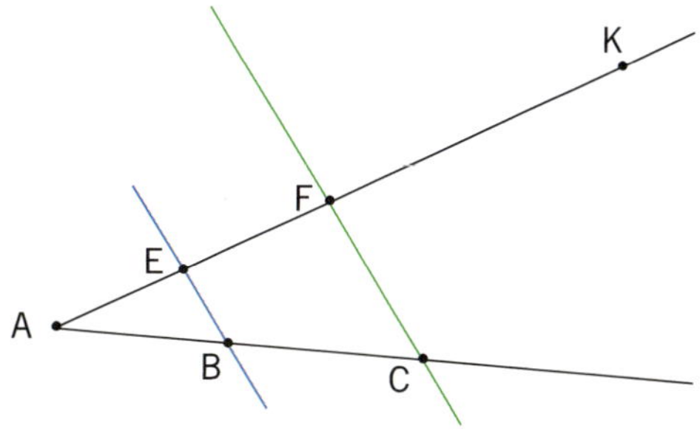


**4 ★★★ Dans le triangle CDE, A est un point du segment [CE] ; B est un point du segment [CD].**
*(Sur le schéma ci-dessous, les longueurs ne sont pas exactes.)*
On donne AC = 8 cm ; CE = 20 cm ; BC = 6 cm ; CD = 15 cm et DE = 25 cm.

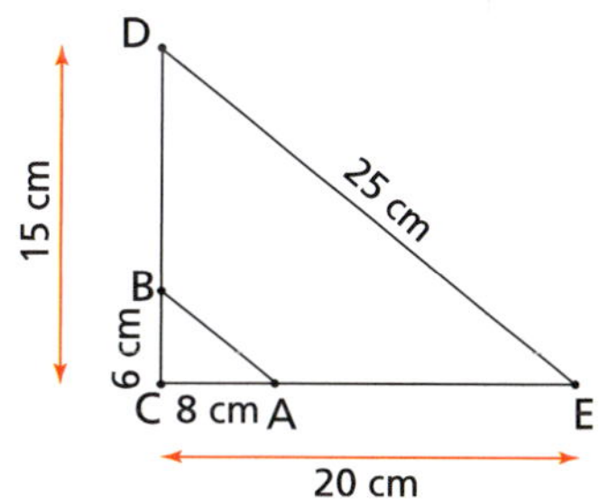


**1.** Montrez que les droites (AB) et (DE) sont parallèles.

........................................................................

**2.** Le triangle CDE est-il rectangle ? Justifiez.

........................................................................

**3.** Calculez AB. ..........................................

**Auto évaluation** Très bien ☐ Bien ☐ Pas assez bien ☐

# 14 Trigonométrie dans le triangle rectangle

## Observer et retenir

### Formules de trigonométrie

On considère un triangle ABC rectangle en A.

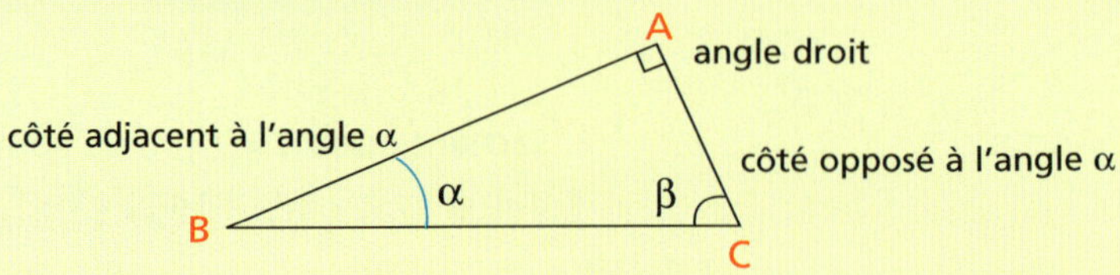


Les formules de trigonométrie suivantes ne s'appliquent que dans le triangle rectangle.

| | $(\widehat{ABC})$ | $(\widehat{ACB})$ |
|---|---|---|
| **Sinus de l'angle** | $\frac{AC}{BC}$ | $\frac{AB}{BC}$ |
| **Cosinus de l'angle** | $\frac{AB}{BC}$ | $\frac{AC}{BC}$ |
| **Tangente de l'angle** | $\frac{AC}{AB}$ | $\frac{AB}{AC}$ |

| | 0° | 30° | 45° | 60° | 90° |
|---|---|---|---|---|---|
| **Sinus** | 0 | $\frac{1}{2}$ | $\frac{\sqrt{2}}{2}$ | $\frac{\sqrt{3}}{2}$ | 1 |
| **Cosinus** | 1 | $\frac{\sqrt{3}}{2}$ | $\frac{\sqrt{2}}{2}$ | $\frac{1}{2}$ | 0 |
| **Tangente** | 0 | $\frac{\sqrt{3}}{3}$ | 1 | $\sqrt{3}$ | Impossible |

### Relation fondamentale de la trigonométrie

Dans tout triangle rectangle, si α et β désignent respectivement les mesures en degré des deux angles aigus du triangle, on a toujours l'égalité :

$$\cos^2(\alpha) + \sin^2(\alpha) = \cos^2(\beta) + \sin^2(\beta) = 1.$$

## Savoir faire

### Utiliser les formules de trigonométrie dans un triangle rectangle

Soit ABC un triangle rectangle en A tel que AB = 5 cm et mes $(\widehat{ABC}) = 60°$.
On veut déterminer la longueur du segment [AC].

→ Le triangle ABC est rectangle en A, donc on peut appliquer les formules de trigonométrie.

→ On connaît un des deux angles aigus du triangle, ainsi que le côté adjacent à cet angle.
On cherche la longueur du côté opposé à cet angle.

→ On utilise la formule de la tangente : $\tan(\widehat{ABC}) = \frac{\text{côté opposé à l'angle } \widehat{ABC}}{\text{côté adjacent à l'angle } \widehat{ABC}} = \frac{AC}{AB}$.

Donc, $AC = AB \times \tan(\widehat{ABC})$.

→ Application numérique : $AC = 5 \times \tan(60°) = 5 \times \sqrt{3}$ cm.

→ Conclusion : la valeur exacte de AC est $5\sqrt{3}$ cm et sa valeur arrondie au dixième de centimètre sera 8,7 cm.

## S'entraîner

→ Corrigés p. 281

**1** ★ **Soit $x$ la mesure en degrés d'un angle aigu.**

**1.** Démontrez que $1 + \tan^2 x = \dfrac{1}{\cos^2(x)}$.

...........................................................

...........................................................

**2.** Déduisez-en que :
$(1 - \sin x)(1 + \sin x) = \dfrac{1}{1 + \tan^2 x}$.

...........................................................

...........................................................

**2** ★★ **Soit $x$ la mesure en degrés d'un angle aigu tel que $\tan x = \dfrac{3}{7}$. Calculez $\cos x$ et $\sin x$ sans déterminer la valeur de $x$.**

...........................................................

...........................................................

**3** ★★ **Soit la figure suivante.**

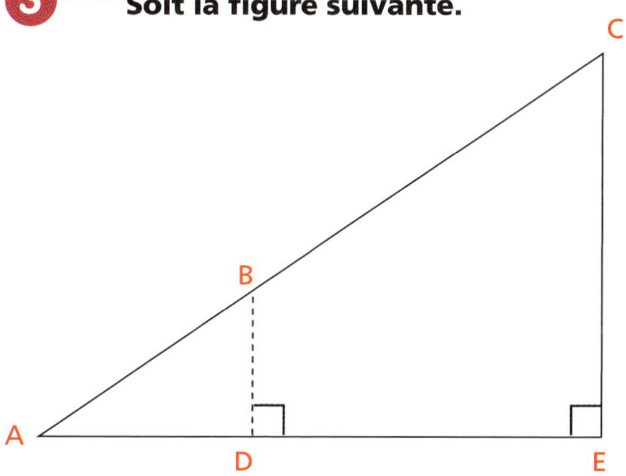


Les points A, B et C sont alignés, ainsi que les points A, D et E.
Les droites (BD) et (CE) sont perpendiculaires à la droite (AE).
AB = 2,5 ; BD = 1,5 et CE = 4,5.

**1.** Calculez AD. Justifiez.

...........................................................

...........................................................

**2.** Déterminez la mesure arrondie au degré de l'angle $\widehat{BAD}$. Justifiez.

...........................................................

...........................................................

**3.** Calculez AC et AE. Justifiez.

...........................................................

...........................................................

**4** ★★ **On considère la figure ci-dessous.**

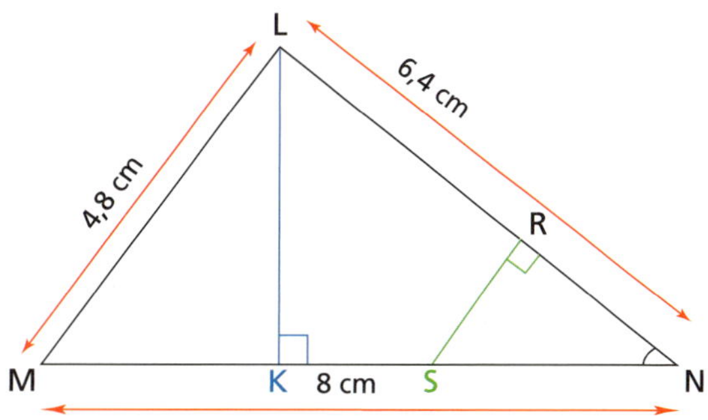


On donne MN = 8 cm ; ML = 4,8 cm et LN = 6,4 cm.

**1.** Démontrez que le triangle LMN est rectangle.

...........................................................

...........................................................

**2.** Calculez la valeur arrondie au degré de la mesure de l'angle $\widehat{LNM}$.

...........................................................

...........................................................

**3.** Soit K le pied de la hauteur issue de L ; montrez que LK = 3,84 cm.

...........................................................

...........................................................

**4.** Soit S le point de [MN] tel que NS = 2 cm, la perpendiculaire à (LN) passant par S coupe [LN] en R ; calculez RS.

...........................................................

Auto évaluation Très bien ☐ Bien ☐ Pas assez bien ☐

# 15 Théorème de l'angle inscrit

## Observer et retenir

### Angle au centre et angle inscrit

Soit A, B et M trois points distincts d'un cercle de centre O.

- L'angle $\widehat{AOB}$ est appelé **angle au centre** du cercle. Cet angle intercepte l'arc $\overset{\frown}{AB}$.
- L'angle $\widehat{AMB}$ est appelé **angle inscrit** du cercle. Cet angle intercepte l'arc $\overset{\frown}{AB}$.

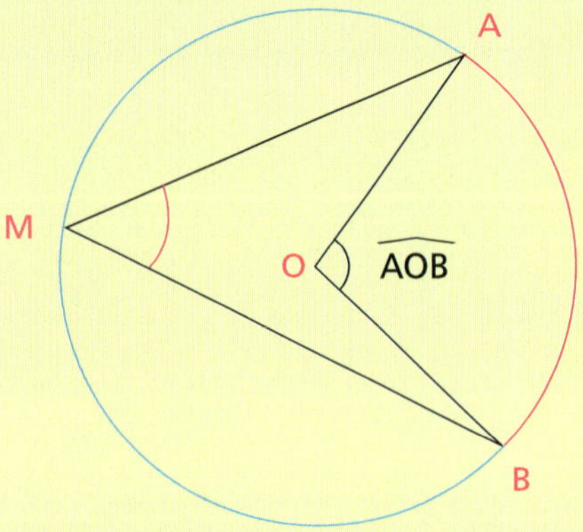


L'angle $\widehat{AOB}$ intercepte le petit arc $\overset{\frown}{AB}$.

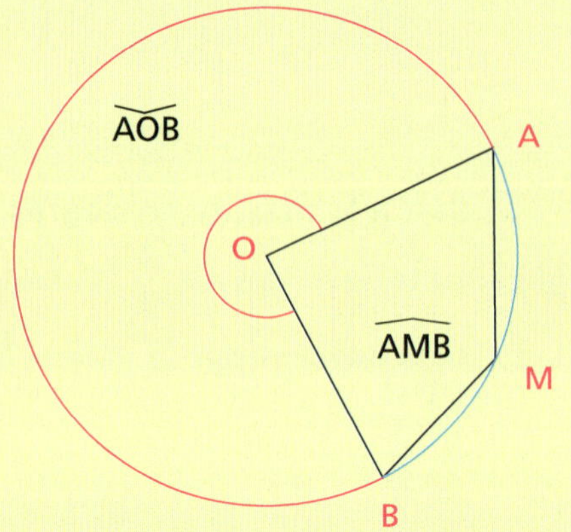


L'angle $\widehat{AOB}$ intercepte le grand arc $\overset{\frown}{AB}$.

### Théorèmes de l'angle inscrit

- Un angle inscrit dans un cercle a pour mesure la moitié de l'angle au centre qui intercepte le même arc.
- Dans un cercle, si deux angles inscrits interceptent le même arc, alors ils ont la même mesure.

## Savoir faire

### Déterminer la mesure d'un angle inscrit dans un cercle

Soit A, M et B trois points appartenant au cercle de centre O et de diamètre [BM]. Sachant que l'angle $\widehat{AOB}$ est un angle droit, déterminons la mesure de l'angle $\widehat{AMB}$.

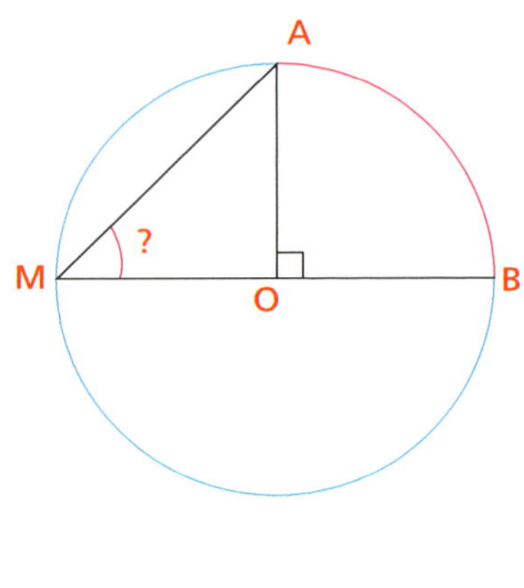


→ Dans le cercle de centre O et de diamètre [MB], l'angle au centre $\widehat{AOB}$ et l'angle inscrit $\widehat{AMB}$ interceptent le même arc $\overset{\frown}{AB}$.

→ D'après le théorème de l'angle inscrit, on a :
mes $(\widehat{AOB}) = 2 \times$ mes $(\widehat{AMB})$.

→ Or l'angle $\widehat{AOB}$ est un angle droit, donc mes $(\widehat{AOB}) = 90°$.

→ Conclusion : mes $(\widehat{AMB}) = 45°$.

## S'entraîner

➜ Corrigés p. 281

**1** ★ **On considère les quatre cas ci-dessous.**

Cas 1

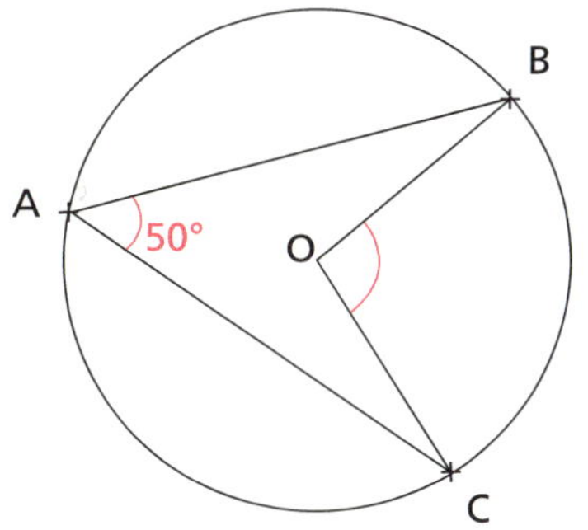


Cas 2

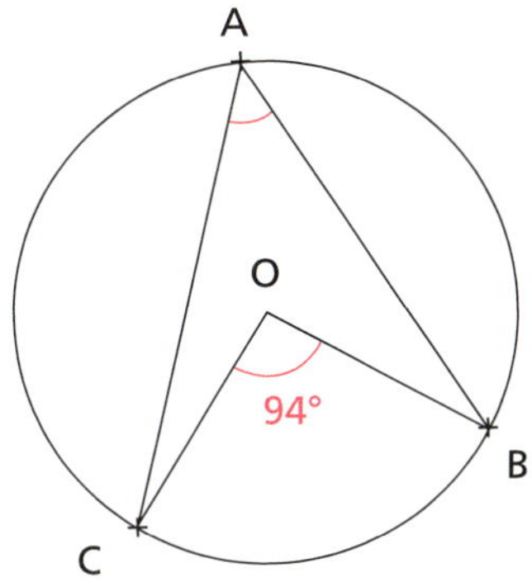


Cas 3

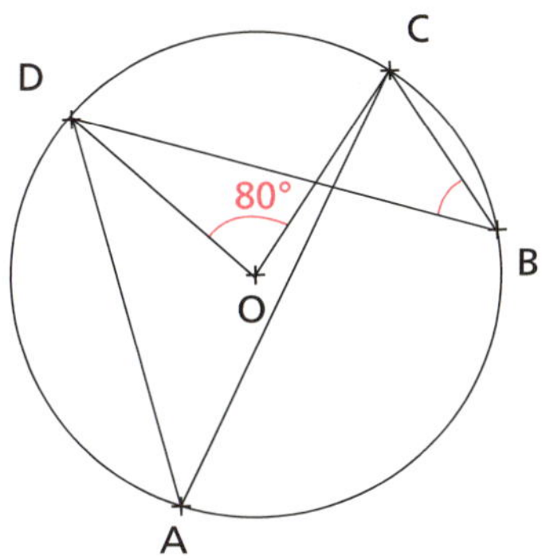


Cas 4

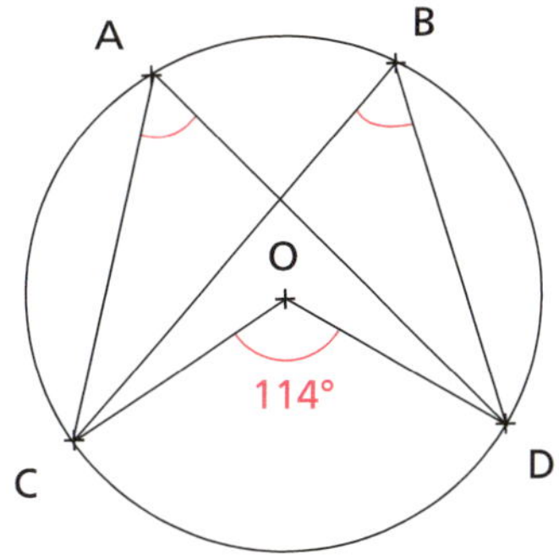


**1.** Cas 1 : déterminez la mesure de l'angle $\widehat{BOC}$. Justifiez.

..........

**2.** Cas 2 : déterminez la mesure de l'angle $\widehat{BAC}$. Justifiez.

..........

**3.** Cas 3 : déterminez la mesure des angles $\widehat{CAD}$ et $\widehat{CBD}$. Justifiez.

..........

**4.** Cas 4 : déterminez la mesure des angles $\widehat{DAC}$ et $\widehat{BDC}$. Justifiez.

..........

**2** ★★ **Déterminez la mesure des angles du triangle ABC sachant que la mesure de l'angle $\widehat{AOB}$ = 50° et que celle de l'angle $\widehat{BOC}$ = 150°, en justifiant chacune de vos réponses. Le point O est le centre du cercle passant par les points A, B et C.**

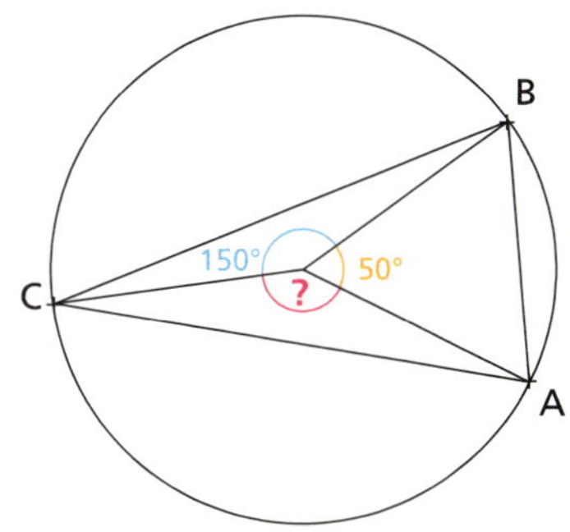


..........

..........

..........

Auto évaluation Très bien ☐ Bien ☐ Pas assez bien ☐

Maths

# 16 Polygones réguliers

## Observer et retenir

### Définition

On appelle polygone régulier tout polygone inscriptible dans un cercle dont les côtés ont tous la même longueur.

### Exemples

| | | |
|---|---|---|
| 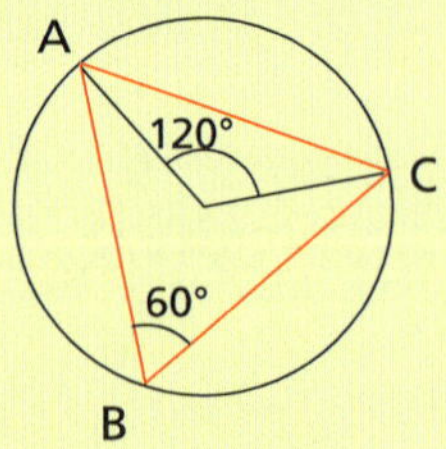  | 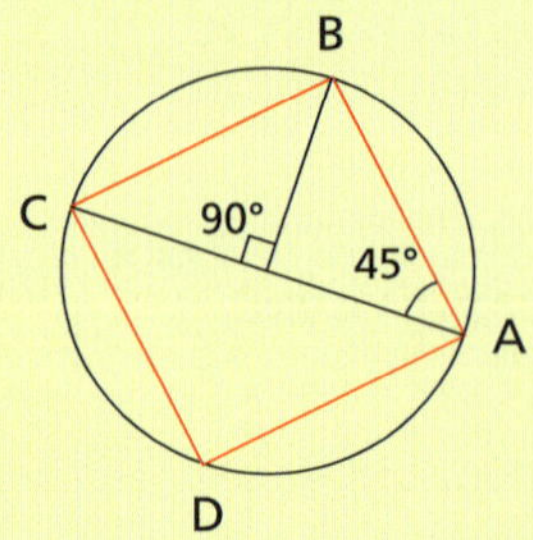  | 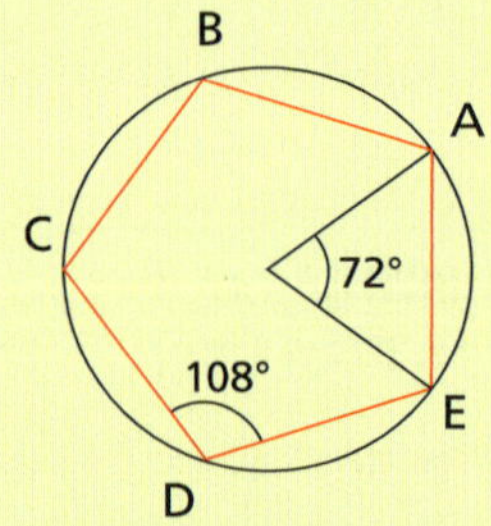  |
| Le **triangle équilatéral** est un polygone régulier à 3 côtés. | Le **carré** est un polygone régulier à 4 côtés. | Le **pentagone** régulier est un polygone régulier à 5 côtés. |
| Ses 3 angles sont égaux à 60°. | Ses quatre angles sont égaux à 90°. | Ses 5 angles sont égaux à 108°. |
| Chacun des 3 angles au centre interceptant un des côtés vaut 120°. | Chacun des 4 angles au centre interceptant un des côtés vaut 90°. | Chacun des 5 angles au centre interceptant un des côtés vaut 72°. |

## Savoir faire

### Déterminer les éléments caractéristiques d'un hexagone régulier

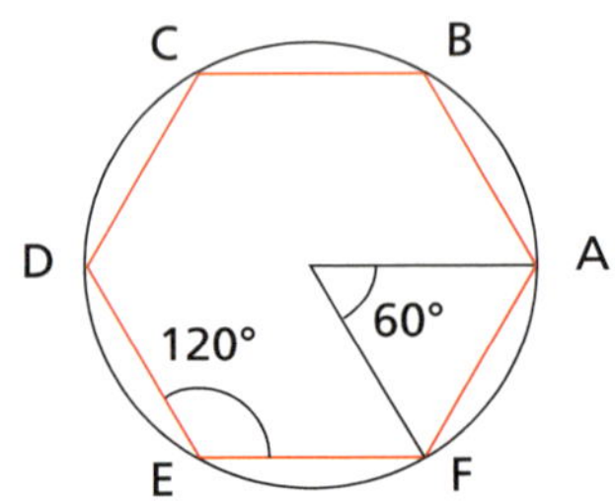


On veut construire un hexagone régulier ABCDEF de centre O et déterminer ses éléments caractéristiques.

→ ABCDEF est un hexagone régulier, donc c'est un polygone régulier à 6 côtés.

→ La mesure d'un angle au centre de l'hexagone interceptant un des six côtés du polygone est : $\frac{360°}{6} = 60°$.

→ Les angles $\widehat{ABC}$, $\widehat{BCD}$, $\widehat{CDE}$, $\widehat{DEF}$ et $\widehat{EFA}$ du polygone régulier ont la même mesure :
$\widehat{ABC} = \frac{(6-2) \times 180°}{6} = 120°$.

→ Conclusion : un hexagone régulier est un polygone régulier ayant six côtés de même longueur, six angles dont la mesure est 120° et six angles au centre dont la mesure est de 60°.

## S'entraîner

➜ Corrigés p. 282

### 1 ★★ Construction d'un hexagone régulier

**1.** Construisez un cercle $\mathscr{C}$ de centre O et de rayon R. Placez un point A sur ce cercle.

**2.** Construisez le cercle $\mathscr{C}_1$ de centre A passant par O. $\mathscr{C}_1$ coupe $\mathscr{C}$ en deux points B et F. Démontrez que les triangles OAB et OAF sont équilatéraux. Déduisez-en la mesure de l'angle $\widehat{BAF}$.

**3.** Construisez le cercle $\mathscr{C}_2$ de centre B qui passe par A. $\mathscr{C}_2$ recoupe $\mathscr{C}$ en C. Démontrez que le triangle OBC est équilatéral.

**4.** Construisez le cercle $\mathscr{C}_3$ de centre C passant par B. $\mathscr{C}_3$ recoupe C en D. Démontrez que le triangle OCD est équilatéral.

**5.** Construisez le cercle $\mathscr{C}_4$ de centre D qui passe par C. $\mathscr{C}_4$ recoupe C en E. Démontrez que le triangle ODE est équilatéral.

**6.** Formez l'hexagone ABCDEF.

**7.** Démontrez que AB = BC = CD = DE = EF = FA.

**8.** Déduisez-en que cet hexagone est régulier.

### 2 ★★ ABCDEF est un hexagone régulier inscrit dans le cercle $\mathscr{C}$ de centre O et de rayon R = 26 cm.

Tous les côtés de cet hexagone mesurent 26 cm (figure 1). L'hexagone ABCDEF est la base d'une pyramide régulière de sommet S et de hauteur SO = 83 cm (figure 2). Le point H est le milieu de [AB]. Les faces latérales de cette pyramide sont des triangles isocèles en S.

Figure 1

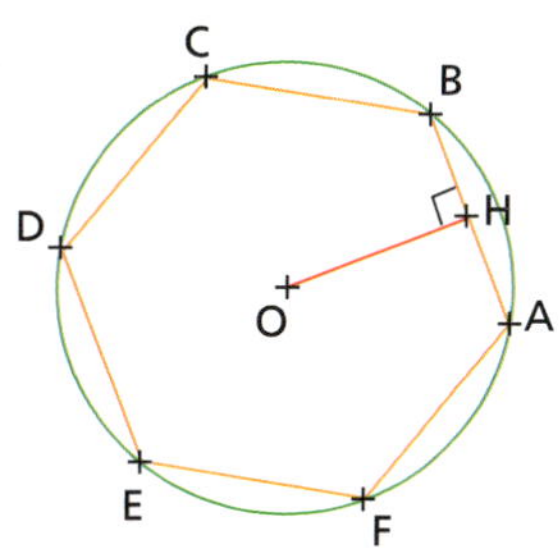


Figure 2

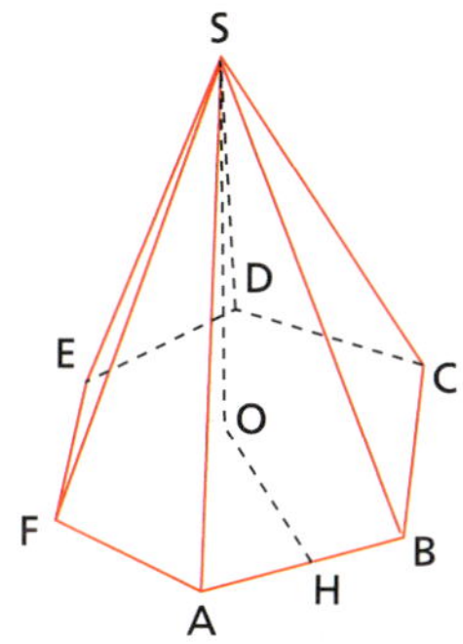


Figure 3

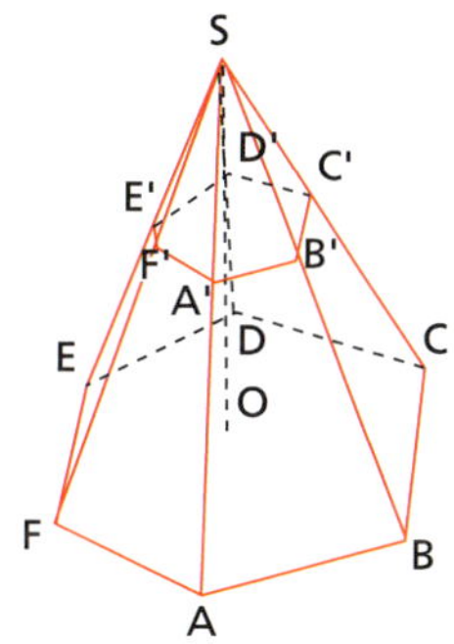


Figure 4

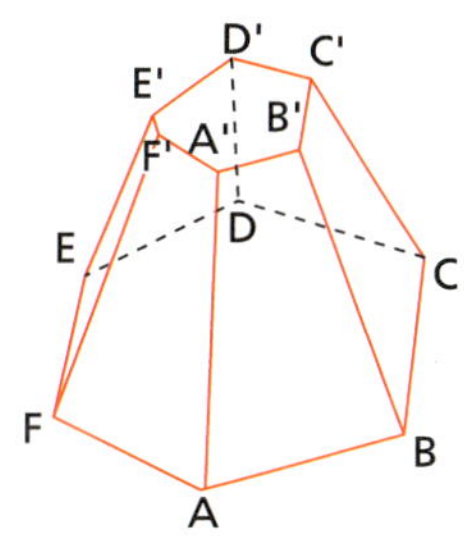


**1.** Le triangle SOB est rectangle en O. Calculez $SB^2$. ..........

**2.** Que représente la droite (SH) pour le triangle SAB ? Justifiez. ..........

**3.** Montrez que SH = 86 cm. ..........

**4.** Calculez, en $cm^2$, l'aire du triangle SAB. ..........

**5.** Déduisez-en que l'aire latérale de la pyramide (aire de la pyramide sans la base) est 6 708 $cm^2$.

..........

**6.** On a coupé cette pyramide par un plan parallèle à la base (figure 3). On obtient ainsi un tronc de pyramide qui servira d'abat-jour (figure 4). Ainsi, la pyramide SA'B'C'D'E'F' est une réduction de la pyramide SABCDEF. On donne SO' = 33,2 cm. Calculez $\frac{SO'}{SO}$ et expliquez comment obtenir l'aire latérale de SA'B'C'D'E'F' à partir de l'aire latérale de SABCDEF.

..........

Calculez alors l'aire de l'abat-jour, en $cm^2$. ..........

Auto évaluation  Très bien ☐  Bien ☐  Pas assez bien ☐

Maths

# 17 Sphère et boule

Maths

## Observer et retenir

### Définitions

Soit O un point de l'espace E et R un nombre strictement positif.

- Une **sphère** de centre O et de rayon R est l'ensemble de tous les points de l'espace situés à une distance R du point O.
- L'**aire** d'une sphère de rayon R est égale à $4\pi R^2$.
- Une **boule** de centre O et de rayon R est l'ensemble de tous les points de l'espace situés à une distance inférieure ou égale à R du point O.
- Le **volume** d'une boule de rayon R est égal à $\frac{4}{3}\pi R^3$.

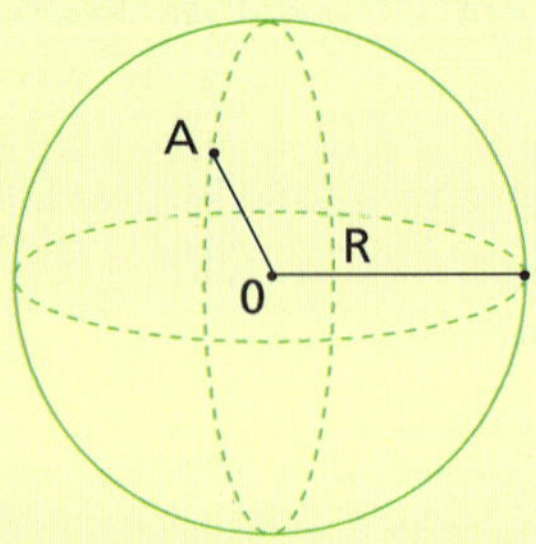


Sphère = {M [ E tel que OM = R}

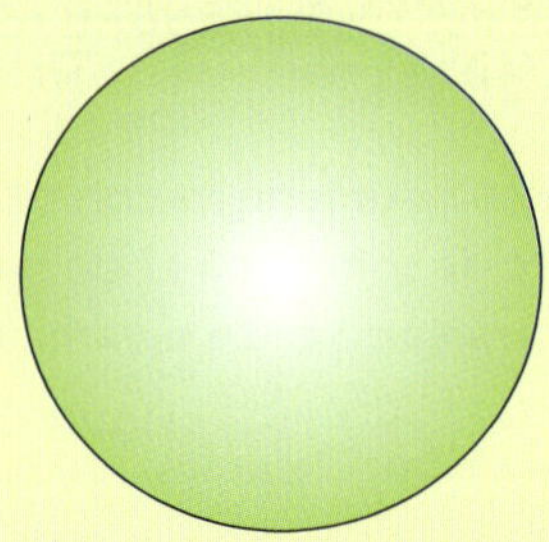

Boule = {M [ E tel que OM < R}

- La **section** d'une sphère (respectivement une boule) de centre O et de rayon R par un plan P est un cercle (respectivement un disque) de centre H et de rayon $r = \sqrt{R^2 - OH^2}$.

## Savoir faire

### Déterminer le rayon d'un cercle obtenu par section d'une sphère par un plan

On considère la sphère de centre O et de rayon R = 10 cm ci-dessous.
On coupe cette sphère par un plan perpendiculaire en H à l'un des diamètres de la sphère.
On donne : OM = 10 cm et OH = 6 cm.
On veut déterminer le rayon du cercle ainsi obtenu.

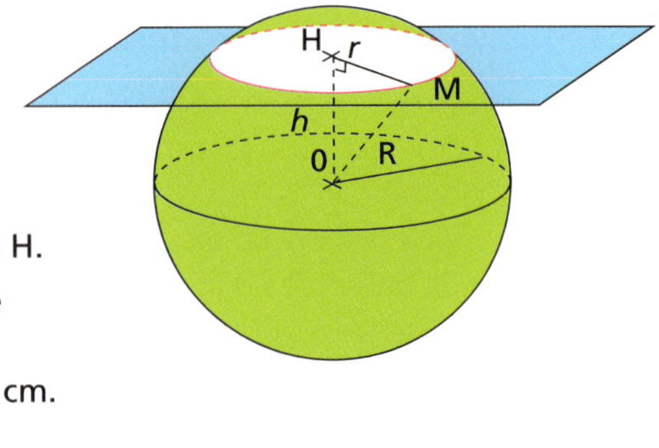


→ La section de la sphère par un plan est un cercle de rayon $r$. Le plan est perpendiculaire en H à l'un des diamètres, donc le triangle OHM est rectangle en H.

→ On peut donc appliquer le théorème de Pythagore pour déterminer la longueur du côté [HM].
Donc $HM^2 = OM^2 - OH^2$ ; $HM^2 = 10^2 - 6^2 = 64$ ; HM = 8 cm.

→ Conclusion : la section de la sphère par le plan est donc un cercle de rayon $r$ = 8 cm.

## S'entraîner

→ Corrigés p. 282

**1 ★ La Terre est assimilée à une boule de rayon 6370 km.**

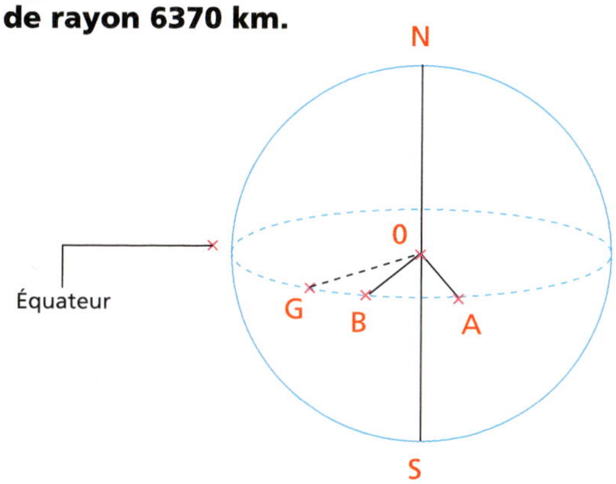


**1.** On considère le plan perpendiculaire à la ligne des pôles (NS) et équidistant de ces deux pôles. L'intersection de ce plan avec la Terre s'appelle l'Équateur. Calculez la longueur de l'Équateur.

..........................................................................

**2.** On note O le centre de la Terre et G un point de l'Équateur. On considère deux points A et B situés en Afrique sur l'Équateur et disposés comme sur le schéma ci-dessus. On sait que mes($\widehat{GOA}$) = 42° et mes($\widehat{GOB}$) = 9°.
Calculez la longueur de l'arc, portion de l'Équateur située en Afrique.

..........................................................................

**2 ★★ Un aquarium a la forme d'une calotte sphérique de centre O (voir schéma ci-après) qui a pour rayon R = 12 cm et pour hauteur *h* = 19,2 cm.**

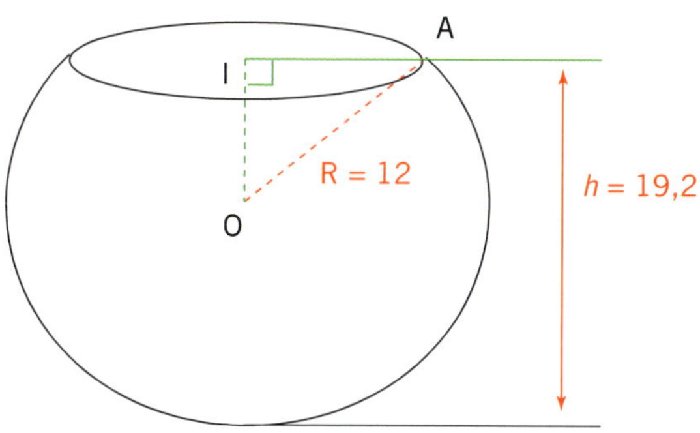


**1.** Calculez les longueurs OI puis IA.

..........................................................................

**2.** Le volume d'une calotte sphérique est donné par la formule : $V = \frac{\pi h^2}{3}(3R - h)$, où R est le rayon de la sphère et *h* la hauteur de la calotte sphérique. Calculez une valeur approchée du volume de cet aquarium au cm³ près.

..........................................................................

**3.** On verse six litres d'eau dans l'aquarium. Au moment de changer l'eau de l'aquarium, on transvase son contenu dans un récipient parallélépipédique de 26 cm de longueur et de 24 cm de largeur. Déterminez la hauteur *x* d'eau dans le récipient ; arrondissez le résultat au mm.

..........................................................................

**3 ★★★ Un jouet a la forme d'une demi-boule surmontée d'un cône de révolution de sommet A.**

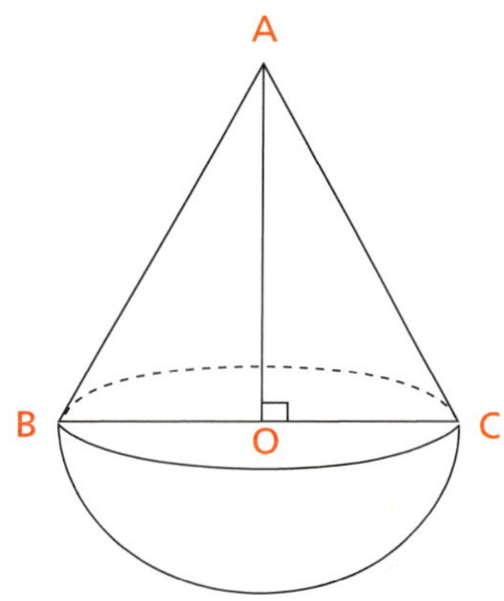


Le segment [BC] est un diamètre de la base du cône ; le point O est le centre de cette base. On donne AB = 7 cm et BC = 6 cm.

**1. a.** Construisez le triangle rectangle AOB puis calculez la valeur exacte de AO.

..........................................................................

**b.** Calculez la valeur exacte du sinus de l'angle $\widehat{BAO}$. Déduisez-en une mesure de l'angle $\widehat{BAO}$ (arrondie au degré près). ..........................

**2.** Calculez le volume de ce jouet, cône et demi-boule réunis (arrondi au cm³ près).

..........................................................................

Auto évaluation Très bien ☐ Bien ☐ Pas assez bien ☐

# 18 Pourcentages

## Observer et retenir

### Utilisation des pourcentages

| | Revient à multiplier *x* par | Exemples |
|---|---|---|
| Calculer *a* % d'une quantité *x* | $\frac{a}{100}$ | Un article de 80 € est soldé à 30 %. La remise s'élève à : $\frac{30}{100} \times 80 = 24$ €. |
| Augmenter un nombre *x* de *a* % | $1 + \frac{a}{100}$ | Un article de 60 € subit une hausse de 20 %. Son nouveau prix sera : $(1 + \frac{20}{100}) \times 60 = 72$ €. |
| Diminuer un nombre *x* de *a* % | $1 - \frac{a}{100}$ | Un article de 50 € subit une baisse de 10 %. Son nouveau prix sera : $(1 - \frac{10}{100}) \times 50 = 45$ €. |

## Savoir faire

### Calculer un pourcentage et appliquer une baisse suivie d'une hausse

**→ Calculer un pourcentage**

• Un lecteur MP3 est vendu 150 €. Pendant deux jours, son prix est de 112,5 €.
On veut déterminer la remise consentie en pourcentage.

• La remise consentie est la différence : 150 – 112,5 = 37,5 €.
Le pourcentage (par rapport au prix initial) est : $\frac{37,5}{150} = 0,25$.

• Conclusion : la remise consentie en pourcentage est donc de 25 %.

**→ Appliquer une baisse suivie d'une hausse**

• Un ordinateur vaut 1400 €. Pour doper les ventes, un vendeur décide de baisser son prix de 15 %. Ayant rempli son carnet de commandes, il décide d'augmenter le prix de l'ordinateur de 20 %.
On veut déterminer le coefficient multiplicatif qui permet de trouver le prix final de l'ordinateur à partir de son prix initial.

• Après la baisse de 15 %, on a : $P_1 = (1 - \frac{15}{100}) \times P = 0,85 \times P$.

Après la hausse de 20 %, on a : $P_2 = (1 + \frac{20}{100}) \times P_1 = 1,2 \times P_1 = 1,2 \times 0,85 \times P = 1,02.P$.

• Conclusion : le coefficient multiplicatif qui permet de passer du prix initial au prix final est 1,02 (ce qui représente une hausse de 2 %). Le prix final de l'ordinateur sera alors : 1,02 × 1400 = 1428 €.

Prix initial : P = 1 400 € → – 15 % → Prix après la baisse : $P_2$ = 1 190 € → + 20 % → Prix après la hausse : $P_2$ = 1 428 €

× 1,02

## S'entraîner

→ Corrigés p. 282

**1** ★ **Calculez les pourcentages suivants.**

**1.** 35 % de 250 €.

**2.** 18 % de 1 tonne (donnez le résultat en kg).

**3.** 15 % de 2 h 12 min.

**2** ★★ **Nouveaux pneus**

Juliette doit changer les 4 pneus de sa voiture. Elle hésite entre aller chez Midos (le quatrième pneu est gratuit) ou chez Pointos (– 25 % sur chaque pneu acheté). Quelle est la formule la plus intéressante ?

**3** ★★ **Console de jeux**

Nino rêve d'acheter une console de jeux. La publicité annonce 15 % de remise sur la console et une vente flash accorde 10 % supplémentaire sur le prix remisé. Le prix initial de la console est de 149 €. Nino dispose de 115 € pour effectuer son achat. Est-il en mesure d'accéder à son rêve ?

**4** ★★★ **Hausse et baisse**

Le professeur demande à ses élèves quel serait l'effet d'une hausse de 20 % suivie d'une baisse de 20 % appliquées sur un même nombre. Marion annonce que les effets conjugués de la hausse suivie de la baisse s'annihilent. Marianne affirme que le prix final sera légèrement inférieur au prix initial. Qui a raison ?

**5** ★★★ **On considère le parallélépipède rectangle suivant.**

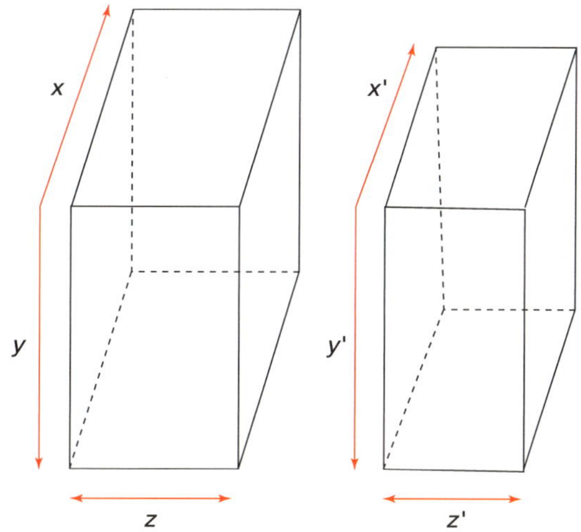


Les dimensions de ce parallélépipède rectangle sont respectivement de $x$, $y$ et $z$. On diminue les dimensions $x$ et $z$ du solide respectivement de 20 % et 15 %. Sachant que la dimension $y$ ne change pas, indiquez le volume du nouveau solide en fonction du volume du solide initial. Déduisez-en, en pourcentage, la variation de volume.

**6** ★★★ **Masse et volume**

Une cloche dont le volume est 0,1 m$^3$ est faite en bronze. Le bronze est un alliage de cuivre et d'étain. Pour que les cloches tintent, il faut qu'il y ait entre 20 et 24 % d'étain. Pour l'exercice, on suppose que la cloche se compose de 24 % d'étain. On sait que la densité de l'étain est 7,29 et celle du cuivre 8,9.

**1.** Quel est le volume d'étain dans la cloche et celui du cuivre ?

**2.** Quelle est la masse de la cloche ?

Auto évaluation — Très bien ☐ Bien ☐ Pas assez bien ☐

# 19 Statistiques



## Observer et retenir

### Vocabulaire

Une étude statistique porte sur l'analyse d'une **population**. Cette population est composée par des **individus** (qui ne sont pas forcément des êtres humains).
À partir de ces individus, on va plus particulièrement étudier un **caractère**. Ce caractère pourra être **qualitatif** (couleur des yeux, sexe, groupe sanguin, etc.) ou **quantitatif** (taille, âge, masse, etc.).

### Caractéristiques de position

- On considère l'étude d'un caractère quantitatif x qui prendra les valeurs $x_1$, $x_2$, … $x_p$ avec $x_1 < x_2 < \ldots < x_p$, les valeurs étant prises respectivement $n_1$, $n_2$, … $n_p$ fois.
Dans ces conditions, on peut affirmer que la **moyenne pondérée** de cette série statistique est définie par le rapport : $\dfrac{n_1x_1 + n_2x_2 + \ldots + n_px_p}{n_1 + n_2 + \ldots + n_p}$.
- On définit une autre caractéristique de position : la médiane. La médiane de la série statistique ordonnée est toute valeur du caractère quantitatif qui sépare la série en deux séries de même effectif.

## Savoir faire

### Calculer une moyenne et une médiane d'une série statistique

Voici les notes obtenues par les élèves du groupe A au contrôle de mathématiques :
16 ; 12 ; 08 ; 04 ; 15 ; 09 ; 10 ; 15 ; 04 ; 13 ; 17 ; 07 ; 08 ; 15 ; 12.

**→ Faire un tableau pour représenter cette série statistique**

| Note sur 20 | 4 | 7 | 8 | 9 | 10 | 12 | 13 | 15 | 16 | 17 |
|---|---|---|---|---|---|---|---|---|---|---|
| Effectifs | 2 | 1 | 2 | 1 | 1 | 2 | 1 | 3 | 1 | 1 |

**→ Déterminer la note moyenne des élèves du groupe A**

$$\frac{2 \times 4 + 1 \times 7 + 2 \times 8 + 1 \times 9 + 1 \times 10 + 2 \times 12 + 1 \times 13 + 3 \times 15 + 1 \times 16 + 1 \times 17}{2 + 1 + 2 + 1 + 1 + 2 + 1 + 3 + 1 + 1} = \frac{165}{15} = 11.$$

**→ Déterminer la note médiane**

Il y a 15 notes. Si nous les ordonnons (dans l'ordre croissant par exemple), on obtient alors la série suivante :

4 4 7 8 8 9 10 **12** 12 13 15 15 15 16 17

7 notes sont inférieures à 12 — 7 notes sont supérieures ou égales à 12

La note médiane est donc 12.

## S'entraîner

→ Corrigés p. 283

**1** ★★ **Voici un tableau donnant la population de la Polynésie française par classe d'âge lors du recensement effectué le 3 septembre 1996.**

**1.** Complétez le tableau ci-dessous. (Les fréquences seront exprimées en pourcentages et arrondies au dixième.)

| Âge | Moins de 15 ans | [15 ; 25[ | [25 ; 40[ | [40 ; 60[ | 60 ans et plus | Total |
|---|---|---|---|---|---|---|
| Effectifs | 74 018 | 39 788 | 54 346 | 38 161 | 10 208 | |
| Fréquences en % | | | | | | 100 |
| Angle en ° (arrondi au dixième) | | | | | | 360 |

**2.** Calculez le nombre de personnes âgées de plus de 40 ans.

..................................................................................................................

**3.** Trouvez le pourcentage des personnes âgées de plus de 40 ans.

..................................................................................................................

**4.** Représentez le diagramme circulaire des effectifs à l'aide de la ligne complétée « angle en degrés » du tableau de la question 1.

**2** ★★ **Le diagramme en barres ci-dessous donne la répartition des notes obtenues à un contrôle de mathématiques par les élèves d'une classe de 3^e^.**

**1.** Combien d'élèves y a-t-il dans cette classe ?

..................................................................

..................................................................

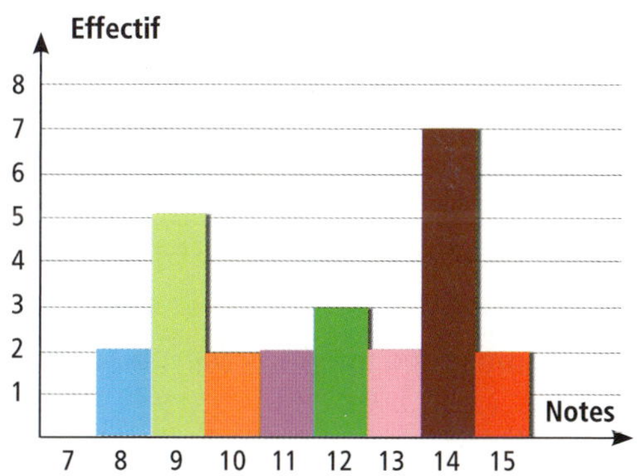


**2.** Quelle est la note moyenne de la classe à ce contrôle ?

..................................................................

..................................................................

**3.** Quelle est la note médiane ?

..................................................................................................................

..................................................................................................................

**4.** Quelle est l'étendue de cette série de notes ?

..................................................................................................................

..................................................................................................................

Auto évaluation Très bien ☐ Bien ☐ Pas assez bien ☐

# 20 Quartiles d'une série statistique

## Observer et retenir

### Définitions

- On considère une **série statistique ordonnée dans l'ordre croissant.**
- On appelle **premier quartile** la plus petite valeur $Q_1$ de la série pour laquelle au moins un quart des valeurs de la série sont inférieures ou égales à $Q_1$.
- On appelle **troisième quartile** la plus petite valeur $Q_3$ de la série pour laquelle au moins trois quarts des valeurs de la série sont inférieures ou égales à $Q_3$.
- On appelle **écart interquartile** la différence $Q_3 - Q_1$.

**Remarques** ▸ La moyenne et la médiane sont des **caractéristiques de position** d'une série statistique. L'étendue et la distance interquartile sont, quant à elles, des **caractéristiques de dispersion** d'une série statistique.



## Savoir faire

### Déterminer les 1er et 3e quartiles d'une série de notes et en déduire la distance interquartile

Voici les notes de Juliette en mathématiques durant son année scolaire : 2 ; 15 ; 11 ; 8 ; 2 ; 4 ; 17 ; 5 ; 9 ; 18 ; 5 ; 6 ; 18. On veut déterminer l'écart interquartile de cette série de notes.

→ **Ranger les notes dans l'ordre croissant** : 2 ; 2 ; 4 ; 5 ; 5 ; 6 ; 8 ; 9 ; 11 ; 15 ; 17 ; 18 ; 18.
Cette série est composée de 13 notes.

$13 \times \frac{1}{4} = 13 \times 0{,}25 = 3{,}25$ et $13 \times \frac{3}{4} = 13 \times 0{,}75 = 9{,}75$

→ **Arrondir ces valeurs à l'entier immédiatement supérieur :** 3,25 et 9,75 ne sont pas des nombres entiers et on ne peut pas couper une note en 4.
Donc la valeur $Q_1$ est la quatrième note de la série, c'est-à-dire la note 5, alors que la valeur $Q_3$ sera la dixième note de la série, c'est-à-dire 15.

→ **Résumer ces résultats par un schéma :**

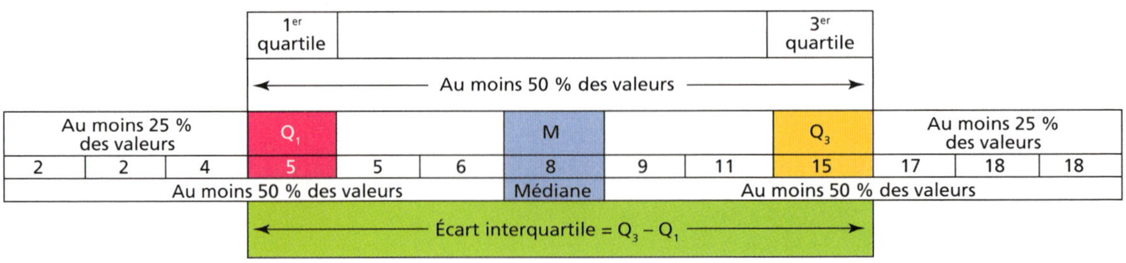


→ **Répondre à la question** : la distance interquartile est $Q_3 - Q_1 = 15 - 5 = 10$.

## S'entraîner

→ Corrigés p. 283

**1** ★ **On considère la série statistique suivante.**

3 ; 4 ; 5 ; 7 ; 15 ; 17 ; 19 ; 24 ; 30 ; 31 ; 35 ; 40 ; 42 ; 45 ; 49 ; 51 ; 55 ; 64 ; 71 ; 74 ; 81 ; 84 ; 89 ; 95 ; 100.

**1.** Combien cette série comporte-t-elle de valeurs ? Est-elle ordonnée ?

........................................................................

**2.** Quelle sera alors la position du 1er quartile ? Déduisez-en la valeur $Q_1$ de ce 1er quartile.

........................................................................

**3.** Quelle sera la position du 3e quartile ? Déduisez-en la valeur $Q_3$ de ce 3e quartile.

........................................................................

**4.** Déduisez-en la distance interquartile.

........................................................................

**2** ★★ **Un professeur de mathématiques donne un même devoir à chacune de ses deux classes de 3e.**

Pour la classe de 3e A, les résultats sont les suivants : 18 ; 15 ; 6 ; 4 ; 7 ; 13 ; 11 ; 10 ; 3 ; 6 ; 8 ; 19 ; 7 ; 13 ; 12 ; 16 ; 14 ; 5 ; 9 ; 8 ; 11 ; 10 ; 16 ; 17.
Pour la classe de 3e B, les résultats sont les suivants : 6 ; 8 ; 12 ; 14 ; 13 ; 10 ; 9 ; 6 ; 4 ; 9 ; 11 ; 12 ; 14 ; 13 ; 5 ; 7 ; 8 ; 6 ; 10 ; 11 ; 12 ; 11 ; 5 ; 7 ; 2 ; 4.

**1.** Pour chacune des deux classes, déterminez les 1er et 3e quartiles, puis déduisez-en l'écart interquartile ainsi que l'étendue de ces deux séries de notes.

........................................................................

**2.** Comment appelle-t-on ces deux caractéristiques (distance interquartile et étendue) ? Que pouvez-vous en déduire pour les deux classes de troisième ?

........................................................................

**3** ★★ **On a comparé les précipitations des 15 premiers jours du mois d'avril en 2007 et 2008. Le tableau suivant reproduit les résultats obtenus en mm.**

| Jour du mois d'avril | 2007 | 2008 |
|---|---|---|
| 1 | 2 | 6 |
| 2 | 0 | 4 |
| 3 | 4 | 2 |
| 4 | 1 | 0 |
| 5 | 9 | 9 |
| 6 | 0 | 14 |
| 7 | 0 | 2 |
| 8 | 6 | 0 |
| 9 | 9 | 0 |
| 10 | 11 | 2 |
| 11 | 12 | 15 |
| 12 | 0 | 21 |
| 13 | 0 | 4 |
| 14 | 6 | 0 |
| 15 | 3 | 8 |

**1.** Calculez la hauteur moyenne des précipitations pendant ces deux années lors de la première quinzaine du mois d'avril.

........................................................................

**2.** Ces résultats permettent-ils de comparer la répartition des deux séries ?

........................................................................

**3.** Comparez l'étendue des deux séries.

........................................................................

**4.** Pour chacune des deux séries, calculez la distance interquartile et répondez à la question 2.

........................................................................

........................................................................

Auto évaluation — Très bien ☐ Bien ☐ Pas assez bien ☐

Maths

# 21 Probabilités (1)

## Observer et retenir

### Définitions

- On appelle **expérience aléatoire** toute expérience qui vérifie les deux conditions suivantes :
  • on connaît l'issue de l'expérience, c'est-à-dire l'ensemble de tous les événements possibles.
  • on ne peut pas prévoir avec certitude l'événement qui va se réaliser.
- La probabilité d'un événement A représente les « chances » pour que cet événement se réalise lors d'une expérience aléatoire. Pratiquement, cette probabilité que l'on note P(A) est le quotient : $p(A) = \frac{\text{nombre de cas favorables}}{\text{nombre de résultats possibles}}$.

### Propriétés des probabilités

- La probabilité d'un événement est un nombre compris entre 0 et 1.
- La somme des probabilités de l'ensemble de tous les résultats possibles vaut 1.
- La somme des probabilités d'un événement et de son contraire vaut 1.
- Un événement est dit **certain** s'il se produit obligatoirement. Sa probabilité vaut 1.
- Un événement est dit **incompatible** s'il ne peut pas se produire. Sa probabilité vaut 0.
- Deux événements ne pouvant se réaliser simultanément sont dits **incompatibles**.

## Savoir faire

### Déterminer la probabilité d'un événement

Soit un dé cubique parfaitement équilibré dont les faces sont numérotées de 1 à 6.
L'expérience qui consiste à lancer ce dé et à regarder le nombre figurant sur la face visible de ce dé est une expérience aléatoire car :

• on connaît toutes les valeurs possibles : 1, 2, 3, 4, 5 et 6 sont les 6 éventualités possibles ;

• chacune de ces éventualités a la même chance d'être réalisée, donc on ne peut pas savoir avec certitude quel sera le résultat obtenu à l'issue du lancer.

→ On considère l'événement A « obtenir un nombre pair ».

La probabilité $P(A) = \frac{\text{nombre de cas favorables}}{\text{nombre de résultats possibles}} = \frac{3}{6} = \frac{1}{2}$.

→ L'événement contraire est B « obtenir un nombre impair ». On aura P(A) + P(B) = 1.

→ Donc la probabilité d'obtenir 1, 3 ou 5 est $\frac{1}{2}$.

## S'entraîner

➜ Corrigés p. 283



**1 ★ Parmi les situations suivantes, précisez celles qui sont des expériences aléatoires.**

1. Tirer une carte dans un jeu.

.................................................................

2. Obtenir la moyenne à la prochaine évaluation de mathématiques.

.................................................................

3. Obtenir son brevet à la fin de l'année scolaire.

.................................................................

4. Obtenir « pile » si on lance une pièce.

.................................................................

**2 ★ On tire une carte au hasard dans un jeu de 32 cartes. Complétez les phrases suivantes :**

1. Il s'agit d'une expérience .................... car chacune des ........ cartes a la même chance d'être tirée. De plus, on ne peut pas prévoir avec ........................ la carte qui sera tirée.

2. Le jeu contient ............ cartes dont chaque carte a la même chance d'être tirée. Ce jeu contient ............ cœurs donc la probabilité P(A) d'obtenir un cœur est : P(A) = $\frac{...}{...}$.

3. L'événement B « obtenir une carte qui ne soit pas un cœur » est l'événement contraire de l'événement ........ donc P(B) = ..................

**3 ★★ Une urne contient 12 boules identiques et indiscernables au toucher, sept sont vertes et cinq sont bleues. On tire au hasard une boule de cette urne.**

1. Comment peut-on traduire l'information « indiscernables au toucher » ?

.................................................................

2. Déterminez la probabilité P(V) d'obtenir une boule verte.

.................................................................

3. Déterminez la probabilité P(B) d'obtenir une boule bleue.

.................................................................

**4 ★★ À la loterie nationale, l'urne contient exactement 49 boules. Chacune des boules est identique aux autres hormis le numéro qu'elle porte. Cochez les bonnes réponses.**

| | Vrai | Faux |
|---|---|---|
| 1. Lorsqu'une boule sort, on obtient un nombre inférieur ou égal à 49. | ☐ | ☐ |
| 2. Lorsqu'une boule sort, on obtient un nombre entier strictement inférieur à 100. | ☐ | ☐ |
| 3. Lorsqu'une boule sort, on obtient un nombre entier plus grand que 0. | ☐ | ☐ |
| 4. Tous les nombres compris entre 1 et 49 ont la même probabilité de sortir. | ☐ | ☐ |
| 5. Les nombres pairs ont autant de chance d'être tirés que les nombres impairs. | ☐ | ☐ |
| 6. La probabilité d'obtenir un nombre premier est exactement $\frac{16}{49}$. | ☐ | ☐ |

Auto évaluation Très bien ☐ Bien ☐ Pas assez bien ☐

# 22 Probabilités (2)

## Observer et retenir

### Expérience aléatoire à deux épreuves

- Considérons une urne contenant 4 boules rouges et 3 boules vertes, toutes indiscernables au toucher et parfaitement identiques, hormis la couleur.

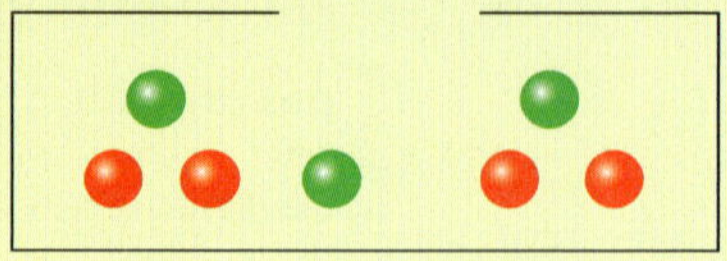

- On tire successivement, et sans remettre la première boule tirée dans l'urne, deux boules.
- On illustre les différents cas à l'aide d'un **arbre de probabilité**. Sur un tel arbre, les **embranchements** correspondent à des événements (ici, la boule tirée est rouge ou verte) et chaque **branche** correspond à une **probabilité pondérée**.
- Les chemins possibles sont donc : {(V ; V)}, {(V ; R)}, {(R ; V)}, {(R ; R)}.

### Propriétés d'un arbre de probabilités

- La somme des probabilités des branches partant d'une même racine est toujours égale à 1.
- La probabilité d'un résultat auquel conduit un chemin est égale au produit des probabilités rencontrées le long de ce chemin.
- La probabilité d'un événement est la somme des probabilités des chemins correspondant à cet événement.

## Savoir faire

### Déterminer la probabilité d'un événement à deux épreuves

On veut déterminer la probabilité P(A) d'obtenir deux boules de la même couleur.

→ On construit l'arbre de probabilités.

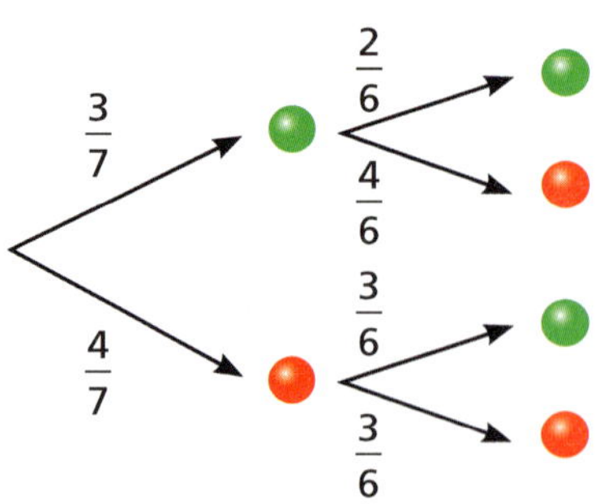


Donc P({V ; V}) = $\frac{3}{7} \times \frac{2}{6} = \frac{1}{7}$

Donc P({V ; R}) = $\frac{3}{7} \times \frac{4}{6} = \frac{2}{7}$

Donc P({R ; V}) = $\frac{4}{7} \times \frac{3}{6} = \frac{2}{7}$

Donc P({R ; R}) = $\frac{4}{7} \times \frac{3}{6} = \frac{2}{7}$

→ On a donc P(A) = $\frac{1}{7} + \frac{2}{7} = \frac{3}{7}$ ; on a donc environ 43 % de chance de tirer deux boules de la même couleur et 57 % de chance de tirer deux boules de couleurs différentes.

## S'entraîner

➜ Corrigés p. 283

**1** ★★ **On dispose de deux urnes qui contiennent pour la première 3 boules bleues et 5 boules vertes et la seconde 4 boules noires et deux boules rouges. On tire une boule de l'urne A et une boule de l'urne B.**

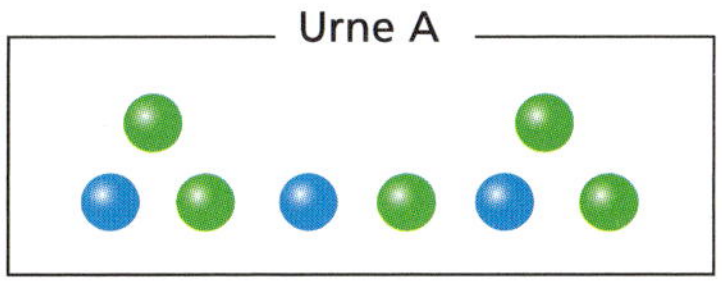


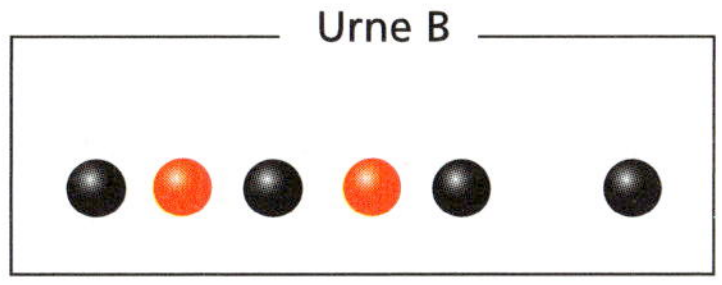


**1.** Complétez l'arbre de probabilités illustrant les différentes possibilités.

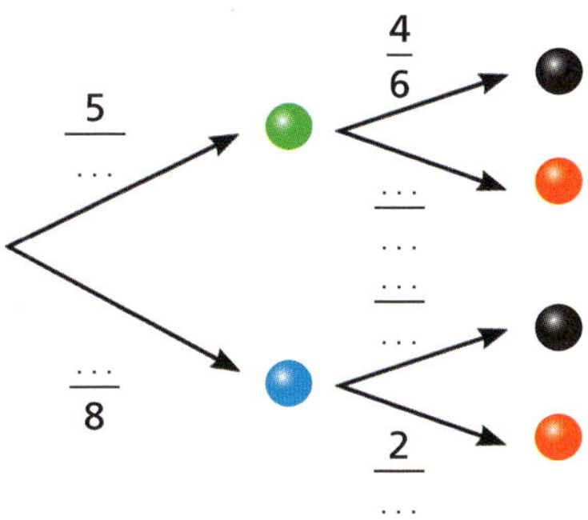


Donc P({V ; N}) = $\frac{...}{...} \times \frac{...}{...}$ =

Donc P({V ; R}) = $\frac{...}{...} \times \frac{...}{...}$ =

Donc P({B ; N}) = $\frac{...}{...} \times \frac{...}{...}$ =

Donc P({B ; R}) = $\frac{...}{...} \times \frac{...}{...}$ =

**2.** Quelle est la combinaison qui a le plus de chance de se produire ?

.....................................................................................................................

**2** ★★★ **Une expérience aléatoire consiste à lancer deux dés, un rouge et un vert, dont les faces sont numérotées de 1 à 6.**

**1.** Complétez le tableau suivant.

| | | Dé vert | | | | | |
|---|---|---|---|---|---|---|---|
| | | **1** | **2** | **3** | **4** | **5** | **6** |
| **Dé rouge** | **1** | (1 ; 1) | | | | | |
| | **2** | | | (2 ; 3) | | | |
| | **3** | | | | | | |
| | **4** | | | | | | |
| | **5** | | | | | | |
| | **6** | | | | (6 ; 4) | | |

**2.** Quelles sont les sommes obtenues à l'issue du lancer des deux dés ? ...................................

**3.** Quelle est la somme la plus « fréquente » ? ...................................................................

**4.** Quelle est la probabilité d'obtenir 7 ? ..........................................................................

**5.** Quelle est la probabilité d'obtenir un double ? ...............................................................

Auto évaluation   Très bien ☐   Bien ☐   Pas assez bien ☐

Maths

# 23 Fonctions linéaires

## Observer et retenir

### Vocabulaire et notations

Soit $a$ un nombre donné. On appelle fonction linéaire de coefficient $a$ l'application définie pour tout nombre $x$ par la relation $f(x) = a.x$.

$f : x \mapsto ax$

- fonction linéaire $f$
- antécédent $x$
- $a$ est le coefficient de la fonction
- $ax$ est l'image de $x$ par $f$

### Représentation graphique

La représentation graphique d'une fonction linéaire de coefficient $a$ est la droite qui passe par l'origine du repère et le point de coordonnées (1 ; $a$).

Une équation de cette droite est : $y = ax$. Ci-contre, on peut voir les fonctions linéaires $f(x) = 2$, $g(x) = -2x$, $h(x) = 3x$ et $k(x) = \frac{1}{4}x$.

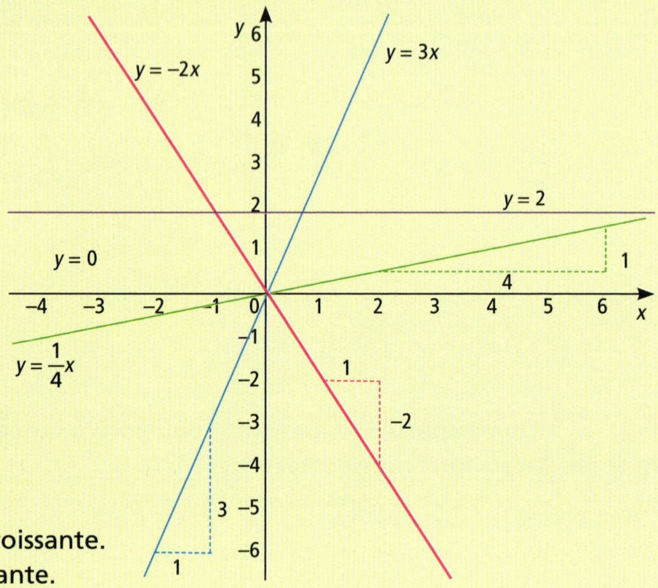


### Variation des fonctions linéaires

On considère une fonction linéaire du type $f(x) = ax$.

- Si $a < 0$, alors la fonction $f$ est décroissante.
- Si $a = 0$, alors la fonction est constante.
- Si $a > 0$, alors la fonction est croissante.

## Savoir faire

### Déterminer une fonction linéaire

On veut déterminer la fonction linéaire $f$, sachant que l'image de $-3$ est 6.

→ On sait que la fonction $f$ est linéaire, donc déterminer $f$ revient à calculer son coefficient $a$. **On peut alors dire que $f$ est de la forme $f : x \mapsto ax$.**

→ **Calcul du coefficient de $f$ :** nous savons que l'image de $-3$ est 6, donc $f(-3) = 6$. Par ailleurs, $f(-3) = -3a$. Le coefficient de $f$ est donc la solution de l'équation : $-3a = 6$. La solution de cette équation est $a = -2$.

→ **Conclusion :** la fonction $f$ est définie pour tout nombre $x$ par $f(x) = -2x$.

Sa représentation graphique est la droite qui passe par l'origine O du repère et par le point de coordonnées $(-3 ; 6)$.

## S'entraîner

→ Corrigés p. 284

**1** ★ **Déterminez, parmi les fonctions suivantes, celles qui sont linéaires et indiquez, le cas échéant, leur coefficient de proportionnalité.**

**1.** $f : x \mapsto -4x$ **2.** $g : x \mapsto -5$ **3.** $h : x \mapsto 3x^2$ **4.** $i : x \mapsto 4x + 3$ **5.** $j : x \mapsto 2(x + 1) - 2$

.......................................................................................................................................

**2** ★ **On considère les fonctions $f$ et $g$ définies respectivement par : $f : x \mapsto 2x^2 + 1$ et $g : x \mapsto -2x + 3$. Déterminez les images de tous les nombres entiers compris entre 0 et 5 et notez les résultats dans le tableau.**

| $x$ | 0 | 1 | 2 | 3 | 4 | 5 |
|---|---|---|---|---|---|---|
| $f(x) = 2x^2 + 1$ | $f(0) = 0$ | $f(1) = ...$ | $f(2) = ...$ | $f(3) = ...$ | $f(4) = ...$ | $f(5) = ...$ |
| $g(x) = -2x + 3$ | $g(0) = ...$ | $g(1) = ...$ | $g(2) = ...$ | $g(3) = ...$ | $g(4) = ...$ | $g(5) = ...$ |

**3** ★★ **On considère les fonctions linéaires $f$ et $g$ définies respectivement par $f : x \mapsto -3x$ et $g : x \mapsto 2x$. Déterminez les nombres dont les images par $f$ et par $g$ sont : 0 ; −6 ; 12 ; −18 ; 24 ; −30 et complétez les tableaux.**

| $x$ | 0 | .......... | .......... | .......... | .......... | .......... |
|---|---|---|---|---|---|---|
| $f(x) = -3x$ | $f(0) = 0$ | $f(...) = -6$ | $f(...) = 12$ | $f(...) = -18$ | $f(...) = 24$ | $f(...) = -30$ |

| $x$ | 0 | .......... | .......... | .......... | .......... | .......... |
|---|---|---|---|---|---|---|
| $g(x) = 2x$ | $g(0) = 0$ | $g(...) = -6$ | $g(...) = 12$ | $g(...) = -18$ | $g(...) = 24$ | $g(...) = -30$ |

**4** ★★ **Représentez, dans un même repère (O, I, J) orthonormé, les représentations graphiques des fonctions linéaires $f : x \mapsto 2x$ et $g : x \mapsto \frac{2}{3}x$.**

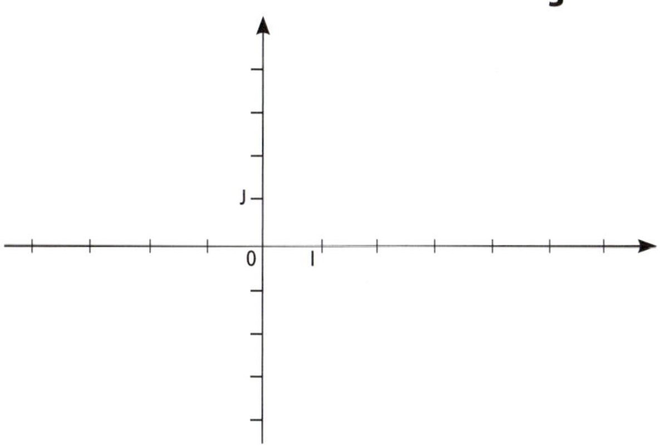


**5** ★★ **Déterminez les fonctions linéaires $f$ et $g$ telles que :**
**– l'image de −3 par $f$ est 5 ;**
**– l'image de 2 par $g$ est 4.**

.......................................................................................................................................

Auto évaluation Très bien ☐ Bien ☐ Pas assez bien ☐

# 24 Fonctions affines

## Observer et retenir

### Vocabulaire et notations

Soit *a* un nombre donné. On appelle fonction affine de coefficient *a* l'application définie pour tout nombre *x* par la relation $f(x) = a.x + b$.

$$f : x \mapsto ax + b$$

- *a* est le coefficient de la fonction
- *b* est l'ordonnée à l'origine
- fonction linéaire *f*
- antécédent *x*
- (*ax* + *b*) est l'image de *x* par *f*

### Représentation graphique

- La représentation graphique d'une fonction affine de coefficient *a* est la droite qui passe par les points de coordonnées (0 ; *b*) et (1 ; *a* + *b*). Une équation de cette droite est : $y = ax + b$.
- On considère les fonctions affines suivantes : $f(x) = -2x + 3$, $g(x) = 3x + 1$ et $h(x) = 2$.

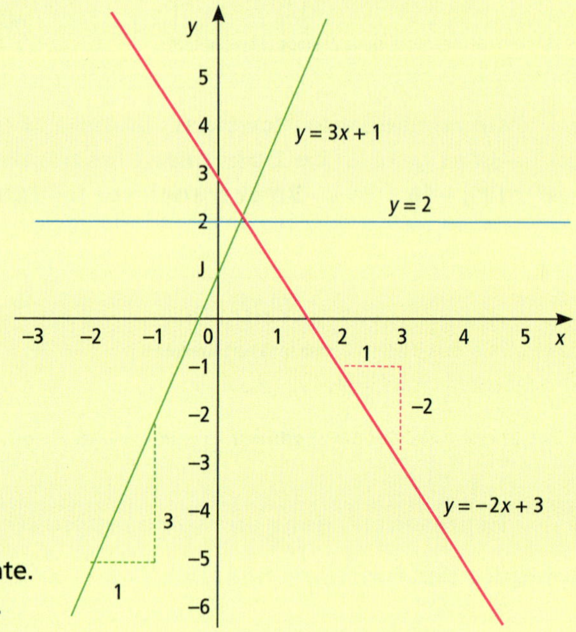


### Variation des fonctions affines

On considère une fonction affine du type $f(x) = ax + b$.

- Si $a < 0$, alors la fonction *f* est décroissante.
- Si $a = 0$, alors la fonction est constante.
- Si $a > 0$, alors la fonction est croissante.

## Savoir faire

### Déterminer une fonction affine

Déterminer la fonction affine *f* sachant que les images de −2 et 3 sont respectivement −1 et 9.

→ On sait que la fonction *f* est affine, donc déterminer *f* revient à calculer son coefficient *a* et l'ordonnée à l'origine *b*. Donc **$f$ est de la forme $f : x \mapsto ax + b$.**

→ **Calcul du coefficient de *f* :** le coefficient *a* est défini par la relation
$$a = \frac{f(-2) - f(3)}{-2 - 3} = \frac{-1 - 9}{-5} = 2 \text{ donc } f(x) = 2x + b.$$

→ **Calcul de l'ordonnée à l'origine :** l'image de −2 est −1, donc *b* est la solution de l'équation $f(-2) = -1$. Ainsi, on a $2 \times (-2) + b = -1$, donc $b = 3$.

→ **Conclusion :** la fonction *f* est définie pour tout nombre *x* par $f(x) = 2x + 3$.

## S'entraîner

→ Corrigés p. 284

**1** ★ **Déterminez, parmi les fonctions suivantes, celles qui sont affines et indiquez, le cas échéant, leur coefficient de proportionnalité.**

**1.** $f : x \mapsto -3x$ **2.** $g : x \mapsto -2$ **3.** $h : x \mapsto 13x^2$ **4.** $i : x \mapsto 5x + 3$ **5.** $j : x \mapsto 4(x + 1) - 2$

..............................................................................................................

**2** ★★ **On considère la fonction affine $f : x \mapsto -3x + 4$. Déterminez les nombres dont les images par $f$ sont : –5 ; 13 ; –23 ; 19 ; –41 ; 25 et complétez le tableau.**

| $x$ | 0 | .......... | .......... | .......... | .......... | .......... |
|---|---|---|---|---|---|---|
| $f(x) = -3x + 4$ | $f(…) = -5$ | $f(…) = 13$ | $f(…) = -23$ | $f(…) = 19$ | $f(…) = -41$ | $f(…) = 25$ |

**3** ★★ **Tracez, dans un même repère (O, I, J) orthonormé, les représentations graphiques des fonctions linéaires $f : x \mapsto 2x + 3$ et $g : x \mapsto \frac{2}{3}x - 3$.**

**4** ★★ **Déterminez les fonctions affines $f$ et $g$ telles que :**
**– les images de –3 et de 2 par $f$ sont respectivement –14 et 1 ;**
**– les images de 1 et de 3 par $g$ sont respectivement –1 et –19.**

..............................................................................................................

**5** ★★ **Sur la figure ci-contre, on a tracé la représentation graphique d'une fonction affine $f$.**

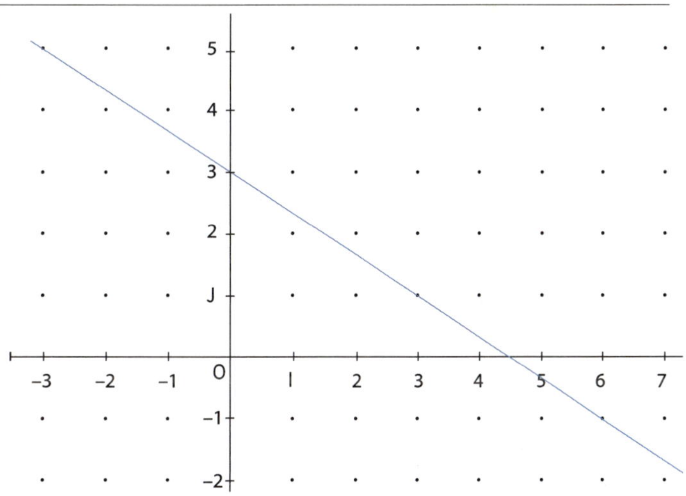


**1.** Quelle est l'image par $f$ de 3 ?

..............................................

**2.** Quel nombre a pour image 3 par $f$ ?

..............................................

**3.** Déterminez la fonction $f$.

..............................................

..............................................

**6** ★★ ***f* et *g* sont deux applications affines définies par : $f(x) = 2x + 2$ et $g(x) = -3x + 1$.**

**1.** Sur une feuille de papier millimétré, placez un repère (O, I, J) et tracez les représentations graphiques $d$ et D de $f$ et $g$ (on prendra OI = OJ = 1 cm).

**2.** Résolvez l'équation $2x + 2 = -3x + 1$.

..............................................................................................................

..............................................................................................................

**3.** Que représente la solution de cette équation pour les droites $d$ et $D$ ?

..............................................................................................................

Auto évaluation Très bien ☐ Bien ☐ Pas assez bien ☐

Maths

# 1 La Première Guerre mondiale

## Observer et retenir

### Une guerre totale

- Le 28 juin 1914, l'assassinat de l'héritier d'Autriche-Hongrie à Sarajevo par un Serbe et le jeu des alliances plongent l'Europe dans la guerre. **D'août 1914 au 11 novembre 1918** (date de l'armistice), les armées des Empires centraux ou de la Triplice (Allemagne et Autriche-Hongrie) et de l'Entente (France, Royaume-Uni et Russie) s'affrontent sur mer et sur terre dans une **guerre de mouvement** (1914), puis dans une **guerre de position** très meurtrière (1915-début 1918) et à nouveau dans une **guerre de mouvement** (1918).
La guerre mobilise les populations des métropoles et des empires coloniaux, au front (les poilus) et à l'arrière (les civils).
- La mobilisation est **financière** (les États lancent des emprunts nationaux), **économique** (les femmes remplacent les hommes dans les usines) et **psychologique** (les esprits sont encadrés par la propagande de guerre).

### Un bilan lourd et le déclin de l'Europe

- La Grande Guerre coûte la vie à **10 millions de soldats** et fait des millions de **mutilés**.
Les Turcs ont massacré plus d'un million d'Arméniens.
Le long du front, les **destructions** sont considérables. Les États européens sont **ruinés** et les États-Unis deviennent les banquiers du monde. Une vague révolutionnaire secoue la Russie en 1917, l'Allemagne et l'Italie.
- Sur le plan territorial, les traités de paix font disparaître les empires et les remplacent par de **nouveaux États** : l'Autriche, la Hongrie, la Pologne, la Tchécoslovaquie, la Yougoslavie et la Turquie.

## Savoir faire

### Histoire des arts – Argumenter à partir d'une case de BD

© Casterman SA.

Dessin de Tardi, extrait de *C'était la guerre des tranchées*, Casterman, 1993.

→ **Considérer la période historique à partir de la source du document, des bulles et du dessin :** c'est la Première Guerre mondiale car *C'était la guerre des tranchées*.

→ **Décrire la scène :** deux femmes qui travaillent dans une usine de munitions parlent d'un mari parti à la guerre et d'un frère mort au combat.

→ **Développer deux arguments :** on peut d'une part développer l'argument de la mobilisation militaire avec les combats dans les tranchées, les batailles, les armes utilisées, et d'autre part la mobilisation économique avec le remplacement des hommes par les femmes et la mise en place d'une économie de guerre avec les usines transformées en usines d'armement.

Histoire-Géographie Éducation civique

## S'entraîner

→ Corrigés p. 285

**1** ★ **Histoire des arts – Voici une huile et collage sur toile d'Otto Dix datant de 1920, conservée à la galerie nationale de Berlin.**

© AKG Images/ADAGP Paris, 2011.

Otto Dix, *Invalides de guerre jouant aux cartes*, 1920.

**1.** En vous référant au titre de l'œuvre, relevez les éléments illustrant :

**a.** le mot ***invalides*** : ..................................

**b.** le mot ***guerre*** : ......................................

**2.** La technique utilisée par Otto Dix est celle du collage sur toile : pourquoi est-elle particulièrement bien adaptée à l'œuvre ?

..............................................................

**3.** Quelles sont les couleurs dominantes de l'œuvre ? Pourquoi ?

..............................................................

..............................................................

**4.** Que pense Otto Dix de la guerre ?

..............................................................

..............................................................

**2** ★★★ **Observez la carte des États européens en 1923 puis répondez aux questions.**

**1.** Relevez deux transformations territoriales de l'Allemagne.

..............................................................

..............................................................

**2.** Quels sont les 5 États nés de l'éclatement de l'empire d'Autriche-Hongrie ?

..............................................................

..............................................................

**3.** Qu'advient-il de la Russie ?

..............................................................

**4.** En créant la Yougoslavie, à quel peuple et à quel pays a-t-il été donné satisfaction ?

..............................................................

**5.** Quel est le problème non réglé par les traités de paix de 1919 et de 1920 ?

..............................................................

..............................................................

**Auto évaluation** Très bien ☐ Bien ☐ Pas assez bien ☐

# 2 L'URSS de Staline

## Observer et retenir

### Un État totalitaire

- En 1922, l'Union des républiques socialistes soviétiques (URSS) est créée. De 1927 à 1953, Staline en assure la direction en tant que chef de l'État et chef du Parti communiste, le **parti unique**. Staline fait l'objet d'un **culte de la personnalité** organisé par la **propagande** d'État, et la presse, contrôlée par le Parti, exalte chaque jour les exploits de ce « grand révolutionnaire » qui se fait appeler le « petit père des peuples ». Les élections ne sont plus libres.
- La population est terrorisée par le NKVD, la **police politique** du Parti. De 1936 à 1938, deux millions de personnes sont arrêtées, jugées et condamnées lors des **procès de Moscou** truqués. Les individus jugés dangereux par Staline sont déportés dans des camps de travail gérés par le **goulag**. Les détenus servent de main-d'œuvre gratuite et mettent en valeur des régions difficiles.

### Une économie socialiste

Pour faire de l'URSS une grande puissance économique, Staline impose la nationalisation et la **planification de l'économie**. En 1929, il met en place la **collectivisation des terres** en créant les **kolkhozes** et les **sovkhozes** (exploitations agricoles). Les **koulaks** (paysans) qui la refusent sont déportés.

## Savoir faire

### Analyser un poème

**Hymne à Staline**

Salaam ! Salaam ! Nous vous saluons, ô le meilleur des amis,
Vous qui avez semé les graines du bonheur,
De qui nous tenons la liberté dont nous jouissons,
Qui veillez avec la tendresse aimante d'un père
Sur les enfants de ce pays que vous avez édifié.
Vous êtes sa gloire et votre éclat jamais ne ternira.
Plus éclatant que le soleil ou la lune,
Votre sagesse illumine le monde entier. [...]

Vali-Zad-Saïd-Ali, poème publié dans *Moscou News*, 10 avril 1940.

→ **Présenter la nature précise du document**
C'est un hymne (un poème écrit en l'honneur d'un dieu ou d'un héros) à Staline, publié dans un journal le 10 avril 1940.

→ **Relever les champs lexicaux**
On retouve le champ lexical du héros et celui de l'amour et de l'amitié : « de ce pays que vous avez édifié, vous êtes sa gloire », « votre éclat jamais ne ternira », « plus éclatant que le soleil ou la lune », « votre sagesse illumine le monde entier », « ô le meilleur des amis », « les graines du bonheur », « la tendresse aimante d'un père ».

→ **Montrer l'intérêt historique du poème**
Il témoigne du culte de la personnalité voué à Staline.

Histoire-Géographie
Éducation civique

## S'entraîner

→ Corrigés p. 285

### 1 ★ Répondez aux questions.

**La presse contrôlée**

*À Moscou au Comité central – pour les membres du Politburo*

Je proteste contre la publication de l'article de Iaroslavski dans le journal *La Pravda* sur les troubles ouvriers à Ivanovo-Voznessensk et sur le remplacement de la direction du Parti là-bas. L'article est nettement incorrect et nuisible politiquement [...]. Qui a donné à Iaroslavski le droit d'intervenir avec un tel article, qui cause du tort au Parti et profite clairement à nos ennemis ?

Télégramme de Staline, 5 juillet 1932, 18 h.

**1.** Qui est l'auteur du texte et à qui est-il destiné ? ..............................................

**2.** Qui fait l'objet d'un reproche ? Pourquoi ?

..............................................................

**3.** À quel « Parti » est-il fait allusion ?

..............................................................

### 2 ★★★ Décrivez le photomontage.

DR.

..............................................................

### 3 ★★★ Histoire des arts – Lisez le scénario et analysez l'image en répondant aux questions.

Dernière image du film *La Ligne générale*, d'Eisenstein, rajoutée à la demande de Staline.

Les paysans des campagnes travaillent la terre selon des méthodes archaïques et vivent dans la misère mais une minorité de paysans aisés ou koulaks refusent de prêter leurs chevaux pour tirer les charrues. Une paysanne lance l'idée de créer un kolkhoze car il ne faut pas vivre chacun pour soi mais unir les forces de chacun.

Extrait du scénario de *La Ligne générale*, film d'Eisenstein tourné en 1929.

**1.** Décrivez la scène. ..............................................................

**2.** Quelle décision prend Staline l'année où le film a été tourné ? ..............................................

**3.** Cochez les bonnes propositions.

- ☐ Eisenstein condamne le socialisme.
- ☐ Eisenstein fait l'éloge du socialisme.
- ☐ C'est un film de propagande.
- ☐ C'est un film d'amour.

Auto évaluation — Très bien ☐ Bien ☐ Pas assez bien ☐

# 3 L'Allemagne nazie

## Observer et retenir

### L'arrivée de Hitler au pouvoir

En 1930, l'Allemagne est frappée par la crise économique venue des États-Unis et, en 1932, elle compte 6 millions de chômeurs parmi lesquels des ouvriers, employés ou commerçants. Le **parti NSDAP** ou **Parti nazi** profite de la crise. Hitler, promettant du travail, recrute ses adhérents dans toutes les catégories sociales. Aux élections, les nazis font régner la terreur mais le Parti est soutenu par les gros industriels et les classes moyennes. Bien que battu aux élections de 1932, Hitler est nommé **chancelier le 30 janvier 1933** par le président de la République Hindenburg.

### Un État totalitaire et antisémite

- Hitler fait brûler le Reichstag, accuse le Parti communiste, le rend illégal et obtient les pleins pouvoirs en mars 1933. L'État est dirigé par le chef tout-puissant ou ***Führer*** autour duquel est organisé le culte de la personnalité orchestré par une propagande active. La doctrine nazie clame la **supériorité de la race aryenne** sur toutes les autres et la nécessité d'un « espace vital ».
- Les **Juifs**, exclus de la société, sont **persécutés** (lois de Nuremberg en 1935).
La population est embrigadée. Dès 6 ans, les enfants sont encadrés dans des organisations de jeunesse (les « **Jeunesses hitlériennes** ») et subissent une éducation nazifiée.
Les opposants au régime sont traqués par la police politique, la **Gestapo**, et envoyés dans des **camps de concentration**. L'État intervient dans l'économie et se prépare à la guerre.



## Savoir faire

### Analyser une affiche de propagande

DR.

Affiche de propagande de 1936, *Les Collections de l'Histoire*, n° 18, janvier 2003.

Slogan de l'affiche : « Toute l'Allemagne écoute le *Führer* avec le récepteur du peuple ».

[La propagande orchestrée par Goebbels passe par la promotion du *Volksempfänger*, le « récepteur du peuple », vendu à bas prix. Le contrôle des ondes est total et l'écoute des radios étrangères interdite.]

**→ Présenter le document**

C'est une affiche de propagande allemande de 1936.

**→ Analyser la construction de l'affiche**

Un grand poste de radio jaillit d'une foule immense et on peut lire deux mots : *Deutschland* et *Führer*.

**→ Expliquer le message de l'affiche**

La radio diffuse les discours et des messages de propagande nazie.

## S'entraîner

→ Corrigés p. 285

**1 ★ Lisez ces lois sur la protection du sang allemand, dites « lois de Nuremberg », et répondez aux questions.**

Les mariages entre Juifs et sujets de sang allemand ou assimilés sont interdits.
Les mariages qui seraient célébrés en contravention de cette loi seront déclarés nuls.

Les Juifs n'ont pas le droit d'employer au service de leur ménage des femmes de sang allemand ou assimilées de moins de 45 ans.

Il est interdit aux Juifs de hisser les couleurs nationales du Reich.

**1.** Quelles sont les personnes concernées par ces lois et quels interdits subissent-elles ?

..........................................................

**2.** Par quel terme peut-on qualifier ces lois ?

..........................................................

**2 ★★ Lisez ce document, puis répondez aux questions.**

Vous, les soldats d'assaut, jeunes et vieux
Saisissez-vous de vos armes,
Car les Juifs saccagent et pillent la patrie allemande. […]
Cent dix cartouches en bandoulière,
Le fusil chargé à bloc, et des grenades dans les mains,
Bolchevik, amène-toi ! On t'attend !

Extrait d'un recueil de chansons des Jeunesses hitlériennes destiné à des garçons de 10 à 14 ans.

**1.** Présentez le document en indiquant sa nature et le public auquel il est destiné.

..........................................................

**2.** Deux « ennemis du régime » sont cités : lesquels ? Quel sort leur est réservé ?

..........................................................

**3.** À quelle pratique d'un État totalitaire ce document fait-il référence ?

..........................................................

**3 ★★ Histoire des arts – Répondez aux questions pour comprendre l'affiche de ce film de 1940.**

© Christophe L.

**1.** Décrivez le personnage principal de l'affiche : d'après-vous, qui est-il ?

..........................................................

..........................................................

**2.** Replacez la date du film dans le contexte de l'époque.

..........................................................

**3.** D'après le titre du film, quelle est la position de Chaplin vis-à-vis de Hitler ?

Il est : ☐ pour la politique menée par Hitler.
☐ contre la politique menée par Hitler.

**4.** Quel est le genre du film ?

☐ un film historique.
☐ un film de propagande.
☐ un film satirique.
☐ un film d'amour.

**4 ★★★ À l'aide des documents présents dans le chapitre et de vos connaissances, rédigez un paragraphe argumenté d'une vingtaine de lignes répondant au sujet : *L'Allemagne nazie, un État totalitaire et raciste (1933-1939).***

Auto évaluation Très bien ☐ Bien ☐ Pas assez bien ☐

# 4 La France des années 1930

## Observer et retenir

### ■ La crise française et l'arrivée au pouvoir du Front populaire

- La France, touchée en **1931** par la **crise économique mondiale** (500 000 chômeurs en 1935), est fragilisée car les politiques anticrise sont inefficaces. Les ligues d'extrême droite antiparlementaires tentent de renverser le régime, le 6 février 1934, lors d'une manifestation qui tourne à l'émeute et qui fait 15 morts et 1 500 blessés.
- Devant la menace de l'extrême droite, les syndicats et les partis de gauche, la SFIO (parti socialiste), le Parti radical et le Parti communiste s'associent pour former un « **Front populaire** » et élaborer un programme électoral commun **« Pour le pain, pour la paix, pour la liberté »**. Le Front populaire remporte la victoire électorale en 1936 et **Léon Blum** devient le président du Conseil.

### ■ Les mesures sociales de 1936

- Une vague de grèves spontanées, avec occupation d'usines dans une ambiance de kermesse, balaie la France. Devant l'inquiétude du patronat et pour répondre aux attentes des ouvriers, Léon Blum invite les représentants du patronat et des ouvriers à signer en juin 1936 les **accords de Matignon** (reconnaissance du droit syndical, des conventions collectives et hausse des salaires).
- Les jours suivants, les **congés payés** et la **semaine de 40 heures** sont décidés. Mais le Front populaire ne parvient pas à surmonter la crise financière et économique, et il se déchire à propos de la guerre d'Espagne. Léon Blum démissionne en 1937 et le Front populaire se disloque en 1938.

## Savoir faire

### ■ Analyser la « une » d'un journal

LE PEUPLE
VICTOIRE sur la misère !
8 millions de salariés obtiennent satisfaction
La C.G.T. et la Confédération générale de la Production française signent un accord en présence du président du Conseil et du ministre de l'Intérieur

DR.

La « une » du journal *Le Peuple* du lundi 8 juin 1936.

**→ Présenter le document**

C'est la « une » du journal *Le Peuple*, paru le 8 juin 1936 ; le titre du journal montre qu'il s'agit d'un journal lu par les ouvriers.

**→ Identifier l'information principale et indiquer l'opinion du journal**

« Victoire sur la misère ! 8 millions de salariés obtiennent satisfaction » ; le journal est satisfait qu'une amélioration de la condition ouvrière se profile.

**→ Expliquer cette information principale avec les éléments lisibles sur la « une »**

La victoire, c'est la signature des accords de Matignon par la CGT (syndicat ouvrier) et la Confédération générale de la production française (syndicat patronal), en présence du président du Conseil.

Histoire-Géographie
Éducation civique

## S'entraîner

→ Corrigés p. 285

### 1 ★ Lisez ce qu'écrit un ouvrier en 1936, puis répondez aux questions.

C'était un de mes meilleurs souvenirs : ça a été mes douze premiers jours de congés payés. Parce que, jusque-là, on n'avait rien. En plus, il y avait les quarante heures, mais payées quarante-huit. […]
Puis sont arrivées les conventions collectives, où un patron n'avait plus le droit de payer un ouvrier selon qu'il le jugeait d'après sa mine, s'il avait de grandes oreilles ou pas. On peut dire qu'on a connu une certaine prospérité après 1936. On venait de traverser la crise de 1930 avec de petits salaires, les cigarettes que l'on achetait au détail. À partir de 1937, les salaires ont sérieusement augmenté ; on a commencé à voir fleurir tous les postes de radio dans la cité, les bicyclettes. En un an, il y a eu un changement terrible.

S. Bonnet, *L'Homme de fer*, © Presses universitaires de Nancy, 1987.

**1.** Citez les quatre mesures évoquées par l'ouvrier.

**2.** En quoi les congés payés bouleversent-ils les conditions de vie des ouvriers ?

### 2 ★★ Observez ce document, puis répondez aux questions.

« Vous ne pensez pas que j'allais me tremper dans la même eau que ces bolcheviks ! »

© Polferjac, *Le Canard enchaîné*, 12 août 1936.

**1.** Présentez le document en indiquant sa nature et sa date.

**2.** Décrivez la scène du premier plan et retrouvez la catégorie sociale à laquelle appartiennent les deux personnages.

**3.** Quel gouvernement dirige la France à cette date ?

**4.** Quelle mesure sociale prise par ce gouvernement est évoquée à travers la caricature ?

**5.** Quelle est la catégorie sociale qui en a bénéficié ?

**6.** Où est-elle représentée sur la caricature ?

**7.** Quel est le sens du dessin satirique ?

### 3 ★★★ Rédigez quelques lignes pour montrer que le Front populaire, par les mesures qu'il a prises, tente de résoudre la crise des années 1930.

Auto évaluation Très bien ☐ Bien ☐ Pas assez bien ☐

# 5 La Seconde Guerre mondiale

## Observer et retenir

### Les grandes phases

De 1939 à 1941, l'Axe utilise la technique de la **guerre éclair** pour remporter des victoires en Pologne, Scandinavie et France. En 1941, l'**URSS** et les **États-Unis** entrent en guerre aux côtés des Alliés. En 1942 et 1943, l'Axe est stoppé à Midway, El-Alamein et Stalingrad. Dès 1943, les Soviétiques libèrent l'Europe centrale, les Anglo-Américains débarquent en Afrique du Nord, en Sicile, en Normandie et en Provence. L'Allemagne capitule le **8 mai 1945**. Dans le Pacifique, le Japon capitule après le lancer par les États-Unis **des bombes atomiques** sur Hiroshima et Nagasaki en août 1945.

### Entre collaboration et résistance

- La défaite de juin 1940 amène le **maréchal Pétain** au pouvoir. Il instaure un régime autoritaire antisémite et collabore avec l'Allemagne (STO, Milice).
- De Londres, le **général de Gaulle** lance un appel à la résistance le 18 juin 1940. Les Résistants s'organisent dans des réseaux, mènent des actions de sabotage contre l'Allemagne et participent à la libération de la France.

### Le bilan de la guerre

- Les pertes humaines sont énormes (**50 millions de morts**, dont **6 millions de Juifs**, essentiellement des civils) et les populations sont traumatisées par la **découverte des camps** et l'explosion des **bombes atomiques** en août 1945.
- L'Europe confirme son déclin tandis que les États-Unis et l'URSS décident du sort de l'Europe à **Yalta** (février 1945) et à **Potsdam** (juillet 1945).

## Savoir faire

### Analyser un texte

**L'arrivée à Auschwitz**

La portière s'ouvrit avec fracas ; l'obscurité retentit d'ordres hurlés dans une langue étrangère [...]. En moins de dix minutes, je me trouvais faire partie des hommes valides. Ce qu'il advint des autres, femmes, enfants, vieillards, il nous fut impossible alors de le savoir [...] ; nous savons que les camps n'accueillirent respectivement que 96 hommes et 27 femmes de notre convoi et que deux jours plus tard il ne restait de tous les autres – plus de cinq cents – aucun survivant.

Primo Levi (écrivain italien déporté à Auschwitz à 24 ans), *Si c'est un homme*, 1947, © Robert Laffont, 1996.

→ **Indiquer la nature du document et présenter l'auteur :** c'est le témoignage d'un écrivain italien déporté qui a survécu aux camps.

→ **Montrer le caractère historique du texte :** 500 personnes du convoi disparaissent dès l'arrivée au camp car Auschwitz est un camp d'extermination.

## S'entraîner

→ Corrigés p. 285

**1** ★★ **Décrivez les personnages représentés sur cette photographie. Que font-ils ? Pourquoi ?**

© DR.

.................................................................

.................................................................

**2** ★★★ **Analysez ce document en répondant aux questions.**

© CIRIP.

Affiche du service de propagande de Vichy, 1941.

**1.** Qui est à l'origine de l'affiche ? À qui l'affiche est-elle destinée ?

.................................................................

**2.** Décrivez les trois parties de l'affiche :

**a.** en bas à gauche : que représente la scène ?

.................................................................

**b.** au centre : qui est cet homme et que fait-il ?

.................................................................

**c.** en haut à droite : que symbolise l'étoile rouge de la casquette de l'ours ? Quel pays est ainsi représenté ?

.................................................................

.................................................................

**3.** Qui dirige la France en1941 et quelle est alors la nouvelle devise de la France ?

.................................................................

**4.** Expliquez le message de l'affiche.

.................................................................

**3** ★★★ **Résumez dans le tableau ci-dessous les informations tirées des deux exercices précédents.**

| | Exercice 1 | Exercice 2 |
|---|---|---|
| Attitude choisie par les Français | | |
| Nom des personnages incarnant en France ces deux choix | | |

**4** ★★★ **Rédigez quelques lignes expliquant les différentes formes de la collaboration entre l'État français de Vichy et l'Allemagne nazie.**

.................................................................

.................................................................

.................................................................

.................................................................

Auto évaluation Très bien ☐ Bien ☐ Pas assez bien ☐

# 6 De Berlin à Berlin

## Observer et retenir

### Le début de la guerre froide

En 1946, Churchill évoque le « **rideau de fer** » en Europe, mais c'est le **plan Marshall**, proposé par les États-Unis en 1947, et refusé par l'URSS, qui marque le début de la guerre froide.

### L'Allemagne au cœur des relations Est-Ouest

- En 1948-1949, Staline impose le **blocus de Berlin** et les Occidentaux y répondent par le pont aérien. En 1949, deux États allemands sont créés et rejoignent les deux blocs : la **RFA** (République fédérale d'Allemagne) **à l'ouest**, la **RDA** (République démocratique allemande) **à l'est**. Berlin-Ouest est une ville de RFA située en RDA.
- De 1949 à 1955, les deux blocs s'organisent militairement : le bloc occidental est intégré dans l'OTAN (Organisation du traité de l'Atlantique Nord) et le bloc soviétique est intégré dans le pacte de Varsovie. En 1961, pour éviter le passage à l'Ouest de nombreux Allemands de l'Est, la RDA fait construire le **mur de Berlin**. L'URSS et la RDA ignorent les protestations internationales contre le « mur de la honte », malgré le discours « *Ich bin ein Berliner* », prononcé par le président américain Kennedy en 1963.
- Dès 1985, les aspirations libérales se réveillent, car l'URSS desserre sa tutelle sur les démocraties populaires. La contestation, commencée en Pologne, aboutit à la **chute du mur** de Berlin le 9 novembre 1989 et à la **réunification** de l'Allemagne en 1990.



## Savoir faire

### Analyser un tableau et expliquer une période historique

| De 1947 à 1989 | Bloc de l'Ouest | Bloc de l'Est ou communiste |
|---|---|---|
| **Les pays dominants** | États-Unis, défenseurs du monde libre | URSS, conductrice du monde socialiste |
| **Les doctrines** | Doctrine Truman (mars 1947) | Doctrine Jdanov (septembre 1947) |
| **Les alliances militaires** | OTAN (1949) | Pacte de Varsovie (1955) |
| **Les régimes politiques** | Démocratie libérale : suffrage universel et secret, pluralisme politique, respect des droits de l'homme | Démocratie populaire : parti unique et candidature unique aux élections, police politique et aucune liberté |

**Entre les deux blocs : le rideau de fer**

→ **Repérer les dates de la période et les replacer dans leur contexte historique**
C'est la période de la guerre froide opposant les deux Grands, États-Unis et URSS.

→ **Expliquer les appellations « monde libre » et « bloc communiste »**
À l'Ouest, les libertés sont respectées : pluralisme, vote secret, liberté d'aller et de venir ; à l'Est, le Parti communiste est le parti unique et la police politique surveille la population.

→ **Montrer que les deux blocs s'organisent de la même manière**
Chaque bloc a sa doctrine, son alliance militaire et son choix politique.

## S'entraîner

➜ Corrigés p. 286

**1** ★ **Indiquez l'événement représenté par chacun des quatre documents.**

**1.** 12 août 1961 – Couvert, à ses propres yeux, par une déclaration des nations membres du pacte de Varsovie élaborée à Moscou lors de la dernière réunion de leurs dirigeants, le gouvernement de Berlin-Est a interdit aux habitants de RDA de se rendre à Berlin-Ouest sans un laissez-passer délivré spécialement à cette fin. Il a de même immédiatement ordonné aux 500 000 frontaliers qui prenaient chaque matin le métro pour aller travailler à Berlin-Ouest de chercher, à partir d'aujourd'hui, une occupation dans les entreprises de Berlin-Est. Pour assurer l'efficacité des mesures draconiennes, la circulation des lignes de métro conduisant d'est en ouest dans l'ex-capitale du Reich a été arrêtée. Les stations frontalières ont été fermées, et les points de passage de la ligne de démarcation entre les deux Berlin ramenés de 80 à 13, devant lesquels veillent désormais d'importants détachements de la police et de l'Armée populaire.

Alain Clément, *Le Monde*, 15 août 1961.

Événement évoqué : ................................

**2.**

© Plantu, novembre 1989.

Événement évoqué : ................................

**3.**

© Keystone.

Événement évoqué : ................................

**4.** Aujourd'hui, dans le monde de la liberté, on ne saurait se donner plus d'honneur que de dire *Ich bin ein Berliner* [Je suis un Berlinois]. Il ne manque pas de gens au monde qui ne comprennent vraiment pas, ou qui prétendent ne pas comprendre quel est l'enjeu de la lutte entre le communisme et le monde libre. Qu'ils viennent à Berlin. Il y en a d'autres qui affirment que l'avenir est au communisme. Ils n'ont qu'à venir à Berlin.

Discours de J. F. Kennedy, président des États-Unis, à Berlin-Ouest, 23 juin 1963.

Événement évoqué : ................................

**2** ★★ **Remettez dans l'ordre chronologique les quatre documents.**

..................................................................

**3** ★★★ **Rédigez un paragraphe argumenté répondant au sujet :** ***Pourquoi Berlin est-elle un symbole des relations Est-Ouest de 1945 à 1991 ?***

..................................................................

..................................................................

..................................................................

..................................................................

Auto évaluation Très bien ☐ Bien ☐ Pas assez bien ☐

# 7 La décolonisation

## Observer et retenir

### Les causes de la décolonisation

La décolonisation s'explique par le **recul du prestige des métropoles** affaiblies par la Seconde Guerre mondiale, les **mouvements nationalistes** soutenus par l'URSS et les États-Unis et la **charte de San Francisco** de l'ONU défendant le droit des peuples à disposer d'eux-mêmes.

### Les décolonisations

- Grâce à l'action non-violente de **Gandhi**, l'indépendance de l'**Inde** est obtenue en 1947. Elle est alors coupée en deux : le Pakistan (en réalité, deux Pakistan distants de 1 700 km) et l'Union indienne. Le Royaume-Uni continue d'y préserver des intérêts économiques dans le cadre du Commonwealth. Mais, très vite, de graves troubles religieux éclatent entre le Pakistan musulman et l'Inde hindouiste.
- En **Afrique noire**, les colonies françaises obtiennent d'abord leur autonomie, puis leur indépendance, au début des années 1960. Les nouveaux États maintiennent des **liens de coopération** avec la France.
- En revanche, l'indépendance en Algérie est obtenue à la suite de la guerre qui commence en 1954 et se termine par la signature des accords d'Évian en 1962.
- En 1955, les nouveaux États d'Asie et quelques États d'Afrique se réunissent à la **conférence de Bandung**. C'est la naissance du **tiers-monde**, un nouveau bloc politique refusant le colonialisme et manifestant sa volonté de non-alignement par rapport aux deux blocs.

## Savoir faire

### Histoire des arts – Étudier un monument

© Marc Riboud/Magnum.

Alger, le 3 juillet 1962.

→ **Présenter le monument :** le monument, construit à Alger en 1930, commémore cent ans de la colonisation de l'Algérie par la France.

→ **Décrire le monument et repérer les symboles :** le monument est en pierre et a la forme d'une stèle ; en son centre, deux femmes de taille différente : la plus grande, les cheveux ornés d'une cocarde et tenant un drapeau dans la main droite, représente la France colonisatrice qui enserre une femme plus petite symbolisant l'Algérie. Au pied du monument, des soldats en armes portent des drapeaux et des femmes sont voilées.

→ **Interpréter les informations en les reliant à la date de la photographie :** le 3 juillet 1962, l'indépendance de l'Algérie est proclamée après une guerre de 8 ans, d'où la présence des soldats, des civils et des drapeaux algériens.

## S'entraîner

→ Corrigés p. 286

**1** ★★ **Lisez le texte, puis répondez aux questions.**

Je signalai qu'il y avait deux manières d'acquérir l'autonomie, l'une par la révolution armée et l'autre par des méthodes non-violentes constitutionnelles et légitimes. Je citai comme exemple la force armée britannique qui repoussa deux tentatives allemandes d'invasion et la victoire remportée aux Indes sur l'impérialisme britannique au moyen de la pression morale. Nous préconisons la seconde méthode.
La liberté, on ne l'avait jamais cependant accordée à aucun pays colonial sur un plateau d'argent ; on ne l'avait gagnée qu'après d'amères et vigoureuses luttes.
À cause du retard des colonies en matière d'instruction, la majorité des gens était illettrée et il y avait une seule chose qu'ils pussent comprendre, à savoir l'action.
Je décrivis l'action positive comme l'adoption de tous les moyens légitimes et constitutionnels par lesquels nous pouvions attaquer les forces de l'impérialisme dans le pays. Les armes étaient l'agitation politique, des campagnes de presse et d'enseignement et, comme dernière ressource, l'application constitutionnelle de grèves, de boycottages et de non-coopération basés sur le principe de la non-violence absolue, telle que Gandhi en a usé dans l'Inde.

K. Nkrumah, *La Naissance de mon parti et son programme d'action positive*, in *Présence africaine, revue culturelle du Monde noir*, n° 12, février-mars 1957.

Kwame Nkrumah fut Premier ministre, puis président de la république du Ghana de 1960 à 1966.

**1.** Quelles sont les deux manières d'accéder à l'indépendance ? Pour laquelle Nkrumah opte-t-il ?

.......................................................................

.......................................................................

**2.** Quels moyens préconise-t-il ?

.......................................................................

**2** ★★ **Prenez connaissance du texte et répondez aux questions**

Il n'y a plus d'Asie soumise, elle est vivante, dynamique [...]. Nous sommes résolus à n'être d'aucune façon dominés par aucun pays, par aucun continent [...]. Nous sommes des grands pays du monde et voulons vivre libres sans recevoir d'ordre de personne.
Nous attachons de l'importance à l'amitié des grandes puissances mais, à l'avenir, nous ne coopérerons avec elles que sur un pied d'égalité. C'est pourquoi nous élevons notre voix contre l'hégémonie et le colonialisme dont beaucoup d'entre nous ont souffert pendant longtemps. Et c'est pourquoi nous devons veiller à ce qu'aucune autre forme de domination ne nous menace. Nous voulons être amis avec l'Ouest, avec l'Est, avec tout le monde. Le seul chemin qui mène droit au cœur et à l'âme de l'Asie est celui de la tolérance, de l'amitié et de la coopération.

Extrait du discours de Nehru à la conférence de Bandung, 24 avril 1955, J. Nehru, *Speeches*, New Delhi, 1949-1961.

La conférence de Bandung a réuni 29 pays indépendants d'Asie et d'Afrique. Nehru est chef du gouvernement lors de l'indépendance de l'Inde.

**1.** Que dénonce Nehru dans son discours ?

.......................................................................

.......................................................................

**2.** Selon lui, quels sont les avantages pour un pays à devenir indépendant ?

.......................................................................

**3.** Quel continent est en cours de décolonisation pendant la conférence de Bandung ?

.......................................................................

**3** ★★★ **À partir des exemples de la France et du Royaume-Uni, rédigez quelques lignes pour expliquer les différentes formes prises par la décolonisation.**

Auto évaluation Très bien ☐ Bien ☐ Pas assez bien ☐

# 8 Les inégalités dans le monde

## Observer et retenir

### Des contrastes entre le Nord et le Sud

En cinquante ans, depuis 1945, le produit intérieur brut (PIB) mondial s'est multiplié par 10. Pourtant, les écarts entre les pays et les hommes se sont creusés. Aujourd'hui, **20 % des hommes** disposent de **80 % des richesses** mondiales. Les cinquante pays industrialisés et développés (PID) de la planète se situent principalement au nord du tropique du Cancer, tandis que les pays en développement (PED) sont au sud de cette ligne.

### Des « Nord » et des « Sud » hétérogènes

- Au Nord, la **Triade** (États-Unis, Europe de l'Ouest et Japon), depuis longtemps industrialisée, détient des records de richesse. Les **nouveaux pays industrialisés d'Asie** (NPI), qui ont décollé dans les années 1970, connaissent un développement exceptionnel, mais fragile. La Russie, pourtant industrialisée, est en crise et s'appauvrit.
- Au Sud, si les pays les moins avancés (**PMA**) sont les pays les plus pauvres du monde et si les **pays pétroliers** restent très dépendants de la conjoncture économique, des pays émergents (Brésil, Afrique du Sud) s'ouvrent aux marchés.

## Savoir faire

### Analyser une carte par anamorphose

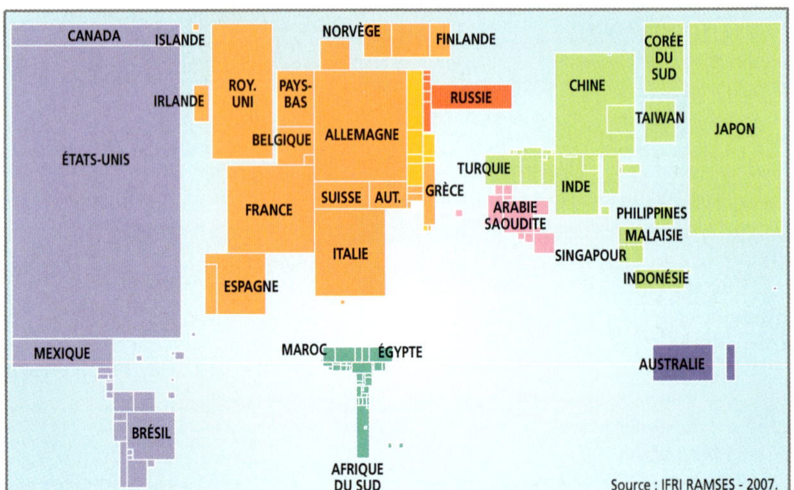


Chaque pays est représenté par une surface proportionnelle à l'importance de son produit national brut (PNB)

1 000
500
100
10

*(en milliards de dollars courants)*

**Les grandes puissances économiques selon leur PNB**

**→ Expliquer les termes « carte par anamorphose » :** cette carte représente les États par des formes géométriques de taille plus ou moins grande.

**→ Localiser les espaces en fonction de leur PNB :** les États-Unis, le Japon et l'Europe du Nord-Ouest ont les PNB les plus élevés ; l'Amérique du Sud, l'Afrique, l'Europe de l'Est, les ex-républiques d'URSS et la majeure partie des États d'Asie ont un PNB faible.

**→ Interpréter la carte :** les pays du Nord sont souvent plus riches que les pays du Sud.

## S'entraîner

→ Corrigés p. 286

### 1 ★ Définissez les expressions suivantes

1. « Le Nord » : ......................................

2. « Le Sud » : ......................................

### 2 ★ Cochez les bonnes propositions.

- ☐ L'Australie est un État du Nord.
- ☐ L'Inde, la Chine et le Brésil sont des pays émergents.
- ☐ Le Canada et le Japon font partie de la Triade.
- ☐ Les PMA sont de nouveaux pays industrialisés.

### 3 ★★ Lisez ce texte sur la pauvreté dans le monde, puis répondez aux questions.

56 % de la population mondiale vit actuellement dans la pauvreté : 1,2 milliard de personnes vivent avec moins d'un dollar par jour et 2,8 milliards de personnes supplémentaires vivent avec deux dollars […]. Être pauvre, ce n'est pas seulement avoir faim, c'est aussi être confronté à la difficulté de se loger, de se soigner ou d'éduquer ses enfants […]. L'expérience de la pauvreté est souvent liée à celle de l'injustice. « Être pauvre, c'est accepter les prix fixés par d'autres », constate un paysan de Tanzanie. Malgré quelques timides progrès ici ou là (en Chine, par exemple, où le nombre de pauvres ruraux a été ramené de 250 millions à 34 en trente-cinq ans), la fracture Nord-Sud ne s'est pas réduite. En 1980, un Américain était vingt-deux fois plus riche que l'un des habitants des pays les plus pauvres. Vingt ans plus tard, il est quatre-vingt-six fois plus riche.

D'après « Les ravages du sous-développement », © *Le Monde*, Dossiers & documents n° 323, septembre 2003.

1. Le document évoque la « fracture Nord-Sud ». Relevez un exemple montrant que cette fracture « ne s'est pas réduite » depuis les années 1980.

......................................................

2. Citez trois conséquences de la pauvreté pour les habitants du Sud.

......................................................

......................................................

......................................................

### 4 ★★★ Après avoir observé la carte, répondez aux questions.

**Les utilisateurs d'Internet dans le monde**

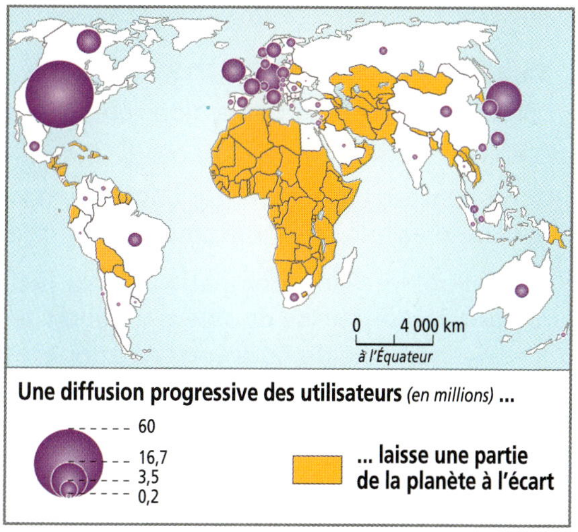


1. Quel est la nature de ce document ? Que représente-t-il ?

......................................................

......................................................

2. Quelles sont les régions du monde les plus impliquées ? Quelles sont celles restées le plus à l'écart ?

......................................................

......................................................

......................................................

3. En quoi la carte illustre-t-elle les inégalités du monde ?

......................................................

......................................................

Auto évaluation — Très bien ☐ Bien ☐ Pas assez bien ☐

# 9 L'urbanisation

## *Observer et retenir*

### Une urbanisation qui s'accélère

Depuis 1945, l'urbanisation s'est accélérée. Dans le monde, plus d'un habitant sur deux vit en ville. Le taux d'urbanisation est inégal entre le Nord et le Sud. Au Nord, il dépasse 75 % et, au Sud, le taux est moindre mais la croissance urbaine est plus forte (4 % par an contre 1% dans les pays développés). En 1950, seules deux villes dépassent 10 millions d'habitants (Londres et New York). En 1990, 16 villes ont au moins 1 million d'habitants. Aujourd'hui, elles sont plus de 350 et se multiplient dans les pays du Sud. La taille des villes augmente et les **mégalopoles** (plus de 8 millions d'habitants) se multiplient au Sud.

### Les espaces urbains dans le monde

L'accélération de l'urbanisation repousse les limites des villes.

- **Au Nord**, le centre est constitué du quartier des affaires et, dans les villes européennes, d'un quartier historique. Les banlieues occupent un espace de plus en plus important et encore plus loin, des lotissements périurbains se construisent.
- **Au Sud**, les villes sont marquées par la pauvreté. Au centre, le quartier historique, hérité de la colonisation, se double d'un quartier des affaires. La banlieue, en développement rapide, accueille de nouveaux citadins (des ruraux pauvres) dans des quartiers spontanés, les **bidonvilles**.

## *Savoir faire*

### Comprendre l'explosion urbaine à partir d'un graphique

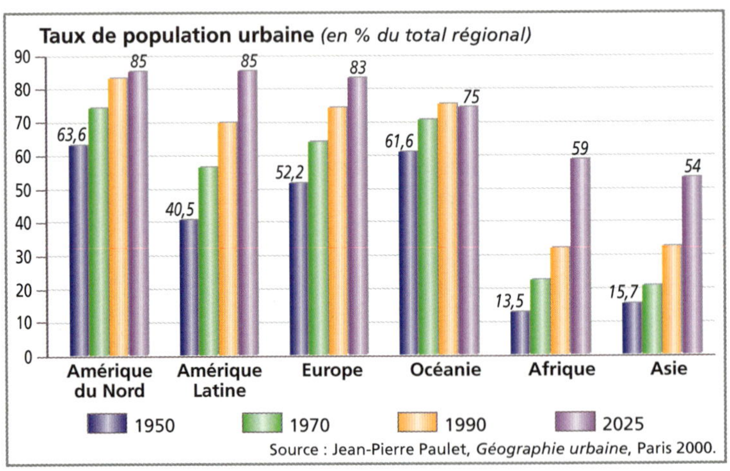


**L'évolution de la population urbaine**

→ **Repérer le titre, les périodes et les espaces géographiques :** c'est l'évolution du taux de la population urbaine de la planète de 1950 à aujourd'hui, avec une prévision pour 2025.

→ **Observer l'allure générale des barres :** entre 1950 et 2025, le taux de population urbaine augmente partout sauf en Océanie.

→ **Mettre en relation les informations du graphique :** l'Amérique, l'Europe et l'Océanie enregistrent les taux records de population urbaine ; c'est en Afrique et en Asie que la progression du taux d'ici 2025 est la plus rapide. C'est donc au Sud que la croissance urbaine est la plus forte.

## S'entraîner

➔ Corrigés p. 286

### 1 ★ Voici les dix villes les plus peuplées du monde.

| En millions d'habitants |
|---|
| Tokyo (Japon) : 37,7 |
| New York (États-Unis) : 25,9 |
| Mexico (Mexique) : 23,3 |
| Séoul (Corée du Sud) : 22,7 |
| Mumbaï (ou Bombay, Inde) : 21,3 |
| São Paulo (Brésil) : 20,8 |
| Manille (Philippines):19,8 |
| Delhi (Inde): 18,6 |
| Jakarta (Indonésie): 18,5 |
| Los Angeles (États-Unis): 18,5 |

Source : www.populationdata.net, 2010.

**1.** Soulignez en bleu les villes situées au Nord et en rouge celles situées au Sud.

**2.** Que concluez-vous quant à la répartition des mégapoles sur la planète ?

.................................................................

### 2 ★★ Lisez ce texte relatif à la ville de Shanghai (Chine) et répondez aux questions.

C'est à Shanghai que Deng Xiaoping et ses successeurs ont décidé, au début des années 1990 […], de bâtir la première « ville globale » chinoise. Il s'agissait d'en faire l'un des centres nerveux du système international concentrant les fonctions de commande, structurant les flux économiques et financiers, rythmant la marche du monde […]. Ils ont choisi de rassembler les savoirs et les services […], les pôles de haute technologie, les ressources humaines « hyperqualifiées » et le capital requis pour ériger la ville en centre chinois du capitalisme mondial pouvant rivaliser avec Tokyo, mais surtout avec Los Angeles et New York […]. D'où le mimétisme architectural et la course à la verticalité, symbole obligé de la puissance […]. À Pudong, commune de Shanghai […], l'État bâtit une cité de quartz. Elle est dominée par la désormais célèbre tour de télévision […] et par le Jinmao Building, gratte-ciel le plus élevé d'Asie [qui] abrite des banques et un inévitable hôtel de luxe. […]. À Pudong, un hypermarché Carrefour accueille un flux dense, permanent, presque effrayant de consommateurs. […] Désormais, on construit dans une fièvre spéculative des bureaux, des tours scintillantes à moitié vides.

P. S. Golub, « Shanghai, vitrine du capitalisme chinois », © *Le Monde diplomatique*, août 2000.

**1.** Relevez dans le texte cinq expressions et/ou groupes de mots justifiant la phrase soulignée.

.................................................................

.................................................................

**2.** À quelles autres villes Shanghai veut-elle ressembler ?

.................................................................

**3.** Comment cette ressemblance se traduit-elle dans les paysages ?

.................................................................

### 3 ★★★ Citez quatre aménagements d'une ville de pays riche.

© Valéry Joncheray.

**Quartier de Rezé à Nantes**

.................................................................

.................................................................

Auto évaluation Très bien ☐ Bien ☐ Pas assez bien ☐

# 10 Géopolitique du monde actuel

## Observer et retenir

### Plus d'États

Depuis 1945, le nombre des États est passé de 51 à plus de 190 aujourd'hui.

### L'effacement des frontières

Aujourd'hui, les États se sont regroupés dans des **associations économiques régionales** (ALENA, Union européenne) qui les protègent de la concurrence, les font peser d'un poids plus grand dans les relations internationales et diminuent ou suppriment les droits de douane aux frontières. D'autres phénomènes dépassent les frontières d'un État. Par exemple, la plupart des États du monde sont représentés à l'ONU et adhèrent à sa politique diplomatique ; les **organisations non gouvernementales** (ONG) défendent au niveau international leurs idées ; les **nouvelles technologies** comme Internet permettent de communiquer instantanément d'un point à l'autre de la planète. Si les frontières tendent à s'effacer, c'est toujours dans le cadre de l'État que se font les élections des représentants des citoyens.

## Savoir faire

### Comprendre la mondialisation à travers un produit

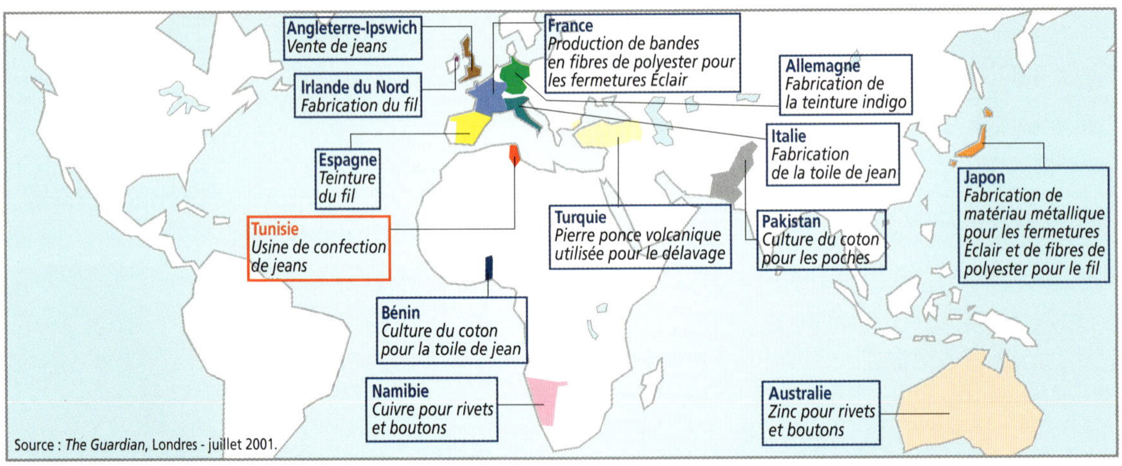


**L'itinéraire d'un jean**

→ **Classer les étapes de la fabrication à la vente :** 1. La recherche de matières premières : coton, cuivre et zinc, pierre ponce volcanique. 2. La production des produits semi-finis : le fil et sa teinture, la toile de jean, les produits métalliques, les bandes en polyester. 3. L'usine de confection du jean. 4. Le lieu de vente du jean.

→ **Montrer les effets de la mondialisation :** de nombreux pays sont mis à contribution : les pays du Sud pour les matières premières, les pays industriels du Nord pour les produits semi-finis, les pays à main-d'œuvre bon marché pour la confection et les pays riches du Nord pour la vente.

## S'entraîner

➔ Corrigés p. 287

### 1 ★ Cochez les bonnes propositions.

- ☐ Le monde compte plus d'États en 1945.
- ☐ Le Mexique fait partie de l'ALENA.
- ☐ Le monde compte plus d'États en 2010.
- ☐ L'UE compte 27 États en 2011.

### 2 ★★ Observez la carte des principales associations économiques dans le monde, puis répondez aux questions.

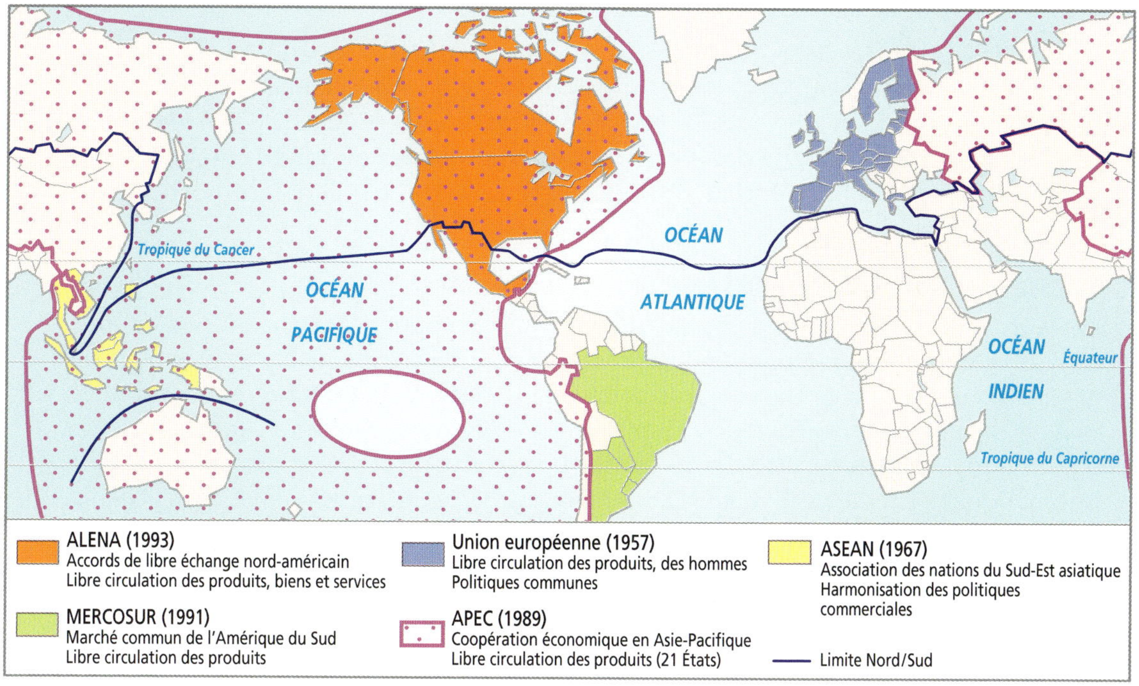


**1.** Quels sont les objectifs de ces associations économiques ?

.......................................................................................................................

**2.** Quelle est l'association économique la plus ancienne ? la plus récente ?

.......................................................................................................................

**3.** Quelles sont les régions du monde les plus concernées par les accords ? les plus à l'écart ? D'après vous, pourquoi ?

.......................................................................................................................

### 3 ★★★ Développez un argument pour justifier :

**1.** le renforcement des frontières.

.......................................................................................................................

**2.** l'effacement des frontières.

.......................................................................................................................

Auto évaluation Très bien ☐ Bien ☐ Pas assez bien ☐

# 11 Les États-Unis d'Amérique

## Observer et retenir

### ■ La troisième population mondiale

- Les États-Unis, peuplés de 308 millions d'habitants, ont une **population mélangée** venue d'Europe, d'Afrique, puis d'Amérique du Sud et d'Asie et sont attractifs pour les « bras » (populations peu qualifiées) et les « cerveaux » du monde entier.
- 80 % des Américains vivent en ville. Les grandes métropoles américaines situées sur les littoraux (mégalopolis du Nord-Est et en Californie) et les fronts d'eau (Grands Lacs) sont des pôles de puissance concentrant dans leur *Central Business District* (CBD) les Bourses, les banques et les sièges sociaux des entreprises. Les métropoles de la **Sun Belt**, grâce aux courants migratoires intérieurs et aux industries de pointe, ont la plus forte croissance démographique.

### ■ Une puissance complète

Les États-Unis sont la **première puissance économique mondiale** (industries de haute technologie et firmes multinationales) et ont une puissance financière et commerciale grâce au dollar et aux grandes places boursières de New York et Chicago. Ils sont une **puissance militaire et diplomatique** par leur force de frappe militaire, leur capacité d'arbitrage au niveau de l'OTAN, du Conseil de sécurité de l'ONU et des organismes internationaux (OMC, FMI), même si des manifestations anti-américaines sont organisées dans le monde et s'ils sont la cible d'actions terroristes. Le **rayonnement culturel** est assuré par les médias (séries télévisées, cinéma avec Hollywood et Disney) et par le contrôle des réseaux de télécommunications (Internet, Microsoft).

## Savoir faire

### ■ Analyser une photographie

Howell-Liaison, G. Dorel, © Documentation photographique, n° 8006.

Prestation du serment d'immigrés nouvellement naturalisés, le jour de la fête nationale, le 4 juillet 1996, League City, Texas.

→ **Présenter la photographie**
Il s'agit d'un cliché instantané pris au Texas le 4 juillet 1996.

→ **Décrire la photographie**
Quatre personnes, un drapeau américain à la main et lisant un texte, prêtent un serment.

→ **Dégager l'intérêt de la photographie**
Des immigrés s'engagent à devenir des citoyens américains, le jour de la fête nationale des États-Unis. Peu qualifiés, ils travailleront dans l'agriculture ou l'hôtellerie. S'ils sont très qualifiés, ils travailleront dans l'industrie de pointe ou la recherche.

## S'entraîner

➜ Corrigés p. 287

**1** ★★ **Cette grille illustre les aspects de la puissance de quelques États représentés par des colonnes verticales. En lignes horizontales, ce sont vingt indicateurs notés de 0 à 5 points selon le rang.**

**1.** Listez les indicateurs illustrant :

**a.** la puissance économique (12) :

.............................................

**b.** la puissance militaire et diplomatique (3) :

.............................................

**c.** la puissance culturelle (3) :

.............................................

**2.** Que concluez-vous sur la puissance des États-Unis ? ..........................

**La puissance des États**

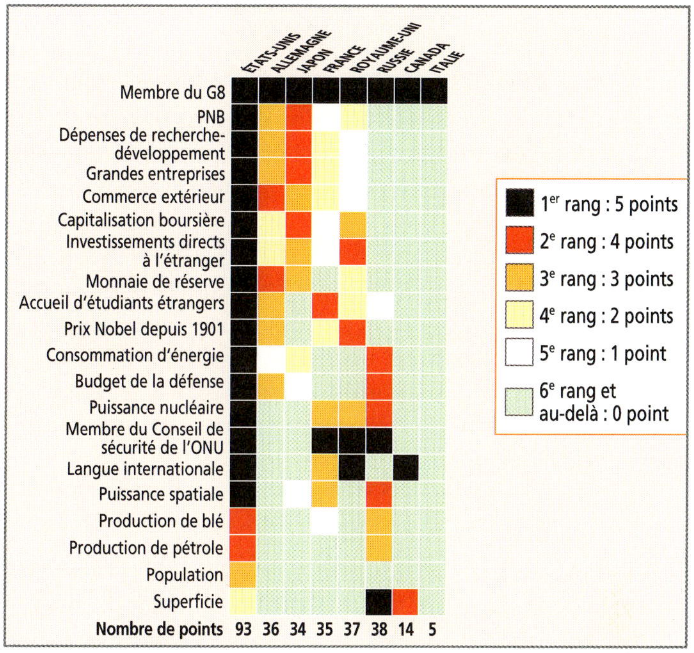


G. Dorel, « La puissance des États », *Documentation photographique*, n° 8006.

**2** ★★ **Pourquoi le nombre de prix Nobel est-il important aux États-Unis ?**

.............................................................

**3** ★★ **Citez les 5 villes de la mégalopolis américaine et indiquez à quel espace régional appartient la Californie.**

.............................................................

**4** ★★★ **Complétez avec les expressions suivantes la légende de la carte de l'organisation de l'espace aux États-Unis.**

**1.** La Sun Belt ou périphérie dynamique et attractive ; le cœur des États-Unis ; l'espace agricole en réserve.

**2.** Déplacements des activités et des hommes ; grande métropole ; flux migratoires internationaux ; grand centre d'impulsion économique mondial.

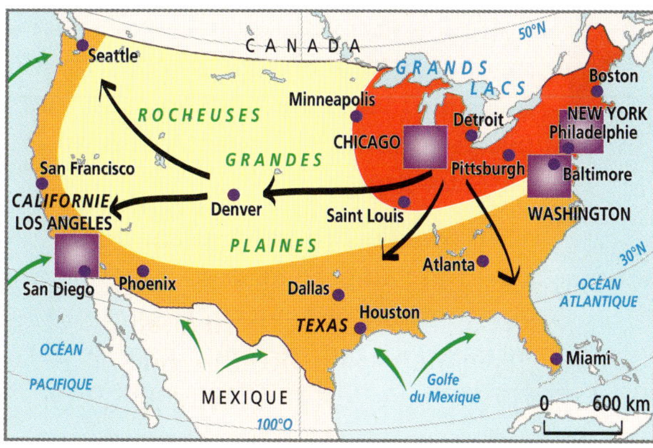


**1. Les grandes régions**

a.

b.

c.

**2. Les éléments explicatifs de l'organisation de l'espace**

a.

b.

c.

d.

Auto évaluation — Très bien ☐ Bien ☐ Pas assez bien ☐

# 12 Le Japon

## Observer et retenir

### Des défis relevés et un espace maîtrisé

L'**aménagement de terre-pleins** dans les baies de la côte pacifique essaie de compenser l'exiguïté de l'espace (quatre îles principales couvrant 378 000 km²) et les **constructions antisismiques** tentent d'être la parade aux risques volcaniques et sismiques du pays.

### La mégalopole ou l'expression de la puissance japonaise

85 % des Japonais vivent dans la mégalopole (bande littorale de 1 200 km entre Tokyo et Fukuoka). 85 % des activités industrielles japonaises s'y concentrent et **Tokyo**, la capitale politique et économique du pays, est un **centre d'impulsion mondial** : la ville accueille 80 % des sociétés étrangères, 60 % des sièges sociaux des grandes entreprises et effectue 60 % des transactions boursières.

### La place et le rôle du Japon en Asie et dans le monde

- Le Japon est une **puissance régionale de l'Asie** car il investit et délocalise dans les pays asiatiques, mais il a des concurrents. Il favorise aussi ses **rapprochements économiques** avec les pays membres de l'ASEAN, la Chine et la Corée du Sud.
- Au plan international, le Japon est certes membre du G20, mais il ne joue pas de rôle politique car il n'a pas la bombe atomique et n'est pas membre permanent du Conseil de sécurité de l'ONU.

## Savoir faire

### Analyser un paysage

© Altitude.

Le quartier de Rainbow Town à Tokyo

→ **Localiser le paysage :** c'est le quartier de Rainbow Town de Tokyo, la capitale et la plus grande ville (plus de 30 millions d'habitants) de la mégalopole japonaise.

→ **Définir la nature du paysage :** c'est un paysage littoral marqué par l'occupation humaine : voies de communication sur pilotis et ponts, grues, entrepôts et bateaux à quais.

→ **Décrire les différents plans du paysage :** au premier plan, un espace aux contours géométriques avec des installations industrielles, traversé par un pont-autoroute, est entouré par l'océan ; à l'arrière-plan, la ville de Tokyo s'étend sur la plaine littorale.

→ **Nommer ce type de paysage :** c'est un terre-plein ou polder (espace gagné artificiellement sur la mer par les hommes).

## S'entraîner

→ Corrigés p. 287

### 1 ★★ Lisez le texte suivant, puis répondez aux questions.

[À Tokyo,] l'imminence inéluctable d'un violent séisme n'est même pas dissuasive, la certitude de maîtriser les techniques de constructions antisismiques n'ayant pas été entamée par la catastrophe de Kobe.
À 8-10 km à vol d'oiseau du Palais impérial, à Odaiba, au large, sur un polder de fond de baie en friche, se construit depuis 1995 sur 45 km$^2$ le *Waterfront Subcenter Project*, déjà haut lieu de loisirs (plages artificielles) et de consommation (SegaCenter de jeux vidéo, mégacentres commerciaux). Financés par la mairie et des groupes privés (Toyota, Fuji, NTT […]), plus de 20 000 logements, des hôtels, des sièges sociaux… créeront plus de 100 000 emplois d'ici 2015.

*Images économiques du monde 2002*, © Sedes, 2001.

**1.** Relevez deux contraintes naturelles.

.......................................................................

**2.** Complétez, pour Odaiba, le tableau suivant.

| Type d'espace | Aménagements | Conséquences pour les habitants de Tokyo |
|---|---|---|
| | | |

### 2 ★★ Complétez la légende de la carte ci-dessous, puis indiquez pour cet espace deux caractéristiques.

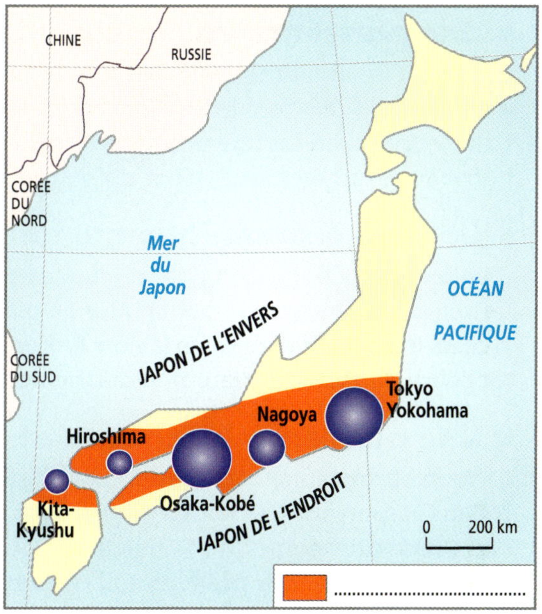


.......................................................................

.......................................................................

### 3 ★★★ Cochez la bonne proposition.

- ☐ Le Japon est un géant politique mais un nain économique.
- ☐ Le Japon est un géant économique mais un nain politique.

### 4 ★★★ Lisez le texte suivant, puis complétez les phrases proposées.

La « pop culture » japonaise fait vendre. Alors que l'économie japonaise sort à peine d'une longue crise, sa culture populaire ne s'est jamais aussi bien exportée, au point, en Asie, de [l'emporter sur] la référence américaine. Les spécialistes en marketing appellent cela le *J-Sens* – le sens japonais issu du monde des mangas (BD), des jeux vidéo, en passant par la musique populaire et les dessins animés. Les grandes marques qui se lancent à l'assaut de l'Asie, particulièrement du marché chinois, se mettent au diapason de cette nipponemania pour séduire la jeunesse locale.

© *Le Monde*, 8 décembre 2003.

**1.** La phrase soulignée en bleu évoque la puissance .......................................................................

**2.** La phrase soulignée en rouge montre que .......................................................................

Auto évaluation — Très bien ☐ Bien ☐ Pas assez bien ☐

# 13 L'Union européenne

## Observer et retenir

### Une puissance en construction

En 2007, l'Union européenne est **passée de 25 à 27 États membres**. Sa superficie couvre maintenant 4 millions de km$^2$ et sa population atteint le demi-milliard d'habitants. Il demeure cependant de grands écarts de richesse entre les « Quinze » et les douze nouveaux États membres, dont dix sont d'anciens pays communistes.

### Un pôle économique mondial

L'Union européenne est la **première puissance commerciale et économique du monde**. Cette réussite s'explique par la mise en place de politiques communes (PAC), par des projets industriels communs (avion Airbus et Agence spatiale européenne) et par le succès de l'euro, la zone euro étant le deuxième pôle monétaire mondial.

### Une puissance inachevée et à géométrie variable

L'Union européenne n'est pas un État fédéral comme les États-Unis. Elle est une addition d'États conservant leur souveraineté dans de nombreux domaines. Par exemple, des États de l'Union (Royaume-Uni, Danemark et Suède) refusent l'euro, tandis que les nouveaux membres ne satisfont pas tous aux critères d'adoption de la monnaie unique. Le **traité de Maastricht** de 1992 a créé une politique étrangère et de sécurité commune, mais l'Union européenne s'est montrée divisée lors de crises internationales (guerre contre l'Irak en 2003). Sur le plan politique, des États fondateurs de l'UE ont rejeté par référendum en 2005 le traité établissant une Constitution européenne.



## Savoir faire

### Analyser un dessin

© Itturia, Sud-Ouest, 14 décembre 2002.

**L'élargissement vu par le dessinateur Iturria**

→ **Présenter le document :** ce dessin d'Iturria, de décembre 2002, a pour thème l'élargissement de l'Europe.

→ **Décrire l'image :** la vache Europe (dans la mythologie, Europe est enlevée par Zeus métamorphosé en taureau) porte sur le dos 25 selles et des personnages s'inquiètent pour sa colonne vertébrale très distendue.

→ **Expliquer le message du dessin :** l'Union européenne pourra-t-elle supporter l'élargissement à 25 membres ? La réponse est oui puisqu'en 2007, elle passe de 25 à 27 États et 10 sont d'anciens États communistes.

## S'entraîner

→ Corrigés p. 287

### 1 ★ Répondez aux questions.

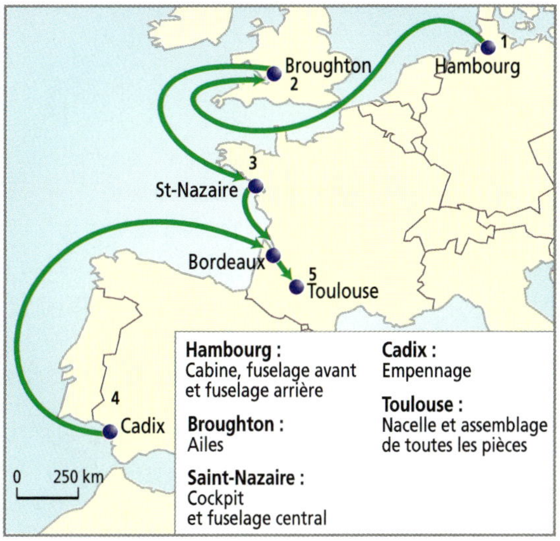


**1.** Citez deux États de l'Union européenne, autres que la France, qui participent à la construction de l'avion Airbus A 380.

.................................................................

**2.** Le trajet des pièces détachées : dans quelle mer se trouveront les bateaux quittant Hambourg avec des éléments de l'avion ? Quel fleuve s'écoule entre Toulouse et Bordeaux ?

.................................................................

**3.** Donnez le nom et la date du traité qui a créé la Communauté économique européenne.

.................................................................

**4.** Donnez le nom et la date de couronnement d'un empereur qui a unifié l'Ouest de l'Europe au Moyen Âge.

.................................................................

**5.** Datez le début de l'âge industriel.

.................................................................

### 2 ★★ Répondez aux questions.

**1.** Dans quelle catégorie d'activité économique peut-on placer l'avion Airbus A 380 ?

.................................................................

**2.** Les avions Airbus ont des concurrents dans le monde : qui sont-ils ? de quelle nationalité sont-ils ?

.................................................................

**3.** Que concluez-vous sur l'industrie européenne ?

.................................................................

### 3 ★★ Expliquez l'aspect de la puissance de l'Union européenne mis en évidence par ce graphique.

**La localisation des 104 premières transnationales dans le monde en 2000**

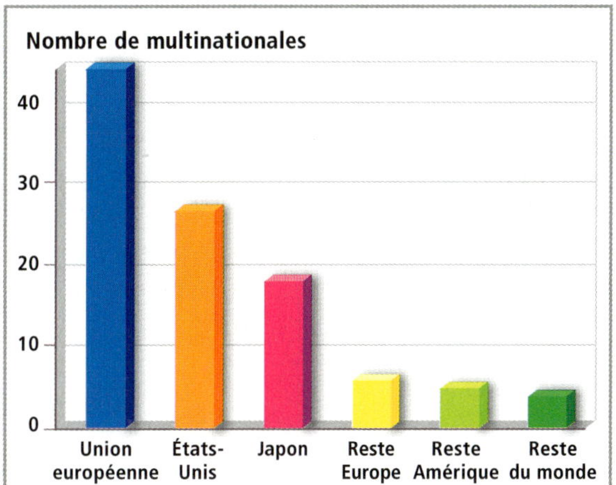


Source : L. Carroué, *Géographie de la mondialisation*, A. Colin, 2002.

.................................................................

### 4 ★★★ Cochez les propositions justes et rédigez quelques lignes montrant que l'Union européenne est une puissance en construction.

☐ L'UE, c'est d'abord 6, puis 9, 10, 12, 15, 25 et 27 États.

☐ Il y a encore des candidats à l'entrée dans l'UE (Croatie, Turquie).

☐ Tous les États ont adopté l'euro.

☐ Depuis 2009, un haut-représentant pour les Affaires étrangères et la Sécurité représente l'UE sur la scène internationale.

Auto évaluation — Très bien ☐ Bien ☐ Pas assez bien ☐

# 14 La France depuis 1945

## Observer et retenir

### Les « Trente Glorieuses »

Après les années de reconstruction, la France connaît les « Trente Glorieuses ».
La population augmente avec le **baby-boom** et l'allongement de l'espérance de vie.
Les femmes acquièrent de nouveaux droits et entrent dans le monde du travail. C'est le début de la **société de consommation** et les ménages consomment des loisirs. L'agriculture se modernise, l'industrie remporte des succès techniques. La France s'ouvre au commerce international et participe à la **construction européenne**. Mais la crise économique de 1973 met fin à cette période de croissance exceptionnelle.

### Des années de Gaulle (1958-1969) aux années Mitterrand (1981-1995)

De 1946 à 1954, la France s'enlise dans les **guerres coloniales**. La **crise algérienne** entraîne le rappel au pouvoir du général de Gaulle. Ayant une « certaine idée de la grandeur de la France », le général de Gaulle dote le pays de la **bombe atomique** en 1960, retire la France de l'OTAN en 1966, se réconcilie avec l'Allemagne en 1963 et défend la francophonie.
La crise de mai 1968 ébranle le pouvoir du général de Gaulle qui se retire de la vie politique en 1969. En 1981, c'est l'**alternance** avec l'arrivée au pouvoir du président de la République François Mitterrand (1981-1988-1995).

## Savoir faire

### Étudier une chronologie

**a.** 1944 : droit de vote et d'éligibilité pour les femmes
**b.** 1945 : création de la Sécurité sociale ; 40 millions d'habitants
**c.** 1946 : nationalisations des Charbonnages de France, EDF et GDF, Renault
**d.** 1953 : plan de construction de HLM
**e.** 1963 : premier hypermarché Carrefour et création des CES (collèges)
**f.** 1968 : mouvement étudiant ; grèves générales ; La Grande-Motte, première cité de loisirs
**g.** 1981 : 1,5 million de chômeurs ; abolition de la peine de mort ; première ligne de TGV (Paris-Lyon)
**h.** 1986 : privatisations d'entreprises (Saint-Gobain, Péchiney, Crédit lyonnais)
**i.** 1988 : loi instituant le revenu minimum d'insertion (RMI)
**j.** 2000 : loi instituant la parité hommes/femmes dans la vie politique
**k.** 2010 : 64,7 millions d'habitants ; près de 10 % de la population active est au chômage

→ **Classer les informations selon leur caractère politique, économique, social et culturel :** politique : a, i, j ; économique : c, e, g, h ; social : b, d, f, g, k ; culturel : e.

→ **Mettre en évidence le rôle joué par l'État depuis 1945 :** son rôle est politique (droit de vote et parité hommes/femmes), économique (nationalisations et privatisations des entreprises ; aménagement du territoire) et social (Sécurité sociale ; dispositions pour les chômeurs).

→ **Montrer les changements sociaux et culturels depuis 1945 :** la France entre dans la société de consommation. Sur le plan culturel, les collèges se multiplient. Les Français vivent en ville, dans les HLM des banlieues. Certains connaissent le chômage et la précarité.

## S'entraîner

→ Corrigés p. 287

**1** ★★ **Observez cette photographie et répondez aux questions.**

© AFP.

Jardins du Luxembourg, Paris, 1947.

**1.** Quand et où cette photographie a-t-elle été prise ?

..........................................................................

**2.** Est-ce un photomontage ou un cliché instantané ?

..........................................................................

**3.** Décrivez la photo.

..........................................................................

**4.** Quel aspect de la société française est mis en évidence ?

..........................................................................

**2** ★★★ **Rédigez quelques lignes sur les changements sociaux survenus en France entre 1945 et 1975.**

..........................................................................

..........................................................................

..........................................................................

..........................................................................

..........................................................................

**3** ★★★ **Histoire des arts**
**Expliquez, à l'aide des questions, cette sculpture de Duane Hanson réalisée en 1969-1970.**

© Bridgeman.

*Supermarket Lady*, sculpture en fibre de verre et tissu, 166 × 130 × 65 cm, Ludwig Forum à Aix-la-Chapelle (Allemagne).

**1.** Décrivez cette sculpture.

..........................................................................

..........................................................................

**2.** Relevez les éléments donnant à cette femme un aspect ridicule.

..........................................................................

..........................................................................

**3.** Pourquoi dit-on de cette sculpture qu'elle est réaliste ?

..........................................................................

..........................................................................

**4.** Quand cette sculpture a-t-elle été réalisée ?

..........................................................................

**5.** Comment appelle-t-on cette période ?

..........................................................................

**6.** Quel est le message du sculpteur?

..........................................................................

..........................................................................

..........................................................................

Auto évaluation — Très bien ☐ Bien ☐ Pas assez bien ☐

# 15 La France, puissance européenne et mondiale

## Observer et retenir

### Les attributs d'une puissance mondiale

- La France est une puissance **culturelle**. Le français, l'une des langues officielles des Nations unies, est parlé par 180 millions de personnes. Le sommet de la francophonie existe depuis 1986. La France est la **première destination touristique mondiale**.
- Sur le plan diplomatique, la France est **membre permanent du Conseil de sécurité de l'ONU**, elle participe aux négociations de l'Organisation mondiale du commerce (OMC) et elle est aussi à l'origine du « dialogue Nord/Sud ».
- Sur le plan militaire, la France est une **puissance nucléaire officielle** ; elle a signé des accords militaires avec l'Afrique, elle participe à l'OTAN et fournit des contingents de Casques bleus à l'ONU.
- Enfin, sur le plan économique, la France est une **puissance agricole** (première agriculture de l'UE), **industrielle** (qualité de ses industries de pointe : TGV, aéronautique, armement, biotechnologies) et **commerciale**.

### La France, une puissance moyenne

La France, au contact de l'Europe du Nord et de l'Europe méditerranéenne, est sur la **marge de la Mégalopole européenne**. Elle est membre fondateur de la CEE et joue avec l'Allemagne un **rôle important dans l'UE**. Elle fait partie du G20.

## Savoir faire

### Analyser des statistiques pour mesurer une puissance économique

| | ALLEMAGNE | | ÉTATS-UNIS | | FRANCE | | JAPON | |
|---|---|---|---|---|---|---|---|---|
| | Part | Rang | Part | Rang | Part | Rang | Part | Rang |
| **Production de vin** | 3,8 % | 8 | 9,5 % | 4 | 19,4 % | 1 | | |
| **Production d'acier** | 5,0 % | 6 | 10,2 % | 3 | 2,3 % | 11 | 11,9 % | 2 |
| **Construction automobile** | 9,2 % | 3 | 20,7 % | 1 | 6,1 % | 4 | 17,2 % | 2 |
| **Exportations totales** | 10 % | 2 | 12,6 % | 1 | 5,3 % | 4 | 9,4 % | 3 |
| **PIB en milliards de dollars** | 2 062 | 3 | 9 944 | 1 | 1 488 | 4 | 3 470 | 2 |

*Images économiques du monde*, © Sedes, 2004.

→ **Expliquer les indicateurs :** le vin représente l'agriculture ; l'acier et l'automobile, l'industrie ; les exportations, le commerce ; le PIB, l'ensemble des richesses produites sur le territoire.

→ **Interpréter les résultats :** la France est une grande puissance agricole et tient son rang au niveau industriel et commercial.

## S'entraîner

➜ Corrigés p. 288

### 1 ★ À partir du texte ci-dessous, complétez le tableau.

La France conserve un poids politique beaucoup plus considérable que ne le laisserait prévoir le nombre de ses habitants ou le rayonnement de sa langue. Elle est un des cinq membres permanents du Conseil de sécurité de l'ONU, avec droit de veto, aux côtés des États-Unis, de la Russie, du Royaume-Uni et de la Chine. Le siège de l'UNESCO est à Paris et le Parlement européen se réunit à Strasbourg. […]
Comme elle a signé des accords de coopération avec certains États africains, la France est susceptible d'intervenir partout dans le monde lorsque les circonstances l'exigent. Elle s'efforce de montrer qu'elle reste une grande puissance militaire, capable de conserver une véritable autonomie dans le domaine de la défense, avec sa force de frappe nucléaire. On pourrait se demander si de tels efforts ne sont pas démesurés, si la France a vraiment les moyens de sa politique. Il faut souligner cependant que son ambition s'appuie sur une puissance économique qui est loin d'être négligeable.

G. Wackermann, A. Huetz de Lemps, *La France dans le monde*, © Nathan, 1992.

| Puissance politique et diplomatique | Puissance ........................................ | Puissance militaire |
|---|---|---|
| ........................................................ | Le rayonnement de sa langue ;<br>le siège de l'UNESCO est à Paris | .................................. |

### 2 ★★ Observez les deux documents, puis répondez aux questions.

**a. Danone à Varsovie**

© Réa.

**b. Carrefour à Taïwan**

© Réa.

**1.** Présentez la nature précise de chaque document.

Document **a.** : ..........................................

Document **b.** : ..........................................

**2.** Choisissez dans la liste la catégorie d'activité représentée par chaque document : *tourisme, grande distribution, technologie de pointe, agro-alimentaire.*

Document **a.** : ..........................................

Document **b.** : ..........................................

**3.** À quel mot correspond cette définition ? Entreprise exerçant ses activités dans plusieurs États, directement ou par l'intermédiaire de ses filiales : .......................................... .

**4.** Quel aspect de la puissance française est illustré par ces documents ?

..........................................................

Auto évaluation Très bien ☐ Bien ☐ Pas assez bien ☐

Histoire-Géographie Éducation civique

# 16 Les institutions de la V^e^ République

## Observer et retenir

### La France, un État démocratique

La France, selon la Constitution de 1958, applique le principe de la **séparation des pouvoirs**, assure le libre choix des gouvernants par les gouvernés et respecte les **droits de l'homme**. La République française est reconnaissable à des **symboles** tels Marianne, le drapeau tricolore, *La Marseillaise*, la fête nationale du 14 juillet et la devise « Liberté, Égalité, Fraternité ».

### Les institutions de la V^e^ République et l'administration centrale

- Le pouvoir exécutif est détenu par le **président de la République** et par le **Premier ministre**. Le président de la République veille à la stabilité de l'État et nomme le Premier ministre (choisi dans la majorité parlementaire) qui conduit la politique de la nation. Le président de la République peut dissoudre l'Assemblée nationale. On dit que la France a un régime présidentiel.

- Le pouvoir législatif est détenu par l'**Assemblée nationale** et par le **Sénat**. Ensemble, ils constituent le Parlement, dont le rôle est de discuter et de voter la loi. L'Assemblée nationale contrôle le gouvernement et peut le renverser en votant une motion de censure. On dit que la France a un régime parlementaire. L'administration française est représentée par les ministères et des institutions : le Conseil d'État conseille le gouvernement et est le juge suprême de l'administration, la Cour des comptes contrôle les finances publiques et le **Conseil constitutionnel** vérifie la conformité des lois avec la Constitution.

## Savoir faire

### Analyser le logo de la communication gouvernementale

*Liberté • Égalité • Fraternité*

RÉPUBLIQUE FRANÇAISE

**→ Expliquer le but du logo**
Décidé par les autorités gouvernementales, il est la représentation symbolique de la République. Le citoyen le verra sur les documents officiels émanant des ministères.

**→ Retrouver les symboles du logo**
La tête de Marianne se détache du fond, constitué du drapeau tricolore, et la devise de la République française est écrite au-dessous.

**→ Justifier le choix des symboles**
Marianne est l'effigie de la République, une rupture par rapport à la monarchie où la tête du roi figurait sur les pièces ; le drapeau associe le blanc, couleur du roi, avec le rouge et le bleu, couleurs de Paris, ce qui marque l'indivisibilité de la nation ; la devise « Liberté, Égalité, Fraternité » reprend les principes de la République.

## S'entraîner

→ Corrigés p. 288

### 1 ★ Avec l'organigramme de la Ve République, complétez les phrases.

La Constitution de 1958

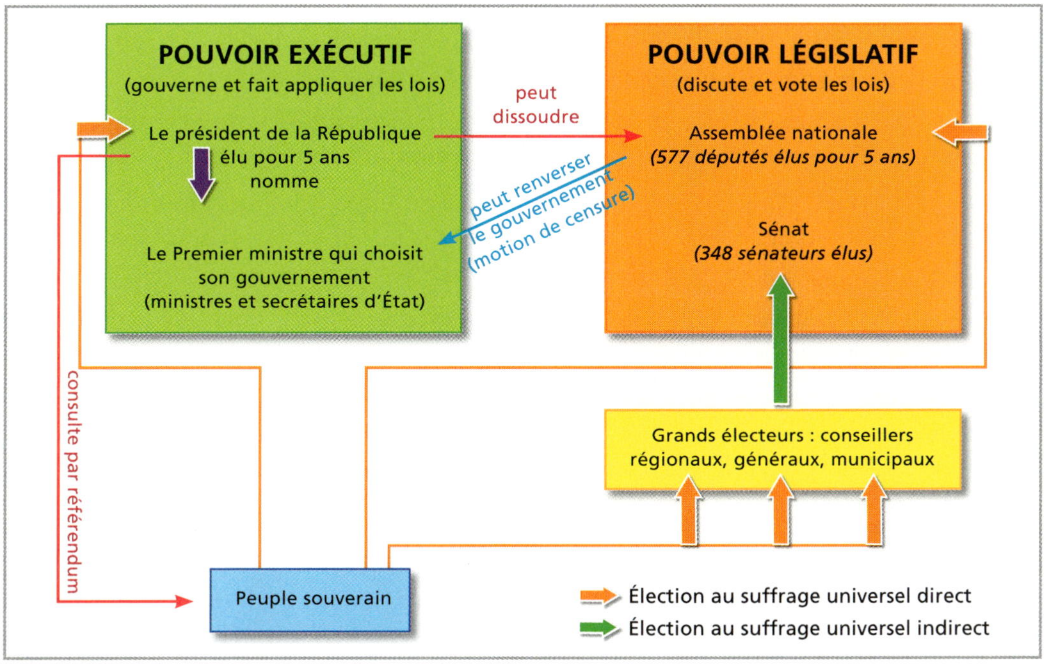


1. Le pouvoir exécutif est détenu par le .......... .............. et le .............. .
2. Le pouvoir législatif est détenu par .............. et .............. .
3. Les trois pouvoirs du président de la République sont : ....................................... .
4. Les deux pouvoirs du Parlement sont : ........................................... .

### 2 ★★ À partir des articles de la Constitution de 1958, remettez dans l'ordre les cinq étapes du cheminement de la loi.

*Article 10 :* Le président de la République promulgue les lois dans les quinze jours qui suivent la transmission au gouvernement de la loi définitivement adoptée.
*Article 34 :* La loi est votée par le Parlement.
*Article 39 :* L'initiative des lois appartient concurremment au Premier ministre [projet de loi] et aux membres du Parlement [proposition de loi].
*Article 45 :* Tout projet ou proposition de loi est examiné successivement dans les deux Assemblées du Parlement en vue de l'adoption d'un texte identique.
*Article 61 :* Les lois organiques[1], avant leur promulgation, et les règlements des Assemblées parlementaires avant leur mise en application, doivent être soumis au Conseil constitutionnel qui se prononce sur leur conformité à la Constitution.

1. Qui ont rapport à l'organisation essentielle d'un État.

.................................................................

### 3 ★★★ Rédigez quelques lignes montrant que la Constitution de 1958 est démocratique.

.................................................................

.................................................................

Auto évaluation Très bien ☐ Bien ☐ Pas assez bien ☐

# 17 La citoyenneté politique et sociale

## Observer et retenir

### La citoyenneté, des droits et des devoirs

- La citoyenneté donne au citoyen des **droits politiques** (droit de vote et d'éligibilité) et des **droits civils** (accès à la fonction publique, syndicats, associations).
- Les **syndicats** (CGT, FO, CFDT, CFE-CGC, MEDEF…) défendent les intérêts communs des adhérents. Interlocuteurs officiels auprès des pouvoirs publics, ils négocient avec le patronat et participent à l'élaboration des lois sociales.
- Les **associations** regroupent des personnes voulant mener ensemble une action commune. Elles peuvent employer des salariés, mais elles sont surtout animées par des bénévoles.
- La citoyenneté implique aussi des **devoirs**, toujours définis par rapport à l'égalité et à la loi (devoir fiscal, obligation de recensement et participation à la journée de préparation à la Défense pour les jeunes).

### Le traité de Maastricht et la citoyenneté européenne (1992)

La **citoyenneté** européenne complète la citoyenneté nationale, mais ne la remplace pas. Elle est **politique** (participation d'un ressortissant de l'Union européenne vivant dans un État d'accueil de l'UE aux élections municipales et européennes) et **sociale** (vivre, circuler, travailler dans un État de l'Union).

## Savoir faire

© CIDEM.

Ministère de l'Intérieur – Civisme et démocratie (CIDEM) – Association des maires de France.

### Analyser une affiche d'information

**→ Présenter la nature précise du document**

Il s'agit ici d'une affiche réalisée par le ministère de l'Intérieur et deux associations, le CIDEM et l'Association des maires de France ; son thème concerne les élections.

**→ Relever les éléments importants de l'affiche**

« Vous avez la parole » est une information et « votez » est un impératif marquant un ordre. La carte électorale rappelle que voter est un droit et un devoir civique. Les deux dates sont celles des élections cantonales et régionales.

**→ Interpréter le message**

Elle invite les citoyens à participer aux deux consultations électorales locales (élections cantonales et régionales) dans le but de lutter contre le phénomène de l'abstention, nuisible à la vitalité de la démocratie.

## S'entraîner

→ Corrigés p. 288

**1 ★ Lequel de ces trois logos est celui :**

**1.** d'un parti politique ? ..............................

**2.** d'un syndicat ? ..................................

**3.** d'une association ? ..............................

**a.**

SECOURS POPULAIRE FRANÇAIS

DR.

**b.**

DR.

**c.**

CFE CGC

DR.

**2 ★★ Lisez le texte suivant, puis répondez aux questions.**

La multiplicité et la diversité des domaines d'intervention des associations montrent combien ces dernières jouent un rôle dans la vie quotidienne de nos concitoyens. Qu'il s'agisse des interventions nombreuses dans le domaine social ou humanitaire, de la promotion culturelle, du développement des activités sportives ou plus simplement dans l'animation et les loisirs, chacun d'entre nous, à un moment donné de sa vie, a eu besoin des « services » d'une association. Les associations […] sont aussi une formidable école de la démocratie. En effet, décider en commun, élaborer des projets au service du plus grand nombre sont des actes qui, en permanence, donnent des leçons de civisme.

André Guinde, magazine du conseil général des Bouches-du-Rhône, juin 2001.

**1.** Dans quels domaines les activités des associations se développent-elles ?

..................................................................

**2.** Relevez, dans le texte, deux expressions illustrant :

**a.** les valeurs de solidarité :

..................................................................

**b.** les valeurs de démocratie :

..................................................................

**3 ★★ Quels engagements possibles le préambule de la Constitution de 1946 propose-t-il aux citoyens ? Illustrez-les par des exemples pris dans l'actualité.**

**1.** « Tout homme peut défendre ses droits et ses intérêts par l'action syndicale. »

..................................................................

..................................................................

**2.** « Le droit de grève s'exerce dans le cadre des lois qui le réglementent. »

..................................................................

..................................................................

**4 ★★★ Résumez dans ce tableau les engagements possibles du citoyen acteur de la démocratie.**

| 3 engagements dans la vie sociale | 3 engagements dans la vie politique |
|---|---|
| | |
| | |
| | |

Auto évaluation Très bien ☐ Bien ☐ Pas assez bien ☐

# 18 L'État et les collectivités territoriales

## Observer et retenir

### Qu'est-ce que la décentralisation ?

Le principe de l'**organisation « décentralisée »** de la France est inscrit dans la Constitution depuis que le Parlement, réuni en congrès à Versailles en 2003, a voté la modification de la Constitution. Déjà, en 1982, la première loi de décentralisation avait permis à l'État de transférer certains pouvoirs et responsabilités aux collectivités territoriales que sont les **communes** (36 772), les **départements** (100) et les **régions** (26).

### Des collectivités territoriales au service des citoyens

- Dotées d'organes d'expression élus (conseil municipal, conseil général et conseil régional), les collectivités territoriales ont des **compétences** précises et complémentaires dans les domaines relevant de la vie du citoyen (éducation, transports, aide sociale, culture). Par exemple, les écoles maternelles et primaires relèvent des communes ; les collèges, des départements ; les lycées, des régions. Pour assumer leurs compétences, les collectivités territoriales disposent d'un **budget** alimenté par les impôts locaux, par des dotations attribuées par l'État et éventuellement par des emprunts.
- Le **contrôle de l'État** est exercé par des représentants nommés par lui (le préfet dans la région) ou élus au suffrage universel (maire dans les communes, président du conseil général dans les départements et président du conseil régional dans les régions), par les directions locales des différents ministères et par la Chambre régionale des comptes.

## Savoir faire

### Analyser un panneau indicateur

© D.R.

→ **Présenter le document en indiquant sa nature, le lieu où il est visible, son thème et le public concerné**
C'est un panneau indicateur visible sur la route nationale 154 du département de l'Eure, visant à informer les usagers de la route d'un aménagement routier.

→ **Relever les informations du panneau**
C'est l'aménagement d'une 2 x 2 voies, inscrite dans le contrat de plan 2000-2006 financé par l'État, la région Haute-Normandie et le département de l'Eure.

→ **Interpréter les informations du panneau**
Les collectivités territoriales financent avec l'État un projet d'aménagement du territoire ; c'est un exemple au quotidien de la décentralisation en France.

## S'entraîner

→ Corrigés p. 288

### 1 ★ Complétez la phrase par le nom de la collectivité territoriale correspondante.

.................................... construit, entretient et suit le fonctionnement des collèges publics ; finance le transport scolaire.

### 2 ★★ Lisez la loi n° 82-213 de décentralisation du 2 mars 1982 relative aux droits et libertés des communes, des départements et des régions, puis complétez le tableau.

*Article 1er*. Les communes, les départements et les régions s'administrent librement par des conseils élus.
*Article 59*. Les régions sont des collectivités territoriales. Elles sont administrées par un conseil régional élu au suffrage universel direct. […] Il a compétence pour promouvoir le développement économique, social, culturel et scientifique de la région et l'aménagement de son territoire et pour assurer la préservation de son identité, dans le respect de l'intégrité, de l'autonomie et des attributions des départements et des communes. […] La région peut passer des conventions avec l'État.

| Collectivités territoriales | Conseil élu qui les représente | Mode d'élection des conseils |
|---|---|---|
| | | |
| | | |
| | | |

### 3 ★★★ Voici l'exemple d'un budget d'une région française.

| Recettes | | Dépenses | |
|---|---|---|---|
| Fiscalité régionale | 34,4 % | Formation professionnelle, emploi, apprentissage | 26 % |
| Dotations de décentralisation | 25,5 % | Éducation et mobilité des jeunes | 19 % |
| Allocations compensatrices des compétences transférées | 18,3 % | Infrastructures et transports | 14,9 % |
| Emprunts | 9,8 % | Charges générales et divers | 10,6 % |
| Autres recettes | 12 % | Développement économique | 8,1 % |
| | | Enseignement supérieur et recherche | 7,6 % |
| | | Aménagement du territoire et environnement | 6,6 % |
| | | Affaires culturelles et cadre de vie | 7,2 % |

**1.** D'où proviennent les recettes d'une région ?

..............................................................................................................................

**2.** Citez trois éléments justifiant le rôle des collectivités territoriales dans la vie quotidienne des citoyens.

..............................................................................................................................

Auto évaluation   Très bien ☐   Bien ☐   Pas assez bien ☐

# 19 La Défense et la paix

## Observer et retenir

### La Défense française

- Selon la Constitution de 1958, le président de la République est le **chef des armées**, le Premier ministre est **responsable de la Défense nationale** et le Parlement **autorise la déclaration de guerre**. Depuis la loi du 28 octobre 1998, les citoyens accomplissent le service national universel comprenant le recensement et la journée de préparation à la Défense.
- Aujourd'hui, la Défense française a une dimension internationale car elle s'inscrit dans un cadre européen et peut participer à des actions dans le cadre de l'OTAN ou de l'ONU.

### L'ONU

- Son premier objectif est le **maintien de la paix et de la sécurité internationales**. Il est rempli par les Casques bleus (ou soldats de la paix) qui ne recourent à la force qu'en cas de légitime défense ou lorsqu'elle est clairement autorisée par la résolution votée par le Conseil de sécurité.
- Le second objectif de l'ONU est la réalisation de la **coopération internationale**. Pour cela, l'ONU s'appuie sur des institutions et organes spécialisés comme le Haut-Commissariat aux réfugiés (HCR), le Fonds des Nations unies pour l'enfance (UNICEF), l'Organisation des Nations unies pour l'éducation, la science et la culture (UNESCO), ou encore l'Organisation mondiale du commerce (OMC).

## Savoir faire

### Expliquer une intervention télévisée

« [...] Le droit de veto a été très souvent utilisé. Ma position, c'est que quelles que soient les circonstances, la France votera “non” parce qu'elle considère ce soir qu'il n'y a pas lieu de faire une guerre pour atteindre l'objectif que nous nous sommes fixé, c'est-à-dire le désarmement de l'Irak. [...] La France n'est pas un pays pacifiste, ne refuse pas la guerre par principe, et le prouve d'ailleurs en étant le premier contributeur de forces de l'OTAN actuellement, notamment dans les Balkans. »

Extraits de l'intervention de Jacques Chirac le 10 mars 2003 sur France 2 et TF1.

→ **Présenter le document et le replacer dans son contexte historique :** il s'agit de l'intervention du président de la République Jacques Chirac, le 10 mars 2003, à propos de la position de la France sur la guerre en Irak.

→ **Relever les arguments justifiant la position de la France :** il n'y a pas lieu de faire la guerre pour obtenir le désarmement de l'Irak ; la France utilisera son droit de veto ; la France n'est pas contre les interventions militaires car elle y participe dans le cadre de l'OTAN.

→ **Conclure sur la dimension internationale de la Défense française :** la France agit dans le cadre de l'ONU et de l'OTAN.

## S'entraîner

➜ Corrigés p. 288

**1** ★ **En matière de Défense nationale, rappelez le rôle du :**

**1.** président de la République : ........................................................................................

**2.** Premier ministre : ........................................................................................

**3.** Parlement : ........................................................................................

**2** ★★ **Lisez ce tableau, puis cochez les bonnes propositions.**

| | Missions | Les équipements |
|---|---|---|
| **Armée de terre**<br>112 860 militaires | Défense du territoire ; aide aux États alliés | Fusils, pistolets, lance-grenades ; chars, hélicoptères, missiles solaires ; outils de lutte contre les risques radiologiques et nucléaires |
| **Armée de l'air**<br>63 000 militaires et civils | Défense aérienne du territoire et de ses abords ; dissuasion nucléaire ; actions dans le cadre de l'ONU | Avions de combat ; avions de transport tactique de logistique et de fret ; hélicoptères ; missiles |
| **Marine nationale**<br>54 659 militaires et civils | Dissuasion nucléaire ; défense maritime ; actions dans le cadre de l'ONU | Porte-avions ; sous-marins nucléaires ; bâtiments de surface ; aéronefs ; missiles |
| **Gendarmerie nationale**<br>105 021 militaires et civils | Sécurité publique ; défense du territoire | Blindés ; hélicoptères ; motos |

☐ La gendarmerie dispose de l'arme nucléaire.

☐ L'armée française se professionnalise car elle utilise un matériel de plus en plus sophistiqué.

☐ L'objectif de la Défense nationale est exclusivement la protection du territoire français.

☐ L'armée française peut intervenir dans le cadre de missions commandées par l'ONU.

**3** ★★★ **Décrivez les logos de l'ONU, de l'OMS et de la FAO et justifiez-les avec l'article 1er de la Charte des Nations unies de 1945.**

DR. DR. DR.

*Art. 1er*. 1. Maintenir la paix et la sécurité internationales et à cette fin : prendre des mesures collectives efficaces en vue de prévenir tout acte d'agression ou autre rupture de la paix, et réaliser, par des moyens pacifiques […], l'ajustement ou le règlement de différends ou de situations […] susceptibles de mener à une rupture de la paix […].
3. Réaliser la coopération internationale en résolvant les problèmes internationaux d'ordre économique, social, intellectuel ou humanitaire, […] pour tous sans distinction de race, de sexe, de langue ou de religion.

**1.** ONU : ........................................................................................

**2.** FAO : ........................................................................................

**3.** OMS : ........................................................................................

Auto évaluation Très bien ☐ Bien ☐ Pas assez bien ☐

# 1 Le présent simple, le présent be + -ing

## Observer et retenir

### La formation du présent simple

**• Forme affirmative**

On utilise la base verbale du verbe seule à toutes les personnes, sauf à la 3e personne du singulier, où l'on ajoute *-s* ou *-es*.

*I set my alarm-clock everyday.*
*He sets his alarm-clock everyday, too.*

**• Forme négative**

On utilise l'auxiliaire ***do*** à la forme négative (*don't/doesn't*) + base verbale.

*I don't like fish.*
*She doesn't like musicals.*

**• Forme interrogative**

On utilise l'auxiliaire ***do*** (*do/does*) + base verbale.

*Do they buy travel cards every week?*

### La formation du présent be + -ing

Il est formé de l'auxiliaire ***be*** au présent + base verbale + *-ing*.

**• Forme affirmative :** *I am watching a great programme on television.*

**• Forme négative :** *He isn't listening to his new CD.*

**• Forme interrogative :** *Who are you talking to?*

Vocabulaire

| | | |
|---|---|---|
| **always:** toujours | **often:** souvent | **rarely:** rarement |
| **usually:** d'habitude | **seldom:** rarement | **never:** jamais |

## Savoir faire

### Employer le présent simple ou le présent be + -ing

**→ On emploie le présent simple pour :**

• donner des informations sur l'identité, les goûts de quelqu'un.
*My dad works in a restaurant. He's a cook.*
• exprimer une vérité générale ou scientifique.
*Cats are mysterious animals.* (Les chats sont des animaux mystérieux.)
• exprimer une habitude.
*He usually coaches them in the morning.* (D'habitude, il les entraîne le matin.)

**→ On emploie le présent *be* + *-ing* pour :**

• exprimer une action en train de se dérouler ou prévue bientôt.
*Look! She's waiting for us.* (Regarde ! Elle nous attend.)
• décrire une situation qui existe au moment où l'on parle.
*The referee is kneeling near the player.* (L'arbitre est agenouillé près du joueur.)

## S'entraîner

→ Corrigés p. 289

**1 ★ Les phrases suivantes sont-elles au présent simple ou au présent *be* + *-ing* ? Cochez la bonne réponse.**

| | Présent simple | Présent be + -ing |
|---|---|---|
| 1. He produces shows. | ☐ | ☐ |
| 2. I like watching thrillers. | ☐ | ☐ |
| 3. He's got two sisters. | ☐ | ☐ |
| 4. They're laughing at me! | ☐ | ☐ |
| 5. We generally don't buy anything from this shop. | ☐ | ☐ |
| 6. Do you enjoy visiting new countries? | ☐ | ☐ |
| 7. She's coming tonight. | ☐ | ☐ |

**2 ★★ Reliez chaque phrase à l'idée qu'elle exprime.**

| | | | |
|---|---|---|---|
| 1. He repairs cars. It's his job. | • | • | a. caractéristique |
| 2. They are sitting at their desks. | • | • | b. action en cours |
| 3. I'm fetching my daughter from school at 4:30. | • | • | c. description |
| 4. Cats like mice. | • | • | d. action prévue |
| 5. You always buy the same red shoes. | • | • | e. habitude |
| 6. I'm looking for the answer. | • | • | f. habitude |
| 7. We often wait for you. | • | • | g. vérité générale |

**3 ★★ Transformez les phrases à la forme affirmative ou négative.**

1. She's growing tomatoes in her garden.

.......................................................................

2. Hermione meets Harry Potter during the summer holidays.

.......................................................................

3. Do you know the name of their school?

.......................................................................

4. I'm reading the fifth volume.

.......................................................................

**4 ★★★ Soulignez la faute, puis récrivez la phrase correctement.**

1. He buy new schoolbooks every year.

.......................................................................

2. She don't want to wear a skirt for her sister's wedding.

.......................................................................

3. You isn't good at physics this month.

.......................................................................

4. Harry Potter is play with his owl.

.......................................................................

5. Do she likes chemistry?

.......................................................................

**5 ★★★ Complétez les phrases suivantes en adaptant les verbes entre parenthèses au présent qui convient.**

1. ........ you ........ Tom Hanks? (know)
2. Where ........ you ........ this afternoon? (go)
3. He rarely ........ by plane, he usually ........ the Eurostar. (travel/take)
4. Be quiet! I ........ to my voice mail. (listen)
5. The sun ........ in the East and ........ in the West. (rise/set)

Auto évaluation Très bien ☐ Bien ☐ Pas assez bien ☐

# 2 Le *present perfect*, le *present perfect* be + -ing

## Observer et retenir

### Le *present perfect*

- Ce temps exprime un lien entre le passé et le présent. Il se traduit en français par le présent ou le passé composé.
- Pour le former, on emploie l'auxiliaire ***have*** + le participe passé du verbe.

| Forme affirmative | Forme négative | Forme interrogative |
|---|---|---|
| *I/You have worked.* | *I/You haven't worked.* | *Have I/you worked?* |
| *He/She/It has worked.* | *He/She/It hasn't worked.* | *Has he/she/it worked?* |
| *We/You/They have worked.* | *We/You/They haven't worked.* | *Have we/you/they worked?* |

### Le *present perfect* be + -ing

- Pour former le *present perfect be + -ing*, on emploie l'auxiliaire ***have*** + ***been*** + base verbale + ***-ing***.

  *It has been raining all night.* (Il a plu toute la nuit.)

**Vocabulaire**

**headache:** mal de tête
**to miss:** manquer
**to have a rest:** se reposer

## Savoir faire

### Employer le *present perfect* ou le *present perfect* be + -ing

→ **On emploie le *present perfect* avec :**

• ***just*** pour exprimer une action qui vient de se produire ; *just* se place toujours entre l'auxiliaire et le participe passé.

*What have you just said?* (Qu'est-ce que tu viens de dire ?)

• ***never***, ***ever*** et ***not ... yet*** pour parler d'une expérience.

*Have you ever eaten Japanese sushis?* (As-tu déjà mangé des sushis ?)
*I have never eaten raw fish.* (Je n'ai jamais mangé de poisson cru.)

• ***for*** pour exprimer la durée d'une action qui se poursuit encore.

*He has worked in this company for two years.*
(Cela fait deux ans qu'il travaille pour cette société.)

• ***since*** pour exprimer la durée d'une action depuis son point de départ. On s'intéresse ici au moment exact du début de cette action.

*They have played this set since 5:15 p.m.* (Ils jouent ce set depuis 17 h 15.)

→ **On emploie le *present perfect be + -ing*** pour insister sur l'aspect duratif et sur l'effet que cela produit.

*I've been studying for hours. I'm exhausted!*
(Cela fait des heures que j'étudie. Je suis épuisé(e) !)

## S'entraîner

➜ Corrigés p. 289

**1 ★ Complétez les phrases suivantes au prétérit simple à l'aide des verbes entre parenthèses.**

1. President Reagan ........... (die) in 2004.
2. The Queen ........... (come) to Paris last spring.
3. Bill Gates ........... (become) the richest man in the world.
4. The end of World War Two ........... (be) declared on May 8th 1945.
5. They ........... (make) a cake two hours ago.

**2 ★ Transformez ces phrases à l'aide de *used to* comme dans l'exemple.**

Ex. : They went to bed early when they were four. → They used to go to bed early when they were four.

1. Lady Diana wore great dresses.

..........................................................................

2. Carla Bruni was a model and now she is a singer.

..........................................................................

3. We watched *Friends* but now our favourite series is *24 Hours*.

..........................................................................

**3 ★★ Choisissez les temps qui conviennent pour compléter ces phrases.**

1. What ........... when I ........... you?
- ☐ **a.** were you doing + phoned
- ☐ **b.** did you do + was phoning

2. While we ........... with the computer it suddenly ........... .
- ☐ **a.** played + stopped
- ☐ **b.** were playing + stopped

3. He ........... out of the shop and ........... to catch his bus.
- ☐ **a.** rushed + ran
- ☐ **b.** was rushing + ran

4. She ........... her homework when her mum ........... her.
- ☐ **a.** was doing + called
- ☐ **b.** did + called

5. While I ........... the washing up I ........... a plate.
- ☐ **a.** was doing + was breaking
- ☐ **b.** was doing + broke

**4 ★★ Choisissez le type des actions exprimées dans les groupes verbaux soulignés.**

1. William the Conqueror <u>left</u> (1) Normandy, <u>crossed</u> (2) the Channel and <u>invaded</u> (3) England.
- ☐ **a.** Il s'agit d'actions successives dans le passé.
- ☐ **b.** L'action 3 est antérieure aux deux autres.

2. Jennifer Capriati <u>had already won</u> (1) two medals when she finally <u>won</u> (2) Wimbledon.
- ☐ **a.** L'action 1 est antérieure à l'action 2.
- ☐ **b.** L'action 2 est antérieure à l'action 1.

3. I <u>had already put</u> (1) the cake in the oven when I <u>noticed</u> (2) I <u>had completely forgotten</u> (3) to add sugar to the mixture.
- ☐ **a.** L'action 1 est la première dans l'ordre chronologique.
- ☐ **b.** L'action 3 est la première dans l'ordre chronologique.

**5 ★★★ Conjuguez le(s) verbe(s) entre parenthèses au temps qui convient.**

1. Christopher Columbus ........... America in 1492. (discover)
2. They ........... to find the solution when Tom ........... his hand. (try/raise)
3. She ........... exercise two because she ........... exercise one! (start/do)
4. The reporter ........... Venus Williams when Serena ........... . (interview/arrive)
5. I ........... the text again because I ........... it very carefully the first time. (read/not read)

Auto évaluation — Très bien ☐ Bien ☐ Pas assez bien ☐

# 4 L'expression du futur

## Observer et retenir

### Différentes manières d'exprimer le futur

- On conjugue l'auxiliaire *be*, puis on ajoute ***going to*** + base verbale.

  *We have less than five minutes left. This is going to be difficult!*
  (Il nous reste moins de cinq minutes. Cela va être difficile !)

- On peut également exprimer le futur avec ***will*** + base verbale : *will* est un modal et s'emploie à toutes les personnes. Sa forme négative est *won't* (*will not*).

  *She will drive you to the station.* (Elle te conduira à la gare.)

- Il faut prendre garde à la **concordance des temps** avec *when* et *as soon as*. En anglais, on emploie le présent avec ces expressions, même si l'action se situe dans le futur.

  *I will tell him when he* ***comes****.* (Je lui dirai quand il viendra.)
  *She will give me a ring as soon as she* ***is*** *back.*
  (Elle me téléphonera dès qu'elle sera de retour.)

### L'expression de la suggestion

- On exprime la suggestion avec ***shall*** : *shall* s'emploie, dans ce cas, aux premières personnes du singulier et du pluriel.

  *Shall we go?* (On y va ?)

**Vocabulaire**

**to take off:** décoller
**to land:** atterrir
**a course:** un cours

## Savoir faire

### Employer le futur

→ La forme ***be*** + ***going to*** + **base verbale** peut être employée pour :

- dire ce que l'on a l'intention de faire.

  *I'm going to swim thirty minutes tomorrow morning.*
  (Je vais nager trente minutes demain matin.)
- dire ce qui va certainement se passer d'après la situation.

  *She has just broken her ankle. She's going to give up the game.*
  (Elle vient de se casser la cheville. Elle va abandonner le match.)

→ La forme ***will*** + **base verbale** peut être employée pour :

- exprimer un engagement.

  *I will repair your laptop.* (Je réparerai ton ordinateur portable.)
- évoquer un événement prévu.

  *He will be fifteen next month.* (Il aura quinze ans le mois prochain.)
- exprimer une prévision, un événement aléatoire sur lequel on n'a aucune certitude.

  *I hope you will pass your driving licence.* (J'espère que tu auras ton permis de conduire.)

## S'entraîner

➜ Corrigés p. 289

**1** ★ **Reliez chaque phrase à la notion qu'elle exprime.**

1. Will you marry me one day? •
2. The plane will take off in an hour. •
3. "He will become a star", says the fortune-teller. •
4. I will go with you. •
5. This course will start next September. •
6. Let's hope it will work! •

• a. événement prévu
• b. prévision aléatoire
• c. incertitude
• d. engagement
• e. incertitude
• f. événement prévu

**2** ★★ **Faites correspondre chaque début de phrase avec sa suite logique.**

1. Shall I call them.... •
2. She's going to have dinner with Frank.... •
3. I will ask her.... •
4. She'll have dinner with Frank.... •
5. The new Eurostar will arrive at 6:30 p.m. .... •
6. I'm going to take the Eurostar.... •

• a. .... don't worry!
• b. .... because she has a date with him.
• c. .... it is written on the board.
• d. .... here is my ticket.
• e. .... if he asks her.
• f. .... or do you prefer to do it yourself?

**3** ★★ **Transposez les verbes entre parenthèses au temps qui convient : futur avec *will* ou présent simple.**

1. I (call) you back as soon as I (get) your message.

..........................................................

2. He (mail) me when he (receive) the documents.

..........................................................

3. We (start) the match as soon as the playground (be) dry.

..........................................................

4. You (read) this novel as soon as you (borrow) it from the library.

..........................................................

5. They (give) us more information as soon as they (can).

..........................................................

6. She (see) the London Eye when she (go) to London with her schoolfriends next week.

..........................................................

**4** ★★★ **Barrez les trois phrases qui contiennent une expression inappropriée du futur, puis récrivez-les correctement.**

1. Shall I do the cooking today?

..........................................................

2. How many times do I have to tell you? I won't do it!

..........................................................

3. "You're going to be the richest man in the world", he says looking at his crystal ball.

..........................................................

4. I'm going to tell you as soon as I know more about my planning.

..........................................................

5. She won't take the plane. That's for sure. She gets airsick.

..........................................................

6. It will rain very soon. Look at these black clouds!

..........................................................

**Auto évaluation** Très bien ☐ Bien ☐ Pas assez bien ☐

# 5 Les modaux

## Observer et retenir

Les auxiliaires modaux ne prennent jamais de **-s** à la 3e personne du singulier et ne peuvent être suivis que d'une base verbale sans **to**. Certains d'entre eux ont des équivalents qui se conjuguent à tous les temps et qui permettent d'exprimer une « notion équivalente ».

### L'expression de la possibilité et de la capacité

*I* ***can*** *play the guitar.* (Je sais jouer de la guitare.)
*I* ***could*** *play chess when I was five.* (Je savais jouer aux échecs quand j'avais cinq ans.)
*He always* ***manages to*** *get discounts.* (Il réussit toujours à obtenir des réductions.)
*I think I'll* ***be able to*** *come with you.* (Je pense que je pourrai venir avec vous.)

### L'expression de l'obligation et de l'absence d'obligation

*I* ***must*** *revise for my test.* (Je dois réviser pour mon examen.)
*I* ***had to*** *revise for my test.* (J'ai dû réviser pour mon examen.)
*You* ***needn't*** *come, I'll manage.* (Tu n'as pas besoin de venir, je me débrouillerai.)

La permission peut s'exprimer avec ***may*** et ***could***.

### L'expression de l'éventualité

Les modaux qui expriment l'éventualité sont : *may*, *might* et *would* au conditionnel.

*I* ***would*** *be happy if you could come.* (Je serais heureux si tu pouvais venir.)

### L'expression du conseil

*You* ***should*** *take the underground.* (Tu devrais prendre le métro.)
*You****'d better*** *avoid the town centre.* (Tu ferais mieux d'éviter le centre-ville.)
*You* ***ought to*** *tell your parents about it.* (Tu devrais en parler à tes parents.)

Vocabulaire

**by heart:** par cœur
**dishwasher:** lave-vaisselle

## Savoir faire

### Employer les modaux

| | Présent | Passé | Tous les temps |
|---|---|---|---|
| **Capacité** | Can | Could | To be able to/To manage to |
| **Devoir/Obligation** | Must/Have to | Had to | To have to |
| **Absence d'obligation** | Needn't | Didn't have to | Not have to |
| **Permission (de plus en plus polie)** | Can → Could → May | | |
| **Conseil (de plus en plus fort)** | Could → Should → Had better → Ought to | | |
| **Probabilité (de plus en plus forte)** | Can't → Might → May → Could → Can → Must | | |

## S'entraîner

→ Corrigés p. 289

### 1 ★ Trouvez la correspondance entre chaque phrase et sa traduction.

| | |
|---|---|
| 1. Can I come with you? | a. Est-ce que je peux venir avec toi ? |
| 2. Could I come with you? | b. Elle pourra nous le dire dans une minute. |
| 3. May I come with you? | c. Pourrais-je venir avec toi ? |
| 4. I can speak Spanish. | d. Tu n'as jamais réussi à te lever tôt. |
| 5. She could play with her dolls for hours when she was a child. | e. Elle pouvait jouer avec ses poupées pendant des heures quand elle était petite. |
| 6. She'll be able to tell us in a minute. | f. Je sais parler espagnol. |
| 7. You never managed to get up early. | g. Puis-je venir avec toi, s'il te plaît ? |

### 2 ★★ Retrouvez les notions exprimées dans chaque phrase et leur temps en cochant la bonne réponse.

1. I must learn the forms of the irregular verbs by heart.
☐ a. devoir (présent)
☐ b. devoir (passé)

2. He doesn't have to apologize. I know he's very busy right now.
☐ a. obligation (présent)
☐ b. absence d'obligation (présent)

3. They had to repair the dishwasher
☐ a. obligation (présent)
☐ b. obligation (passé)

4. You'll have to be here a little before 10 because the meeting starts at 10.
☐ a. obligation (futur)
☐ b. absence d'obligation (futur)

5. They needn't buy me a present. It isn't a birthday party.
☐ a. obligation (présent)
☐ b. absence d'obligation (présent)

### 3 ★★ Pour chacune des propositions soulignées, cochez la bonne traduction.

1. He'd better answer my question immediately.
☐ a. Il ferait mieux de
☐ b. Il devrait

2. She could buy him a new T-shirt.
☐ a. Elle devrait
☐ b. Elle pourrait

3. You ought to be well-dressed for this ceremony.
☐ a. Il faut que tu sois
☐ b. Il faudrait que tu sois

4. It may work.
☐ a. Cela fonctionnera peut-être.
☐ b. Cela fonctionnera sûrement.

5. Their team isn't very good but they might win.
☐ a. Il se peut qu'ils gagnent.
☐ b. Il se pourrait qu'ils gagnent.

### 4 ★★★ Complétez les phrases suivantes avec les modaux qui conviennent.

1. ........... you speak up, please? I ........... hear you.

2. Yesterday the tourists ........... to go up the Eiffel tower. The employees were on strike.

3. You ........... smoke in a hospital.

4. Before the Eurostar, you ........... take the plane or the boat when you wanted to go to England.

5. This film isn't a thriller but some scenes ........... frighten you.

6. Mike ........... go to school without eating any breakfast. He ........... get tired in the morning!

7. "You ........... go to bed now, children", says their father.

Auto évaluation Très bien ☐ Bien ☐ Pas assez bien ☐

# 6 L'interrogation

## Observer et retenir

### Les différents types de questions

- Les **questions ouvertes** peuvent avoir plusieurs constructions.
  - mot interrogatif + auxiliaire + sujet.
    *Where does the scene take place?* (Où se passe la scène ?)
  - mot interrogatif + objet + auxiliaire + sujet + groupe verbal.
    *How many CDs would you like to buy?* (Combien de CD aimerais-tu acheter ?)
  - mot interrogatif + sujet + auxiliaire *be* + pronom personnel.
    *Whose book is it? It's mine.* (À qui est ce livre ? C'est le mien.)
- Pour les **questions fermées** (qui appellent une réponse uniquement par « oui » ou par « non »), on inverse le sujet et l'auxiliaire.
  *Could you repeat your last sentence, please?* (Pourriez-vous répéter votre dernière phrase, s'il vous plaît ?)
- Les ***question tags*** servent à demander la confirmation d'une information. Leur construction est : sujet + auxiliaire + complément + , + auxiliaire + pronom + ?
  *You'll come to my party, won't you?* (Tu viendras bien à ma fête, non ?)

### Les réponses de reprise

Deux types de constructions existent :
– ***so*** + auxiliaire + sujet
– ***neither*** + auxiliaire + sujet.
*He is English. So am I.* (Il est anglais. Moi aussi.)
*She hasn't got any pet. Neither have I.*
(Elle n'a pas d'animal domestique. Moi non plus.)

## Savoir faire

### Savoir quel type de questions employer

→ **On emploie les questions ouvertes** pour se renseigner.
*Which football player do you prefer in Manchester United?*
(Quel est ton joueur préféré dans l'équipe de Manchester United ?)

→ **On emploie les questions fermées** lorsque la réponse attendue est « oui » ou « non ».
*Is everybody here?* (Est-ce que tout le monde est là ?)

→ **On emploie les *questions tags*** pour :
- vérifier une information.
  *We have met before, haven't we?* (Nous nous sommes déjà rencontrés, non ?)
- proposer quelque chose.
  *Let's go and see the demonstration, shall we?* (Allons voir la manifestation !)

## S'entraîner

→ Corrigés p. 289

### 1 ★ Reliez chaque phrase à la réponse qui correspond.

| | |
|---|---|
| **1.** Are you thirsty? • | • **a.** No, he won't. I'm afraid. |
| **2.** My cousin hated green. • | • **b.** So does she. |
| **3.** You can use this ticket, can't you? • | • **c.** It certainly is. |
| **4.** They didn't visit the museum. • | • **d.** So did I. |
| **5.** He won't agree, will he? • | • **e.** That's right. I can. |
| **6.** Isn't this song lovely? • | • **f.** Sure, I am. |
| **7.** He loves techno music. • | • **g.** Neither did we. |

### 2 ★ Rédigez les questions dont les réponses sont les éléments soulignés. Chaque question doit commencer par l'un des mots interrogatifs suivants : *how many – when – where – what.*

**1.** Elizabeth George wrote this novel in 2001.

....................................................................

**2.** *Playing with Ashes* is the title of her best-seller.

....................................................................

**3.** She went to Cornwall for holidays.

....................................................................

**4.** The weather is sunny today.

....................................................................

**5.** She writes two thrillers a year.

....................................................................

**4.** How far is *Catwoman*? More than an hour?

....................................................................

**5.** What camera is yours? The red one or the blue one?

....................................................................

### 3 ★★ Récrivez les phrases en corrigeant les mots interrogatifs soulignés.

**1.** How much eggs do you need for this cake?

....................................................................

**2.** Who laptop is it?

....................................................................

**3.** How often is your school from where you live?

....................................................................

### 4 ★★ Cochez la réponse de reprise qui convient.

**1.** George Clooney is an actor.
- ☐ **a.** So is Brad Pitt.
- ☐ **b.** Neither is Brad Pitt.

**2.** Everybody loved Louis Armstrong.
- ☐ **a.** So does my father.
- ☐ **b.** So did my father.

### 5 ★★★ Complétez les questions ci-dessous à l'aide des auxiliaires suivants : *did – is – would – have – do.*

**1.** What .......... you like to do now?

**2.** Where .......... you been playing? You're all dirty!

**3.** How often .......... he practise tennis when he was at school?

**4.** How many times .......... I have to tell you? I hate onions!

**5.** What .......... it like in San Francisco?

Auto évaluation — Très bien ☐ Bien ☐ Pas assez bien ☐

# 7 Les phrases complexes

## Observer et retenir

Les phrases complexes utilisent des pronoms relatifs et des mots de liaison.

### Les pronoms relatifs

| | |
|---|---|
| **What** | *I know what I have to do.* (Je sais **ce que** j'ai à faire.) |
| **Which** | *He saw the film which deals with apartheid.* (Il a vu le film **qui** parle de l'apartheid.) |
| **Who/That** | *Let me introduce you to the man who won the gold medal!* (Permettez-moi de vous présenter l'homme **qui** a gagné la médaille d'or !) |
| **Whose** | *This is the boy whose father is a dentist.* (C'est le garçon **dont** le père est dentiste.) |
| **Where** | *Here is the flat where we're going to live.* (Voici l'appartement **où** nous allons habiter.) |
| **When** | *Just let me know when you're ready.* (Préviens-moi **quand** tu seras prêt.) |

### Les mots de liaison

| | |
|---|---|
| **Yet/ However** | *I only got a B. Yet/However, it's better than a C.* (J'ai eu seulement B. **Cependant**, c'est mieux que C.) |
| **Whereas** | *Jenny took German whereas I took Spanish.* (Jenny a pris allemand **tandis que** moi, j'ai pris espagnol.) |
| **Unless** | *I won't go unless you come with me.* (Je n'irai pas, **sauf si** tu viens avec moi.) |
| **In order to** | *They sold their old car in order to buy a new one.* (Ils ont vendu leur vieille voiture **afin d'**en acheter une neuve.) |

## Savoir faire

### Employer les pronoms relatifs et les mots de liaison

→ ***Which*** ne s'emploie jamais pour une personne.

→ ***That*** s'emploie pour un sujet inanimé, mais aussi pour une personne.

→ ***Who*** et ***whom*** s'emploient dans des structures de phrase différentes.
*Who are you talking to? To whom are you talking?*
(Les deux phrases signifient : « À qui parles-tu ? ».)

→ Pour exprimer une opposition, on emploie : ***whereas***, ***but***.

→ Pour exprimer un but, on emploie : ***to***, ***in order to***.

→ Pour exprimer une condition, on emploie : ***unless***.

→ Pour exprimer une concession, on emploie : ***yet***, ***however***.

## S'entraîner

→ Corrigés p. 289

**1 ★ Complétez chaque phrase en cochant la réponse qui convient.**

1. I don't really see .... you're talking about.
☐ a. what ☐ b. that ☐ c. where

2. Is it the day .... you broke your wrist?
☐ a. what ☐ b. where ☐ c. when

3. She can't remember .... she left her keys.
☐ a. when ☐ b. who ☐ c. where

4. On .... site did you find this document?
☐ a. where ☐ b. that ☐ c. which

5. You're the person .... speaks Welsh, right?
☐ a. when ☐ b. whom ☐ c. who

6. With .... will you share your tent?
☐ a. what ☐ b. whom ☐ c. who

7. This is the thing .... irritates me.
☐ a. what ☐ b. who ☐ c. that

**2 ★★ Complétez les phrases suivantes avec *who*, *whom* ou *whose*.**

1. She's the girl with ........... he fell in love.
2. ........... are you waiting for?
3. He's the actor ........... won an Oscar.
4. She's the lady ........... daughter is a pest.
5. ........... children are they?
6. I'm wondering ........... he's waving to.

**3 ★★ Utilisez les mots de liaison qui conviennent pour compléter les phrases suivantes.**

1. We love having slices of toast for breakfast ........... we haven't got any toaster!
2. I have to go to the butcher's ........... buy some lamb ribs.
3. She won't talk to him again ........... he apologizes.
4. He lives in Quebec ........... his sister lives in New York.
5. The results of the exams are on the board. ..........., I can't see my name.

**4 ★★ Parmi les cinq phrases suivantes, un mot de liaison a été employé de façon incorrecte. Lequel ? Récrivez la phrase concernée en la corrigeant.**

1. He's thirsty because it's very hot here.
2. They are both from England but Tom is from Slough whereas Tina is from Derby.
3. He went to the job agency. However, he hasn't seen any job offer he could apply to.
4. We're going to photocopy this paper unless to give everybody one.
5. I can't dry my hair unless you repair the hairdryer!

.............................................................................

.............................................................................

**5 ★★★ Traduisez en employant le pronom relatif qui convient.**

1. C'est exactement ce qu'elle vient de dire.

.............................................................................

2. Je ne sais pas où aller pour acheter son cadeau.

.............................................................................

**6 ★★★ Traduisez les phrases suivantes en employant le mot de liaison qui convient.**

1. Je fais du thé, à moins que tu préfères du café.

.............................................................................

2. Cette couleur est très jolie. Cependant, le tee-shirt bleu est plus beau.

.............................................................................

Auto évaluation Très bien ☐ Bien ☐ Pas assez bien ☐

Anglais

# 8 Les comparatifs et les superlatifs

## Observer et retenir

### Les comparatifs et les superlatifs réguliers

| | Adjectifs courts (1 ou 2 syllabes) | Adjectifs longs |
|---|---|---|
| **Comparatifs de supériorité** | adjectif *-er* + *than* | *more* + adjectif + *than* |
| **Superlatifs de supériorité** | *the* + adjectif *-est* | *the most* + adjectif |
| **Comparatifs d'infériorité** | *less* + adjectif + *than* | *less* + adjectif + *than* |
| **Superlatifs d'infériorité** | *the least* + adjectif | *the least* + adjectif |
| **Comparatifs d'égalité** | *as* + adjectif + *as* | *as* + adjectif + *as* |

**Remarque** ▸ Les adjectifs en *-y* se transforment en *-ier* : *sunny* → *sunnier*.

### Les comparatifs et les superlatifs irréguliers

| Adjectifs | Adjectifs au comparatif | Adjectifs au superlatif |
|---|---|---|
| *good* | *better* | *the best* |
| *bad* | *worse* | *the worst* |
| *far* (espace, distance concrète) | *farther* | *the farthest* |
| *far* (sens figuré, temporel) | *further* | *the furthest* |

### Les adjectifs composés

- Les deux éléments sont toujours reliés par un trait d'union.
  Nom + participe passé : *a home-made cake* (un gâteau fait maison).
  Adjectif + nom en *-ed : a green-eyed girl* (une fille aux yeux verts).
  Nom/Adjectif + base verbale en *-ing : a good-looking man* (un bel homme).

Vocabulaire
**trendy, fashionable:** à la mode
**beach:** plage

## Savoir faire

### Employer un adjectif au comparatif ou au superlatif

→ L'adjectif ne s'accorde jamais. Il se place avant le nom qu'il qualifie.
*My aunt has curly ginger hair.* (Ma tante a les cheveux roux et bouclés.)

→ Il faut toujours vérifier si l'adjectif est court ou long, régulier ou irrégulier.
*This dictionary is **shorter** and **less exhaustive** than mine.*
(Ce dictionnaire est moins épais et moins complet que le mien.)

## S'entraîner

→ Corrigés p. 289

**1 ★ Les adjectifs des phrases suivantes comportent tous une faute. Soulignez-la, puis récrivez la phrase en la corrigeant.**

1. These two car racers are fantastics!

...........................................................

2. This is a hand made cardigan.

...........................................................

3. He has a schoolbag trendy.

...........................................................

4. Phew! This is more easier than what I expected!

...........................................................

5. The second part is as funny than the first one.

...........................................................

**2 ★ Complétez les phrases suivantes selon l'exemple, avec des adjectifs composés.**

Ex. : My mother made this cake.
→ This is a **home-made** cake.

1. He's got short hair.

→ He is .......... boy.

2. She writes with her left hand.

→ She is .......... girl.

3. This house looks nice.

→ This is .......... house.

**3 ★ Transposez les adjectifs suivants au comparatif de supériorité.**

1. clear → ..........
2. bad → ..........
3. fashionable → ..........
4. far → ..........

**4 ★ Reprenez les adjectifs de l'exercice 3 et transposez-les au superlatif.**

1. ...........................................................
2. ...........................................................
3. ...........................................................
4. ...........................................................

**5 ★★ Récrivez les phrases suivantes en mettant au superlatif les éléments entre parenthèses.**

1. We live on (high) floor.

...........................................................

2. Hyenas have (horrible) laugh of all animals.

...........................................................

3. Palm Beach is (trendy) beach in the world.

...........................................................

4. She's (lovely) girl I've ever met!

...........................................................

**6 ★★★ Il manque un mot dans toutes les phrases. Récrivez-les en choisissant le mot à ajouter dans la liste suivante : *the – as – less – as.***

1. Jessie is as nice Kim.

...........................................................

2. Unfortunately her new film is thrilling.

...........................................................

3. This museum isn't interesting as it used to be.

...........................................................

4. This single is a flop and this is least I can say!

...........................................................

**7 ★★★ Traduisez les phrases suivantes.**

1. C'est le plus beau garçon que j'ai jamais vu !

...........................................................

2. Sa maison est plus loin.

...........................................................

Auto évaluation — Très bien ☐ Bien ☐ Pas assez bien ☐

# 9 L'infinitif, le gérondif

## Observer et retenir

### L'infinitif sans to

- Tous les **auxiliaires modaux** sont suivis d'une base verbale sans *to*.
  *She could read his mind.* (Elle savait lire dans ses pensées.)
- ***Let*** est également suivi de la base verbale sans *to*.
  *Let me tell you something.* (Permets-moi de te dire une chose.)

### L'infinitif avec to

Les verbes suivants sont suivis d'une base verbale avec *to* :

- ***Want***
  *He wants me to speak louder.* (Il veut que je parle plus fort.)
- ***Expect***
  *I expect you to give me a hand.*
  (Je m'attends à ce que tu me donnes un coup de main.)
- ***Would like***
  *They would like to thank you.* (Ils voudraient vous remercier.)

### Le gérondif (base verbale en -ing)

- Les **verbes d'appréciation** (*like, enjoy, hate*...) sont suivis du gérondif.
  *Bad luck! My children love drawing on the walls.*
  (Pas de chance ! Mes enfants adorent dessiner sur les murs.)
- Les **expressions d'appréciation** attendent, elles aussi, le gérondif.
  *I can't stand running in the rain.* (Je ne supporte pas de courir sous la pluie.)
  *They are fond of sailing.* (Ils aiment beaucoup faire de la voile.)
- Les **prépositions**, sauf *to*, doivent être suivies du gérondif.
  *You walked out of the room without saying goodbye to anyone!*
  (Tu as quitté la pièce sans dire au revoir à personne !)

**Vocabulaire**

**to do scuba-diving:** faire de la plongée
**belt:** ceinture
**to scold:** gronder
**seat:** siège

## Savoir faire

### Employer *want* et les structures infinitives

→ Pour exprimer la volonté, on emploie une structure infinitive avec *to*.

→ Pour traduire ces phrases en français, on utilise le subjonctif.
*Our teacher wants us to make presentations.*
(Notre professeur veut que nous fassions des exposés.)

## S'entraîner

➜ Corrigés p. 289

**1** ★ **Complétez les phrases suivantes en ajoutant *to* lorsque c'est nécessaire ou Ø si la phrase est déjà complète.**

1. You must .... wear your seat belt.
2. I would like .... buy this fax machine.
3. Let her .... manage on her own!
4. Do you want me .... do it now?
5. He likes .... playing rugby.
6. I expect you .... get better results next time.

**2** ★ **Ajoutez *-ing* aux bases verbales lorsque c'est nécessaire.**

1. Everybody loves go... on holidays!
2. Let me ask... you something.
3. I thought of stay... in this town another year.
4. Read... is a very quiet hobby.
5. I can't stand listen... to his nonsensical stories!
6. I can lend... you my printer if you like.
7. Why don't you let me go... with them?

**3** ★★ **Reliez entre elles les structures d'appréciation qui expriment la même idée.**

| | |
|---|---|
| 1. I'm fond of scuba-diving. • | • a. dislike |
| 2. She hates snowboarding. • | • b. can't stand |
| 3. They don't like tidying up their rooms. • | • c. enjoy |

**4** ★★★ **Traduisez les phrases suivantes en utilisant l'élément entre parenthèses.**

1. Je veux que tu fasses cet exercice. (*want*)

.........................................................

.........................................................

2. Il aimerait que tu viennes au marché avec lui. (*would like*)

.........................................................

.........................................................

3. Cela va sans dire. (*without*)

.........................................................

.........................................................

4. Elles adorent faire du roller. (*love*)

.........................................................

.........................................................

5. Ils n'aiment pas tellement skier. (*fond of*)

.........................................................

.........................................................

**5** ★★★ **Quelles sont les deux phrases incorrectes ? Soulignez-les, puis récrivez-les comme il convient.**

1. My parents expect me to behave properly.
2. His best friend would like him to shoot their wedding.
3. Nobody likes get scolded.
4. He wants her comes back.
5. Let me talk to her first.

.........................................................

.........................................................

.........................................................

**6** ★★★ **Complétez le texte en choisissant parmi : *talking – to find – travelling – getting***

This is the story of a young man ........... down south ........... a job. "What about ........... a job in a car company down south?", his dad said, "you've always enjoyed ........... about car mechanics."

Auto évaluation — Très bien ☐ Bien ☐ Pas assez bien ☐

Anglais

# 10 La voix passive

## Observer et retenir

### La formation du passif

On utilise l'auxiliaire ***be*** + le participe passé du verbe. ***Be*** est conjugué selon le temps de la phrase et le sujet grammatical.

### Transformation de la voix active à la voix passive

| | Voix active | Voix passive |
|---|---|---|
| **Présent simple** | *They plan the meetings.* Ils organisent les réunions. | *The meetings are planned.* Les réunions sont organisées. |
| **Présent *be + -ing*** | *They are checking my bags.* Ils contrôlent mes sacs. | *My bags are being checked.* Mes sacs sont en train d'être contrôlés. |
| ***Present perfect*** | *The hurricane has destroyed many houses.* L'ouragan a détruit beaucoup de maisons. | *Many houses have been destroyed.* Beaucoup de maisons on été détruites. |
| **Prétérit simple** | *Somebody stole my watch.* Quelqu'un a volé ma montre. | *My watch was stolen.* On a volé ma montre. |
| **Futur avec *will*** | *They will cancel the flight.* Ils annuleront le vol. | *The flight will be cancelled.* Le vol sera annulé. |
| **Futur avec *be going to*** | *They are going to recruit new staff.* Ils vont recruter du personnel. | *New staff is going to be recruited.* Du personnel va être recruté. |

### La formation avec un modal

*They can build a new road.* → *A new road can be built.*
(Ils peuvent construire une nouvelle route. → Une nouvelle route peut être construite.)

Vocabulaire
**chilled:** très frais
**to delay:** retarder

## Savoir faire

### Employer la voix passive

→ On emploie la voix passive pour exprimer une action dont l'auteur n'est pas l'information importante. C'est pourquoi on mentionne rarement l'agent, sauf s'il est essentiel.

*They painted the house red.* → *The house was painted red.*
(Ils ont peint la maison en rouge. → La maison a été peinte en rouge.)

→ On emploie également la voix passive pour exprimer « on ».

*Here posters are sold half price.* (Ici, on vend les posters à moitié prix.)

## S'entraîner

➜ Corrigés p. 289

**1 ★ Transformez à la voix passive les phrases suivantes en respectant les temps. Ne mentionnez l'agent que s'il est important.**

1. They redecorated the museum.

The museum ........................................

2. They have renewed his contract.

His contract ........................................

3. You can serve this wine chilled.

This wine ........................................

4. They're going to delay the flight.

The flight ........................................

5. People are discussing the problem.

The problem ........................................

**2 ★ Transformez les phrases suivantes à la voix active.**

1. The mystery will be solved.

The detective ........................................

2. A speech is being delivered.

She ........................................

3. A new product has been launched.

Sony ........................................

4. I was being followed.

Somebody ........................................

**3 ★ Complétez les phrases suivantes en mettant le participe passé des verbes.**

1. I was (give) ........... a new mobile.

2. The conference is being (hold) ........... on the third floor.

3. The news was (break) ........... by the journalists.

4. Smoking has been (forbid) ........... here too.

**4 ★ Soulignez les trois phrases qui sont à la voix passive.**

1. The fish were swimming.
2. The vase was broken by accident.
3. She has been trained in New Zealand.
4. The factory will be closed down.

**5 ★★ Il manque un mot dans ces phrases. Récrivez-les en choisissant parmi : *are – is – be – were.***

1. The passengers' passports being checked.

........................................

2. The case will investigated by Inspector Colombo. ........................................

3. Drinking alcohol forbidden at Disneyland.

........................................

4. Two pupils summoned by the headmaster yesterday. ........................................

**6 ★★★ Traduisez les phrases suivantes en utilisant la voix passive.**

1. On vient de trouver la solution.

........................................

2. On m'a dit que tous les billets avaient été vendus.

........................................

**7 ★★★ Cochez la bonne traduction.**

1. This question has to be answered as soon as possible.

☐ **a.** Il faut répondre à cette question aussi vite que possible.

☐ **b.** On a répondu à cette question aussi vite que possible.

2. No dogs admitted here.

☐ **a.** Les chiens ne l'admettent pas.

☐ **b.** Les chiens ne sont pas admis ici.

**Auto évaluation** Très bien ☐ Bien ☐ Pas assez bien ☐

# 11 Le style indirect

## Observer et retenir

### Transformation du style direct en style indirect

- Il y a, bien sûr, un décalage temporel entre le moment où les paroles sont prononcées et le moment où elles sont rapportées. C'est pourquoi le temps du discours indirect est toujours antérieur. Le verbe introducteur (*say*, par exemple) est au passé, sauf dans le cas où les paroles sont rapportées au même moment où elles sont prononcées.
- On change également de pronom entre le discours direct et le discours indirect, selon la personne qui rapporte les paroles.

| | Style direct | Style indirect |
|---|---|---|
| Présent simple | *"I have an idea", he says.*<br>« J'ai une idée », dit-il.<br>*"I don't live here", she said.*<br>« Je ne vis pas ici », a-t-elle dit. | *He says (that) he has an idea.*<br>Il dit qu'il a une idée.<br>*She said (that) she didn't live here.*<br>Elle a dit qu'elle ne vivait pas ici. |
| Présent *be + -ing* | *"He is working", she told me.*<br>« Il travaille », m'a-t-elle dit. | *She told me (that) he was working.*<br>Elle m'a dit qu'il travaillait. |
| *Present perfect* | *"We have won", they said.*<br>« Nous avons gagné », dirent-ils. | *They said (that) they had won.*<br>Ils dirent qu'ils avaient gagné. |
| Prétérit simple | *"She slept well", I said.*<br>« Elle a bien dormi », ai-je dit. | *I said (that) she had slept well.*<br>J'ai dit qu'elle avait bien dormi. |
| Futur avec *will* | *"You will succeed", you said.*<br>« Vous réussirez », avez-vous dit. | *You said (that) you would succeed.*<br>Vous avez dit que vous réussiriez. |

Vocabulaire

**amazing:** incroyable/formidable
**to change one's mind:** changer d'avis

## Savoir faire

### Employer le style indirect

→ On peut employer le style indirect pour rapporter les paroles de quelqu'un.

*"This is a scoop", said the journalist. → The journalist said it was a scoop.*
(« C'est un scoop », a dit le journaliste. → Le journaliste a dit que c'était un scoop.)

→ Le style indirect peut également être employé pour répéter immédiatement les paroles de quelqu'un. Dans ce cas, le verbe introducteur (*say*, par exemple) est au présent, puisque les deux actions sont presque simultanées.

*"So, the result is 125.327." "I'm sorry, you say the result is... ?"*
(« Alors, le résultat est 125 327. » « Pardon, vous dites que le résultat est… ? »)

## S'entraîner

→ Corrigés p. 290

**1 ★ Transformez les phrases ci-dessous au discours indirect en utilisant les amorces proposées.**

1. "This show is amazing."

The audience said ....................................

2. "He won't change his mind."

They said ....................................

3. "I will give you the solution."

He confirmed ....................................

4. "The situation is getting more and more difficult."

They admitted ....................................

5. "Traffic is building up."

You reported that ....................................

**2 ★★ Complétez les phrases suivantes au discours indirect en effectuant les changements nécessaires.**

1. "Which team is your favourite?" I asked Nelly.

→ I asked Nelly which team ........... favourite.

2. "Will you all take your rollerblades with you?" he enquired.

→ He enquired if ........... would all take ........... rollerblades with ........... .

3. "Ask your parents to prepare some sandwiches for your trip" he told his pupils.

→ He told his pupils to ask ........... parents to prepare some sandwiches for ........... trip.

**3 ★★ Transformez au style indirect.**

1. "Why are you furious?"

She asked me ....................................

2. "What will you do?"

I asked him ....................................

3. "Was it easy or not?"

You asked her if ....................................

4. "Are they going to leave for good?"

He asked me if ....................................

5. "Where have you been?"

Their parents asked them ....................................

**4 ★★ Retrouvez les phrases au discours direct à partir des paroles rapportées.**

1. He told her he didn't want to see her anymore.

....................................

2. They asked me how long the flight had taken.

....................................

3. I said I had nothing to declare.

....................................

4. We promised we would write every week.

....................................

5. She answered she was innocent.

....................................

**5 ★★ Il manque un mot dans cette phrase. Récrivez-la en la complétant avec *been, he, how, be* ou *had*.**

I think he said was off this week.

....................................

**6 ★★★ Traduisez les phrases suivantes.**

1. Il a dit qu'il achèterait du poisson pour le dîner.

....................................

2. Elle lui a demandé s'il aimerait venir à son anniversaire.

....................................

Auto évaluation — Très bien ☐ Bien ☐ Pas assez bien ☐

# 12 Le pluriel

## Observer et retenir

### Le pluriel des noms dénombrables réguliers

- On ajoute un *-s* aux noms dénombrables.

  *table → tables.*

- On ajoute *-es* aux noms dénombrables se terminant par : *-s*, *-x*, *-ch*, *-sh*, *-o*.

  *bus → buses ; box → boxes ; witch → witches ; dish → dishes ; potato → potatoes.*

- Pour les noms dénombrables se terminant par une consonne suivie de *-y*, le y devient *-ies*.

  *poppy → poppies.*

### Le pluriel des noms dénombrables irréguliers

- Certains pluriels sont irréguliers.

  *child → children* ; *woman → women* ; *man → men* ; *tooth → teeth* ; *foot → feet* ; *mouse → mice.*

### Le pluriel des noms indénombrables

- Certains noms sont indénombrables : ils ne peuvent pas être précédés de l'article indéfini *a* ni d'un nombre. Ces noms sont invariables.

  *information* (des informations) ; *luggage* (des bagages) ; *advice* (des conseils) ; *tea* (du thé) ; *milk* (du lait).

- Certains noms sont à la fois dénombrables et indénombrables, mais leur sens change selon la catégorie dans laquelle ils sont employés.

  *hair* (des cheveux) → *hairs* (des poils).

**Vocabulaire**

**poppy:** coquelicot
**information:** des informations
**advice:** des conseils

## Savoir faire

### Employer le pluriel

→ Pour exprimer une généralité, si le nom est dénombrable, on le met au pluriel.

*Rabbits like carrots.* (Les lapins aiment les carottes.)
*They came with their funny hats in their hands.*
(Ils sont venus avec leurs drôles de chapeaux à la main.)

→ Pour les noms indénombrables, si l'on souhaite préciser « un » conseil ou « une » information, on emploie ***a piece of***.

*He gave me a good piece of advice.* (Il m'a donné un bon conseil.)
*Look! She has dyed her hair.* (Regarde ! Elle s'est teint les cheveux.)

## S'entraîner

→ Corrigés p. 290

**1 ★ Transformez les noms suivants au pluriel.**

1. city → ........................................
2. church → ........................................
3. idea → ........................................
4. country → ........................................
5. tomato → ........................................
6. foot → ........................................
7. eye → ........................................
8. lady → ........................................

**2 ★★ Transformez les noms suivants au pluriel.**

1. man → ........................................
2. advice → ........................................
3. information → ........................................
4. child → ........................................
5. mouse → ........................................
6. coffee → ........................................
7. woman → ........................................

**3 ★★ Passez les phrases suivantes au pluriel.**

1. Her child is a nightmare!

........................................

2. There is a book on the table.

........................................

3. This box is very heavy.

........................................

4. What a good idea!

........................................

5. How exciting her story is!

........................................

**4 ★★ Complétez les phrases suivantes en cochant, chaque fois, la solution qui convient.**

1. This is ... very important piece of information.
☐ a. Ø ☐ b. a ☐ c. an

2. He simply loves .... tea.
☐ a. the ☐ b. Ø ☐ c. a

3. Here are .... different exercises.
☐ a. two ☐ b. a ☐ c. an

4. I asked him for .... advice.
☐ a. two ☐ b. an ☐ c. Ø

5. What .... lovely hair you have!
☐ a. a ☐ b. Ø ☐ c. an

6. Children shouldn't drink .... coffee.
☐ a. a ☐ b. some ☐ c. Ø

**5 ★★★ Deux phrases sont incorrectes. Soulignez-les, puis proposez une correction.**

1. Here is the fundamental piece of information that was missing.
2. She's afraid of mice.
3. I think I need more informations before making my decision.
4. They all come from different countries.
5. Her two childs are my son's best friends.

........................................

**6 ★★★ Traduisez les phrases suivantes.**

1. Il n'y a pas de bus aujourd'hui.

........................................

2. Tu n'as pas écouté mes conseils.

........................................

3. C'est une salade avec des tomates et de la mozzarella.

........................................

4. Je n'aime pas le lait.

........................................

Auto évaluation Très bien ☐ Bien ☐ Pas assez bien ☐

Anglais

# 1 Les pronoms personnels

## Observer et retenir

### Les pronoms personnels

| Pronoms personnels sujets | Pronoms personnels réfléchis | Pronoms personnels COD | Pronoms personnels COI |
|---|---|---|---|
| Yo | Me | Me | Me |
| Tú | Te | Te | Te |
| Él/Ella/Usted | **Se** | **Lo - La** | **Le** |
| Nosotros/Nosotras | Nos | Nos | Nos |
| Vosotros/Vosotras | Os | Os | Os |
| Ellos/Ellas/Ustedes | **Se** | **Los - Las** | **Les** |

### Les pronoms personnels avec préposition

Après les prépositions (*a, de, en, por, para, con*…), les pronoms personnels sont les suivants : *mí, ti, el/ella/usted/sí, nosotros/nosotras, vosotros/vosotras, ellos/ellas/ustedes/sí*
*Es importante **para él** saber quién viene.* (Il est important pour lui de savoir qui vient.)

Vocabulaire

**regalar:** offrir
**la llave:** la clé
**traer:** apporter
**dibujar:** dessiner

## Savoir faire

### Employer les pronoms personnels

→ **Les pronoms personnels sujets** s'emploient uniquement pour insister sur la personne qui parle.
*Usted es el profesor de matemáticas.* (Vous êtes le professeur de mathématiques.)

→ **Les pronoms personnels réfléchis** se construisent avec des verbes pronominaux.
*Te casas con una Española.* (Tu te maries avec une Espagnole.)

→ **Les pronoms personnels COD** remplacent un COD et se placent devant le verbe.
*Lo entiendo perfectamente.* (Je le comprends parfaitement.)

→ **Les pronoms personnels COI** remplacent un COI et se placent devant le verbe.
*Le entregáis su cartera.* (Vous lui remettez son portefeuille.)

→ **L'enclise :** pronom personnel rattaché à la fin du verbe à l'infinitif, au gérondif et à l'impératif.
*Empiezan a hablarte.* (Ils commencent à te parler.)
*Estamos bañándonos.* (Nous sommes en train de nous baigner.)
*Levántese.* (Levez-vous.)

## S'entraîner

→ Corrigés p. 290

**1 ★ Écrivez le pronom personnel sujet qui convient devant chaque verbe.**

1. ........ entran.
2. ........ pongo.
3. ........ tienes.
4. ........ compráis.
5. ........ ríes.
6. ........ volvemos.
7. Señor, ........ conduce.
8. Señoras, ........ vienen.

**2 ★ Précisez la personne des verbes conjugués ci-dessous et donnez-en l'infinitif.**

Ex. : Me levanto. → Yo ; levantarse.

1. Os vais. → ........................................
2. Te peinas. → ........................................
3. Se reconocen. → ........................................
4. Nos ponemos. → ........................................
5. Se viste. → ........................................
6. Me presento. → ........................................
7. Te sientes. → ........................................

**3 ★★ Récrivez les phrases suivantes en remplaçant le tutoiement par le vouvoiement.**

Ex. : Dibujas una jirafa. → Usted dibuja una jirafa.

1. No necesitáis mucho dinero.

........................................................

2. Te fuiste a Nueva York.

........................................................

3. Os lavaréis con el agua del río.

........................................................

4. ¿Llamaste a tu primo?

........................................................

**4 ★★ Définissez l'emploi des pronoms personnels soulignés.**

Ex. : Se esconde en el desván. → pronom réfléchi

1. Tú eres muy simpático. → ........................
2. Nos lo dirá a nosotros. → ........................
3. Para mí, es una historia increíble. → ..........
4. Tendrás que levantarte a las ocho. → .........
5. Lo explico con mucha paciencia. → ...........
6. Se fue de vacaciones conmigo. → .............

**5 ★★★ Remplacez le groupe nominal souligné par un pronom personnel et notez s'il s'agit d'un COD ou d'un COI.**

Ex. : Te presto mi coche. → Te lo presto. (COD)

1. Me regala un libro.

........................................................

2. Pondréis la mesa.

........................................................

3. Escribe una carta a su amigo.

........................................................

4. Dijo su secreto a su novio.

........................................................

5. Observabas la naturaleza.

........................................................

6. Pedirán la llave de su casa a sus padres.

........................................................

**6 ★★★ Remplacez le complément souligné par un pronom personnel.**

Ex. : Escribe la carta. → Escríbela.

1. Están ayudando a Paco. ..........................
2. Tuvimos que devolver a Ana su carpeta. .....
3. Expliquen la regla de gramática. ..............
4. Estoy leyendo un artículo de prensa. .........

**Auto évaluation** Très bien ☐ Bien ☐ Pas assez bien ☐

# 2 Les prépositions

## Observer et retenir

### Les prépositions *a, con, de, en, por, para*

- Ce sont des mots invariables qui servent à introduire un complément.
- Le choix entre *por* et *para* n'est pas facile car, en français, la préposition **pour** recouvre l'emploi des deux prépositions.

**Vocabulaire**

| | |
|---|---|
| **volver:** revenir | **irse de vacaciones:** partir en vacances |
| **el robo:** le vol | **con:** avec |

## Savoir faire

### Employer les prépositions

→ On emploie la préposition ***a*** :

• après des verbes de mouvement (*ir, venir, subir, acercarse*) ;

*Vamos **a** tu casa.* (Nous allons chez toi.)

• devant un complément direct de personne.

*Invitaré **a** Elena.* (J'inviterai Elena.)

→ La préposition ***de*** s'emploie pour exprimer la provenance, la matière, la caractéristique ou la possession.

*Esta escultura es **de** mármol.* (Cette sculpture est en marbre.)

*El hombre **del** traje azul.* (L'homme au pull bleu.)

→ La préposition ***en*** indique :

• l'endroit où l'on se trouve ;

*Estoy **en** Buenos Aires.* (Je suis à Buenos Aires.)

• l'époque à laquelle on se trouve.

***En** la Edad Media, había muchos caballeros.* (Au Moyen Âge, il y avait beaucoup de chevaliers.)

→ La préposition ***por*** recouvre différents emplois et idées :

• le déplacement à l'intérieur d'un lieu : *Camina **por** la calle.* (Il marche dans la rue.)

• la cause : *Banco cerrado **por** robo.* (Banque fermée pour vol.)

• l'échange : *Compramos el CD **por** 15 euros.* (Nous achetons le CD pour 15 euros.)

• la traduction de **par** pour exprimer le moyen et construire la voix passive : *Tienes que pasar **por** Salamanca.* (Il faut que tu passes par Salamanque.)

• après des verbes de sentiment, d'effort : *Luchar **por** la patria.* (Lutter pour la patrie.)

→ La préposition ***para*** marque :

• le but : *Trabajan **para** ganarse la vida.* (Ils travaillent pour gagner leur vie.)

• la destination : *Es un mensaje **para** ti.* (C'est un message pour toi.)

• l'opinion : ***Para** mí, la corrida es un acto de barbarie.* (Pour moi [à mon avis], la corrida est un acte de barbarie.)

## S'entraîner

→ Corrigés p. 290

### 1 ★ Expliquez l'emploi de *para* dans les phrases suivantes, puis traduisez-les.

**1.** Este regalo es para usted.

→ ..................................................

**2.** Para nosotros, no es una película cómica.

→ ..................................................

**3.** Trabajáis para iros de vacaciones.

→ ..................................................

**4.** Para la Semana Santa, iremos a Sevilla.

→ ..................................................

### 2 ★★ Complétez les phrases suivantes avec *por* ou *para*.

**1.** Escribo una carta ........ Luz.

**2.** ........ llegar hasta aquí, tiene que pasar ........ los Pirineos.

**3.** Terminaremos este trabajo ........ el 20 de septiembre.

**4.** La casa es construida ........ mi tío.

**5.** Diste un paseo ........ la avenida principal.

**6.** Se siente culpable ........ no haber venido.

**7.** No te lo doy ........ 100 euros.

**8.** ........ ellos, todo es muy fácil.

### 3 ★★ Justifiez l'emploi des prépositions soulignées.

Ex. : *Vais al cine.* → Préposition *a* après un verbe de mouvement.

**1.** Viene Enrique con su familia.

..................................................

**2.** Es una puerta de madera.

..................................................

**3.** En el siglo XV, vivieron los Reyes Católicos.

..................................................

**4.** Es apasionante escuchar a este historiador.

..................................................

**5.** Sois de Andalucía.

..................................................

### 4 ★★ Complétez le texte suivant avec les prépositions qui conviennent.

........ la mañana me levanto, voy ........ cuarto de baño ........ ducharme. ........ las ocho, desayuno ........ mis hermanos. Entro ........ el patio ........ colegio ........ las nueve. En cuanto llego ........ casa, salgo ........ pasear ........ el pueblo.

### 5 ★★★ Complétez les phrases suivantes avec la préposition qui convient : a – al – de – del – en – con – conmigo – contigo.

**1.** Se presentó ........ un sombrero ........ la mano.

**2.** Os fuisteis ........ Perú ........ 1985.

**3.** La chica ........ pelo rubio es mi novia.

**4.** Entran ........ el salón ........ mucha rapidez.

**5.** Vamos ........ España ........ lunes ........ domingo.

**6.** Lucía no quería una muñeca ........ cartón sino ........ plástico.

**7.** Puedes venir ........, voy ........ mercado.

**8.** Están pensando ........ sus proyectos.

**9.** Quieren hablar ........, tienen algo que decirte.

**10.** Usted está mirando ........ su mujer.

Auto évaluation — Très bien ☐ Bien ☐ Pas assez bien ☐

# 3 Le présent de l'indicatif, le présent du subjonctif

## Observer et retenir

### La formation du présent de l'indicatif

- **Verbes réguliers**

Verbes en *-ar* → radical + *-o, -as, -a, -amos, -áis, -an*.
Verbes en *-er* → radical + *-o, -es, -e, -emos, -éis, -en*.
Verbes en *-ir* → radical + *-o, -es, -e, -imos, -ís, -en*.

- **Verbes irréguliers**

Certains verbes sont irréguliers à toutes les personnes :

*Ir* → *voy, vas, va, vamos, vais, van*. *Ser* → *soy, eres, es, somos, sois, son*.

D'autres verbes sont irréguliers à la 1re personne du singulier seulement :

*Dar* → *doy* ; *estar* → *estoy* ; *saber* → *sé* ; *hacer* → *hago* ; *poner* → *pongo*.

- **Verbes à diphtongue**

À toutes les personnes sauf à *nosotros* et *vosotros*, **e** → **ie** ; **o** → **ue**.

*Pensar* → *pienso, piensas, piensa, pensamos, pensáis, piensan*.
*Poder* → *puedo, puedes, puede, podemos, podéis, pueden*.

- **Verbes à changements vocaliques (*e* → *i*) :** *pedir* → *pido, pides, pide, pedimos, pedís, piden* (comme *elegir, vestir, repetir*).

- **Verbes en *-acer*, *-ecer*, *-ocer*, *-ucir* :** *conocer* → *conozco (yo)*.

### La formation du présent du subjonctif

- **Verbes réguliers**

Verbes en *-ar* → radical + *-e, -es, -e, -emos, -éis, -en*.
Verbes en *-er* et *-ir* → radical + *-a, -as, -a, -amos, -áis, -an*.

- **Verbes irréguliers**

L'irrégularité se base sur celle de la 1re personne du singulier du présent de l'indicatif.

*Decir* → *digo* (présent ind.) → *diga, digas, diga, digamos, digáis, digan* (présent subj.).

- **Verbes particuliers**

*Ser* → *sea, seas…* ; *ir* → *vaya, vayas…* ; *saber* → *sepa, sepas…* ; *tener* → *tenga, tengas…*

**Vocabulaire**

| | |
|---|---|
| **pedir:** demander | **rogar:** prier |
| **entregar:** rendre, livrer | **desear:** souhaiter |

## Savoir faire

### Employer le présent

→ **Le présent de l'indicatif** s'emploie comme en français ; c'est le temps du réel.

→ **Le présent du subjonctif** est le temps de l'irréel. Il s'emploie après *para que* (but) ; *quizás, es posible que* (probabilité) ; *aconsejar que* (conseil) ; *es necesario que, es preciso que* (obligation) ; *querer que* (souhait) ; *no* + subjonctif (interdiction).

*Te ayudo para que acabes antes.* (Je t'aide pour que tu finisses plus tôt.)

## S'entraîner

➜ Corrigés p. 290

**1 ★ Conjuguez les verbes suivants au présent de l'indicatif à la personne indiquée.**

1. estudiar (ellos) ....................................
2. hacer (yo) ....................................
3. subir (vosotros) ....................................
4. tener (tú) ....................................
5. construir (ella) ....................................
6. ser (tú) ....................................
7. pedir (yo) ....................................
8. contar (usted) ....................................

**2 ★ Conjuguez les verbes suivants au présent du subjonctif à la personne indiquée.**

1. comer (vosotras) ....................................
2. escribir (tú) ....................................
3. pensar (yo) ....................................
4. ser (ellas) ....................................
5. salir (yo) ....................................
6. vestir (usted) ....................................
7. dormir (ustedes) ....................................

**3 ★★ Récrivez les phrases suivantes au présent du subjonctif.**

1. Quizás (ser) las diez y media.
...................................................................
2. Os ruego que me (hacer) este favor.
...................................................................
3. Le pide a Juan que le (ayudar).
...................................................................
4. Quieren que nosotros (ir) a su casa.
...................................................................
5. Os llevo a la estación para que vosotros no (llegar) con retraso.
...................................................................

**4 ★★★ Employez comme il convient le présent de l'indicatif ou le présent du subjonctif et justifiez le temps choisi.**

Ex. : Nuria (vivir) en Santiago de Chile. → vive
*(indicatif : action réelle au moment où l'on parle.)*

1. Andalucía (ser) ........ desértica.
...................................................................
2. Nos desea que (pasar) ........ buenas vacaciones. ....................................
3. ¿Cuándo tú (volver) ........ a casa?
...................................................................
4. Me (gustar) ........ las espinacas.
...................................................................
5. Le explicaré hasta que (entender) ............ .
...................................................................
6. Tal vez Ana (venir) ........ a vernos este verano.
...................................................................
7. Y vosotros, ¡no (gritar) ........ por favor!
...................................................................

**5 ★★★ Conjuguez les verbes entre parenthèses au temps qui convient.**

*Pedro:* Yo (querer) ........ que tú (venir) ........ a mi fiesta de cumpleaños mañana. ¿Te apetece?

*Gema:* Yo no (saber) ........ qué decirte, quizás mañana yo (ir) ........ a casa de mis tíos.

*Pedro:* Bueno, cuando tú lo (saber) ........, me (llamar) ........ ¿Vale?

*Gema:* ¡No (estar, tú) ........ decepcionado, si yo no (poder) ........!

**Auto évaluation** Très bien ☐ Bien ☐ Pas assez bien ☐

# 4 L'impératif

## Observer et retenir

### La formation de l'impératif

- L'impératif se compose de **cinq personnes** : *tú, usted, nosotros, vosotros, ustedes*.
- Il se forme à partir du présent de l'indicatif et du présent du subjonctif. La construction de la 2e personne du pluriel consiste à remplacer le *r* de l'infinitif par un *d*.
- **Les verbes réguliers**

| | Verbes en *-ar* Modèle : *ordenar* | Verbes en *-er* Modèle : *prometer* | Verbes en *-ir* Modèle : *prohibir* |
|---|---|---|---|
| **Tú** | ordena | promete | prohibe |
| **Usted** | ordene | prometa | prohiba |
| **Nosotros, as** | ordenemos | prometamos | prohibamos |
| **Vosotros, as** | ordenad | prometed | prohibid |
| **Ustedes** | ordenen | prometan | prohiban |

- **Les verbes irréguliers**
  - On retrouve l'irrégularité du subjonctif présent à certaines personnes de l'impératif.
    *Tener* → *(usted) tenga* ; *ser* → *(ustedes) sean.*
  - Liste des verbes dont la 2e personne du singulier est irrégulière.
    *Decir: di ; hacer: haz ; ir: ve ; poner: pon ; salir: sal ; ser: sé ; tener: ten ; venir: ven.*
- **L'impératif négatif : la défense**

On emploie *no* + le verbe au **subjonctif présent** (aux cinq personnes).

*¡No miréis! (mirar, vosotros)* Ne regardez pas !
*¡No salgan! (salir, ustedes)* Ne sortez pas !

**Vocabulaire**

**el cuadro:** le tableau
**un saco de dormir:** un sac de couchage
**ocultar:** cacher



## Savoir faire

### Employer l'impératif

→ L'impératif sert à exprimer l'ordre, le conseil, la consigne, la défense.
*¡Escuche! ¡Ten cuidado con el sol! ¡Transformad la frase! ¡No fumen en el avión!*

→ Pour l'**enclise** (voir chapitre 1) :
- le *-s* final de la 1re personne du pluriel disparaît devant *nos* ;
  *Levantemos + nos* → *¡Levantémonos!*
- le *-d* final de la 2e personne du pluriel disparaît devant *os*.
  *Levantad + os* → *¡Levantaos!*

## S'entraîner

➜ Corrigés p. 290

### 1 ★ Conjuguez les verbes suivants à l'impératif à la personne demandée.

1. imaginar (nosotros) ..............................
2. beber (ustedes) ..................................
3. definir (tú) ......................................
4. proponer (tú) ....................................
5. satisfacer (usted) ...............................
6. ocultar (vosotros) ...............................

### 2 ★ Donnez l'infinitif et la personne des verbes à l'impératif.

Ex. : ¡No hablemos de su abuelo! ➜ hablar ; nosotros

1. ¡Vente a vernos! → ..............................
2. ¡Tomad la decisión! → ..........................
3. ¡Cállese! → ......................................
4. ¡Sentaos! → ......................................
5. ¡Dime! → .........................................
6. ¡No coman tanto! → ..............................
7. ¡No os pongáis nerviosos! → ....................

### 3 ★★ Transformez l'ordre en défense pour chacune des phrases suivantes.

1. ¡Trabajad! .........................................
2. ¡Describe este cuadro! ..........................
3. ¡Cojan el autobús! ...............................
4. ¡Coma este queso! ...............................
5. ¡Estudiemos el poema! ..........................
6. ¡Conducid la moto! ..............................
7. ¡Ven con nosotros! ...............................

### 4 ★★ Transformez la défense en ordre.

1. ¡No me mires!

.......................................................

2. ¡No hagáis mucho ruido!

.......................................................

3. ¡No me diga!

.......................................................

4. ¡No traigamos el postre!

.......................................................

5. ¡No salgan por la noche!

.......................................................

### 5 ★★★ Mettez les phrases suivantes à l'impératif. Pensez à l'enclise !

1. Lo haces. ...........................................
2. Me explica. ........................................
3. Se preparan. .......................................
4. Los contáis. .......................................
5. Nos reunimos. .....................................
6. Le mandáis la carta. ..............................
7. Les describes la foto. ............................

### 6 ★★★ Transformez les phrases suivantes selon l'exemple en utilisant l'impératif.

Ex. : Le pide a usted que repita la palabra. → Repita la palabra.

1. Te pide que redactes un texto.

.......................................................

2. Os aconseja que os llevéis un saco de dormir.

.......................................................

3. Nos ordena que nos pongamos en fila.

.......................................................

4. Les prohibe a ustedes que pasen la frontera.

.......................................................

5. Le aconsejo a usted que no duerma en este hotel. .......................................................

**Auto évaluation** Très bien ☐ Bien ☐ Pas assez bien ☐

# 5 Le gérondif

## Observer et retenir

### La formation du gérondif

- Le gérondif (ou participe présent en français) est invariable.
- Pour les verbes en *-ar* : radical du verbe + *-ando*. (*dar* → *dando*)
- Pour les verbes en *-er* et en *-ir* : radical du verbe + *-iendo*.
  *Hacer* → *haciendo* ; *subir* → *subiendo*.
- Liste des gérondifs irréguliers :
  – Pour les verbes *dormir, podrir, morir, poder*, le *o* se transforme en *u*.
  *Dormir* → *durmiendo*.
  – Pour les verbes *pedir, venir, decir, sentir, seguir*, le *e* se transforme en *i*.
  *Pedir* → *pidiendo*.
- Certains verbes subissent une **modification orthographique**. Le *i* devient *y* lorsqu'il est placé entre deux voyelles : *oír* → *oyendo ; traer* → *trayendo ; leer* → *leyendo.*
- **L'enclise :** le pronom est rattaché à la fin du verbe au gérondif.
  *Hablando* → *hablándote* (en te parlant) ; *mirando* → *mirándolo* (en le regardant).

Vocabulaire

**acordarse de:** se souvenir de
**charlar:** parler, discuter
**el panadero:** le boulanger

## Savoir faire

### Employer le gérondif

→ **Pour exprimer la durée**, on emploie *estar* + le verbe au gérondif (ce qui correspond à la structure « être en train de » + infinitif en français).

*Están preparando la fiesta.* (Ils sont en train de préparer la fête.)

→ Pour rendre compte d'une **action progressive**, on emploie la structure *ir* + gérondif.

*Iba amaneciendo.* (Le jour se levait peu à peu.)

→ **Pour exprimer la continuité**, on emploie *seguir* + gérondif (qui équivaut à « continuer à »).

*Seguirán estudiando el chino.* (Ils continueront à étudier le chinois.)

On peut également utiliser la structure *llevar* + gérondif (cette forme progressive traduit l'idée de continuité dans une action déjà commencée, comme dans « cela fait [...] que »).

*Llevo dos horas viendo la televisión.* (Cela fait deux heures que je regarde la télévision.)

→ **Pour exprimer la simultanéité**, le gérondif qui introduit une proposition marque le moment précis où s'exécute une action.

*Saliendo del cine, nos encontramos.*
(En sortant du cinéma, nous nous sommes rencontrés.)

Il existe une structure équivalente très employée : *al* + infinitif.

*Al salir del cine, nos encontramos.*

## S'entraîner

→ Corrigés p. 290

**1 ★ Mettez les verbes au gérondif.**

1. andar → ..........
2. conocer → ..........
3. permitir → ..........
4. morir → ..........
5. decir → ..........
6. distribuir → ..........

**2 ★ Transformez les phrases au gérondif en traduisant l'idée de durée.**

Ex. : Escribe una carta. → Está escribiendo una carta.

1. El padre limpia la casa.
..........
2. Los niños juegan al baloncesto.
..........
3. Vamos por la Gran Vía de Madrid.
..........
4. El queso se estropea.
..........

**3 ★★ Récrivez les phrases suivantes en exprimant l'idée d'action progressive.**

Ex. : El desierto avanza. → El desierto va avanzando.

1. Martín aprende a cocinar.
..........
2. Os acercáis. ..........
3. Los árboles crecen.
..........

**4 ★★ Exprimez l'idée de continuité en employant *seguir* ou *llevar*.**

1. Vivimos aquí desde hace dos años.
..........
2. Ven la televisión.
..........
3. Trabajo de panadero desde hace quince años.
..........
4. Hablas por teléfono desde hace cinco minutos.
..........

**5 ★★ Récrivez les phrases suivantes en suivant l'exemple.**

Ex. : Encendiendo la radio, me enteré de la terrible noticia. → Al encender la radio, me enteré de la terrible noticia.

1. Abriendo la puerta, nos encontramos.
..........
2. Leyendo una revista, descubrió nuevas medicinas.
..........
3. Acordándose de aquel momento, se ponen a llorar.
..........
4. Yendo al mercado, compraréis verdura.
..........
5. Subiendo al tren, le di un beso.
..........
6. Viendo los molinos, Don Quijote pensó que eran gigantes. ..........

**6 ★★★ Complétez le texte suivant à l'aide des verbes *estar, ir, seguir* ou *llevar* conjugués comme il convient.**

Mamá, yo ........ dos horas esperándote. Y tú, a pesar de la hora, ........ charlando con la vecina. El tiempo ........ corriendo y yo ........ perdiendo paciencia.

Auto évaluation   Très bien ☐   Bien ☐   Pas assez bien ☐

# 6 Ser et estar

## Observer et retenir

### La traduction du verbe « être »

En espagnol, le verbe « être » peut se traduire par *ser* ou *estar*.

- *Ser* (« exister ») exprime une qualité essentielle, une caractéristique propre au sujet.
  *El chico es rubio.* L'enfant est blond (c'est sa couleur naturelle).
- *Estar* indique un état passager, provoqué par des éléments extérieurs.
  *El cielo está gris.* Le ciel est gris (la couleur dépend ici du temps).

La nature ou la fonction grammaticale des mots facilitent le choix entre *ser* et *estar*.

Vocabulaire

**la mochila:** le sac à dos
**roto:** cassé
**estar listo:** être prêt
**siglo:** siècle
**ser listo:** être intelligent

## Savoir faire

### Employer *ser* et *estar*

→ **Emplois systématiques**

| *Ser* | *Estar* |
|---|---|
| + pronom ou nom indiquant la profession, la nationalité ou une caractéristique.<br>Ex. : *Este libro es mío. Usted es médico. Soy chino. Son argentinas. Somos altos y delgados.* | + complément de lieu.<br>Ex. : *Inés está en su habitación.* |
| + la préposition *de* introduit l'idée d'origine, d'appartenance et de matière.<br>Ex. : *Sois de Sevilla.* | + complément de temps.<br>Ex. : *Estamos en el siglo XXI.*<br>*En diciembre, los Chilenos estarán en verano.* |
| + verbe à l'infinitif.<br>Ex. : *Su sueño era aprender el inglés.* | + expression indiquant l'attitude.<br>Ex. : *Estuviste de pie durante una hora.* |
| + un nombre, l'heure, des adverbes de quantité.<br>Ex. : *Somos 25 en clase. Es la una y media.* | + gérondif.<br>Ex. : *Los niños estarán jugando en la playa.* |

→ **Devant un adjectif qualificatif**

| *Ser* | *Estar* |
|---|---|
| Lorsque l'adjectif exprime une caractéristique physique ou morale.<br>Ex. : *Paco es moreno.* Paco est brun. | Lorsque l'adjectif traduit un état passager.<br>Ex. : *Nacho está moreno.* Nacho est bronzé. |

→ **Devant un participe passé**

| *Ser* | *Estar* |
|---|---|
| À la voix passive (le sujet subit l'action).<br>Ex. : *La ventana es cerrada por una alumna.* | Lorsque l'on exprime le résultat d'une action.<br>Ex. : *La ventana está cerrada.* |

## S'entraîner

➜ Corrigés p. 291

### 1 ★ Justifiez l'emploi de *ser* dans les phrases suivantes selon l'exemple.

Ex. : Mi tía es alemana. → nationalité

1. Esta moto es vuestra.

..........................................................

2. Los ojos de Julia son verdes.

..........................................................

3. Son las siete en punto.

..........................................................

4. El ratón es comido por el gato.

..........................................................

5. La bolsa es de plástico.

..........................................................

6. Son mis primos.

..........................................................

7. Eres muy simpática.

..........................................................

### 2 ★ Justifiez l'emploi de *estar* dans les phrases suivantes.

1. Mañana estaremos a 25 de septiembre.

..........................................................

2. Tu pasaporte está en la mochila.

..........................................................

3. Los niños están durmiendo la siesta.

..........................................................

4. El público está de pie.

..........................................................

5. Están de vacaciones.

..........................................................

6. El gato está nervioso.

..........................................................

7. El cielo está nublado.

..........................................................

8. Andalucía está en el sur de España.

..........................................................

### 3 ★★ Complétez les phrases suivantes par *ser* ou *estar* conjugué au présent de l'indicatif.

1. Yo, no ........ contenta porque llueve.
2. La sopa ........ fría.
3. El mar ........ inmenso.
4. Las chicas ........ africanas.
5. Paquita, tú ........ enferma.
6. Vosotros ........ listos, lo entendéis todo.
7. Hoy, nosotros ........ malhumorados.
8. Fui a la peluquería, ahora ........ rubia.
9. ¿Dónde ........ tu padre?
10. ........ las tres y cuarto.

### 4 ★★ Traduisez les phrases suivantes.

1. C'est une histoire de sorcières.

..........................................................

2. Le château est hanté par les fantômes.

..........................................................

3. Nous sommes surpris.

..........................................................

4. Les petites filles sont furieuses parce que leurs jouets sont cassés.

..........................................................

..........................................................

5. Il est deux heures du matin, je suis fatiguée, tu n'es pas là.

..........................................................

Auto évaluation — Très bien ☐ Bien ☐ Pas assez bien ☐

# 7 Les temps du passé de l'indicatif

## Observer et retenir

### La formation de l'imparfait

- Pour les **verbes réguliers** :

Terminaisons des verbes en **-ar** : *-aba, -abas, -aba, -ábamos, abais, aban.*
Terminaisons des verbes en **-er** et en **-ir** : *-ía, -ías, -ía, -íamos, -íais, -ían.*

*Dar* → *daba, dabas, daba, dábamos, dabais, daban.*
*Comer* → *comía, comías, comía, comíamos, comíais, comían.*

- Il n'y a que **trois verbes irréguliers** à l'imparfait :

*Ir* → *iba, ibas, iba, íbamos, ... ; ver* → *veía, veías, ... ; ser* → *era, eras, éramos, ...*

### La formation du passé composé

- Pour les **verbes réguliers** :

Auxiliaire ***haber*** au présent de l'indicatif + **participe passé** du verbe à conjuguer.
Conjugaison de l'auxiliaire *haber: he, has, ha, hemos, habéis, han.*
Formation du participe passé : verbes en **-ar** → radical + **-ado** ; verbes en **-er** et en **-ir** → radical + **-ido**.

*He cantado.* (J'ai chanté.) *Habéis comido.* (Vous avez mangé.)

- Liste des **participes passés irréguliers** :

*abrir* → *abierto ; cubrir* → *cubierto ; decir* → *dicho ; escribir* → *escrito ;*
*hacer* → *hecho ; morir* → *muerto ; poner* → *puesto ; ver* → *visto ; volver* → *vuelto.*

### La formation du passé simple

- Pour les **verbes réguliers** :

Terminaisons des verbes en **-ar** : *-é, -aste, -ó, -amos, -asteis, -aron.*
Terminaisons des verbes en **-er** et en **-ir** : *-í, -iste, -ió, -imos, -isteis, -ieron.*

*Cantar* → *canté, cantaste, cantó... ; comer* → *comí, comiste, comió...*

- Les terminaisons des **verbes irréguliers** sont : *-e, -iste, -o, -imos, -isteis, -ieron.*

*Estar* → *estuve, estuviste... ; tener* → *tuve, tuviste...*

Vocabulaire

**los moros:** les Maures
**el mercado:** le marché
**desde entonces:** depuis ce moment-là
**de repente:** soudain

## Savoir faire

### Employer les temps du passé de l'indicatif

→ L'**imparfait** a la même valeur qu'en français (habitude, narration, description).
*Cada día, nos levantábamos a las 7.* (Tous les jours, nous nous levions à 7 h.)

→ Le **passé composé** décrit une action passée liée au présent.
*He estudiado mucho hoy.* (J'ai beaucoup travaillé aujourd'hui.)

→ Le **passé simple** se traduit souvent par un passé composé en français.
*Picasso nació en 1881.* (Picasso est né en 1881.)

## S'entraîner

→ Corrigés p. 291

**1 ★ Récrivez les phrases suivantes en conjuguant les verbes à l'imparfait.**

1. Cuando Elena (ser) niña, (jugar) a la muñeca.

..........................................................

2. Yo (leer) muchos libros de aventuras.

..........................................................

3. Cuando (hacer) calor, vosotros (ir) a la playa.

..........................................................

4. Cada domingo, nosotros (ver) dibujos animados.

..........................................................

**2 ★ Justifiez l'emploi du passé dans chaque phrase.**

1. Cada semana iban al mercado. → .............

2. De repente, un hombre abrió la puerta.

→ ..................................................

3. He hablado por teléfono con el médico.

Ahora llega. → ......................................

**3 ★★ Récrivez les phrases suivantes en conjuguant les verbes au passé composé.**

1. Javier (comprar) la tarta de cumpleaños.

..........................................................

2. Sofía y Belén (recibir) a los invitados.

..........................................................

3. Yo (escribir) un poema con mi profesora de francés.

..........................................................

4. Ellos me (decir) que ellos (visitar) el museo.

..........................................................

5. Hace mucho frío, ¿por qué tú (abrir) la ventana?

..........................................................

**4 ★★ Récrivez les phrases suivantes en conjuguant les verbes au passé simple.**

1. Gina y yo (bailar) toda la noche.

..........................................................

2. Cristóbal Colón (descubrir) el nuevo continente.

..........................................................

3. Ayer mis amigos me (hacer) una sorpresa.

..........................................................

4. El año pasado, vosotros (ir) a Guatemala.

..........................................................

5. Al oír los gritos, él (ponerse) nervioso.

..........................................................

**5 ★★★ Complétez le texte suivant en conjuguant les verbes au temps du passé qui convient. Attention au sens des phrases.**

Cuando yo (ser) ............. niño, (ir) ............. al colegio con Antonio. Unos años más tarde, (conocer) ............. a Ana durante las vacaciones de verano. Antonio, Ana y yo (hacerse) ............. muy amigos. Por fin, en la Universidad, Ana me (presenta) ............. a María. Desde entonces siempre vamos juntos. Hoy es el resultado de nuestra amistad. Vosotros (organizar) ............. esta fiesta. Ahora entiendo por qué tú, Antonio, no (querer) ............. ir al cine conmigo esta tarde, por qué vosotras, María y Ana, no (tener) ............. tiempo para ir de compras. Muchas gracias a todos.

Auto évaluation Très bien ☐ Bien ☐ Pas assez bien ☐

# 8 Le futur simple et le conditionnel

## Observer et retenir

### Le futur simple

- Pour les **verbes réguliers** : on prend l'**infinitif** du verbe, auquel on ajoute les terminaisons : ***-é*** ; ***-ás*** ; ***-á*** ; ***-emos*** ; ***-éis*** ; ***-án***.

    *Beber* (boire) → *beberé... Vivir* (vivre) → *viviré...*

- Pour les **verbes irréguliers**, seul le radical change.

    *Tener* → ***tendr**é, **tendr**ás, **tendr**á, **tendr**emos, **tendr**éis, **tendr**án.*

Liste des 12 verbes irréguliers :

| | | |
|---|---|---|
| ***poner:*** *pondré* | ***tener:*** *tendré* | ***venir:*** *vendré* |
| ***salir:*** *saldré* | ***valer:*** *valdré* | ***caber:*** *cabré* |
| ***haber:*** *habré* | ***poder:*** *podré* | ***saber:*** *sabré* |
| ***decir:*** *diré* | ***hacer:*** *haré* | ***querer:*** *querré* |

### Le conditionnel

- Pour les **verbes réguliers** : on prend l'infinitif du verbe, auquel on ajoute les terminaisons : ***-ía*** ; ***-ías*** ; ***-ía*** ; ***-íamos*** ; ***-íais*** ; ***-ían***.

    *Beber* → *bebería... Vivir* → *viviría...*

- Pour les **verbes irréguliers** : on prend le **radical irrégulier du futur simple** (voir ci-dessus la liste des verbes irréguliers), auquel on ajoute les terminaisons : ***-ía*** ; ***-ías*** ; ***-ía*** ; ***-íamos*** ; ***-íais*** ; ***-ían***.

    *Tener : tendré* (futur) → *tendría* (conditionnel).

**Vocabulaire**

| | |
|---|---|
| **la madrugada:** le matin (tôt) | **enterarse:** apprendre, s'informer |
| **ir de compras:** aller faire les courses | **contestar:** répondre |

## Savoir faire

### Employer le futur simple et le conditionnel

**→ Employer le futur simple**

- Le futur exprime une action qui se déroulera de façon certaine ou très probable.

    *Mañana, cogerás el avión.* (Demain, tu prendras l'avion.)

- Il peut aussi exprimer un doute.

    *Los Mejicanos serán acogedores con los turistas.* (Les Mexicains sont sûrement accueillants avec les touristes.)

- Structure particulière : lorsque la proposition principale est au futur simple, la subordonnée de temps est au subjonctif.

**→ Employer le conditionnel**

Il exprime une hypothèse.

*Según sus amigos, trabajaría en Madrid.* (D'après ses amis, il travaillerait à Madrid.)

## S'entraîner

➜ Corrigés p. 291

### 1 ★ Conjuguez les verbes entre parenthèses au futur simple.

1. Yo, (llamar) ........ un taxi para ir al aeropuerto.
2. Mis amigos españoles (venir) ........ a casa.
3. Ana (cumplir) ........ 15 años la semana que viene.
4. Mañana, tú (levantarse) ........ pronto.
5. Vosotras (poder) ........ salir hasta las dos de la madrugada.
6. El jueves, yo (tener) ........ que ir de compras.
7. Mis abuelos no nos (decir) ........ la verdad.

### 2 ★ Complétez ces mots croisés.

1. *Salir* – futur, 2e pers. plur.
2. *Decir* – futur, 3e pers. sing.
3. *Trabajar* – futur, 1re pers. plur.
4. *Poder* – conditionnel, 1re pers. sing.
5. *Poner* – conditionnel, 2e pers. sing.
6. *Jugar* – conditionnel, 3e pers. plur.
7. *Hacer* – futur, 2e pers. sing.
8. *Haber* – conditionnel, 3e pers. sing.
9. *Tener* – futur, 1re pers. sing.
10. *Saber* – conditionnel, 1re pers. plur.

### 3 ★ Complétez les phrases suivantes avec des verbes au conditionnel.

1. Mi padre no (contar) ........ cosas falsas.
2. Su tío (desear) ........ comprar una casa grande.
3. Esta noche, nosotras (poder) ........ ir al cine.
4. Para mí, (ser) ........ interesante.
5. Al enterarse, tu hermano (ponerse) ........ furioso.
6. Me han dicho que vosotros (venir) ........ con nosotros.
7. ¿A qué hora tú (salir) ........ para llegar a tiempo?

### 4 ★★ Indiquez si le futur simple exprime une certitude (C) ou un doute (D).

Ex. : ¡Visitaremos el Prado (**C**), habrá mucha gente! (**D**)

1. Los templos aztecas serán impresionantes. (...)
2. Sacarás fotos. (...)
3. Los Españoles pensarán que somos extranjeros. (...)
4. Hará calor en Cuba. (...)
5. Sé que en la fiesta, habrá los chicos del pueblo. (...)

### 5 ★★★ Récrivez les phrases suivantes en transformant les verbes soulignés au conditionnel.

1. No había nadie en casa, fuisteis quizás a ver a la abuela. ..............................................
2. No nos contestaste, no recibiste acaso nuestra carta. ..............................................
3. Felipe se quedó tal vez con sus amigos.

..............................................

Auto évaluation Très bien ☐ Bien ☐ Pas assez bien ☐

Espagnol

# 9 La concordance des temps et le subjonctif imparfait

## Observer et retenir

### La concordance des temps

- On parle de concordance des temps lorsque le verbe de la subordonnée est au subjonctif (présent ou imparfait) et dépend du temps du verbe de la principale.

  *Quiero que te vayas.* (Je veux que tu t'en ailles.)

### La formation du subjonctif imparfait

Il se forme à partir de la 3$^{e}$ personne du pluriel du passé simple.

- Pour les **verbes réguliers** :

  *Lavar: lavaron* (passé simple) → *lavara, lavaras, lavara, laváramos, lavarais, lavaran* (subjonctif imparfait).

  *Perder: perdieron* (passé simple) → *perdiera, perdieras, perdiera, perdiéramos, perdierais, perdieran* (subjonctif imparfait).

Ce sont les mêmes terminaisons pour les verbes en *-ir*.

- Pour les **verbes irréguliers**, l'irrégularité se base sur celle du passé simple.

  *Ser: fueron* (passé simple) → *fuera, fueras, fuera, fuéramos, fuerais, fueran* (subjonctif imparfait).

  *Tener: tuvieron* (passé simple) → *tuviera, tuvieras, tuviera, tuviéramos, tuvierais, tuvieran* (subjonctif imparfait).

Vocabulaire

**dudar:** douter
**un fantasma:** un fantôme
**el principe azul:** le prince charmant
**salir:** sortir, partir

## Savoir faire

### Connaître les correspondances de la concordance des temps

| Verbe de la proposition principale | | Verbe de la proposition subordonnée |
|---|---|---|
| Présent de l'indicatif<br>Futur de l'indicatif<br>Passé composé | *Queremos*<br>*Les pedirá*<br>*Ha sido una pena* | **Subjonctif présent**<br>*que te quedes con nosotros.*<br>*que le ayuden.*<br>*que no pueda hablar con el director.* |
| Imparfait de l'indicatif<br>Passé simple<br>Conditionnel | *Queríamos*<br>*Les pidió*<br>*Sería una pena* | **Subjonctif imparfait**<br>*que te quedaras con nosotros.*<br>*que le ayudaran.*<br>*que no pudiera hablar con el director.* |

→ *Como si* + subjonctif imparfait = **comme si** + imparfait de l'indicatif en français.

*Contáis la historia como si fuerais un libro.*
(Vous racontez l'histoire comme si vous étiez un livre.)

→ La **phrase conditionnelle** décrit une action qui a très peu de chances de se réaliser.

*Pablo iría* (conditionnel) *a Buenos Aires si tuviera* (subjonctif imparfait) *mucho dinero.*
(Pablo irait à Buenos Aires s'il avait beaucoup d'argent.)

## S'entraîner

➜ Corrigés p. 291

**1 ★ Conjuguez les verbes suivants au subjonctif imparfait à la personne indiquée.**

1. trabajar (ellas) ....................................
2. defender (nosotras) ...............................
3. describir (tú) ......................................
4. estar (yo) ...........................................
5. ir (vosotros) ........................................
6. venir (él) ............................................
7. oír (ustedes) ........................................
8. hacer (usted) ........................................

**2 ★★ Conjuguez le verbe de la subordonnée comme il convient.**

1. El profesor nos pide que (escribir) ........ la lección.
2. Les deseo que (pasar) ........ buenas vacaciones.
3. Me has aconsejado que no (utilizar) ........ mi coche.
4. Es posible que nosotros (salir) ........ mañana.
5. El policía te pedirá que (sacar) ........ el carnet de conducir.

**3 ★★ Conjuguez les verbes après *como si* et dans les phrases conditionnelles.**

1. Tuvo miedo como si (ver) ........ un fantasma.
2. Compraríais un barco si (ser) ........ ricos.
3. Juegas a la muñeca como si (tener) ........ cinco años.
4. Nos lo dirían si lo (saber) .........

**4 ★★★ Conjuguez correctement le verbe de la subordonnée.**

1. Quisimos que ustedes (confesar) ........ la verdad.
2. Sería posible que ella (venir) ........ la semana que viene.
3. Os pedían que no (hacer) ........ ruido.
4. Deseaba que tú no (irse) ........ tan lejos.
5. Nos pediste que te (mandar) ........ la documentación.

**5 ★★★ Employez le temps qui convient.**

1. No quiero que tú (encender) ........ la luz.
2. Describe su casa como si (ser) ........ un palacio.
3. Me llamó para que (reservar) ........ las habitaciones.
4. Me gustaría tener hijos si (encontrar) ........ al príncipe azul.
5. Preparan la maleta como si (irse) ........ de vacaciones para dos meses.
6. Ha sido una lástima que el cantante (estar) ........ enfermo.
7. No saldríamos si (llover) .........
8. Le decían que (preparar) ........ la comida.
9. Yo podría estudiar si la niña (dormir) .........

**6 ★★★ Traduisez les phrases suivantes.**

1. Il nous a demandé d'arriver à 20 heures.
..............................................................
2. Nous ne voulions pas que tu écoutes ses conseils.
..............................................................
3. Il me parle comme s'il ne me connaissait pas.
..............................................................
4. Je ne vous le dirais pas si ce n'était pas vrai.
..............................................................

Auto évaluation   Très bien ☐   Bien ☐   Pas assez bien ☐

# 10 Les pronoms relatifs et les présentatifs

## Observer et retenir

### Les pronoms relatifs

- Le pronom relatif introduit une proposition qui informe sur le nom qui précède.
  *El libro **que** te presté, es mío.* (Le livre que je t'ai prêté est à moi.)
- Le choix du pronom relatif dépend de sa **fonction grammaticale** (sujet, COD, COI, complément circonstanciel, etc.) et de sa **valeur** (objet ou personne).
  *El chico **con el que** se va a Perú es majo.* (*con el que* : C.C. d'accompagnement)
- Il existe des pronoms relatifs **sans préposition** (*que, el cual*...) et **avec préposition** (*a quien, para quien, a que, con que*...).
- Le pronom **dont** peut se traduire en espagnol par ***cuyo(s)***, ***cuya(s)***.

### Les présentatifs

- La traduction de « c'est... qui », « c'est... que » se construit avec des pronoms relatifs.
- Cette tournure permet de **mettre en relief** un mot ou un groupe de mots. Elle se construit avec ***ser*** qui se conjugue au même temps que le verbe de la subordonnée. « Que » se traduit par un **pronom relatif** qui varie selon sa fonction grammaticale.
  *Hoy **es cuando** celebramos el cumpleaños de tu abuela.* (temps)

Vocabulaire

**la meta:** le but
**el escudero:** l'écuyer
**permanecer:** rester

## Savoir faire

### Employer les pronoms relatifs avec et sans préposition

→ **Employer les pronoms relatifs sans préposition**

- ***Que***, invariable, peut être sujet ou COD. Il se place juste après son antécédent.
  *El perro **que** ladra, no muerde.* (Le chien qui aboie ne mord pas.)
- ***Quien*** s'accorde avec son antécédent, qui est toujours une personne.
  *Las mujeres **quienes** son rubias son las hermanas del alcalde.*
- ***Cuyo*** s'accorde en genre et en nombre avec le nom qui suit.
  *El gato **cuyas** patas son blancas se llama Pepe.*

→ **Employer les pronoms relatifs avec préposition**

- On emploie la préposition **a** devant les pronoms *quien, el que*... lorsqu'ils sont COD et qu'ils remplacent une personne.
  *Las mujeres **a quienes** miraba eran muy guapas.*
- On emploie les prépositions *a, con, en, por, para* devant les pronoms *quien, el que*... lorsqu'ils sont COI ou compléments circonstanciels et qu'ils remplacent une personne. La tournure *el que* peut aussi remplacer une chose.
  *Me encontré con la persona **de la que** me hablabas.*

## S'entraîner

→ Corrigés p. 291

**1** ★ **Complétez avec *que, quien* ou *quienes*.**

1. Es una solución ........ nos interesa.
2. Lee el libro ........ acaba de comprar.
3. Los artistas ........ viven de su trabajo son muy pocos.
4. Los ciclistas ........ pasaron ayer están dando la vuelta a Francia.
5. El hombre ........ conduce este coche es peligroso.

**2** ★ **Complétez les phrases suivantes en utilisant *cuyo, cuyos, cuya* ou *cuyas*.**

1. El programa ........ meta es divertirnos es un fracaso.
2. La niña ........ vestido es azul es alumna tuya.
3. El chico ........ padres son alemanes habla muy bien español.
4. Las casas ........ tejas son negras pertenecen al señor Domínguez.
5. Los hermanos ........ coche es deportivo, conducen muy rápido.

**3** ★★ **Complétez les phrases suivantes avec les pronoms relatifs et les prépositions qui conviennent.**

1. El escudero ........ se fue Don Quijote se llamaba Sancho Panza.
2. La película ........ se hizo famoso es policíaca.
3. La historia ........ se mete es complicada.
4. La ciudad ........ pasa el Guadalquivir es Sevilla.
5. Las ideas ........ lucháis son idealistas.

**4** ★★ **Récrivez les phrases de façon à mettre en relief les mots soulignés.**

Ex. : <u>Ahora</u> me lo dices. → Es ahora cuando me lo dices.

1. <u>Aquí</u> se encuentra mi despacho.

.............................................................................

2. <u>En 1492</u> Boabdil entregó las llaves de Granada.

.............................................................................

3. <u>Mañana</u> iremos a la piscina.

.............................................................................

4. <u>Por la ventana</u> entraron los ladrones.

.............................................................................

5. <u>En Santiago de Compostela</u> se encontrarán.

.............................................................................

**5** ★★★ **Complétez les phrases suivantes par le pronom relatif qui convient.**

1. El CD ........ me prestasteis me encanta.
2. El Pico ........ subimos se llama el Teide.
3. El pueblo ........ permanecieron es Bambamarca.
4. Es en Asturias ........ se bebe sidra.
5. Los libros ........ autor es Camilo José Cela son muy famosos.
6. Es esta tarde ........ nos vamos
7. Viajando es ........ se aprende.

**6** ★★★ **Complétez les phrases suivantes à l'aide des pronoms relatifs : *donde – con quien – que – cuando*.**

1. Las joyas ........ me puse son de oro.
2. El señor bigotudo ........ habla es un escritor.
3. Es aquí ........ vengo cada día.
4. Fue el año pasado ........ viajamos por América latina.

**Auto évaluation** Très bien ☐ Bien ☐ Pas assez bien ☐

# 1 Cas et fonctions

## Observer et retenir

### Les quatre cas

C'est au **marquage du groupe nominal** que l'on reconnaît sa fonction **sujet** ou **objet.**

| | Fonctions |
|---|---|
| **Nominatif** | • Sujet<br>• Attribut du sujet<br>• Apostrophe |
| **Accusatif** | • COD<br>• Complément de certains verbes (*brauchen, es gibt...*)<br>• Avec des prépositions :<br>– après *durch, für, gegen, ohne, um*<br>– sens directif après des prépositions « mixtes »<br>– après des verbes à complément prépositionnel (*warten auf, denken an...*)<br>• Certains compléments de temps (durée, date) |
| **Datif** | • Complément d'objet second<br>• Complément de certains verbes (*helfen, danken...*)<br>• Avec des prépositions :<br>– après *aus, bei, mit, nach, seit, von, zu*<br>– sens locatif après des prépositions spatiales « mixtes » |
| **Génitif** | • Complément de nom |

### Le pronom personnel

| | | | | | | |
|---|---|---|---|---|---|---|
| **Nominatif** | ich | du | er /sie/es | wir | ihr | sie/Sie |
| **Accusatif** | mich | dich | ihn/sie/es | uns | euch | sie/Sie |
| **Datif** | mir | dir | ihm/ihr/ihm | uns | euch | ihnen/Ihnen |

Vocabulaire

**das Geschäft:** le magasin
**träumen:** rêver
**das Einkaufszentrum:** le centre commercial

## Savoir faire

### Reconnaître les cas

→ **Reconnaître l'attribut du sujet** avec les verbes : *sein, bleiben, werden.*

→ **Ajouter la marque de cas imposée par la préposition :** *durch, für, gegen, ohne, um* + accusatif ; *aus, bei, mit, nach, seit, von, zu* + datif.

→ **Différencier le locatif du directif selon le sens du verbe :** un verbe exprimant une action dans un lieu appelle le locatif ; un verbe de déplacement, le directif.

## S'entraîner

→ Corrigés p. 291

### 1 ★ Donnez le cas du mot ou du groupe nominal souligné.

| | Nom. | Acc. | Dat. | Gén. |
|---|---|---|---|---|
| **1.** Ich danke dir für die Einladung. | ☐ | ☐ | ☐ | ☐ |
| **2.** Die Flasche Apfelsaft steht schon auf dem Tisch. | ☐ | ☐ | ☐ | ☐ |
| **3.** Die Geschäfte des Einkaufszentrums haben bis 21 Uhr offen. | ☐ | ☐ | ☐ | ☐ |
| **4.** Das Geschenk ist für dich. | ☐ | ☐ | ☐ | ☐ |
| **5.** Geh bitte an die Tafel! | ☐ | ☐ | ☐ | ☐ |
| **6.** Wir warten schon seit einer Stunde. | ☐ | ☐ | ☐ | ☐ |
| **7.** Lieber Freund! | ☐ | ☐ | ☐ | ☐ |
| **8.** Er denkt immer noch an seine Freundin. | ☐ | ☐ | ☐ | ☐ |
| **9.** Bei dem Wetter bleibe ich zu Hause. | ☐ | ☐ | ☐ | ☐ |

### 2 ★★ Pour chaque phrase, cochez la ou les réponse(s) possible(s).

**1.** Wovon träumst du? Ich träume von…
☐ **a.** langen Ferien ☐ **b.** lange Ferien ☐ **c.** eines schönen Wetters

**2.** Was bekommst du zum Geburtstag? Ich bekomme…
☐ **a.** einem Handy ☐ **b.** eine CD ☐ **c.** einigen Büchern

**3.** Mit wem hast du telefoniert? Das war mit…
☐ **a.** meine Großeltern ☐ **b.** meinem Freund ☐ **c.** meiner Freundin

**4.** Wer ist er denn? Das ist…
☐ **a.** einen neuen Schüler ☐ **b.** der Neue ☐ **c.** einem Österreicher

**5.** Wo wohnst du? Ich wohne…
☐ **a.** auf dem Land ☐ **b.** in die Stadt ☐ **c.** im Zentrum

**6.** Wie lange bleibst du in Wien?
☐ **a.** einer Woche ☐ **b.** einen Monat ☐ **c.** ein Jahr

**7.** Was brauchst du für die Schule? Ich brauche…
☐ **a.** ein Vokabelheft ☐ **b.** vielen Heften ☐ **c.** einige Bücher

**8.** Was gibt es heute?
☐ **a.** einen Apfelstrudel ☐ **b.** eine Obsttorte ☐ **c.** ein Schokoladenkuchen

### 3 ★★★ Complétez par *ich*, *mich* ou *mir*.

**1.** ........ geht es gut. Hoffentlich seid ihr alle gesund.

**2.** Ich habe Zeit. Erzählen Sie ........ alles!

**3.** ........ bin dran! Darf ........ anfangen?

**4.** Das Handy gehört ........ . Ich hatte es ja verloren.

**5.** Dieser Film interessiert ........ nicht.

**6.** Ruf ........ bitte morgen an! Jetzt habe ........ leider keine Zeit.

Auto évaluation Très bien ☐ Bien ☐ Pas assez bien ☐

# 2 Les déterminants

## Observer et retenir

Un nom est souvent précédé d'un déterminant portant une marque, selon sa fonction.
On en distingue deux types.

### ■ Type der, die, das

| Cas | Masculin | Féminin | Neutre | Pluriel |
|---|---|---|---|---|
| **Nominatif** | der Kopf | die Nase | das Gesicht | die Zähne |
| **Accusatif** | den Kopf | die Nase | das Gesicht | die Zähne |
| **Datif** | dem Kopf | der Nase | dem Gesicht | den Zähnen |
| **Génitif** | des Kopfes | der Nase | des Gesichtes | der Zähne |

### ■ Type ein, eine, ein

| Cas | Masculin | Féminin | Neutre | Pluriel |
|---|---|---|---|---|
| **Nominatif** | ein Arm | eine Hand | ein Bein | Ø Ohren |
| **Accusatif** | einen Arm | eine Hand | ein Bein | Ø Ohren |
| **Datif** | einem Arm | einer Hand | einem Bein | Ø Ohren |
| **Génitif** | eines Armes | einer Hand | eines Beines | Ø Ohren |

## Savoir faire

### ■ Identifier le type de déterminant, choisir le possessif et ajouter une marque

**→ Identifier le type de déterminant**

• Type ***der*** : certains déterminants portent les mêmes marques que *der, die, das*. Il s'agit de : *jeder, jede, jedes* (chaque, au singulier) ; *dieser, diese, dieses* (ce, cet) ; *kein* (pas, aucun, au pluriel) ; *alle* (tous) ; *viele* (beaucoup) ; *mehrere* (plusieurs) ; *manche* (certains) ; *einige* (plusieurs, quelques-uns) ; *beide* (les deux).

• Type ***ein***, ***eine***, ***ein*** : le possessif *mein, dein, sein…* ; *kein* au singulier.

**→ Choisir le possessif et ajouter une marque**

Le possessif est déterminé en fonction du possesseur (ou celui qui parle) et du genre de l'objet possédé.

*Das ist Theos Schultasche und hier ist Lisas Mantel.*

↓ ↙ ↓ ↙

*seine Schultasche* *ihr Mantel*

↗ ↖ ↗ ↖

se rapporte au possesseur (masc.) — se rapporte à l'objet (fém.) — se rapporte au possesseur (fém.) — pas de marque car l'objet est masculin

## S'entraîner

→ Corrigés p. 291

**1 ★★ Reliez le possesseur qui convient à chacun des vêtements suivants.**

1. seine Hose •
2. ihre Jeans •
3. sein Pulli •
4. ihr Mantel •
5. ihre Socken •
6. seine Schuhe •
7. sein T-Shirt •

• a. Sonja

• b. Max

**2 ★★ Complétez le tableau avec les marques des trois cas (accusatif, datif, génitif).**

| Nominatif | Accusatif | Datif | Génitif |
|---|---|---|---|
| *Das ist...* | *Siehst du... ?* | *Sag es... !* | *Das sind die Schulsachen...* |
| 1. meine Schwester | | | |
| 2. unsere Lehrerin | | | |
| 3. der Schüler | | | |
| 4. dieses Mädchen | | | |
| 5. ein Lehrer | | | |

**3 ★★★ Répondez aux questions en utilisant un possessif.**

1. Ist das Florians Jacke? Ja, das ist ........ Jacke.
2. Hast du Viktors Auto? Ja, ich habe ........ Auto.
3. Kaufst du Ninas CD? Ja, ich kaufe ........ CD.
4. Magst du Susis Kleid? Nein, ........ Kleid mag ich nicht.
5. Wie findest du Anjas Schuhe? ........ Schuhe sind klasse!
6. Sprichst du oft mit Lisas Bruder? Ja, mit ........ Bruder verstehe ich mich gut.
7. Kennst du Lisas Schwester? Nein, ........ Schwester habe ich noch nie gesehen.
8. Bist du Andreas' Sohn? Ja, ich bin ........ Sohn.
9. Wie heißt Evas Mann? ........ Mann heißt Robert.

**4 ★★★ Traduisez les phrases suivantes en allemand.**

1. Tous les élèves sont-ils là ?

..........................................................

2. Il a beaucoup de CD.

..........................................................

3. J'achète ces chaussures.

..........................................................

4. Karin téléphone à sa grand-mère.

..........................................................

Auto évaluation — Très bien ☐ Bien ☐ Pas assez bien ☐

# 3 L'adjectif épithète

## Observer et retenir

L'adjectif épithète est toujours placé devant le nom qu'il détermine et ne reste jamais invariable. On distingue deux types de groupes nominaux.

### Premier type

Au **type *der*, *die*, *das***, la marque de cas, genre et nombre est portée par le déterminant. Cinq marques sont possibles : ***-er*, *-en*, *-em*, *-(e)s*, *-e***. L'adjectif qui suit ne peut porter alors que deux marques : ***-e*** ou ***-en*** (-e dans 5 cas).

| Cas | Marques de l'adjectif épithète | | | |
|---|---|---|---|---|
| Nominatif | der rote Kuli | die blaue Tinte<br>eine blaue Tinte | das grüne Heft | die neuen Schulsachen |
| Accusatif | den roten Kuli<br>einen roten Kuli | die blaue Tinte<br>eine blaue Tinte | das grüne Heft | die neuen Schulsachen |
| Datif | dem roten Kuli<br>einem roten Kuli | der blauen Tinte<br>einer blauen Tinte | dem grünen Heft<br>einem grünen Heft | den neuen Schulsachen |
| Génitif | des roten Kulis<br>eines roten Kulis | der roten Tinte<br>einer roten Tinte | des grünen Heftes<br>eines grünen Heftes | der neuen Schulsachen |

### Second type

Pour le **groupe nominal avec un déterminatif sans marque visible (*ein/kein*) ou sans déterminatif**, c'est l'adjectif qui porte l'une des cinq marques : ***-er*, *-en*, *-em*, *-(e)s*, *-e*** (sauf au génitif masculin et neutre où les marques sont différentes de celles du type *der*) ; le nom prend également une marque dans certains cas (comme dans le type *der*).

| Cas | Marques de l'adjectif épithète | | | |
|---|---|---|---|---|
| Nominatif | starker Wind<br>ein starker Wind | gute Luft | kaltes Wasser<br>ein kaltes Wasser | starke Gewitter |
| Accusatif | starken Wind | gute Luft | kaltes Wasser<br>ein kaltes Wasser | starke Gewitter |
| Datif | starkem Wind | guter Luft | kaltem Wasser | starken Gewittern |
| Génitif | starken Windes | guter Luft | kalten Wassers | starker Gewitter |

## Savoir faire

### Différencier les types de déterminants

→ Le possessif *mein, dein, sein*… et *kein* suivent le modèle de *ein* au singulier et *die* au pluriel.

→ L'adjectif épithète suivra la déclinaison de type 2 après un numéral, après *viel(e), manche, einige, mehrere, solche, ein paar*. Mais il suivra la déclinaison de type 1 après *alle* (au pluriel), *dieser, jeder, welcher*.

## S'entraîner

→ Corrigés p. 291

**1 ★ Reliez chaque expression à sa traduction.**

| | |
|---|---|
| 1. tous les bons films • | • a. unsere nächste Reise |
| 2. notre prochain voyage • | • b. kein neuer Schüler |
| 3. les voitures allemandes • | • c. meine besten Freunde |
| 4. pas de nouvel élève • | • d. die typischen Kaffeehäuser |
| 5. beaucoup de touristes étrangers • | • e. viele fremde Touristen |
| 6. mes meilleurs amis • | • f. die deutschen Autos |
| 7. les cafés typiques • | • g. eure letzten Ferien |
| 8. vos dernières vacances • | • h. alle guten Filme |
| 9. des pays étrangers • | • i. moderne Städte |
| 10. des villes modernes • | • j. fremde Länder |

**2 ★ Reportez les marques en rose comme il convient sur les adjectifs.**

1. das gute Zeugnis → ein gut… Zeugnis
2. die lustigen Fotos → lustig… Fotos
3. der neue Lehrer → ein neu… Lehrer
4. die schönen Ferien → schön… Ferien
5. eine gute Reise → gut… Reise
6. meine liebe Oma → lieb… Oma
7. der nette Junge → ein nett… Junge
8. das rote Fahrrad → ein rot… Fahrrad

**3 ★★ Ajoutez -*e* ou -*en* selon les cas.**

1. Ich habe keinen groß… Hunger. Und du?
2. Ich wünsche dir einen gut… Appetit!
3. Darf ich den grün… Pulli anprobieren?
4. Lisa ist umgezogen. Hast du vielleicht ihre neu… Adresse?
5. Ich bin am siebzehnt… November geboren. Und du?
6. Wir wohnen im erst… Stock.
7. Meine neu… Nachbarin ist Deutschlehrerin.

**4 ★★★ Placez correctement dans le tableau les groupes nominaux de la liste suivante. Certains peuvent servir plusieurs fois.**

des billigen Drogeriemarktes – der neuen Apotheke – eine ruhige Straße – das größte Kaufhaus – die schönen Geschäfte – der zwei Modegeschäfte – den typischen Geschäften – dem kleinen Blumenladen – den alten Tabakladen – der nette Metzger – der großen Apotheke – dem berühmten Kaufhaus – des hohen Kaufhauses

| | Masculin | Féminin | Neutre | Pluriel |
|---|---|---|---|---|
| **Nominatif**<br>*Das ist…/Das sind…* | | | | |
| **Accusatif**<br>*Ich gehe in…* | | | | |
| **Datif**<br>*Wir sind in…* | | | | |
| **Génitif**<br>*Er ist der Verkäufer…* | | | | |

Auto évaluation  Très bien ☐  Bien ☐  Pas assez bien ☐

Allemand

# 4 La comparaison

## Observer et retenir

### Le comparatif

| | |
|---|---|
| **Infériorité** | ***nicht so* + adjectif + *wie***<br>*Er ist nicht so fleißig wie ich.* |
| **Égalité** | ***so* + adjectif + *wie***<br>*Er ist so fleißig wie ich.* |
| **Supériorité** | **adjectif en *-er* + *als***<br>*Er ist fleißiger als ich.* |

### Le superlatif

| | |
|---|---|
| **De l'adjectif épithète** | ***der, die, das* + adjectif en *-ste***<br>*Max ist der netteste der Klasse.* |
| **Déterminant le verbe** | ***am* + adjectif en -sten**<br>*Max mag ich am liebsten.* |

### Les irrégularités

- Les adjectifs en *-el*, *-en*, *-er* perdent le e inaccentué au comparatif de supériorité.
  *teuer* → *Es ist teurer als bei uns.*
- Il faut ajouter l'inflexion sur certains adjectifs d'une syllabe au comparatif et au superlatif : *alt* (vieux) ; *jung* (jeune) ; *kalt* (froid) ; *warm* (chaud) ; *dumm* (bête) ; *klug* (intelligent) ; *kurz* (court) ; *lang* (long) ; *krank* (malade) ; *gesund* (en bonne santé) ; *schwach* (faible) ; *stark* (fort) ; *arm* (pauvre) ; *hart* (dur) ; *scharf* (tranchant) ; *schwarz* (noir).
- **Les formes irrégulières :**
  *gut* (bien) → *besser, der beste ;*
  *hoch* (haut) → *höher, der höchste ;*
  *nah* (proche) → *näher, der nächste ;*
  *viel* (beaucoup) → *mehr, am meisten ;*
  *gern* (avec plaisir) → *lieber, am liebsten.*

**Vocabulaire**

**das Gewicht:** le poids — **die Zwillinge:** les jumeaux/jumelles — **das Studium:** les études
**die Autobahn:** l'autoroute — **der Gebrauchtwagen:** la voiture d'occasion — **das Fach(¨er):** la matière

## Savoir faire

### Employer le superlatif

→ Il peut être :
- **épithète :** *Das billigste Modell.*
- **attribut :** *Er ist der beste Schüler in Deutsch.*
- **déterminant du verbe :** *Was findest du am schönsten? Den blauen oder den grünen Pulli?*

→ Les adjectifs dont le radical se termine par *-d*, *-t*, *-s*, *-z*, *-sch* prennent un e intercalaire au superlatif : *Der netteste Lehrer ist unser Deutschlehrer.*

→ Lorsque la comparaison ne porte que sur deux personnes ou deux choses, on remplace le superlatif par le **comparatif de supériorité** : *Die ältere Schwester.*
Le comparatif permet aussi d'atténuer le sens de l'adjectif : *die älteren Leute.*

## S'entraîner

→ Corrigés p. 292

**1 ★ Regardez les bulletins de deux élèves ci-dessous, puis complétez les phrases par *so... wie – nicht so... wie – als*. (En Allemagne, le 1 est la meilleure note.)**

| | Klasse 8A |
|---|---|
| | Sophia VOGT |
| Deutsch | 2 |
| Französisch | 1 |
| Englisch | 2 |
| Mathematik | 5 |
| Physik | 3 |
| Geschichte | 3 |
| Geographie | 2 |

| | Klasse 8A |
|---|---|
| | Tim HIRT |
| Deutsch | 2 |
| Französisch | 5 |
| Englisch | 3 |
| Mathematik | 2 |
| Physik | 1 |
| Geschichte | 2 |
| Geographie | 3 |

1. Sophia ist in Deutsch .............. gut .............. Tim.
2. Sophia ist in Physik .............. .............. gut .............. Tim.
3. Sophias Note in Mathe ist schlimmer .............. Tims.
4. Sophia ist in diesem Fach schwächer .............. Tim.
5. In Geschichte ist Tim besser .............. Sophia.

**2 ★★ Transformez les phrases suivantes en utilisant le comparatif de supériorité, selon l'exemple.**

Ex. : Ida singt nicht so gut wie Beate. → Beate singt besser als Ida.

1. Auf der Landstraße darf ich nicht so schnell fahren wie auf der Autobahn.

Auf der Autobahn ....................................

2. Ein Gebrauchtwagen ist nicht so teuer wie ein neues Auto.

Ein neues Auto ....................................

3. Das Studium einer Sekretärin ist nicht so lang und nicht so schwierig wie das Studium eines Arztes.

Das Studium eines Arztes ............................

**3 ★★★ Indiquez vos préférences en utilisant un comparatif de supériorité ou un superlatif.**

1. Krimis – Romane – interessant finden *(comparatif de supériorité)*

Ich finde ....................................

2. Ferien am Meer – mir gut gefallen *(superlatif)*

Ferien am Meer gefallen............................

3. Hosen – Röcke – gern anziehen *(comparatif de supériorité)*

Ich ziehe....................................

4. Fisch – Fleisch – gern essen *(comparatif de supériorité)*

Ich esse ....................................

Auto évaluation Très bien ☐ Bien ☐ Pas assez bien ☐

Allemand

# 5 Le directif et le locatif

## Observer et retenir

### Les compléments de lieu

En allemand, on différencie deux types de compléments de lieu :
– le locatif désigne le lieu où l'on est, où l'on fait quelque chose, où quelque chose se passe. Il répond à la question : *wo?*
– le directif désigne le lieu où l'on va, un déplacement. Il répond à la question : *wohin?*

| | Locatif | Directif |
|---|---|---|
| Interrogatif | *Wo?* | *Wohin?* |
| Verbes employés | *sein, bleiben, wohnen, arbeiten, essen, stehen, liegen, sitzen* | *gehen, fahren, fliegen, stellen, legen, setzen* |
| Nom géographique | *in* (*in Berlin, in Deutschland, in der Schweiz*) | *nach* (*nach Deutschland, in die Schweiz*) |
| Lieu, bâtiment | *in* + datif (*in der Schule*) | *in* + accusatif / *zu* (*in die Schule/zur Schule*) |
| Lieu découvert, surface | *auf* + datif (*auf dem Markt*) | *auf* + accusatif (*auf den Markt*) |
| Personnes | *bei* (*bei meiner Tante*) | *zu* (*zu meiner Tante*) |
| À la maison | *zu Hause* | *nach Hause* |

**Remarque** Forme contractée : *in das = ins, zu dem = zum, zu der = zur.*

### Les verbes de position

L'allemand utilise des verbes différents selon que l'on est ou que l'on se met dans une position : assise (*sitzen/sich setzen*), couchée (*liegen/legen*), debout (*stehen/stellen*).

Vocabulaire

**der Weihnachtsmarkt:** le marché de Noël
**die Jugendherberge:** l'auberge de jeunesse
**übernachten:** passer la nuit
**der Bahnhof:** la gare

## Savoir faire

### Différencier les types de prépositions

→ Certaines prépositions sont toujours suivies du même cas, qu'il s'agisse de locatif ou de directif. C'est la préposition qui impose le cas (*bei, nach, zu* seront toujours suivis du datif).

→ D'autres prépositions permettant de localiser les personnes ou les objets dans l'espace peuvent être suivies de l'accusatif (pour un directif) ou du datif (pour un locatif) : *an, auf, in, hinter, neben, über, unter, zwischen, vor.*

## S'entraîner

➜ Corrigés p. 292

### 1 ★ Trouvez la suite logique des phrases suivantes en les reliant comme il convient.

1. Ich hänge meinen Mantel… •
2. Dein Wecker steht… •
3. Mein Regenmantel hängt… •
4. Was steht heute… •
5. Mein Sohn sitzt gerade… •
6. Leg dich… •

- • a. … vor dem Fernseher.
- • b. … auf die Terrasse!
- • c. … auf meinem Nachttisch.
- • d. … in die Garderobe.
- • e. … in der Zeitung?
- • f. … in dem Schrank.

### 2 ★★ Ajoutez, dans chaque groupe verbal, l'une des deux bases à l'infinitif : *fahren* ou *bleiben*.

1. nach Berlin ……………………………………
2. zu Hause ……………………………………
3. bei seinen Freunden ……………………………
4. zum Arzt ……………………………………
5. im Auto ……………………………………
6. in die Schweiz ……………………………………

### 3 ★★ Complétez le tableau en cochant les bonnes réponses.

| Wie komme ich bitte…? | | | | | Bist du noch…? | | | | | |
|---|---|---|---|---|---|---|---|---|---|---|
| in die | nach | zum | zu | | in der | in | zu | bei | beim | |
| | | | | Stadt | | | | | | Stadt |
| | | | | Hameln | | | | | | Hameln |
| | | | | Hause | | | | | | Hause |
| | | | | Flughafen | | | | | | Direktor |
| | | | | Bahnhof | | | | | | Opa |

### 4 ★★★ Complétez avec une préposition et/ou une marque de cas.

1. Gehst du am Samstag ……… Natasha ? Sie organisiert ein Fest ……… ihrem Garten.
2. Nach dem Konzert gehen wir oft ……… Café.
3. Heute bleibe ich leider ……… Hause. Ich muss noch lernen.
4. Die Kinder sitzen schon wieder ……… dem Fernseher.
5. Gehst du schon auf d……… Uni ?
6. Wo können wir übernachten? Vielleicht ……… der Jugendherberge oder lieber ……… dem Campingplatz?
7. Um wie viel Uhr ist dein Flug ……… Düsseldorf?
8. Leg bitte die Post ……… den Tisch!

Auto évaluation Très bien ☐ Bien ☐ Pas assez bien ☐

# 6 Le présent

## Observer et retenir

### Les différents types de verbes

| Verbes réguliers | Verbes dont le radical se termine par *-t*, *-d*, *-chn*, *-gn* | Verbes à préverbe séparable | Verbes à préverbe inséparable | Verbes dont le radical se termine par *-s*, *-z*, *-ss*, *-ß* |
|---|---|---|---|---|
| *machen*<br>*ich mache*<br>*du machst*<br>*er/sie/es macht*<br>*wir machen*<br>*ihr macht*<br>*sie/Sie machen* | *arbeiten*<br>*ich arbeite*<br>*du arbeitest*<br>*er/sie/es arbeitet*<br>*wir arbeiten*<br>*ihr arbeitet*<br>*sie/Sie arbeiten* | *aufwachen*<br>*ich wache auf*<br>*du wachst auf*<br>*er/sie/es wacht auf*<br>*wir wachen auf*<br>*ihr wacht auf*<br>*sie/Sie wachen auf* | *bekommen*<br>*ich bekomme*<br>*du bekommst*<br>*er/sie/es bekommt*<br>*wir bekommen*<br>*ihr bekommt*<br>*sie/Sie bekommen* | *heißen*<br>*ich heiße*<br>*du heißt*<br>*er/sie/es heißt*<br>*wir heißen*<br>*ihr heißt*<br>*sie/Sie heißen* |
| **Verbes en *-eln*, *-ern*** | **Verbes forts en *-e*** | **Verbes forts en *-a*** | **Verbes de modalité** | **Auxiliaire sein** |
| *sammeln*<br>*ich sammle*<br>*du sammelst*<br>*er/sie/es sammelt*<br>*wir sammeln*<br>*ihr sammelt*<br>*sie/Sie sammeln* | *geben*<br>*ich gebe*<br>*du gibst*<br>*er/sie/es gibt*<br>*wir geben*<br>*ihr gebt*<br>*sie/Sie geben* | *fahren*<br>*ich fahre*<br>*du fährst*<br>*er/sie/es fährt*<br>*wir fahren*<br>*ihr fahrt*<br>*sie/Sie fahren* | *können*<br>*ich kann*<br>*du kannst*<br>*er/sie/es kann*<br>*wir können*<br>*ihr könnt*<br>*sie/Sie können* | *sein*<br>*ich bin*<br>*du bist*<br>*er/sie/es ist*<br>*wir sind*<br>*ihr seid*<br>*sie/Sie sind* |

**Remarques** ▸ L'auxiliaire *haben* n'est irrégulier qu'aux 2e et 3e personnes du singulier : *du hast – er hat*.

Les **verbes de modalité** ont tous des formes irrégulières au singulier : pas de terminaison à la 1re et 3e personne et modification sur le radical (sauf *sollen*).

*dürfen → ich darf ; mögen → ich mag ; wollen → ich will ; müssen → ich muss.*

**Vocabulaire**

| | | | |
|---|---|---|---|
| **benutzen:** utiliser | **abnehmen:** maigrir | **werfen:** jeter | **verwechseln:** confondre |
| **lächeln:** sourire | **vergessen:** oublier | **einschlafen:** s'endormir | |

## Savoir faire

### Différencier un préverbe séparable d'un préverbe inséparable

→ Un verbe peut se présenter sous une forme simple ou avec un préverbe.

*kommen* → *ich komme*
*bekommen* → *ich bekomme*
*mitkommen* → *ich komme mit*

→ Certains préverbes sont **toujours inséparables** : *be-*, *emp-*, *ent-*, *er-*, *ge-*, *miss-*, *ver-*, *zer-*. Ils sont inaccentués et ne se détachent pas du verbe.

## S'entraîner

→ Corrigés p. 292

**1** ★ **Faites précéder chaque forme conjuguée d'un pronom personnel (il y a parfois plusieurs solutions).**

1. ...................... wäscht
2. ...................... isst
3. ...................... reitet
4. ...................... läuft
5. ...................... haltet
6. ...................... sollst
7. ...................... kann
8. ...................... trefft
9. ...................... seid
10. ...................... lest
11. ...................... klingle
12. ...................... lädt ein
13. ...................... rechnet
14. ...................... verlasst

**2** ★★ **Complétez le tableau ci-dessous. Les verbes en rose peuvent subir une modification de voyelle.**

| | du | er/sie/es | ihr |
|---|---|---|---|
| 1. müssen | | | |
| 2. benutzen | | | |
| 3. lächeln | | | |
| 4. abnehmen | | | |
| 5. vergessen | | | |
| 6. werfen | | | |
| 7. Rad fahren | | | |
| 8. einschlafen | | | |

**3** ★★★ **Conjuguez les verbes entre parenthèses dans les énoncés interrogatifs ci-dessous.**

1. (zeichnen) ...................... du gern?
2. Wie lange ...................... (warten) ihr schon?
3. Seit wann ...................... (kennen) du ihn?
4. Warum ...................... (antworten) du nicht?
5. ...................... (sprechen) er Deutsch und Französisch?
6. (tragen) ...................... du immer Jeans?
7. (sehen) ...................... du ihn noch?
8. ...................... (basteln) er manchmal am Wochenende?

Auto évaluation   Très bien ☐   Bien ☐   Pas assez bien ☐

Allemand

# 7 Le prétérit

## Observer et retenir

Le prétérit correspond au passé simple ou à l'imparfait.

| Auxiliaire *sein* | Auxiliaire *haben* | Verbes de modalité Modèle : *wollen* | Verbes faibles Modèle : *lächeln* | Verbes forts Modèle : *sprechen* |
|---|---|---|---|---|
| ich war | ich hatte | ich wollte | ich lächelte | ich sprach |
| du warst | du hattest | du wolltest | du lächeltest | du sprachst |
| er war | er hatte | er wollte | er lächelte | er sprach |
| wir waren | wir hatten | wir wollten | wir lächelten | wir sprachen |
| ihr wart | ihr hattet | ihr wolltet | ihr lächeltet | ihr spracht |
| sie waren | sie hatten | sie wollten | sie lächelten | sie sprachen |

Vocabulaire

**denken:** penser
**wissen:** savoir
**erlauben:** permettre
**antworten:** répondre
**zahlen:** payer

## Savoir faire

### Ajouter au radical les terminaisons du prétérit

→ **Verbes faibles :** radical + *-te, -test, -te, -ten, -tet, -ten.*

→ **Verbes de modalité :** mêmes terminaisons que les verbes faibles, mais ils perdent l'inflexion.

*Ich konnte, ich durfte, ich mochte, ich sollte, ich musste.*

→ **Verbes forts :** modification du radical et absence de terminaison aux 1re et 3e personnes du singulier → radical + Ø, ***-st***, Ø, ***-en***, ***-t***, ***-en***.

→ **Verbes faibles irréguliers :** changement de voyelle sur le radical et terminaisons des verbes faibles.

*denken → ich dachte, du dachtest, er dachte, wir dachten, ihr dachtet, sie dachten.*

→ **Verbe *wissen* :** *ich wusste, du wusstest, er wusste, wir wussten, ihr wusstet, sie wussten.*

→ Les verbes faibles dont le radical se termine par *-d*, *-t*, *-m*, *-n* intercalent un e entre le radical et la terminaison.

*ich zeichnete, du zeichnetest, er zeichnete.*

## S'entraîner

→ Corrigés p. 292

### 1 ★ Identifiez le type de verbe en cochant la case qui convient dans le tableau et donnez son infinitif.

| | Verbe faible | Verbe fort | Infinitif |
|---|---|---|---|
| **1.** Ich **traf** ihn jeden Samstag auf dem Markt. | | | |
| **2.** Meine Großmutter **erlaubte** mir fast alles! | | | |
| **3.** Früher **aßen** wir oft im Restaurant. | | | |
| **4.** Wir **fanden** ihn sehr lustig. | | | |
| **5.** Wir **verdienten** nicht viel. | | | |
| **6.** Er **verstand** kein Wort. | | | |
| **7.** Wir **spielten** sehr oft Tennis. | | | |
| **8.** Ich **stand** sehr früh **auf**. | | | |
| **9.** Er **hatte** viele Freunde. | | | |
| **10.** Das **war** eine schöne Zeit! | | | |

### 2 ★★ Ajoutez le pronom personnel qui convient devant chaque forme verbale.

**1.** ............ warteten

**2.** ............ zahlten

**3.** ............ waren

**4.** ............ probierte

**5.** ............ sprachst

**6.** ............ mochte

**7.** ............ hattet

**8.** ............ aß

**9.** ............ fuhren

**10.** ............ fanden

**11.** ............ erzählte

**12.** ............ bekamen

**13.** ............ las

**14.** ............ antwortetest

**15.** ............ wollte

### 3 ★★★ Transposez les phrases suivantes au prétérit.

**1.** Sie hat Fieber.

..................................................................

**2.** Wo bist du denn?

..................................................................

**3.** Ich habe keine Zeit.

..................................................................

**4.** Die Polizei ist schon da.

..................................................................

**5.** Wir sollen immer früh aufstehen.

..................................................................

**6.** Ich spiele sehr gut Fußball.

..................................................................

**7.** Wohnt ihr schon in Wien?

..................................................................

**8.** Es gibt keinen Streß.

..................................................................

Auto évaluation — Très bien ☐ Bien ☐ Pas assez bien ☐

# 8 Le parfait, le plus-que-parfait

## Observer et retenir

Le parfait est un temps composé d'un auxiliaire (*sein* ou *haben*) conjugué au présent et d'un participe II.

*Ich **bin** in die Stadt **gegangen**.* (Je suis allé en ville.)

*Ich **habe** mir eine CD **gekauft**.* (Je me suis acheté un CD.)

### Choix de l'auxiliaire

- On emploie ***sein*** avec :

– *sein, bleiben, werden* ;

– les verbes intransitifs qui expriment un changement d'état ou un changement de lieu.

- On emploie ***haben*** avec tous les autres verbes.

### La formation du participe II

| Type de verbe | Participe II |
|---|---|
| Verbe faible | ***ge*** + **radical** + ***-t*** (ou ***-et***)<br>*gelernt* |
| Verbe fort | ***ge*** + **radical** (souvent modifié) + ***-en***<br>*getrunken* |
| Verbe à préverbe séparable | **préverbe** + ***-ge*** + **radical** + ***-t/-en***<br>*aufgemacht/mitgenommen* |
| Verbe à préverbe inséparable<br>(*be-, emp-, ent-, er-, ge-, miß-, ver-, zer-*) | **préverbe** + **radical** + ***-t/-en***<br>*entdeckt/bekommen* |
| Verbe en *-ieren* | **radical** + ***-t***<br>*fotografiert* |

### Le plus-que-parfait

Au plus-que-parfait, on conjugue l'auxiliaire *haben* ou *sein* au prétérit.

*Es **hatte** viel **geschneit** und ich wollte zu Hause bleiben.*

(Il avait beaucoup neigé et je voulais rester à la maison.)



## Savoir faire

### Reconnaître les formes du parfait

→ Certains verbes faibles sont irréguliers au parfait. Leur participe II se termine par ***-t*** comme un verbe faible, mais leur radical est modifié.

*bringen → Er hat gebracht.*

→ Un verbe de modalité employé au parfait a très souvent une forme d'infinitif (au lieu du participe II) : il est souvent utilisé avec un autre verbe à l'infinitif. Il en est de même pour les verbes *lassen, hören, sehen*.

*Ich kann nicht. → Ich habe nicht **gekonnt**.*

*Ich kann nicht kommen. → Ich habe nicht kommen **können**.*

## S'entraîner

→ Corrigés p. 292

**1** ★ **Classez les verbes suivants en trois listes en écrivant leur infinitif dans la colonne correspondante.**

eingeschlafen – geschickt – gebracht – verstanden – betrachtet – verkauft – gesehen – gegangen – gewesen – gedacht – ferngesehen – geputzt – repariert – gelaufen – getanzt – gekannt

| Verbes faibles | Verbes faibles irréguliers | Verbes forts |
|---|---|---|
| | | |

**2** ★ **Complétez par *ge-* ou Ø.**

**Er hat**...

1. .....kritisiert
2. .....verkauft
3. .....öffnet
4. .....erzählt
5. .....bemerkt
6. .....probiert
7. .....versucht
8. .....begleitet
9. .....bezahlt
10. .....trunken
11. .....repariert
12. .....telefoniert

**3** ★★ **Lisez l'emploi du temps de Lisa et reportez les participes II dans son récit.**

geduscht – aufgestanden – gehabt – gewesen – gesagt – gehört – gegangen – gefrühstückt – gefahren – angezogen

Heute bin ich um acht .......... . Ich habe meinen Wecker nicht .......... . Ich bin ins Bad .......... und habe schnell .......... . Ich habe mich warm .......... . Ich habe mit der Familie .......... und ich bin dann mit meinem Vater zur Schule .......... . Natürlich bin ich zu spät .......... . Der Lehrer hat aber nichts .......... . Ich habe ja Glück .......... .

**4** ★★ **Complétez les phrases suivantes par l'auxiliaire *sein* ou *haben* pour conjuguer les verbes au parfait.**

1. Ich .............. zu wenig geschlafen; deswegen bin ich schlecht gelaunt.
2. ........ es gestern auch bei dir geregnet?
3. Wie ........ dir das Essen geschmeckt?
4. Wer ........ so spät angerufen?
5. ........ du dein Zimmer aufgeräumt?
6. ........ du deinen Pass wieder gefunden?
7. ........ du mit dem ICE von 14 Uhr gefahren?

**5** ★★★ **Complétez la carte qu'a envoyée Karin de Berlin. Il manque les auxiliaires du parfait et des participes II.**

Hallo Opa und Oma,

ich ................ gestern in Berlin ................ (*ankommen*). Wir ................ in einer Jugendherberge ................ (*schlafen*). Ich ................ um 7. ................ (*aufwachen*). Wir ................ eine Stadtrundfahrt ................ (*machen*). Ich ................ einige Geschenke für die Familie ................ (*kaufen*) und eine Überraschung für euch ................ (*finden*).

Ein dickes Bussi!

Eure Karin.

Auto évaluation — Très bien ☐ Bien ☐ Pas assez bien ☐

# 9 Werden

## Observer et retenir

### Werden associé à un adjectif ou un nom

*Werden* ne s'emploie jamais seul. Il traduit l'idée d'une évolution (par opposition à *sein* qui traduit un état).

*Ich werde faul. Du wirst dick. Er wird Arzt. Sie wird Deutschlehrerin. Es wird immer wärmer. Wir werden langsam hungrig. Ihr werdet müde. Sie/sie werden ganz braun.*

### Werden associé à un infinitif

Associé à un infinitif, *werden* est l'auxiliaire du futur. Le futur de l'indicatif est un temps composé : l'élément conjugué est l'auxiliaire *werden* au présent, l'élément non conjugué est l'infinitif du verbe que l'on veut mettre au futur.

*Ich werde dich besuchen.* (Je te rendrai visite.)

### Werden associé à un participe II

Le passif se forme à l'aide de l'auxiliaire *werden* et du participe II du verbe.
On conjugue l'auxiliaire *werden* au présent, au prétérit ou au parfait.

Groupe infinitif : *aufgeweckt werden* (être réveillé).
Énoncé déclaratif : *Ich werde aufgeweckt.* (Je suis réveillé = on me réveille.)

**Vocabulaire**

**ungeduldig:** impatient
**die Fremdsprache:** la langue étrangère
**wählen:** choisir
**die Zutaten:** les ingrédients

## Savoir faire

### Employer *werden*

**→ Utiliser les formes du passif**

Le passif (*werden* + participe II) est une forme plus fréquente en allemand qu'en français. Il peut se traduire par « on ». On l'utilise aussi pour donner un ordre ou interdire quelque chose.

*Hier wird nicht geraucht.* (Il est interdit de fumer.)

| Temps du passif | Formes du passif |
|---|---|
| Présent | *Das Haus wird gebaut.* |
| Prétérit | *Das Haus wurde gebaut.* |
| Parfait | *Das Haus ist gebaut worden.* |

**→ Ajouter un complément d'agent**

Le complément d'agent est introduit par *von* + **datif** (s'il est la cause de l'action) et par *durch* + **accusatif** (s'il n'en est que l'intermédiaire).

*Wien wurde durch Bomben zerstört.* (Vienne a été détruite par les bombes.)

## S'entraîner

➜ Corrigés p. 292

### 1 ★ Distinguez les emplois de *werden* en cochant la case qui convient.

| | Futur | Passif |
|---|---|---|
| **1.** Unsere Freunde werden leider nicht kommen. | ☐ | ☐ |
| **2.** Das werde ich nie vergessen. | ☐ | ☐ |
| **3.** Er wird oft von den anderen ausgelacht. | ☐ | ☐ |
| **4.** Die Adresse wurde mir durch E-Mail geschickt. | ☐ | ☐ |
| **5.** Der Bundeskanzler wird alle vier Jahre gewählt. | ☐ | ☐ |
| **6.** Die Berliner Mauer wurde am 9. November 1989 geöffnet. | ☐ | ☐ |
| **7.** Das Essen ist fertig! Jetzt wird gegessen. | ☐ | ☐ |
| **8.** Ich werde später noch einmal anrufen. | ☐ | ☐ |

### 2 ★★ À l'aide des éléments donnés, formez des phrases au futur.

**1.** alle Leute/ein Handy haben Im Jahre 2030 ................................................................

**2.** jeder/seinen eigenen Computer haben Im Jahre 2030 ................................................

**3.** alle Autos/mit umweltfreundlichem Benzin fahren Im Jahre 2030 ................................

**4.** meine Schwester Anja/12 Jahre alt sein Im Jahre 2030 ................................................

**5.** wir/einen neuen Bürgermeister haben Im Jahre 2030 ................................................

**6.** Ich/eine Familie haben Im Jahre 2030 ................................................................

### 3 ★★★ Complétez la recette des escalopes viennoises (*Wiener Schnitzel*) par les formes de passif présent qui conviennent.

Das richtige Wiener Schnitzel ........... vom Kalb ........... (*machen*).

Für 4 Portionen: etwa 140-160 g. Fleisch.

Zutaten: Mehl – 2 Eier – Öl – Semmelbrösel

Die Schnitzel ........... gesalzen, bemehlt und durch die verschlagenen Eier gezogen.

Danach ........... sie in Semmelbrösel eingehüllt.

Dann ........... die Schnitzel bei niedriger Hitze gold-gelb gebacken.

Sie ........... mit Zitronenspalten ........... (*garnieren*).

Dazu kommen Kartoffeln und Salat.

Guten Appetit!

Auto évaluation — Très bien ☐ Bien ☐ Pas assez bien ☐

# 10 La proposition subordonnée

## Observer et retenir

Dans la subordonnée, le **verbe conjugué** est en **dernière position**, comme dans le groupe verbal à l'infinitif. La subordonnée est séparée par une **virgule**.

| Type de subordonnée | Exemples |
|---|---|
| **Interrogation globale** | Frag ihn, **ob** er mitkommen möchte. *(si)* |
| **Interrogation partielle** | Ich weiß nicht, **wie** er heißt. *(comment)* |
| **Conjonctives** | Ich glaube, **dass** er schläft. *(si)*<br>Ich kann nicht zu dir, **weil** wir Besuch haben. *(parce que)*<br>**Da** ich müde war, bin ich im Film eingeschlafen. *(comme)*<br>**Obwohl** es spät ist, rufe ich doch an. *(bien que)*<br>**Als** ich jung war, wohnte ich auf dem Land. *(lorsque)*<br>**Wenn** ich Zeit habe, bastle ich gern. *(quand – répétition)*<br>**Wenn** ich Zeit hätte, würde ich öfters Tennis spielen. *(si – conditionnel)* |
| **Infinitive** | Ich darf nicht vergessen, Brot **zu** kaufen. *(de)*<br>Ich spare Geld, **um** mir ein Auto **zu** kaufen. *(pour)*<br>Er macht es allein, **ohne** mich **zu** fragen. *(sans)*<br>**Anstatt** fern**zu**sehen, solltest du deine Hausaufgaben machen. *(au lieu de)* |
| **Relative** | Das T-Shirt, **das** du mir gekauft hast, ist zu klein. *(pronom relatif en d-)* |

**Vocabulaire**

**der Stammgast:** le client habitué
**der Austausch:** l'échange
**lügen:** mentir
**die Kneipe:** le bistrot
**trampen:** faire du stop
**der Unfall:** l'accident

## Savoir faire

### Choisir le pronom relatif

→ Le pronom relatif s'accorde en genre et en nombre avec son antécédent, mais prend la marque voulue par sa fonction dans la subordonnée.

*Bist du das Mädchen, **das** erst im Januar angekommen ist?*

Antécédent : neutre sing. Fonction : sujet du verbe *ankommen*

Le pronom relatif est donc au nominatif neutre singulier.

→ Les formes sont les mêmes que l'article *der, die, das* au nominatif et à l'accusatif singulier et pluriel, ainsi qu'au datif singulier.

| Pronom relatif | Masculin | Féminin | Neutre | Pluriel |
|---|---|---|---|---|
| **Nominatif** | der | die | das | die |
| **Accusatif** | den | die | das | die |
| **Datif** | dem | der | dem | **denen** |
| **Génitif** | **dessen** | **deren** | **dessen** | **deren** |

## S'entraîner

➜ Corrigés p. 292

**1** ★ **Trouvez la suite logique des phrases suivantes en les reliant comme il convient.**

| | |
|---|---|
| 1. Können Sie mir sagen, … • | • a. … gehen wir in eine Pizzeria. |
| 2. Bist du sicher, … • | • b. … in der du Stammgast bist? |
| 3. Seit wir uns kennen, … • | • c. … war ich am Telefon. |
| 4. Als du bei mir geklingelt hast, … • | • d. … die einen Austausch machen möchte? |
| 5. Kennst du eine Schule, … • | • e. … wo die Post ist? |
| 6. Wir freuen uns sehr, … • | • f. … sind wir die besten Freunde. |
| 7. Wenn du einverstanden bist, … • | • g. … dass er lügt? |
| 8. Wo ist die Kneipe, … • | • h. … euch kennen zu lernen. |

**2** ★★ **Complétez les phrases suivantes avec le pronom relatif qui convient.**

1. Kennst du den Sänger, ........... wir hier auf dem Bild sehen?

2. Wie findest du die Schuhe, ........... ich mir gekauft habe?

3. Ich habe schon die CD, ........... du so gern hören wolltest!

4. Der Junge, ........... ich gegrüßt habe, war letztes Jahr in meiner Klasse.

5. Hast du die Note der Klassenarbeit, ........... du letzte Woche geschrieben hast?

6. Ich bekomme endlich den Brief, auf ........... ich schon seit einem Monat warte.

7. Die Geschichte, ........... du mir erzählt hast, ist wirklich blöd!

8. Der Unfall, ........... gestern passiert ist, war sehr schlimm.

**3** ★★★ **Reformulez les subordonnées en remettant les éléments en italique dans l'ordre.**

1. Ich weiß nicht, *sie – ob – hat – Geschwister.*

.....................................................................................................................

2. Findest du nicht, *meine Hose – dass – ist – zu kurz ?*

.....................................................................................................................

3. Er hat mir versprochen, *die Wahrheit – sagen – zu – das nächste Mal.*

.....................................................................................................................

4. Wir fahren immer mit dem Zug, *mein Vater – weil – nicht gern – Auto fährt.*

.....................................................................................................................

5. Du kannst immer zu uns kommen, *du – wenn – hast – Lust.*

.....................................................................................................................

Auto évaluation Très bien ☐ Bien ☐ Pas assez bien ☐

# 1 Unité et diversité des êtres humains

## Observer et retenir

### Inné ou acquis

- Au sein d'une famille, certains caractères se transmettent entre générations. Ils sont dits **héréditaires**. Ils constituent la part de l'**inné** chez un individu.
- D'autres caractères ne sont ni hérités ni transmissibles. Ils constituent la part de l'**acquis** chez un individu.

### Transmission du patrimoine génétique

- La **transmission** des caractères héréditaires est étudiée au travers des **arbres généalogiques**.

Ces arbres sont construits selon un code spécifique :

garçon non atteint par le caractère □ — fille non atteinte par le caractère ○

garçon présentant le caractère étudié ■ — fille présentant le caractère étudié ●

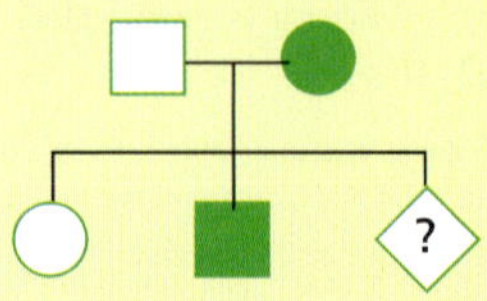


- Dans cet arbre généalogique, la mère porte le caractère étudié. Son mari (le carré relié par un trait horizontal) n'exprime pas ce caractère. Ils ont trois enfants : une fille aînée non atteinte, un fils cadet atteint et un enfant à venir (symbolisé par le losange car de sexe non connu), sans doute objet de l'établissement de cet arbre généalogique.

## Savoir faire

### Commenter une photographie

Une description détaillée et argumentée d'une photographie (comme d'une figure ou d'un schéma) doit permettre à un auditeur ne voyant pas l'image de se la représenter mentalement et fidèlement.

→ **Choisir les éléments à mettre en évidence :** il faut tenir compte de l'environnement, du sujet, de la raison du choix de l'image. Ici, on voit quatre personnes : un homme, une femme et deux adolescents.

→ **Tenir compte de l'échelle :** pour une image de détail, donner le grossissement, préciser le microscope utilisé. Sinon, indiquer la nature de l'image ; ici, il s'agit d'une photographie.

→ **Être précis dans son commentaire :** décrire l'image dans son ensemble avant de passer à l'étude plus détaillée : les enfants ressemblent aux adultes.

→ **Émettre des hypothèses :** l'hypothèse est que ces personnes appartiennent à la même famille. L'analyse des couleurs de la peau, des cheveux, des yeux, de la forme des traits du visage permet de valider cette hypothèse.

## S'entraîner

→ Corrigés p. 292

### 1 ★ Cochez la case qui convient.

| | Vrai | Faux |
|---|---|---|
| **1.** Tous les caractères physiques d'un individu sont héréditaires. | ☐ | ☐ |
| **2.** Avoir une musculature développée est un caractère héréditaire. | ☐ | ☐ |
| **3.** Le bronzage est un caractère acquis. | ☐ | ☐ |
| **4.** La forme du nez est un caractère héréditaire. | ☐ | ☐ |

### 2 ★★ Lucile a les yeux de sa mère, le menton de son père, le nez de son arrière-grand-mère maternelle, se décolore les cheveux et a un corps musclé. Elle a des poils sur la deuxième phalange des doigts, roule sa langue en U comme son cousin Pierre. Elle a la peau bronzée et un grain de beauté au milieu du dos.

**1.** Donnez, en justifiant votre réponse, les caractères héréditaires cités ci-dessus.

.......................................................................................................................

**2.** Donnez, en justifiant votre réponse, les caractères non héréditaires cités ci-dessus.

.......................................................................................................................

**3.** Quels sont les caractères héréditaires que Lucile peut partager avec son cousin Pierre, neveu de son père ? Pourquoi ?

.......................................................................................................................

### 3 ★★★ Analyse d'un arbre généalogique

**Transmission de l'hémophilie**
**(maladie de coagulation du sang qui ne touche que les garçons)**

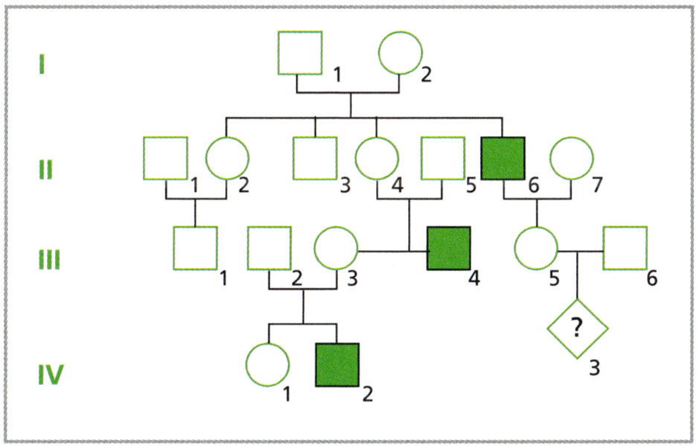


**1.** En suivant le code établi, quelles sont les personnes atteintes ?

.......................................................................................................................

**2.** La transmission est-elle héréditaire ?

.......................................................................................................................

**3.** L'enfant à naître (IV3) peut-il être hémophile ?

.......................................................................................................................

**Auto évaluation** Très bien ☐ Bien ☐ Pas assez bien ☐

# 2 Les chromosomes, supports de l'information génétique

## Observer et retenir

### Localisation du patrimoine génétique dans la cellule eucaryote

- Chaque cellule eucaryote contient un noyau.
- Les caractères héréditaires, codés par les **gènes**, sont contenus dans le **noyau** qui possède toutes les informations nécessaires à la construction et à la vie de l'organisme.

### Le matériel génétique est sous forme de chromosomes

- Les **chromosomes** sont des filaments composés d'ADN. L'ADN est le support de l'information génétique, unique à chaque individu. Toutes les cellules d'un organisme proviennent des divisions successives de la cellule œuf initiale, donc elles possèdent le même ADN.
- Dans les cellules, chaque gène existe en deux versions (une qui s'exprime, une qui ne s'exprime pas) portées par deux chromosomes. Les chromosomes d'une cellule peuvent être classés au sein d'un caryotype selon leur taille ou forme.
- L'espèce humaine a 23 paires de chromosomes, la 23e paire étant spécifique du sexe de l'individu (XX chez la femme, XY chez l'homme). Si un chromosome est surnuméraire (22 paires et un triplet), on parle de trisomie.

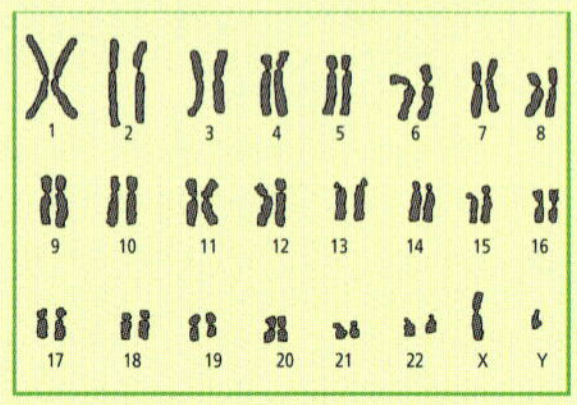


## Savoir faire

### Réaliser un schéma explicatif à partir d'une photographie

**Cellule de glande salivaire de chironome (× 680)**

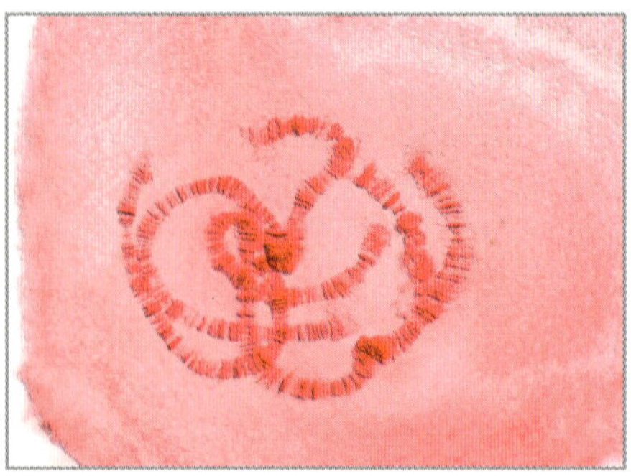

© ISM.

**Schéma**

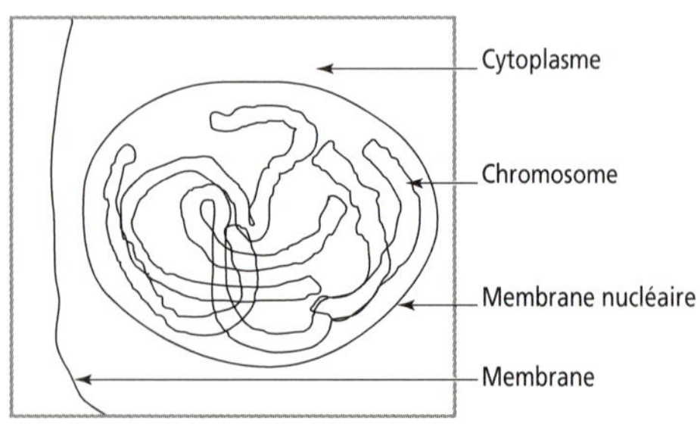


Cellule de glande salivaire de chironome (x 680)

→ Le schéma doit être réalisé au crayon de papier et doit rendre compte fidèlement de l'objet étudié : taille, proportions entre les éléments constitutifs de l'objet, disposition des éléments les uns par rapport aux autres.

→ Il doit être légendé : la légende est notée de part et d'autre du schéma au bout de flèches désignant précisément le sujet de la légende. Le titre, en dessous du schéma, est souligné. L'échelle se trouve à côté du titre, entre parenthèses.

SVT

## S'entraîner

→ Corrigés p. 293

**1** ★ **Associez correctement les débuts et les fins de phrases proposés.**

1. Le noyau •
2. Le chromosome •
3. Dans la cellule, le cytoplasme qui baigne le noyau •
4. Après une division, chaque cellule fille •

• a. ne contient pratiquement pas d'information génétique.
• b. a la même information génétique.
• c. est le support moléculaire de l'information génétique.
• d. contient l'information génétique de la cellule.

**2** ★★ **Une cellule intestinale est prélevée chez un crapaud albinos. Dans la ponte de crapauds bruns, un œuf est retiré du lot. Son noyau est prélevé avec une micro-pipette et remplacé par celui de la cellule intestinale. L'œuf se développe ensuite normalement en têtard, puis en crapaud albinos.**

1. Que nous apprend cette expérience ? Justifiez.

.......................................................................

2. Que se passerait-il si, après avoir été énucléé, un œuf de crapaud albinos avait été transplanté avec un noyau de cellule buccale de crapaud brun ?

.......................................................................

**3** ★★★ **Grâce au colorant de Feulgen, on peut visualiser sur cette coupe de racine d'oignon les cellules et les chromosomes.**

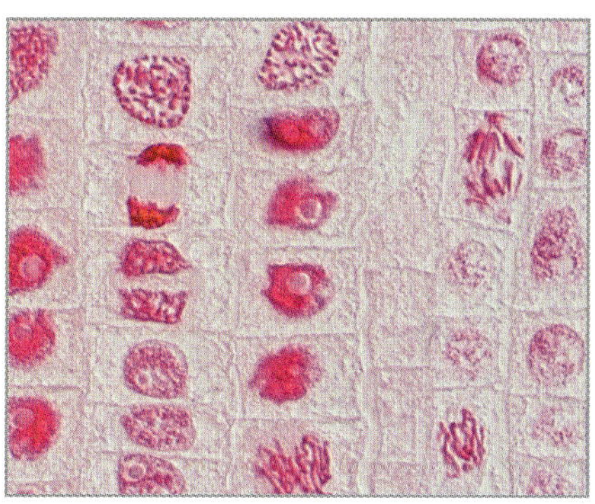

© Hervé Conge.

1. Entourez sur la photo les cellules en division. Justifiez votre choix.

.......................................................................

2. Dans les cellules qui ne sont pas en division (en interphase), sous quelle forme sont les chromosomes ? Où sont-ils localisés ?

.......................................................................

**4** ★★★ **Hématies et protéines**

Toutes nos cellules possèdent la même information génétique. Toutefois, les globules rouges (ou hématies) sont dépourvus de noyau. Ils sont incapables de se diviser et vivent en moyenne 120 jours. Ces cellules prennent naissance à partir de cellules souches nucléées de la moelle osseuse.
À la surface des hématies, des molécules s'expriment. Un gène situé sur le bras long des chromosomes de la paire n° 9 permet l'expression des groupes sanguins : la version du gène *a* permet l'expression de la molécule A, la version *b* celle de la molécule B. Le groupe sanguin AB est dû à l'expression conjointe des deux gènes. Le groupe O est dû à l'absence de ces deux gènes.
Un homme de groupe sanguin A a un enfant avec une femme de groupe sanguin B. Quels seront les groupes sanguins possibles pour leurs enfants ? Pour leurs ascendants ?

.......................................................................

.......................................................................

.......................................................................

.......................................................................

.......................................................................

.......................................................................

**Auto évaluation** Très bien ☐ Bien ☐ Pas assez bien ☐

# 3 La transmission des chromosomes et des gènes

## Observer et retenir

### Transmission des chromosomes

- Le stock d'ADN d'une cellule « mère » est copié à l'identique et se répartit de façon égale entre les deux cellules « filles ». Chaque chromosome, formé de deux brins d'ADN identiques, se sépare en deux : un brin par cellule fille.
- La première cellule de l'organisme, la cellule œuf, contient 46 chromosomes (répartis en 23 paires) et est issue de la fécondation d'un ovule par un spermatozoïde. Dans chaque paire, un chromosome provient du père de l'individu et l'autre de sa mère.

**Représentation schématique d'un chromosome**

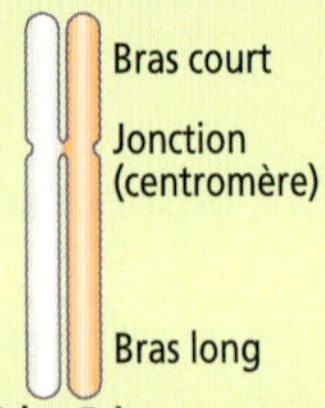


**Vocabulaire**

**Gamètes :** cellules spécialisées en vue de la reproduction dans le transport de la moitié de notre information génétique, dans la fécondation et le développement du jeune embryon.

## Savoir faire

### Construire un graphique

**Variation de la quantité d'ADN lors de la formation des gamètes**

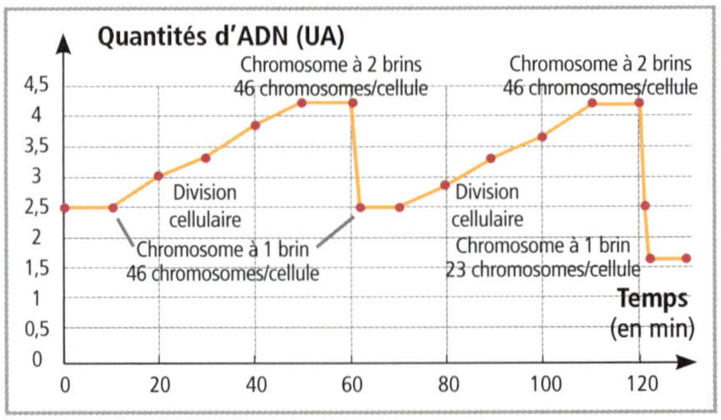


Le graphique permet de faciliter l'observation et l'interprétation d'un phénomène biologique. Il se construit tel que :

- les axes (abscisse et ordonnée) sont définis : ici, la quantité de matériel chromosomique est représentée en fonction du temps ;
- l'échelle sur chaque axe est facile à manier et ne nécessite pas l'utilisation de la calculatrice pour effectuer des conversions ;
- chaque axe est légendé ; les unités de mesure doivent également figurer ;
- chaque donnée doit être facilement repérable sur le graphique par une croix ;
- les points doivent être reliés entre eux dans le cas d'une expérience dans le temps ;
- un titre accompagne le graphique et, si nécessaire, des commentaires sur le graphique.

## S'entraîner

→ Corrigés p. 293

### 1 ★ Parmi ces cinq affirmations, certaines sont exactes, d'autres erronées. Retrouvez ces dernières et expliquez pourquoi elles sont fausses.

**1.** La 23e paire de chromosomes est dite « paire de chromosomes sexuels ».

**2.** Un homme peut avoir plus de 46 chromosomes sans séquelles.

**3.** On peut réaliser un caryotype à partir de n'importe quelle cellule.

### 2 ★ Combien y a-t-il de chromosomes dans les cellules de ces êtres vivants ?

L'espèce humaine possède 4 chromosomes de plus que le blé, 14 de plus que la poule, 42 de plus que le ver Ascaris, 24 de plus que le haricot, 2 chromosomes de plus que la baleine, 8 de plus que le chat, 38 de plus que la mouche, 2 de moins que la pomme de terre.

### 3 ★★ Dès la 8e semaine de grossesse, on sait prélever des cellules fœtales par amniocentèse. On peut alors réaliser un caryotype.

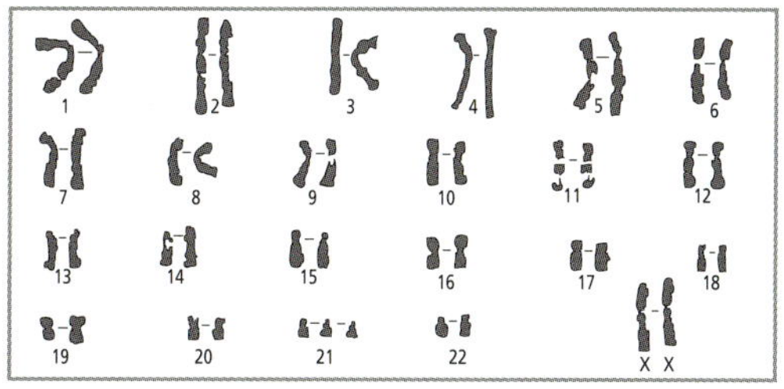


**1.** Quel est le sexe du fœtus ? Pourquoi ?

**2.** Quelle est l'anomalie de ce caryotype ?

**3.** Comment s'appelle cette anomalie ? Quelles sont les caractéristiques des personnes atteintes ?

### 4 ★★ Variation de la quantité d'ADN

**1.** Dessinez le graphe correspondant aux valeurs données.

| Quantité d'ADN (unités arbitraires) | 1 | 1 | 1,3 | 1,5 | 1,8 | 2 | 2 | 1 | 1 | 1 | 1,2 | 1,5 | 1,7 |
|---|---|---|---|---|---|---|---|---|---|---|---|---|---|
| Temps (min) | 0 | 10 | 20 | 30 | 40 | 50 | 60 | 62 | 70 | 80 | 90 | 100 | 1 |

**2.** Situez la ou les division(s) cellulaire(s) sur ce graphique. Que se passe-t-il lors de ces divisions et entre les divisions ?

**3.** Évaluez la durée qui sépare deux divisions et le temps nécessaire pour former 32 cellules à partir de la cellule initiale.

### 5 ★★★ Un œuf donne un individu atteint du syndrome de Klinefelter (XXY). Qu'est-il arrivé lors de la formation d'un des deux gamètes impliqués dans cette fécondation ?

Auto évaluation Très bien ☐ Bien ☐ Pas assez bien ☐

# 4 Reconstitution de l'histoire de la Terre

## Observer et retenir

En analysant la nature des roches présentes dans un site étudié, le géologue peut reconstituer l'histoire de ce site : milieu naturel présent, type d'êtres vivants, conditions de température et de pression auxquelles ont été soumises les roches, etc.

### Les roches sédimentaires des archives du passé

Selon le principe de l'**actualisme**, les mêmes conditions de milieu aboutissent à des roches sédimentaires similaires. Par l'étude des dépôts sédimentaires actuels, les géologues retrouvent les conditions de dépôts anciens. Les fossiles, restes ou traces dans les roches d'êtres vivants du passé, apportent des informations sur leurs milieux de vie, par comparaison avec leurs descendants ou cousins.

### Intérêt des fossiles

- Les **fossiles de faciès** permettent de reconstituer des successions de milieux lacustres, marins, lagunaires, terrestres lors de cycles de régression-transgression marines. Ainsi, des calcaires à Limnées et Planorbes (gastéropodes) sont la trace de milieux lacustres, des calcaires coralliens (coraux) et des argiles sont la preuve de milieux lagunaires ; les Turitelles (gastéropodes) sont la preuve d'une vie marine, encore aujourd'hui.
- Les **fossiles stratigraphiques** (comme des foraminifères) permettent de dater ces événements, car ils ont une répartition mondiale vaste, mais une courte durée de vie à l'échelle des temps géologiques.

**Vocabulaire**

**Faluns :** roches riches en coquillages fossiles.
**Transgression :** avancée de la mer sur le continent.

## Savoir faire

### Utiliser une clé de détermination

Diverses clés de détermination peuvent vous être proposées, souvent sous la forme de dichotomies : une question, deux réponses possibles. Un des premiers critères à établir est la taille du fossile. Si elle est supérieure à 1,2 cm, alors on obtient le schéma ci-contre.

Le fossile a

- une coquille ou un test
  - une seule pièce ?
    - une forme d'escargot
      - loges — mollusque céphalopode (Nautile)
      - pas de loge — mollusque gastéropode
    - une forme de boule ou de cœur — échinoderme (oursin)
    - une forme de tube avec rayons — restes de coraux (cnidaires)
  - deux coquilles (ou moulage interne)
    - deux coquilles similaires — mollusques lamelibranche (bivalve)
    - une coquille plus petite que l'autre avec un crochet — brachiopode
- une carapace — arthropode (crustacé)
- des empreintes de tronc, feuilles... — végétal terrestre
- des restes osseux, dents... — vertébré

## S'entraîner

→ Corrigés p. 293

**1 ★ Utilisez une clé de détermination pour identifier les fossiles suivants : vue de profil d'une coque, d'un brachiopode.**

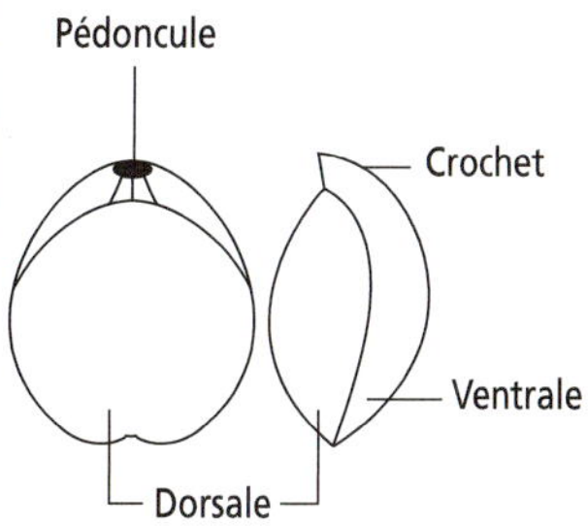

.............................................................

**2 ★★ Dans les séries marno-calcaires au sud de l'Espagne, des foraminifères planctoniques sont échantillonnés et datés. Quatre cas de figure se présentent :**

**a.** *Pseudoguembellina* est abondante avant 65 Ma, *Globotruncanella havanensis* est présente jusqu'à 65 Ma, ces deux espèces disparaissent il y a 65 Ma.

**b.** *Globigerina edita* apparaît il y a 65 Ma et reste présente ensuite.

**c.** *Globigerina fringa* apparaît il y a 65 Ma et disparaît 1 Ma après.

**d.** *Guembelitria* est présente de façon constante, avec un pic d'abondance vers 66 Ma.

**1.** À quelle date se situe un changement net de population des foraminifères ? ....................

**2.** À cette date, d'autres êtres vivants disparaissent : dinosaures, ammonites, rudistes. Quel terme caractérise cette période ?

.............................................................

**3.** Dans les sédiments de cette époque, des traces d'iridium sont trouvées (par exemple en France, sur les plages de Bidart). Par ailleurs, un volcanisme intense a eu lieu dans le Deccan (Inde). Proposez des hypothèses pour justifier cette extinction massive d'espèces.

.............................................................

.............................................................

**4.** Quels sont les fossiles stratigraphiques de cette liste ? Justifiez votre réponse.

.............................................................

.............................................................

**3 ★★★ Exploitation d'une coupe géologique**

Une coupe géologique est réalisée sur la réserve géologique de Léognan-Saucats (33). Cette falaise en bord de rivière montre une succession de couches différentes sur 5 m d'épaisseur, datées de 19,5 Ma.

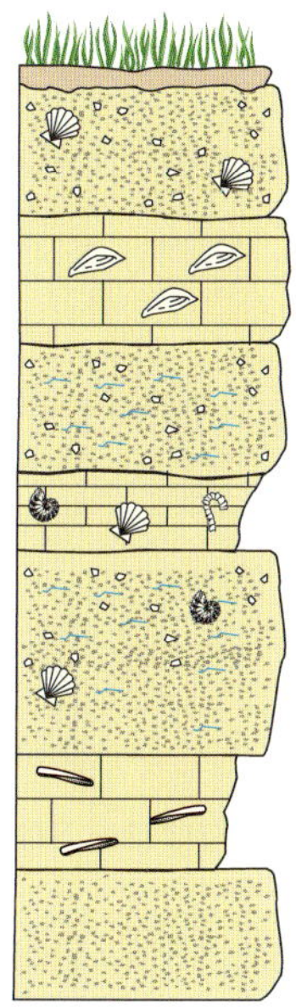


Retracez l'histoire de cette région en vous appuyant sur les arguments présentés ci-dessus.

.............................................................

.............................................................

.............................................................

.............................................................

.............................................................

.............................................................

.............................................................

Auto évaluation Très bien ☐ Bien ☐ Pas assez bien ☐

# 5 Évolution des espèces

## Observer et retenir

### Sciences et évolution

En comparant les structures cellulaire et moléculaire des êtres vivants de leurs fossiles et leur ADN, l'évolution du vivant a trouvé une explication scientifique.

### Tous les êtres vivants sont cousins

Malgré des variations spécifiques, la structure cellulaire et moléculaire de tous les êtres vivants est universelle : une membrane plasmique enfermant un milieu hydraté, compartimenté ou non, siège de la synthèse des molécules (glucides, lipides et protides), de la formation d'énergie et renfermant l'ADN de la cellule.

### Tous les êtres vivants sont différents

- Les bactéries (**procaryotes**) n'ont pas l'ADN dans un noyau.
- Les cellules des **eucaryotes** ont un noyau contenant l'ADN. Ces êtres sont unis- ou pluricellulaires. Si des cellules contiennent des chloroplastes (verts au microscope), ce sont des végétaux.

Vocabulaire

**Espèce :** ensemble d'êtres vivants interféconds et dont la descendance est fertile.
**Phylum** (plur. phyla) : embranchement, division dans la classification.

## Savoir faire

### Classer les informations selon une démarche logique

En 1835, dans l'archipel des Galapagos, Darwin s'est intéressé aux pinsons. La forme du bec des pinsons était identique sur une même île, mais différente d'une île à l'autre.

→ **Identifier le problème posé :** ces pinsons dérivent-ils d'un même ancêtre arrivé sur une île des Galapagos puis ayant colonisé l'archipel (version évolutionniste) ou est-ce que chaque espèce de pinson est apparue sur chaque île à partir de rien et par la volonté d'une entité divine (version créationniste) ?

→ **Émettre des hypothèses et commenter les expériences :** les pinsons sont identiques sauf pour leur bec. Y a-t-il un rapport entre la forme du bec et la nourriture disponible ? On remarque que les pinsons à gros bec mangent des graines deux fois plus grosses que les pinsons à bec moyen. Avec son bec pointu, le pinson des cactus mange des fruits et le pollen.

→ **Résumer les résultats obtenus et proposer une explication :** les travaux d'un ornithologue, John Gould, concluent à l'appartenance de tous ces pinsons au même groupe. Il y a donc eu évolution du caractère « forme du bec » et sélection des pinsons les mieux adaptés à la nourriture locale. Des travaux récents ont impliqué des variations d'un seul gène (*bmp4*) dans cette évolution de la forme du bec.

## S'entraîner

→ Corrigés p. 294

### 1 ★★ Ressemblances et différences

**1.** Quels sont les points communs entre ces différents végétaux ?

........................................................

**2.** Quels sont les végétaux appartenant au même phylum ?

........................................................

**3.** Les fougères se reproduisent par des spores, les palmiers et chênes par des graines. Ce critère suffit-il à les séparer ?

........................................................

### 2 ★★★ Ces squelettes de membres appartiennent à un amphibien, un dinosaure, un oiseau et un mammifère.

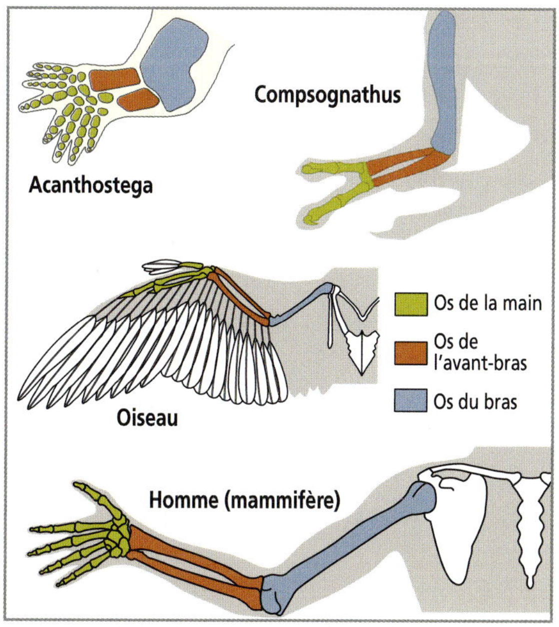


**1.** Quels sont les points communs entre ces squelettes de membre antérieur ?

........................................................

........................................................

**2.** Le Compsognathus étant un dinosaure, il ne reste de lui que des portions de squelettes. Discutez l'intérêt de telles découvertes pour la compréhension de l'évolution des animaux et la reconnaissance des squelettes fossiles.

........................................................

........................................................

### 3 ★★★ Les Primates : comparaison de Gorille et d'Homme moderne

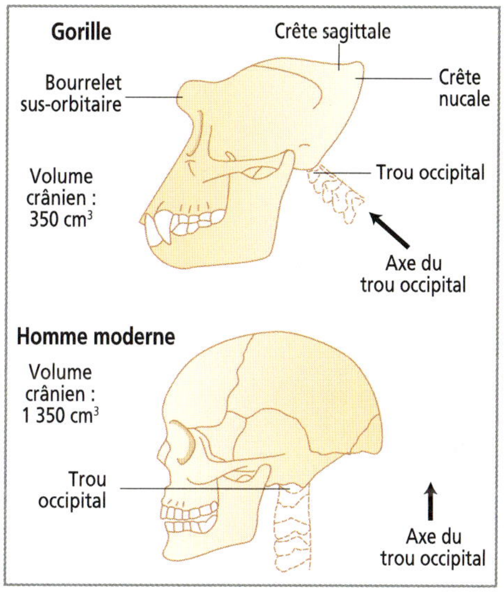


**1.** Quels sont les points communs entre ces deux crânes de Primates ?

........................................................

........................................................

**2.** Si un anthropologue trouve ces crânes dans un lieu de fouilles, quels critères pourra-t-il utiliser pour les attribuer à l'espèce correcte ?

........................................................

........................................................

........................................................

Auto évaluation  Très bien ☐  Bien ☐  Pas assez bien ☐

# 6 Les grandes étapes de la vie sur Terre

## Observer et retenir

### L'évolution des espèces dans les temps géologiques

- Le début de la vie sur Terre comme son origine sont imprécis. Des traces de molécules carbonées sont retrouvées dans le peu de terrains âgés de – 4 Ga. La tectonique des plaques a effacé beaucoup de preuves.
- Tous les êtres vivants descendraient d'une cellule initiale. Si l'évolution de la vie semble continue, certaines périodes de l'histoire de la Terre ont été le théâtre d'**explosions de vie** avec une grande diversification des espèces : au Cambrien (540 à 500 Ma), tous les grands groupes animaux actuels sont déjà représentés.
- En revanche, d'autres périodes sont caractérisées par des discontinuités majeures au niveau des gisements fossiles : les **crises biologiques**. Au cours de centaines de milliers d'années, à l'échelle mondiale, de nombreux groupes biologiques disparaissent, à la fois en milieux marin et terrestre (si la vie y est présente).

### Des innovations évolutives

Une fois la vie apparue sur Terre, elle a dû s'adapter aux conditions auxquelles elle était soumise : variations du niveau de la mer, climats, apparition de prédateurs, maladies, cataclysmes (volcanisme, chute de météorites).

- Des « inventions » avantageuses et apparues par hasard ont permis la conquête de nouvelles niches écologiques (comme le port dressé des végétaux et la conquête du milieu aérien).

## Savoir faire

### Se repérer dans une frise chronologique

→ La frise chronologique reflète l'histoire de la Terre. Elle permet de visualiser les événements importants, les périodes, et de situer les acquisitions du vivant.

→ Quand cette frise est à côté d'une carte géologique, elle permet de transcrire l'âge des roches présentes sur le site étudié et de retracer l'histoire géologique de la région.
Le Précambrien est la période la plus longue. La période la plus ancienne est l'Archéen. Quatre ères sont délimitées par des événements importants (extinction massive d'espèces, etc.) : l'ère primaire ou Paléozoïque (paléo = « ancien »), l'ère secondaire ou Mésozoïque (méso = « milieu »), l'ère tertiaire ou Cénozoïque (céno = « récent »). À cela s'ajoute l'ère quaternaire, partie en réalité du Cénozoïque dédiée à l'être humain.

## S'entraîner

→ Corrigés p. 294

### 1 ★ Exploiter une frise chronologique

| Invention | Date (années) |
|---|---|
| Mâchoire | – 3,8 milliards |
| Membre chiridien | – 310 millions |
| Œuf à coquille | – 430 millions |
| Plume rémigère | – 500 millions |
| Œil | – 380 millions |
| Vertèbre | – 197 millions |
| Premières traces de vie | – 535 millions |
| Cellules eucaryotes | – 1 milliard |
| Métazoaires | – 1 800 millions |

**1.** Faites correspondre chaque « invention » du vivant à une date d'apparition.

**2.** Retracez la frise chronologique de la partie méthode sur une feuille libre, en adoptant l'échelle correcte et placez judicieusement les inventions.

### 2 ★★ Évolution des espèces en fonction des grandes crises

Un taxon désigne un groupement d'organismes reconnu en tant qu'unité à chacun des niveaux d'une classification hiérarchique : espèce, genre, famille, ordre, classe, embranchement.

**1.** À la lecture de ce graphe, que constatez-vous ?

.......................................................

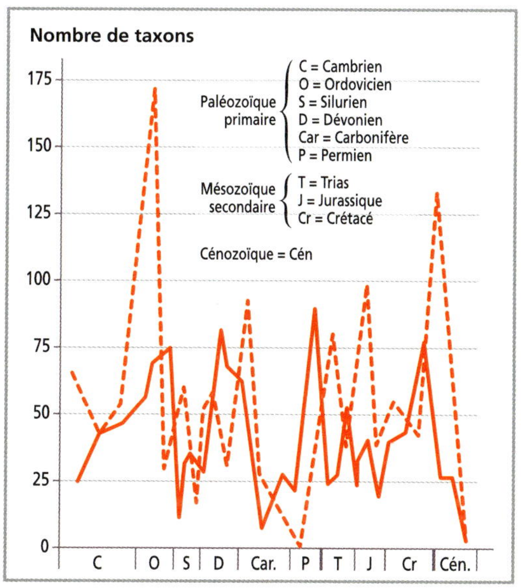


**2.** Quelles conclusions pouvez-vous en tirer ?

.......................................................

.......................................................

### 3 ★★ Évolution des espèces autour d'une crise géologique

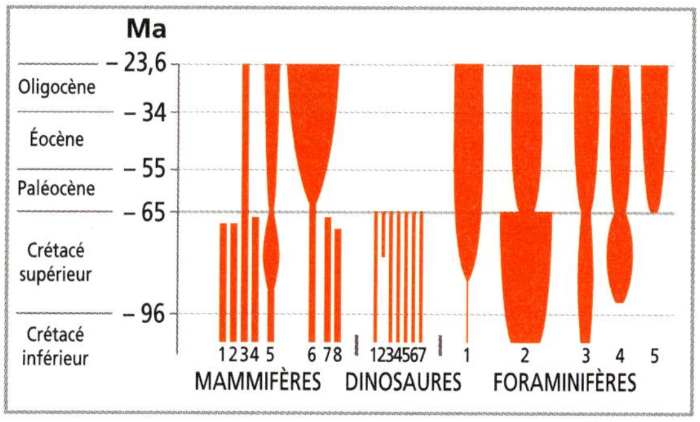


**1.** Quelle est la grande crise géologique étudiée dans cet exercice ?

.......................................................

**2.** Le sort des mammifères, dinosaures et foraminifères est-il comparable ?

.......................................................

**3.** Une crise géologique touche-t-elle toutes les espèces de la même façon ?

.......................................................

### 4 ★★★ Causes d'une crise géologique

**1.** Dans la liste suivante, soulignez les causes réelles des diverses crises qui ont affecté la diversité des espèces au cours de l'histoire de la Terre :
regroupement de continents – attaque extraterrestre – baisse du niveau de la mer – chute de météorite – dégazage de méthane – volcanisme intense – destructions humaines.

**2.** La biodiversité est actuellement mise à mal. Pensez-vous que l'espèce humaine demeurera à jamais sur la Terre ?

.......................................................

.......................................................

Auto évaluation : Très bien ☐ Bien ☐ Pas assez bien ☐

# 7 Un environnement pathogène

## Observer et retenir

### Diversité des micro-organismes

- Les **micro-organismes** sont omniprésents, mais visibles seulement au microscope (de quelques micromètres à quelques nanomètres). Ils regroupent les virus, des **champignons**, les **bactéries**, les **protozoaires** (unicellulaires).
- La plupart sont non pathogènes (levure de boulanger, lactobacilles des yaourts), mais ils peuvent provoquer des maladies plus ou moins graves (VIH et SIDA, trypanosome du paludisme, etc.) après contamination.

### Les barrières contre les micro-organismes pathogènes

Notre peau, nos muqueuses, nos larmes sont des barrières naturelles contre les micro-organismes, mais elles ne sont pas toujours imperméables.

### Moyens de lutte

Pour limiter tout risque de contamination, il faut empêcher les micro-organismes d'entrer dans l'organisme en les détruisant de façon préventive (**asepsie**) ou curative (**antisepsie**). La vaccination prépare l'organisme à lutter efficacement contre l'agent infectieux. Les **antibiotiques** permettent de lutter uniquement contre les bactéries.

**Vocabulaire**

**Muqueuse :** couche de cellules recouvrant l'intérieur des appareils respiratoire, digestif, génital.
**Parasite :** organisme qui vit aux dépens d'un autre.

## Savoir faire

### Comparer des documents

***Papillomavirus*** **(× 60 000)**

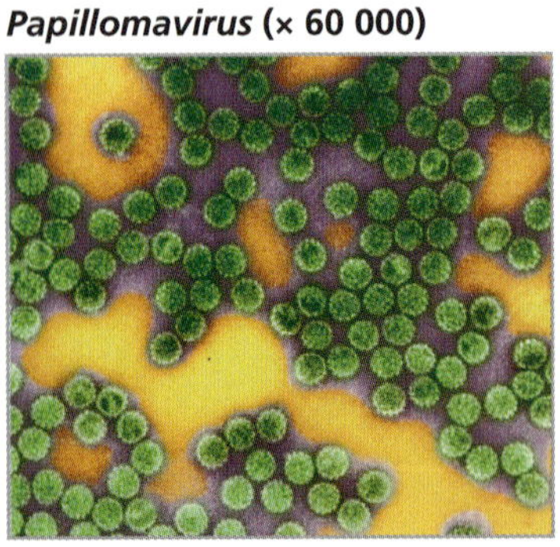

© Institut Pasteur.

***Escherichia coli*** **(bactérie) (× 30 000)**

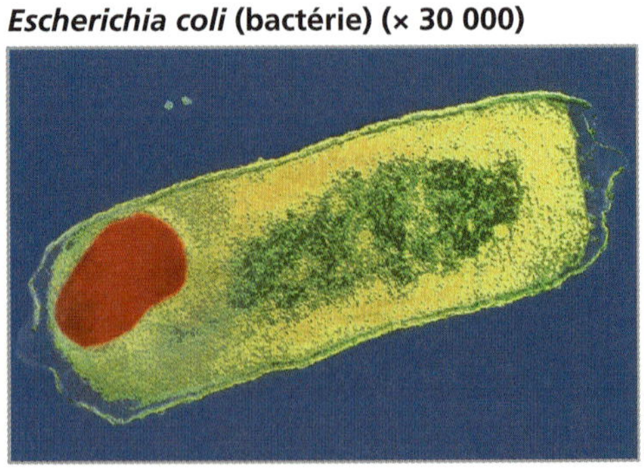

© ISM.

Comparer ces deux micro-organismes en dégageant leurs ressemblances et leurs différences permet de tirer des conclusions quant à leur mode de vie respectif. Les deux clichés montrent que ces virus sont 100 fois plus petits que les bactéries. Ces virus ont une forme sphérique, les bactéries sont en forme de bâtonnet (bacille). Les virus sont rassemblés en amas, signe d'une production massive par une cellule. La bactérie est isolée.

## S'entraîner

➜ Corrigés p. 294

### 1 ★ Effet des antibiotiques

Afin de déterminer l'antibiotique le plus efficace contre un microbe responsable d'une maladie urinaire, un antibiogramme est réalisé. Classez les antibiotiques par ordre croissant d'efficacité, en justifiant votre choix.

............................................................

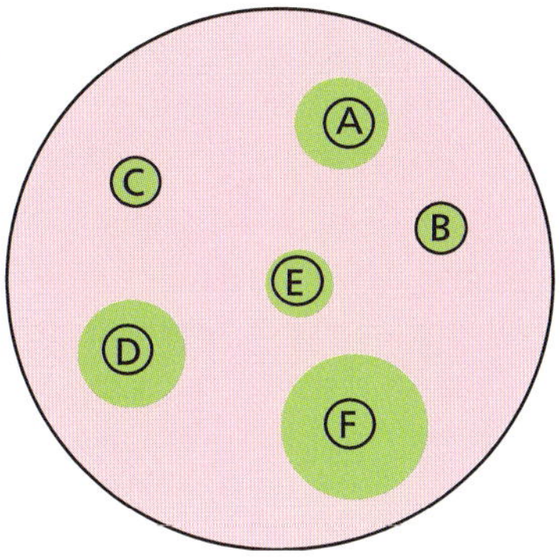


### 2 ★ Répondez aux questions suivantes.

**1.** Qu'est-ce que l'asepsie ?

............................................................

**2.** Citez les quatre principaux types de micro-organismes.

............................................................

**3.** Citez une barrière naturelle qui nous protège des micro-organismes.

............................................................

**4.** Quelle différence existe-t-il entre un bacille et un coque ?

............................................................

**5.** Les bactéries sont-elles toutes pathogènes (= qui provoquent des maladies) ?

............................................................

**6.** Qui provoque les mycoses ?

............................................................

**7.** Peut-on arrêter un traitement antibiotique dès qu'on se sent mieux ?

............................................................

### 3 ★★★ Lisez attentivement le texte suivant, puis répondez aux questions.

Pasteur a énormément travaillé sur les micro-organismes et a combattu l'idée d'une génération spontanée. Du lait est rapidement envahi par un grand nombre de microbes (plus de 5 000 000 en 24 h) et devient impropre à la consommation s'il n'est pas conservé au frais. Afin de mieux le conserver, Pasteur préconisait, en 1860, de le porter à haute température (107-108 °C), mais les techniques utilisées à cette époque modifiaient le goût de l'aliment et il fallait consommer le lait assez rapidement. Aujourd'hui, les techniques permettent de préserver les qualités gustatives. La pasteurisation consiste à chauffer à 72 °C pendant 15 s. Elle permet de conserver pendant 1 semaine à 4 °C une bouteille entamée. La stérilisation UHT (ultra haute température) consiste à porter l'aliment à 140-150 °C pendant 2 à 3 s. Ainsi traité, il se conserve 90 jours à température ambiante dans un emballage rigoureusement hermétique.

**1.** Quelle technique Pasteur a-t-il découverte ?

............................................................

**2.** Quels sont les points communs à ces deux traitements ?

............................................................

**3.** Le lait UHT représente 83,3 % de la consommation française ; le lait pasteurisé, 4,9 %. Expliquez le choix des consommateurs.

............................................................

**4.** Comment conservait-on les produits laitiers autrefois ?

............................................................

Auto évaluation — Très bien ☐ Bien ☐ Pas assez bien ☐

# 8 La protection par le système immunitaire

## Observer et retenir

### Les cellules du système immunitaire

Les **leucocytes** ou **globules blancs** sont des cellules sanguines spécialisées dans la défense de l'organisme, dont le taux varie suite à l'infection par un pathogène.

### La réponse immunitaire non spécifique

Parmi ces leucocytes, des macrophages neutralisent et éliminent le micro-organisme en l'enveloppant puis en le digérant. Cette réaction correspond à la **phagocytose**. Cette première ligne de défense se déroule de manière identique quel que soit le parasite.

### La réponse immunitaire spécifique

Si l'infection n'est pas neutralisée, une réaction immunitaire spécifique prend le relais. Par exemple, des leucocytes (lymphocytes) libèrent dans le sang les **anticorps**, des molécules spécifiques des **antigènes**, pour les neutraliser et les éliminer.

Vocabulaire

**Antigène :** une partie ou l'intégralité de l'élément étranger capable de faire réagir le système immunitaire.

## Savoir faire

### Analyser et choisir une représentation graphique

**→ Choix du graphique**

On utilisera une représentation graphique sous forme de courbes pour des variations et sous forme d'histogrammes ou de « camemberts » pour des proportions.

**→ Commenter un graphique (évolution du SIDA)**

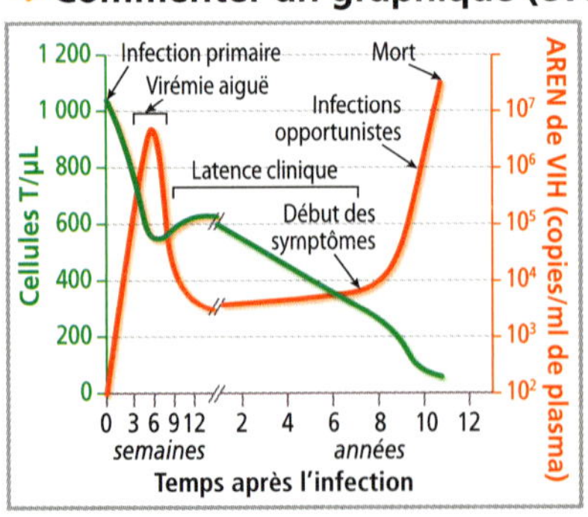


• Caractériser le phénomène observé : ce graphique représente, en fonction du temps, l'évolution du taux de lymphocytes et le taux (ARNm du VIH) de virus dans le sang de patients sidéens. Les étapes de la maladie sont indiquées en légende.

• Décrire précisément le graphique : le taux de lymphocytes T décroît en 10 ans (de 1 000 à moins de 50 cellules/L) avec une phase de stabilisation entre 6 mois et 2 ans. La quantité de virus, au contraire, varie de 0 à plus de 10 millions copies/mL de plasma.

• Conclure et émettre des hypothèses : l'évolution inversement proportionnelle du taux de cellules T et de virus dans le sang permet de formuler deux hypothèses : les virus infectent ces lymphocytes et les tuent, et c'est l'absence accrue en lymphocytes T qui permet aux virus de pouvoir proliférer librement.

## S'entraîner

→ Corrigés p. 295

### 1 ★ Pour chaque phrase, cochez la ou les bonnes réponses, puis expliquez votre choix.

**1.** Les cellules phagocytaires :

☐ **a.** ne peuvent pas quitter les vaisseaux sanguins.

☐ **b.** représentent une catégorie de globules blancs.

☐ **c.** fabriquent des anticorps.

☐ **d.** se déplacent à la rencontre des micro-organismes.

.......................................................................

**2.** Les anticorps :

☐ **a.** participent à la phagocytose des bactéries.

☐ **b.** sont des molécules qui participent à la neutralisation des antigènes.

☐ **c.** sont produits par les phagocytes.

.......................................................................

**3.** Les antigènes :

☐ **a.** sont des molécules reconnues comme étrangères.

☐ **b.** sont des molécules sécrétées par les lymphocytes.

☐ **c.** entraînent la formation d'anticorps.

.......................................................................

### 2 ★ À chaque allergène, attribuez l'allergie qui le caractérise.

Allergène : kiwi, latex, crotte d'acarien, plume d'oiseau, nickel, gluten, œuf, poussière

Allergie : respiratoire, cutanée, alimentaire

.......................................................................

.......................................................................

.......................................................................

### 3 ★★ Commentez le graphique en répondant aux questions.

**1.** Comment varie la production d'anticorps après chaque injection d'antigène A ou B ?

.......................................................................

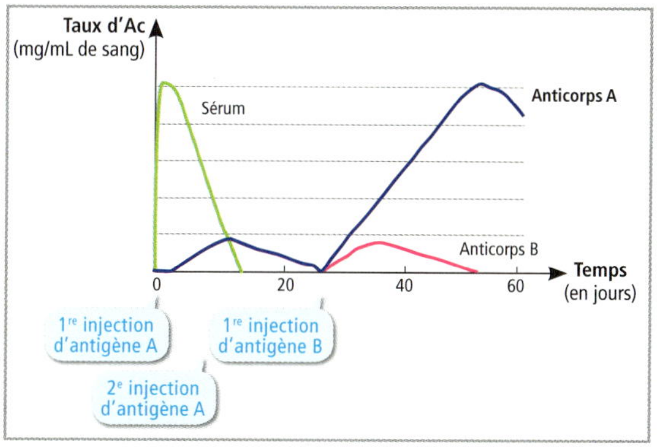


**2.** Comment évolue la quantité d'anticorps après injection de sérum ?

.......................................................................

**3.** Quelles sont les propriétés du système immunitaire ainsi mises en évidence ?

.......................................................................

### 4 ★★★ Que vous évoquent les expériences suivantes ?

**Expérience 1** : On injecte de la toxine tétanique à des souris. Celles-ci meurent du tétanos.

**Expérience 2** : On prélève du sang de ces souris et on injecte le sérum extrait de ce sang à d'autres souris de la même lignée. Ces animaux sont ensuite soumis à une injection de toxine tétanique (groupe 1) ou de toxine diphtérique (groupe 2). Le premier groupe survit, alors que le second groupe meurt de la diphtérie.

**Expérience 3** : Un troisième groupe de souris est traité de la même façon que précédemment, mais on ne leur injecte de la toxine tétanique que 20 jours plus tard. Beaucoup de souris meurent.

**Expérience 4** : On injecte une toxine tétanique modifiée, qui provoque une réaction immunitaire sans tuer l'animal. Des souris subissent l'injection avec de la toxine tétanique, soit immédiatement (groupe 4), soit 20 jours plus tard (groupe 5). Certaines souris du groupe 4 meurent, aucune souris du groupe 5 ne meurt.

.......................................................................

.......................................................................

**Auto évaluation** Très bien ☐ Bien ☐ Pas assez bien ☐

# 9 Responsabilité humaine en matière de santé

## Observer et retenir

En comprenant le corps humain, la médecine du XXIe siècle essaye de nous soigner et de prévenir les maladies.

### Le contrôle de la reproduction

- Grâce aux moyens **contraceptifs** (comme la pilule hormonale), les couples peuvent choisir de ne pas avoir d'enfants. Les préservatifs protègent en plus contre les maladies sexuellement transmissibles. Les moyens **contragestifs**, comme la pilule du lendemain, le stérilet et l'interruption volontaire de grossesse, empêchent la nidation de l'embryon dans l'utérus et la gestation.
- D'autres couples ne peuvent pas mais veulent avoir un enfant. Les techniques de procréation médicalement assistée comme la fécondation *in vitro* peuvent les aider.

### L'importance d'une bonne hygiène de vie

- Avoir une alimentation équilibrée, faire du sport, ne pas consommer de drogue (même alcool, cigarette...) permet d'augmenter notre espérance de vie et de réduire les ennuis de santé, notamment liés au surpoids (indice de masse corporelle = poids en kg/(taille en cm)$^2$ > 25), voire à l'obésité et les risques associés (diabète, maladies cardiovasculaires).
- Le cancer est dû à une prolifération non contrôlée de cellules qui peut être mortelle. Les causes sont variables comme des prédispositions génétiques, la cigarette, une surexposition aux rayons UV du soleil, etc.

## Savoir faire

### Faire des recherches sur Internet

→ **Toujours garder un esprit critique :** si Internet regorge de données, toutes ne sont pas relues par des spécialistes. La même erreur peut être répétée sur plusieurs sites.

→ **Comment chercher ?** Tapez des **mots-clés** comme « cancer » dans un moteur de recherche de type Yahoo ou Google. Les sites comme ceux de l'OMS, d'organismes de recherche comme l'INSERM, de journaux peuvent vous fournir des informations fiables. Vous pouvez sélectionner les sites francophones ou les sites internationaux. Une fois la liste des pages Web obtenue, cliquez sur les liens adéquats. Une lecture rapide permet de sélectionner les pages et les illustrations adéquates.

→ **Sélectionner et écrire :** lisez attentivement les informations sélectionnées et récrivez-les avec vos mots. Vous pouvez insérer des images et des documents. N'oubliez jamais de citer vos sources.

## S'entraîner

→ Corrigés p. 295

**1 ★ Parmi les quatre propositions suivantes, lesquelles ne correspondent pas à une méthode de contraception ? Expliquez le principe de ces pratiques.**

**1.** préservatif : ....................................

**2.** pilule : ....................................

**3.** FIV : ....................................

**4.** stérilet : ....................................

**2 ★★ Les méfaits de l'alcool**

Chez un sujet à jeun, l'alcool passe dans le sang en moins de 30 minutes. S'il est consommé après un repas, le temps de passage est plus long, mais le taux d'alcool dans le sang (l'alcoolémie) augmente, entraînant des troubles du comportement. Quand l'alcoolémie est de 0,25 g/L, il y a une légère euphorie. Entre 0,25 et 0,6 g/L, les temps de réaction augmentent et le champ visuel se rétrécit. Entre 0,6 et 1,5 g/L, la marche est mal coordonnée, la vision est trouble, le jugement est altéré. De 1,5 à 3 g/L, la parole est incohérente. Au-delà de 3 g/L, le sujet entre en coma éthylique (il est « ivre mort ») et, au-delà de 5 g/L, il meurt. Le foie est l'organe principal d'élimination de l'alcool dans l'organisme. Il permet d'abaisser l'alcoolémie de 0,15 g/L en une heure en moyenne. Après un pot très arrosé, M. X présente une alcoolémie de 0,95 g/L.

**1.** En France, le seuil légal d'alcoolémie interdisant la conduite est de 0,5 g/L. Pourquoi cette mesure ?

....................................

**2.** Combien de temps M. X devra-t-il attendre avant de conduire de nouveau ?

....................................

**3 ★★★ Analysez ces documents.**

Le SIDA est une maladie qui touche l'homme, causée par un virus, le VIH. Ce virus mute très fréquemment, ce qui pose un réel problème dans l'élaboration de protocoles thérapeutiques. Le traitement des individus infectés repose aujourd'hui sur une combinaison de médicaments (AZT, 3TC, antiprotéase) afin de limiter l'infection. Pour tester l'efficacité de ces médicaments, les médecins prescrivent des analyses de sang aux patients séropositifs afin de doser le nombre de virus dans le plasma. Les résultats sont indiqués dans le tableau ci-dessous.

| | Nombre de virus par mL de plasma 1 mois après le début du traitement | Nombre de virus par mL de plasma 12 mois après le début du traitement |
|---|---|---|
| **Aucun** | 25 000 | 100 000 |
| **AZT** | 300 | 50 000 |
| **3TC** | 250 | 95 000 |
| **Antiprotéase** | 10 000 | 105 000 |
| **AZT + antiprotéase** | Non détectable | 1 000 |
| **3TC + antiprotéase** | Non détectable | Non détectable |
| **AZT + 3TC** | 50 | 500 |

D'après vous, quel traitement anti-SIDA est le plus efficace pour lutter contre le virus : 1 mois après le début de la prise de médicaments ? 12 mois après le début de la prise de médicaments ?

....................................

Auto évaluation Très bien ☐ Bien ☐ Pas assez bien ☐

SVT

# 10 Impact de l'activité humaine sur l'environnement

## Observer et retenir

### Détruisons-nous notre planète ?

• L'utilisation massive de ressources énergétiques fossiles (comme le pétrole), la déforestation ont augmenté le taux de $CO_2$ dans l'atmosphère. Les rayons infrarouges réémis par la surface terrestre sont piégés et la température augmente : c'est l'effet de serre. Le rejet de gaz polluants a augmenté les pluies acides. L'ozone de la haute atmosphère nous protège contre les rayons mutagènes ultraviolets, mais il est détruit par des gaz.

• On observe une perte de **biodiversité** en nombre d'espèces et en surface occupée : la pêche massive diminue le nombre d'espèces marines ; l'agriculture intensive sélectionne les animaux et végétaux au meilleur rendement et utilise des pesticides. L'activité humaine a accéléré de 100 fois le rythme naturel d'extinction des espèces.

### Des espoirs pour notre planète et l'avenir des espèces ?

Une réflexion internationale a lieu pour tenter d'enrayer ces problèmes : des espèces sont protégées, des parcs créés, des énergies alternatives (éoliennes…) testées. Mais les biocarburants sont une monoculture intensive.

## Savoir faire

### Réaliser un exposé

On réalise un exposé sur l'effet de serre.

**→ Se poser les questions essentielles**

• Qu'est-ce que c'est ? Une augmentation de température à l'échelle du globe.
• Qu'est-ce qui la provoque ? Une émission de gaz tels que le $CO_2$.
• Ce phénomène est-il constant ? Non, il y a des variations cycliques, visibles dans les glaces de l'Antarctique et ce phénomène est amplifié de nos jours.
• D'où vient ce $CO_2$ ? Il vient de la respiration, mais aussi de la mobilisation de carbone fossile par exploitation du charbon, du pétrole.
• Quel est le devenir de ce phénomène ? Pour l'instant, ce phénomène continue à s'amplifier, mais les pays se mobilisent.

**→ Organiser les informations en bâtissant un plan**

• Introduction sur la fonte des glaces, les icebergs à la dérive.
• Définition de l'effet de serre (rayonnement solaire infrarouge réémis par la terre et capté par les gaz, provenance de ces gaz).
• Les conséquences : réchauffement, augmentation des famines, des inondations.
• Des améliorations possibles : évoquer les différents points du protocole de Kyoto.
Conclusion : évoquer l'évolution cyclique de l'atmosphère caractérisée par des augmentations de $CO_2$ qui se sont par la suite résorbées ; espoirs ; leçon de civisme (économies d'énergie).

## S'entraîner

➜ Corrigés p. 295

### 1 ★ À votre avis, où vont vivre ces êtres vivants ? Pourquoi ?

Les larves de perles, d'éphémères sont des animaux vivant en eaux pures ; celles d'éristales, les cyanobactéries, vivent en eau polluée ; les gammares, les limnées, les sangsues vivent dans toutes les eaux. Une rivière traverse un parc naturel, puis passe à côté d'une usine de pâte à papier qui rejette des déchets dans le cours d'eau.

.......................................................................

### 2 ★★ Rédigez des phrases à l'aide des termes suivants.

**1.** environnement – polluants atmosphériques – industries – dioxyde de soufre – dioxyde de carbone

.......................................................................

**2.** effet de serre – température – montée des eaux – glacier

.......................................................................

### 3 ★★ Espèces menacées

**1.** Placez ces noms d'espèces dans le tableau :
dodo de Madagascar, thon rouge de Méditerranée, maquereau, ours blanc, mammouth, pigeon, cabillaud, moustique, tortue de Floride, orang-outan, loup de Tasmanie, gorille des montagnes, moa géant, panda géant, tigre du Bengale, tyrannosaure, grand requin blanc, homme, chien

| Espèce disparue | Espèce menacée | Espèce non menacée |
|---|---|---|
| | | |

**2.** Pourquoi certaines espèces ont-elles disparu ou sont-elles en voie d'extinction ?

.......................................................................

### 4 ★★★ Ce planisphère présente des zones de couleurs différentes, chacune codant une quantité d'espèces végétales différentes.

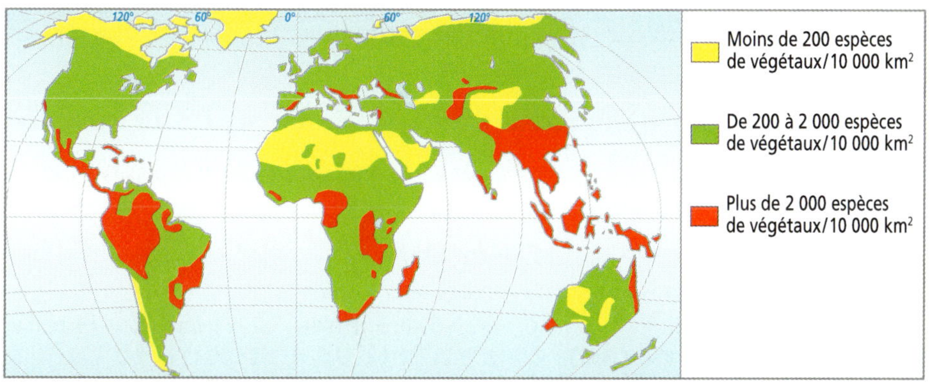


**1.** Commentez la répartition de ces zones. .......................................

**2.** Qu'en déduisez-vous sur la biodiversité végétale sur les continents ? .......................................

**3.** Pourquoi l'être humain doit-il préserver ses forêts ? .......................................

Auto évaluation — Très bien ☐ Bien ☐ Pas assez bien ☐

SVT

# 1 Les métaux

## Observer et retenir

### Quelques métaux courants

Parmi tous les objets qui nous entourent, on en trouve de nombreux qui sont fabriqués en métal, comme le fer (en réalité, les objets sont fabriqués en acier ou en fonte), le cuivre (les fils électriques...), l'aluminium (l'emballage alimentaire ...), le zinc (les gouttières de toiture...), mais aussi l'argent ou l'or (bijouterie ou contact dans les circuits des ordinateurs).

### Caractéristiques des métaux courants

| Nom | Couleur | Masse volumique | Température de fusion | Propriétés magnétiques (attiré par un aimant) |
|---|---|---|---|---|
| Or | jaune clair | 19,3 kg/dm³ | 1 064° C | non |
| Argent | blanc | 10,5 kg/dm³ | 962° C | non |
| Cuivre | rouge | 8,7 kg/dm³ | 1 083° C | non |
| Aluminium | blanc | 2,7 kg/dm³ | 660° C | non |
| Fer | blanc | 7,7 kg/dm³ | 1 535° C | oui |

- L'**acier** est un métal gris clair brillant. Il rouille lorsqu'il est exposé sans traitement de protection au dioxygène de l'air et est attiré par un aimant car il est composé de fer.
- Le **zinc** est très utilisé dans le milieu du bâtiment. Ce métal gris permet de protéger des constructions en évitant la rouille.
- L'**aluminium** est un élément important sur la Terre. C'est un métal de teinte argentée qui **malléable**. Il résiste très bien à l'oxydation. En réalité, il s'oxyde mais cela forme une couche qui le protège de l'air. L'aluminium est extrait d'un minerai appelé bauxite.
- Le **cuivre** est un métal de couleur rouge doré. Il est très utilisé dans l'industrie électrique car c'est un bon conducteur de l'électricité.
- L'**argent** résiste très bien à l'oxydation (il est utilisé en bijouterie ou pour fabriquer des couverts de table, etc.).
- L'**or** est le métal précieux le plus connu. Il sert aussi de référence pour quantifier la richesse des pays industrialisés.

## Savoir faire

### Distinguer cinq métaux courants (l'or, l'argent, le cuivre, l'aluminium et le fer) grâce à trois tests successifs

→ **Test de l'aimant :** si un échantillon est attiré par un aimant, c'est du fer (ou de l'acier).

→ **Test de la couleur :** si un échantillon est jaune clair, c'est de l'or ; s'il est rouge doré, c'est du cuivre.

→ **Test de la pesée :** on pèse successivement les échantillons de mêmes dimensions ; le plus léger est l'aluminium, le plus lourd est l'argent.

## S'entraîner

→ Corrigés p. 296

**1** ★ **Dans la liste ci-dessous, entourez les termes qui correspondent à des métaux.**

**1.** cuivre – **2.** acier – **3.** carton – **4.** verre – **5.** polystyrène – **6.** or – **7.** plomb – **8.** zinc.

**2** ★ **Voici une liste d'objets ou de monuments. Entourez ceux qui sont fabriqués principalement en métal.**

**1.** le moteur d'une automobile – **2.** la tour Eiffel – **3.** un canapé – **4.** une table de jardin – **5.** un livre – **6.** un rail de chemin de fer.

**3** ★★ **Dans la vie courante, certains objets sont fabriqués à partir de métaux ; d'autres le sont à partir d'alliages de métaux. Saurez-vous distinguer les métaux des alliages dans la liste suivante ?**

**1.** le bronze – **2.** le laiton – **3.** le fer – **4.** le cuivre – **5.** le platine – **6.** l'or – **7.** la fonte.

**4** ★★ **Dans la vie courante, on commet souvent des petits abus de langage. Après cette mise en garde, dites si ces affirmations sont vraies ou fausses :**

**1.** Une bague de bijoutier est fabriquée en or.

..........................................................................

**2.** Les carrosseries des voitures sont souvent fabriquées en fer.

..........................................................................

**3.** Un bijou « en plaqué or » signifie que l'on a déposé de l'or sur un autre métal.

..........................................................................

**4.** Du fer qui ne rouille pas est appelé « inoxydable ».

..........................................................................

**5** ★★ **Dans cet exercice, il s'agit de mettre en relation le nom d'un objet fabriqué avec le principal métal dont il est constitué.**

| | |
|---|---|
| cuivre • | • une gouttière de maison |
| or • | • du fil électrique |
| argent • | • un bracelet (jaune) |
| aluminium • | • les rails de chemin de fer |
| zinc • | • une canette de soda |
| fer • | • de luxueux couverts de table |

**6** ★★ **On place, sur chaque plateau d'une balance, deux échantillons métalliques de même forme et de mêmes dimensions : l'un en aluminium, l'autre en argent. La balance penche d'un côté. De quel côté se trouve l'argent : à gauche ou à droite sur le dessin ?**

..........................................................................

**7** ★★ **Choisissez dans la liste suivante les affirmations justes.**

**1.** On dépose du zinc sur le fer pour protéger ce dernier de la rouille.

**2.** L'aluminium ne s'oxyde jamais.

**3.** L'argent s'oxyde très facilement. Il ne faut jamais l'exposer à l'air.

**8** ★★★ **Si on laisse traîner, sur une table dehors, quelques clous, on remarque une « transformation » dans l'apparence de ces clous. Laquelle ? À quoi cela est-il dû ?**

..........................................................................

..........................................................................

**Auto évaluation** Très bien ☐ Bien ☐ Pas assez bien ☐

# 2 Atomes et ions

## Observer et retenir

### Structure d'un atome

- Les atomes sont composés d'un **noyau** et d'**électrons** répartis tout autour du noyau.
- Un atome qui a perdu un ou plusieurs électrons est appelé **« ion positif »** (sodium $Na^+$ ; fer $Fe^{2+}$ ou $Fe^{3+}$ ; cuivre $Cu^{2+}$) car il y a plus de charges positives que de charges négatives.

Un atome qui a gagné un ou plusieurs électrons est appelé **« ion négatif »** (chlorure $Cl^-$) car il y a plus de charges négatives que de charges positives.

### Conduction de l'électricité

L'électricité peut circuler dans tous les métaux et dans les solutions qui contiennent des ions (une solution d'eau salée conduit facilement le courant électrique, alors que l'eau pure est très faiblement conductrice).

### Identification d'ions courants

Il est possible d'identifier quelques ions courants à l'aide de **réactifs**.

| Réactif | Chlorure $Cl^-$ | Cuivre $Cu^{2+}$ | Fer $Fe^{2+}$ | Fer $Fe^{3+}$ |
|---|---|---|---|---|
| nitrate d'argent | précipité blanc | | | |
| hydroxyde de sodium | | précipité bleu | précipité vert | précipité marron orangé |

## Savoir faire

### Repérer les produits dangereux

Nombre de produits d'usage courant contiennent des ions. Ces ions peuvent être à l'origine de réactions chimiques ou d'accidents domestiques. Aussi, il est impératif de bien connaître les principaux pictogrammes.

Voici ceux que l'on trouve le plus souvent. En regardant sur les étiquettes des produits ménagers, vous trouverez ces dessins qui informent du danger des produits.

$X_i$ Irritant

$X_n$ Nocif

C Corrosif

## S'entraîner

→ Corrigés p. 296

**1** ★★ **À partir du réactif utilisé et de l'observation, dites quels sont les ions présents dans les solutions.**

Solution n° 1

| Réactif utilisé | Précipité obtenu | Ion présent |
|---|---|---|
| Nitrate d'argent | Blanc | .............. |
| Hydroxyde de sodium | Bleu | .............. |

Solution n° 2

| Réactif utilisé | Précipité obtenu | Ion présent |
|---|---|---|
| Hydroxyde de sodium | Vert | .............. |
| Nitrate d'argent | Blanc | .............. |

Solution n° 3

| Réactif utilisé | Précipité obtenu | Ion présent |
|---|---|---|
| Hydroxyde de sodium | Marron orangé | ......... |
| Nitrate d'argent | Blanc | ......... |

**2** ★★ **Répondez par VRAI ou FAUX.**

**1.** Pour identifier un ion, il faut utiliser des colorants. ........

**2.** L'ion chlorure est identifié lorsque le précipité est jaune. ........

**3.** On ne peut jamais identifier l'ion cuivre. .......

**3** ★★ **Répondez par VRAI ou FAUX.**

| | Vrai | Faux |
|---|---|---|
| **1.** Le mot « atome » vient du grec *atomos.* | ☐ | ☐ |
| **2.** L'atome est électriquement neutre. | ☐ | ☐ |
| **3.** Le noyau de l'atome contient des protons, des neutrons et des électrons. | ☐ | ☐ |
| **4.** Entre le noyau et les électrons, il y a de l'air. | ☐ | ☐ |
| **5.** La dimension d'un atome est de l'ordre de 1 mm. | ☐ | ☐ |
| **6.** Les neutrons ont une charge électrique positive. | ☐ | ☐ |
| **7.** Dans l'atome, il y a plus de protons que d'électrons. | ☐ | ☐ |
| **8.** Le courant électrique est un déplacement de protons. | ☐ | ☐ |

**4** ★★★ **Répondez aux QCM suivants.**

**1.** Une solution qui contient des ions :
☐ **a.** est conductrice de l'électricité.
☐ **b.** est un bon isolant électrique.
☐ **c.** conduit l'électricité dans le cas d'une forte concentration.

**2.** On peut identifier des ions :
☐ **a.** dans tous les cas.
☐ **b.** avec des réactifs appropriés.
☐ **c.** seulement si on connaît les ions présents dans la solution.

**3.** Les matières plastiques…
☐ **a.** ne peuvent contenir des solutions qui contiennent des ions.
☐ **b.** empêchent d'identifier les ions.
☐ **c.** ne réagissent pas avec les solutions qu'elles contiennent.

**4.** Pour repérer des ions chlorure, il faut :
☐ **a.** du nitrate d'argent.
☐ **b.** de l'essence.
☐ **c.** de l'eau de chaux.

**5.** Avant d'utiliser un produit ménager, il faut :
☐ **a.** lire la notice pour connaître les conditions d'utilisation.
☐ **b.** écrire la formule chimique du produit pour connaître les produits formés.
☐ **c.** faire des tests pour vérifier la qualité du produit.

Auto évaluation Très bien ☐ Bien ☐ Pas assez bien ☐

# 3 Le PH

## Observer et retenir

### Les acides

- Pour évaluer l'acidité d'un produit, les chimistes utilisent un papier spécial qui change de couleur en fonction de l'acidité. Ce papier s'appelle **papier-pH**. Chaque couleur est associée à un nombre. Le pH est un nombre qui caractérise un acide. Ce nombre est compris **entre 0 et 7**.
Plus le nombre est petit, plus l'acide est fort. Par conséquent, il est de plus en plus dangereux.
**L'eau pure** a un pH égal à 7. On dit que le pH est **neutre**.

Boîte de papier-pH

- Il existe des appareils qui donnent directement la valeur du pH. Ce sont des **pH-mètres**. Ils sont plus difficiles à utiliser que le papier-pH, mais ils donnent des résultats plus précis.

### Les bases

- Les produits dont le pH est supérieur à 7 s'appellent des **bases**.
- Si l'on met une goutte d'eau savonneuse sur du papier-pH, on constate que le pH est supérieur à 7. L'eau savonneuse est **basique**.

## Savoir faire

### Utiliser convenablement un produit ménager

Les produits d'entretien de la maison ne sont pas inoffensifs. Certains peuvent présenter des risques importants pour les installations, l'environnement et l'utilisateur.

→ Tout d'abord, lire attentivement la notice de composition et d'utilisation du produit. Certains produits peuvent provoquer des réactions chimiques vives et des dégagements gazeux très nocifs pour la santé (problèmes respiratoires, par exemple).

→ Respecter la dilution du produit lorsque cela est recommandé. En effet, un produit d'entretien n'est pas plus efficace s'il est utilisé pur ou à forte concentration.

→ Savoir se protéger. Le port de gants ménagers permet d'éviter d'avoir la peau très abîmée par des produits corrosifs. Il faut éviter de respirer le produit et, bien entendu, ne pas en avaler.

→ Ranger dans des endroits inaccessibles pour les enfants. Le nombre d'accidents occasionnés par un mauvais rangement est très important.

→ Ne jamais transvaser dans un récipient autre que celui d'origine pour éviter le risque de confusion entre les bouteilles.

→ Ne pas jeter les emballages vides dans une poubelle, mais les mettre avec les emballages à recycler. Cela évite une double pollution : les résidus du produit qui restent dans le flacon et le flacon lui-même qui est souvent en matière plastique qu'il est néfaste de faire incinérer.

## S'entraîner

→ Corrigés p. 296

**1** ★★ **On a reporté dans un tableau le pH de différentes boissons courantes.**

| Boissons | pH |
|---|---|
| limonade | 3,0 |
| cidre | 3,5 |
| eau gazeuse | 6,3 |
| soda | 2,5 |
| jus de tomate | 3,8 |
| lait | 6,6 |
| eau minérale | 7,0 |
| bière | 4,0 |
| vin blanc | 2,8 |

**1.** Classez ces différentes boissons par ordre d'acidité décroissante.

............................................................

**2.** Laquelle de ces boissons est neutre ?

............................................................

**3.** Décrivez deux méthodes simples permettant d'évaluer ou de mesurer le pH des boissons citées ci-dessus.

............................................................

**2** ★★★ **Le tableau ci-après présente une liste d'eaux minérales avec leur origine et leur pH.**

**1.** Citez cinq de ces eaux qui sont acides.

............................................................

............................................................

**2.** Combien d'eaux minérales sont basiques ?

............................................................

**3.** Vrai ou faux ?

**a.** Il faut aller en Savoie pour trouver une eau acide. ............................................

**b.** Les Italiens ont une eau basique. ..............

**c.** Dans les Landes, l'eau est plus acide qu'en Ardèche. ............................................

**d.** Si l'on mélange les eaux des Vosges, on obtient une eau acide. ............................

**4.** Quelle est l'eau la plus acide ?

............................................................

**5.** Dans quel département trouve-t-on l'eau la plus basique ? ......................................

| Nom de l'eau minérale | Origine | pH |
|---|---|---|
| Montjoie | Ain | 7,8 |
| Vichy Célestins | Allier | 6,8 |
| Saint-Yorre | Allier | 7,6 |
| Carrefour | Ardèche | 6 |
| Arcens | Ardèche | 6,4 |
| Montcalm | Ariège | 6,8 |
| Celtic | Bas-Rhin | 6,61 |
| Luchon | Hautes-Pyrénées | 8 |
| Courmayeur | Italie | 7,4 |
| San Pellegrino | Italie | 7,7 |
| Dax | Landes | 6,9 |
| César | Loire | 6,5 |

**3** ★★★ **Voici quatre bandes de papier-pH sur lesquelles on a déposé une goutte de quatre produits différents. En vous référant à la boîte de papier-pH de la page de cours, répondez aux questions suivantes.**

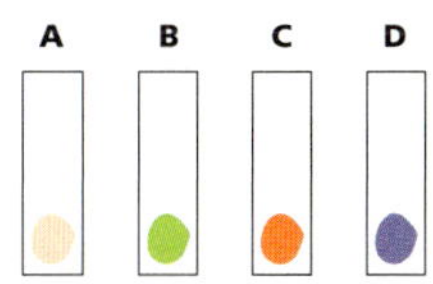


**1.** Quel est le pH de chaque produit ?

............................................................

**2.** Classez-les du plus acide au plus basique.

............................................................

Auto évaluation Très bien ☐ Bien ☐ Pas assez bien ☐

# 4 L'acide chlorhydrique et le fer

## Observer et retenir

### Formule de l'acide chlorhydrique

- L'acide chlorhydrique a pour formule : $H^+, Cl^-$.
- L'acide chlorhydrique porte aussi d'autres noms qui étaient utilisés au Moyen Âge lorsqu'on ne connaissait pas la composition de cet acide. On l'appelait « acide muriatique » ou « esprit de sel ». Les alchimistes l'utilisaient pour essayer de découvrir la pierre philosophale.

### Réaction avec le fer

Si l'acide est concentré, la réaction est très vive et peut provoquer des projections brûlantes.

fer + acide chlorhydrique → dihydrogène (dégagement de) + chlorure de fer

- **Les ions dans la solution initiale (identification)**

Dans un tube qui contient une partie de la solution d'acide chlorhydrique, on verse quelques gouttes de nitrate d'argent, ce qui fait apparaître un précipité blanc preuve de la présence de l'ion chlorure. En revanche, la même expérience avec quelques gouttes d'hydroxyde de sodium ne donne rien.

Si on verse une goutte de la solution d'acide chlorhydrique sur du papier-pH, on constate que le papier prend une couleur rouge vif. C'est la preuve d'un pH très faible, c'est-à-dire une concentration en ion hydrogène $H^+$ importante.

- **Les ions dans la solution finale (identification)**

On sépare la solution obtenue après la réaction dans deux tubes. Dans le second tube, on verse quelques gouttes d'hydroxyde de sodium. On obtient alors un précipité vert, preuve de la présence de l'ion fer ($Fe^{2+}$, plus exactement).

- **Mise en évidence du dihydrogène**

Lorsqu'on approche une flamme de l'extrémité d'un tube qui contient du dihydrogène, on entend un « pop » caractéristique de la combustion (rapide) du dihydrogène.

## Savoir faire

### Utiliser correctement de l'acide chlorhydrique

Lorsqu'on utilise de l'acide chlorhydrique, il faut d'abord le diluer. En effet, de l'acide trop concentré est très dangereux et nocif à cause de dégagements de gaz toxiques. Pour diluer un acide, il faut toujours verser doucement l'acide dans l'eau et **jamais l'eau dans l'acide**.

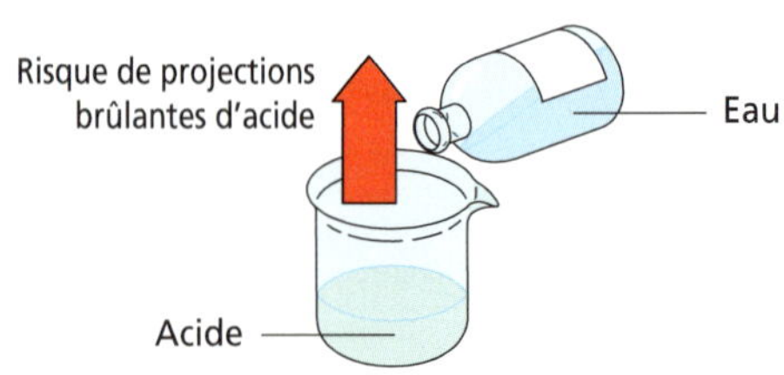

## S'entraîner

→ Corrigés p. 296

### 1 ★ Rayez la mention fausse.

1. Pour diluer un acide, il faut le verser lentement dans de l'eau.
2. Pour diluer un acide, il faut verser de l'eau goutte à goutte dans le récipient qui contient l'acide.

### 2 ★★ Répondez par VRAI ou FAUX.

| | Vrai | Faux |
|---|---|---|
| 1. Le fer et l'acide chlorhydrique réagissent en formant un dégagement de dioxygène. | ☐ | ☐ |
| 2. Le fer et l'acide chlorhydrique réagissent sans former de dégagement de gaz. | ☐ | ☐ |
| 3. Le fer et l'acide chlorhydrique réagissent en formant un mélange de gaz. | ☐ | ☐ |
| 4. Le fer et l'acide chlorhydrique réagissent en formant un dégagement de dichlore. | ☐ | ☐ |
| 5. S'il y a un dégagement de dihydrogène lors d'une réaction, alors il y a toujours du fer et de l'acide chlorhydrique. | ☐ | ☐ |
| 6. Le fer et l'acide chlorhydrique réagissent en formant un dégagement de dihydrogène. | ☐ | ☐ |
| 7. Lorsque l'acide chlorhydrique réagit avec du fer, il se forme de l'eau salée. | ☐ | ☐ |
| 8. Il est très rare que le fer réagisse avec l'acide chlorhydrique. | ☐ | ☐ |

### 3 ★★★ Répondez aux QCM suivants.

1. Lorsque le fer et l'acide chlorhydrique réagissent, il se forme :
- ☐ a. du dihydrogène.
- ☐ b. des vapeurs nitreuses.
- ☐ c. de la vapeur d'eau.
- ☐ d. les trois à la fois.

2. Pour que le fer et l'acide chlorhydrique réagissent :
- ☐ a. il faut que l'acide soit chaud.
- ☐ b. il faut que le fer soit pur.
- ☐ c. il faut que le fer soit en poudre.
- ☐ d. peu importe, la réaction a toujours lieu.

3. La solution obtenue après réaction du fer et de l'acide chlorhydrique est :
- ☐ a. du chlorure de cuivre.
- ☐ b. du sulfate de cuivre.
- ☐ c. du chlorure de fer.
- ☐ d. du nitrate de fer.

4. Pour identifier la solution obtenue après réaction du fer et de l'acide chlorhydrique, on verse :
- ☐ a. quelques gouttes d'hydroxyde de sodium pour identifier l'ion chlorure.
- ☐ b. quelques gouttes d'hydroxyde de sodium pour identifier l'ion fer.
- ☐ c. quelques gouttes de nitrate d'argent pour identifier l'ion cuivre.
- ☐ d. quelques gouttes d'eau pour dissoudrele fer.

5. Avant la réaction du fer et de l'acide chlorhydrique, le pH de l'acide est environ :
- ☐ a. 1.
- ☐ b. 7.
- ☐ c. 14.
- ☐ d. on ne sait pas.

Auto évaluation Très bien ☐ Bien ☐ Pas assez bien ☐

# 5 Les piles électrochimiques

## Observer et retenir

### Principe de fonctionnement

Lorsqu'on fait réagir deux solutions chimiques qui contiennent des ions et des métaux, on produit une **différence de potentiel**.

*Si on plonge une lame de cuivre dans une solution de sulfate de cuivre et une lame de zinc dans une solution de sulfate de zinc, on produit entre les deux lames une différence de potentiel de 1,10 V.*

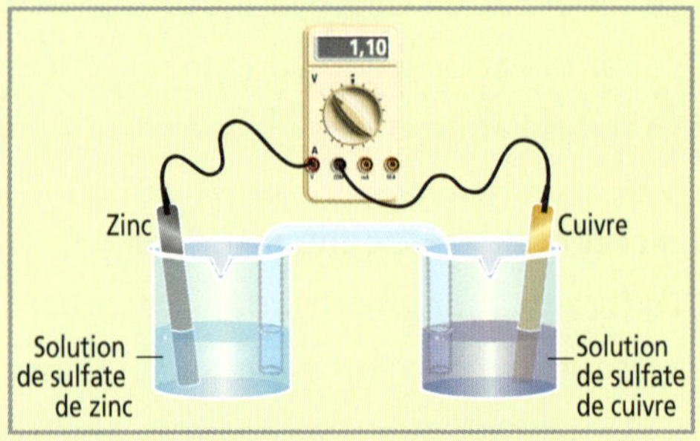


### Symbole d'une pile

- Dans un circuit électrique, on symbolise une pile par le symbole suivant : 

- Les piles électrochimiques produisent une tension électrique grâce à une réaction chimique. En fonction des éléments qui constituent les piles, on obtient des tensions plus ou moins importantes. Certaines piles sont « réversibles », c'est-à-dire qu'on peut les recharger. On les appelle alors des **accus**.

Les piles sont principalement de deux natures : les **piles salines** et les **piles alcalines**. Dans ce dernier cas, l'électrolyte est basique (alcalin), par exemple une solution gélifiée d'hydroxyde de potassium ($K^+ + OH^-$). Il existe aussi des piles qui sont composées d'un oxyde d'argent. C'est parfois le cas des piles bouton.

## Savoir faire

### Faire une pile dans sa cuisine

On peut facilement fabriquer une petite pile électrique avec quelques éléments que l'on trouve à la maison. Pour cela, il faut : 1 citron, 1 pièce en cuivre (décapée pour que la réaction se fasse plus facilement), 1 vis zinguée (parfois appelée vis galvanisée), 2 fils électriques de préférence avec des pinces « crocodile » aux deux extrémités, un petit couteau pour entailler le citron, un voyant lumineux (type diode LED) à faible tension nominale (on en trouve dans tous les magasins de bricolage).

→ Enfoncer la vis et la pièce (grâce à une petite entaille faite avec un couteau) dans le citron.

→ Relier la pièce et le clou à la diode avec les fils électriques.

Il est possible que la diode ne s'allume pas beaucoup car la tension de la pile et l'intensité du courant fourni ne sont pas suffisantes. Il suffit alors de fabriquer plusieurs piles identiques reliées en série. Pour cela, il faut relier la pièce du premier citron à la vis du deuxième et ainsi de suite. Avec plusieurs citrons, on dispose d'une différence de potentiel suffisante pour faire apparaître une lueur sur la diode.

## S'entraîner

➜ Corrigés p. 296

**1** ★ **Voici une liste d'appareils qui fonctionnent avec de l'électricité. Lesquels sont alimentés par une pile ?**

Lampe de poche – radio – baladeur – télévision écran plat – ordinateur.

.............................................................

**2** ★★ **Voici une liste d'appareils qui fonctionnent à l'électricité et une liste de modèles de piles qui permettent d'alimenter ces appareils. Il s'agit d'associer chaque pile avec chaque appareil.**

| Pile n° 1 | Pile n° 2 | Pile n° 3 |
|---|---|---|

| • | • | • |
|---|---|---|
| • | • | • |
| Réveil | Pèse-personne | Télécommande de volet électrique |

**3** ★★ **Un de vos amis veut vous épater en faisant une pile avec deux clous et un citron. Est-ce que sa « pile » va fonctionner ? Pourquoi ?**

.............................................................

.............................................................

.............................................................

**4** ★★ **Parmi les affirmations suivantes, cochez celles qui sont vraies.**

☐ **1.** Toutes les piles sont rechargeables.

☐ **2.** Les piles produisent du courant grâce à la chaleur.

☐ **3.** Plus la pile est grosse, plus le courant qu'elle produit est fort.

☐ **4.** Lorsqu'une pile est usagée, il suffit de la jeter à la poubelle.

☐ **5.** On fabrique des piles avec des formes différentes pour faire plus joli.

**5** ★★ **Répondez aux questions suivantes.**

**1.** Quand on relie plusieurs piles en série, la tension obtenue est :
☐ **a.** plus forte.
☐ **b.** moins forte.
☐ **c.** toujours constante quel que soit le nombre de piles.

**2.** Quand une pile produit un courant électrique, elle :
☐ **a.** s'échauffe.
☐ **b.** se refroidit.
☐ **c.** garde la même température.

**3.** Une « pile rechargeable » s'appelle :
☐ **a.** un accu.
☐ **b.** une pile bouton.
☐ **c.** une pile lapin.

**4.** Quand une pile est usagée :
☐ **a.** on la jette à la poubelle.
☐ **b.** on la recharge.
☐ **c.** on la dépose dans un centre de traitement.

**6** ★★ **En vous aidant d'informations (livre, Internet, etc.), complétez le schéma ci-dessous représentant une pile avec les mots suivants : *graphite, capsule, isolant, zinc*. Indiquez également le + et le –.**

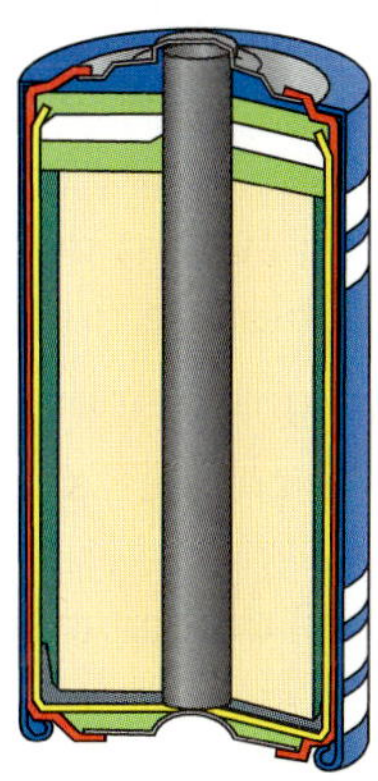

**Auto évaluation** Très bien ☐ Bien ☐ Pas assez bien ☐

# 6 Synthèses d'espèces chimiques

## Observer et retenir

Il existe globalement deux familles d'espèces chimiques : les produits **naturels** et les produits **artificiels** qui sont fabriqués en laboratoire ou de façon industrielle. Certains produits sont des copies de produits naturels comme les arômes, par exemple, que l'on retrouve dans les aliments. D'autres sont des produits complètement « inventés » par les chimistes. C'est le cas de certaines fibres synthétiques utilisées dans l'industrie de l'habillement (le polyester, le nylon…).

### Synthèse de l'arôme de banane

- On trouve sur l'emballage de nombreux aliments, desserts, produits lactés, yaourts, la mention « arôme banane ». Cet arôme ne provient pas de la banane « naturelle » mais d'un produit fabriqué que les chimistes appellent un **ester**.

- Pour fabriquer ce parfum en laboratoire, on procède ainsi : dans un tube à essais, on verse 2 mL d'acide éthanoïque pur, 2 mL d'alcool isoamylique (alcool industriel de formule $C_5H_{11}OH$) et quelques gouttes d'acide sulfurique concentré. Le tube muni d'un long tuyau fin est placé dans de l'eau très chaude (environ 90 °C) pendant 15 min. Le tuyau fin permet de refroidir le contenu du tube à essais. On verse ensuite le contenu du tube à essais dans un verre à pied qui contient de l'eau très salée. On agite puis on laisse décanter. Après quelques instants, un produit va rester à la surface de l'eau. On l'appelle de l'**acétate d'isoamyle**. C'est ce produit qui est l'arôme de banane.
On peut écrire l'équation bilan de cette réaction de la façon suivante :
**acide acétique + alcool isoamylique → acétate d'isoamyle + eau**

## Savoir faire

### Synthèse d'une substance artificielle : la fabrication du nylon

Une des formes de nylon est fabriquée à partir d'une molécule qui possède 6 atomes de carbone : l'hexaméthylènediamine, dont la formule chimique est $H_2N–(CH_2)_6–NH_2$ et d'un dichlorure d'acide à 10 atomes de carbone : le chlorure de sébacyle de formule $ClOC–(CH_2)_8–COCl$. Ces deux produits sont irritants pour la peau, les yeux, le système respiratoire (l'expérience doit être effectuée sous hotte).

→ Versez environ 10 mL de solution basique d'hexaméthylènediamime dans un bécher de 50 mL.

→ Ajoutez-y, en évitant de mélanger les deux phases, environ 10 mL de la solution organique de chlorure de sébacyle.

→ Observez soigneusement l'interface entre les deux solutions.

→ À l'aide d'un crochet, saisissez le film de polymère qui se forme à l'interface des deux solutions.

→ Tirez sur le fil de polymère qui s'allonge spontanément et bobinez-le autour d'un tube à essais.

→ Lavez abondamment le fil à l'eau et laissez-le sécher.

## S'entraîner

→ Corrigés p. 296

**1 ★★ Classez ces produits en trois familles : produits naturels, produits synthétiques naturels, produits synthétiques artificiels.**

**1.** l'arôme de vanille – **2.** le jus de pomme – **3.** la laine – **4.** la soie – **5.** la rayonne – **6.** le nylon – **7.** le coton – **8.** le jus de citron – **9.** le polyester – **10.** la vanilline.

**2 ★★ Parmi ces affirmations, cochez celles qui sont vraies.**

☐ **1.** Il n'y a que les produits naturels qui soient sans danger.

☐ **2.** Les arômes synthétiques sont meilleurs pour la santé.

☐ **3.** L'arôme synthétique de banane est identique à 100 % à celui que l'on trouve dans les bananes.

☐ **4.** Les arômes naturels reviennent plus cher que les arômes artificiels.

☐ **5.** Les fabricants de produits alimentaires utilisent rarement des arômes artificiels.

☐ **6.** Un arôme est appelé « ester » par les chimistes.

**3 ★★★ Complétez ce texte avec les mots suivants (attention un mot peut intervenir plusieurs fois) : *savon – saponification – huile***

**La fabrication du .......... de Marseille**

La transformation des ingrédients en .......... s'appelle .......... . Un procédé à l'ancienne consiste à faire cuire la pâte dans un chaudron. Le principe est assez simple. Il s'agit de faire réagir de la soude avec un corps gras (.........., graisse…).

Dans un premier temps, on chauffe le mélange de soude et d' .........., on débarrasse la pâte de l'excès d'eau, des impuretés de matières grasses et de la glycérine en arrêtant l'ébullition (séparation en deux phases avec le .......... qui surnage).

Le .......... contenant encore des matières grasses qui n'ont pas réagi, on chauffe à nouveau en rajoutant de la soude plusieurs fois et en laissant décanter à chaque fois pour séparer le .......... des « lessives ». Le .......... est maintenant terminé. La liquidation consiste à faire bouillir à gros bouillons une dernière fois en arrosant à l'eau pure pour précipiter au fond du chaudron les dernières matières étrangères et colorantes qui vont former le « gras ».

Il faut ensuite faire passer le .......... de l'état de liquide à un aspect solide pour pouvoir le mouler et l'empaqueter. Industriellement, cela se fait sous vide pour que le .......... perde son eau. Il passe ensuite dans des machines appelées boudineuses pour le compresser.

Il ne reste alors qu'à le mouler et l'envelopper pour le commercialiser.

Globalement, le processus de fabrication du savon est : .......... (GRAISSE) + SOUDE = .......... + GLYCÉRINE.

On peut fabriquer soi-même son .......... à la maison, mais il faut être très vigilant car la soude est un produit extrêmement dangereux et doit être manipulée avec précaution. Le port de gants et de lunettes de protection est impératif.

Auto évaluation Très bien ☐ Bien ☐ Pas assez bien ☐

# 7 La tension alternative – Production caractéristique

## Observer et retenir

### Production d'une tension alternative

• Une tension alternative apparaît aux bornes d'une bobine si un aimant se déplace rapidement à proximité d'elle.
Le courant alternatif utilisé dans les maisons, les entreprises, etc. est fabriqué par EDF grâce à de gros alternateurs entraînés par des turbines.

### Chaîne énergétique d'une centrale thermique

Production de vapeur → Énergie mécanique → Turbine → Énergie mécanique → Alternateur → Énergie électrique

• Dans une chaîne de production d'énergie électrique, il y a toujours une partie de la puissance qui est perdue, notamment à cause des frottements. Par exemple, si sur 100 W au départ on ne « récupère » que 80 W de puissance électrique, alors on dira que le **rendement** est de 80 % (80 pour 100).

### Définitions

• Une tension alternative est une tension qui varie en fonction du temps. Un oscilloscope permet d'observer une tension alternative. L'axe horizontal est l'axe des temps ; l'axe vertical donne la valeur de la **tension maximale**. Un voltmètre donne une tension efficace.

• La forme de l'**oscillogramme** caractérise la tension. Le motif élémentaire correspond à une période (T). Le nombre de périodes par seconde s'appelle la fréquence ($f$).
$T = 1/f$ ; $f = 1/T$.

• Pour des raisons de sécurité, on doit parfois abaisser la valeur de la tension. On utilise pour cela un **transformateur** composé de deux bobines reliées par un cadre métallique. C'est le nombre de spires de chacune des bobines qui va permettre d'abaisser plus ou moins la tension alternative.
De la même façon, on peut élever une tension comme à la sortie d'une centrale EDF pour transformer la haute tension (40 kV) en très haute tension (400 kV).

> La **période** s'exprime en **seconde**(s). La **fréquence** s'exprime en **hertz** (Hz).
> Sur un **oscilloscope**, on mesure une tension **maximale** ; sur un voltmètre, une tension **efficace**.

## Savoir faire

### Savoir retrouver une tension maximale

On obtient la valeur maximale de la tension en multipliant la valeur efficace par $\sqrt{2}$.
**Exemple :** La tension domestique est de 220 V. Il s'agit d'une valeur efficace. Calculons la valeur maximale.
$U_{max} = U_{eff} \times \sqrt{2}$ ; $U_{max} = 220 \times \sqrt{2}$ ; $U_{max} = 311,13$ V.
La valeur maximale de la tension du secteur est d'environ 311 V.

## S'entraîner

→ Corrigés p. 297

### 1 ★★ Répondez par VRAI ou FAUX.

**1.** Un alternateur produit du courant électrique continu. → ............................................

**2.** Si l'alternateur n'est pas entraîné en rotation, il ne peut y avoir de production d'électricité.
→ .......................................................

**3.** C'est uniquement grâce aux électroaimants de l'alternateur que l'on produit le courant électrique. → ..........................................

**4.** Sur une bicyclette, c'est une dynamo qui permet d'alimenter l'éclairage avant et arrière.
→ .......................................................

**5.** Il y a un alternateur seulement sur les voitures de grosse cylindrée. → ..............................

### 2 ★★ Pour chaque question, cochez la bonne réponse.

**1.** Pour visualiser une tension alternative, on peut utiliser :
☐ **a.** un voltmètre.
☐ **b.** un oscilloscope.
☐ **c.** une résistance.

**2.** La tension délivrée par une pile est une tension alternative :
☐ **a.** faux.
☐ **b.** vrai.
☐ **c.** seulement pour les « piles » rechargeables.

**3.** Une tension alternative varie :
☐ **a.** en fonction du temps.
☐ **b.** seulement s'il s'agit de la tension du secteur.
☐ **c.** seulement si elle est appliquée aux bornes d'un moteur.

**4.** Une période caractérise une tension alternative. Il s'agit :
☐ **a.** d'un temps.
☐ **b.** d'une longueur.
☐ **c.** de la représentation de la tension sur un oscilloscope.

**5.** Une fréquence peut être définie comme :
☐ **a.** le nombre de motifs identiques produits à chaque seconde.
☐ **b.** le nombre de motifs identiques produits à chaque période.
☐ **c.** le temps nécessaire pour observer un motif.
☐

**6.** Une tension alternative maximale est :
☐ **a.** appelée « tension efficace ».
☐ **b.** la plus grande valeur que prend la tension au cours d'une période.
☐ **c.** la plus grande valeur de la tension jamais mesurée au monde.

**7.** Une tension efficace est :
☐ **a.** plus grande que la tension maximale.
☐ **b.** égale à la tension maximale multipliée par $\sqrt{2}$.
☐ **c.** égale à la tension maximale divisée par $\sqrt{2}$.

**8.** Sur un voltmètre, on mesure :
☐ **a.** la tension maximale.
☐ **b.** l'intensité efficace.
☐ **c.** la tension efficace.

**9.** Un transformateur permet :
☐ **a.** de modifier la forme d'une tension alternative.
☐ **b.** de transformer une tension alternative en une tension continue.
☐ **c.** de transformer une tension alternative en une autre tension alternative.

### 3 ★★ Complétez le tableau ci-dessous.

| Valeur maximale d'une tension en volts | Valeur efficace d'une tension en volts |
|---|---|
| 24 | |
| 100 | |
| | 220 |
| | 380 |
| 40 | |

Auto évaluation — Très bien ☐ Bien ☐ Pas assez bien ☐

# 8 Énergie électrique – Puissance électrique

## Observer et retenir

### L'énergie électrique

- Tout au début d'une installation électrique se trouve un compteur qui mesure la totalité de tout ce qui a été consommé par tous les appareils électriques d'une installation pendant un certain temps. La valeur indiquée par le compteur d'énergie s'exprime en **kilowattheures**.
- L'énergie est proportionnelle au temps. Pendant deux heures de fonctionnement d'un appareil électrique, on consomme deux fois plus d'énergie que pendant une heure.

### La puissance électrique

- La puissance électrique caractérise un appareil. La puissance correspond au produit de l'intensité par la tension aux bornes de l'appareil : **$P = U \cdot I$**.
- On peut calculer la puissance en divisant l'énergie par le temps : **$P = E/t$**.
- Il faut connaître la puissance d'un appareil électrique pour deux raisons :
  – tout d'abord, pour réaliser le circuit d'alimentation avec le fil de la section appropriée ;
  – ensuite, pour connaître la puissance totale de tous les appareils afin de choisir la protection et l'abonnement adaptés à l'installation.

## Savoir faire

### Calculer le coût de fonctionnement d'un appareil électrique

Pour calculer ce coût, il faut procéder en plusieurs étapes.

→ Vérifier qu'aucun appareil n'est en fonctionnement. Pour en être sûr, il suffit de vérifier que le disque du compteur d'énergie ne tourne pas ou, s'il s'agit d'un compteur électronique, que le voyant ne clignote pas.

→ Relever la valeur lue sur le cadran du compteur d'énergie électrique.

→ Mettre en service simultanément l'appareil dont on veut calculer l'énergie consommée et un chronomètre. En regardant le cadran du compteur tourner, on vérifie que de l'énergie électrique est consommée dans l'appareil.

→ Après plusieurs minutes, si l'appareil électrique est puissant, on doit avoir une autre valeur sur le cadran du compteur. Il suffit alors de faire la différence entre les deux relevés pour avoir la consommation réalisée par l'appareil. En multipliant la valeur de la consommation par le coût du kWh, on obtient le coût de fonctionnement de l'appareil.

## S'entraîner

➜ Corrigés p. 297

**1** ★ **Voici un extrait d'une facture EDF :**

Ancien index : 12 745 – Nouvel index : 13 125.

**Sachant que le coût d'un kilowattheure est de 0,1058 €, calculez le montant de la consommation d'énergie électrique entre les deux relevés.**

..........................................................

**2** ★★ **À partir de l'extrait d'une documentation sur un projecteur et sa lampe, calculez l'énergie consommée par la lampe, en kilowattheures et en joules, lorsqu'elle fonctionne sans arrêt pendant un spectacle qui dure 1 h 30.**

**4. Projecteur PAR 64 long ECO**

Douille céramique GX16D (livré sans lampe). Fourni sans prise, avec câble. Grille de protection à l'arrière du projecteur. Pour lampe PAR 64 1000 W. Corps en aluminium. Dim : 440 x 260 x 360 mm. Poids : 1,5 kg.

**07 50 70-35** Le PAR 64 long noir ............ **25,00€**

**07 50 71-35** Le PAR 64 long alu............. **25,00€**

**07 50 80-35** La lampe PAR 64/1000 W........ **45,99€**

..........................................................

**3** ★★ **Une installation électrique est composée de 3 radiateurs électriques de 2 000 W, de 5 lampes d'éclairage de 75 W, et de divers appareils électriques pour une puissance totale de 1,7 kW.**

**1.** Calculez, en watts, la puissance totale de cette installation.

..........................................................

**2.** Calculez l'énergie consommée, en wattheures puis en kilowattheures, lorsque cette installation fonctionne pendant 2 h ; 3 h ; 4 h 30.

..........................................................

**4** ★★ **Sur la notice d'un appareil électrique, on peut lire les indications suivantes :**

| |
|---|
| 220 V – 50 Hz |
| 1 500 W |
| Made in France |

**1.** Relevez les indications qui ont une importance sur le plan électrique.

..........................................................

**2.** Que signifient 220 V et 50 Hz ?

..........................................................

**3.** Quelle est la puissance de cet appareil ?

..........................................................

**4.** Calculez l'intensité du courant électrique qui traverse cet appareil lorsqu'il fonctionne à sa puissance nominale.

..........................................................

**5** ★★★ **On dispose de cinq appareils dont on donne l'énergie consommée pendant un temps *t*. À partir des valeurs lues dans le tableau, déterminez celui qui a la puissance la plus élevée et celui qui a la puissance la plus faible.**

| Appareil | Énergie consommée en joules | Temps en secondes |
|---|---|---|
| N° 1 | 4 000 | 40 |
| N° 2 | 3 750 | 15 |
| N° 3 | 6 000 | 10 |
| N° 4 | 6 000 | 20 |
| N° 5 | 5 250 | 30 |

**6** ★★★ **Sachant que P = U·I et que P = E/*t*, exprimez E en fonction de U, I et *t*.**

..........................................................

Auto évaluation Très bien ☐ Bien ☐ Pas assez bien ☐

# 9 Le poids et la masse – Équilibre d'un objet soumis à deux actions

## Observer et retenir

### Poids et masse

- La Terre exerce sur tous les objets une action à distance, que l'on appelle le **poids**.
- Pour représenter le poids, on définit un point particulier que l'on appelle le **centre de gravité** ou centre de masse. Si le solide est homogène, le centre de gravité coïncide avec le centre de symétrie de l'objet.
- La **droite d'action** du poids est une verticale qui passe par le centre de gravité.
- Le **sens** du poids est dirigé vers le bas.
- La **grandeur** du poids s'obtient en multipliant la valeur de la masse (en kilogrammes) par l'intensité de la pesanteur symbolisée par la lettre $g$ : $P = m{\cdot}g$.
- Comme pour toute force, la grandeur du poids s'exprime en **newtons**.
$g$ = 9,81 N/kg à la surface de la Terre à Paris.

### Équilibre d'un solide soumis à deux actions

L'expérience ci-contre montre que la plaque en carton de masse négligeable est soumise à une force notée $\overrightarrow{F_1}$ et à une force notée $\overrightarrow{F_2}$. L'action en A est horizontale, vers la gauche, de grandeur 3 N.

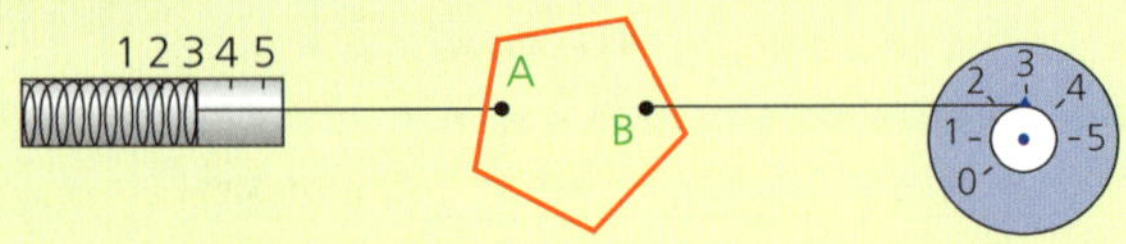


## Savoir faire

### Déterminer des caractéristiques inconnues

**Exemple :** Une grue lève un conteneur dont la masse est 800 kg.

→ **Repérer le système étudié :** le conteneur.

→ **Identifier les forces qui s'exercent sur le système :** l'attraction de la Terre (poids) et la tension du câble.

→ **Donner la nature des actions :** attraction de la Terre = action à distance ; tension du câble = action de contact.

→ **Faire le tableau des caractéristiques connues :**

| | Actions | |
|---|---|---|
| **Caractéristiques** | **Poids** | **Tension du câble** |
| Point d'application | G | point d'accrochage |
| Droite d'action | verticale | verticale (suivant le câble) |
| Sens | vers le bas | vers le haut |
| Grandeur | $P = m.g$ ; P = 800 × 9,8 ; P = 7 840 N | T = 7 840 N |

## S'entraîner

➜ Corrigés p. 297

**1** ★ **Calculez le poids des objets suivants (on prendra *g* = 10 N/kg).**

**1.** Un litre d'eau : 1 kg → ..........................

**2.** Une voiture : 1 100 kg → ......................

**3.** Un dictionnaire : 850 g → ......................

**4.** Une locomotive : 85 tonnes → .................

**2** ★★ **Quelle est la masse de l'objet représenté ci-contre (le dynamomètre indique 5 N) ? (On prendra *g* = 10 N/kg.)**

.............................................

.............................................

**3** ★★ **Sébastien affirme que la valeur du poids est toujours en kilogrammes. Louise lui répond que le poids s'exprime en newtons. Qui a raison ?**

.........................................................

**4** ★★ **Trois conditions sont nécessaires pour qu'un solide soumis à deux actions soit en équilibre. Lesquelles ?**

.........................................................

.........................................................

.........................................................

**5** ★★ **Dessinez la force qu'il faut appliquer au point A pour que le solide soit en équilibre.**

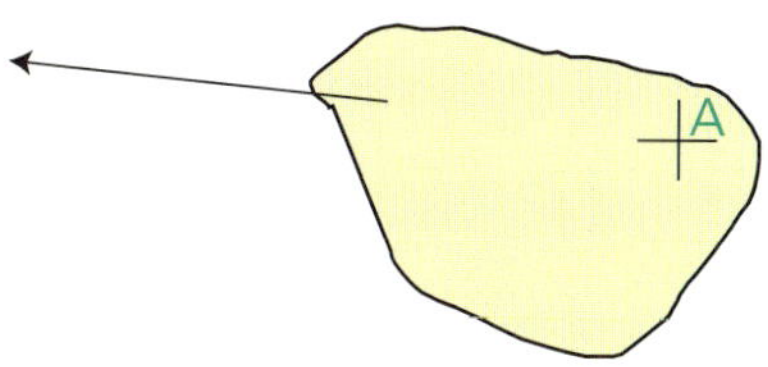


**6** ★★★ **Pour chacune des situations décrites ci-dessous, dites si le système est en équilibre.**

**1.** Un objet est soumis à deux actions identiques.

.........................................................

**2.** Une masse de 200 g est accrochée à un dynamomètre qui indique 0,2 N.

.........................................................

**3.** Une plaque subit une force vers le haut de 5 N et une force vers la gauche de 5 N.

.........................................................

**7** ★★★ **Avant d'effectuer un voyage dans une navette spatiale, un astronaute mesure sa masse sur un pèse-personne. Il lit 78 kg.**

**1.** Quel est son poids ? (On prend *g* = 10 N/kg.)

.........................................................

**2.** Il garde le même pèse-personne dans la navette. La valeur change-t-elle lorsqu'il se pèse pendant le vol ?

.........................................................

.........................................................

**8** ★★★ **Un véhicule est immobile sur un plateau horizontal. Il est soumis à deux actions et il est en équilibre. Complétez le tableau ci-dessous de façon à respecter cet équilibre.**

| | Poids du véhicule | Réaction de la route |
|---|---|---|
| **Point d'application** | | |
| **Droite d'action** | verticale | |
| **Sens** | vers le bas | |
| **Grandeur** | | 6 000 N |

Auto évaluation Très bien ☐ Bien ☐ Pas assez bien ☐

# 10 L'énergie cinétique

## Observer et retenir

### Principe de l'énergique cinétique

• Pour illustrer le principe de l'énergie cinétique, prenons un exemple simple. On veut enfoncer un clou dans une planche de bois. Comment va-t-on procéder ?
– On utilise un marteau très léger et on tape doucement.
– On utilise un marteau plus lourd et on tape avec la plus grande vitesse possible.

• Intuitivement, on préfère retenir la seconde solution. Pour enfoncer le clou, il faut apporter le plus d'énergie possible. Le fait d'utiliser un marteau lourd auquel on donne un maximum de vitesse permet de développer le plus d'énergie. Cette énergie s'appelle l'énergie cinétique. La valeur de l'énergie cinétique s'exprime par la relation :
**$E = 1/2\ mv^2$**, où $m$ exprime la masse en kilogramme et $v^2$ le carré de la vitesse exprimée en m/s. L'énergie s'exprime alors en **joules**.

### Distance d'arrêt et distance de freinage

Il ne faut pas confondre ces deux expressions.
La distance d'arrêt (longueur totale pour que le véhicule soit complètement arrêté) est égale à la distance de freinage à laquelle il faut ajouter la distance parcourue lors du temps de réaction du conducteur.

## Savoir faire

### Utiliser un diagramme

Ce diagramme permet de déterminer la distance d'arrêt nécessaire en fonction de la vitesse.

**→ Recherche d'une distance d'arrêt**

On roule à 50 km/h. Quelle distance est nécessaire pour s'arrêter ? D'après le diagramme (flèches bleues), on lit : environ 15 m.
En roulant à 100 km/h, il faut 50 m. Cela signifie que si l'on multiplie la vitesse par deux, il faut trois fois plus de distance pour s'arrêter.

**→ Recherche d'une vitesse**

Si on dispose de 30 m vis-à-vis d'un obstacle, à quelle vitesse maximale peut-on rouler et avoir le temps de s'arrêter ? Le diagramme (flèches rouges) indique environ 80 km/h.

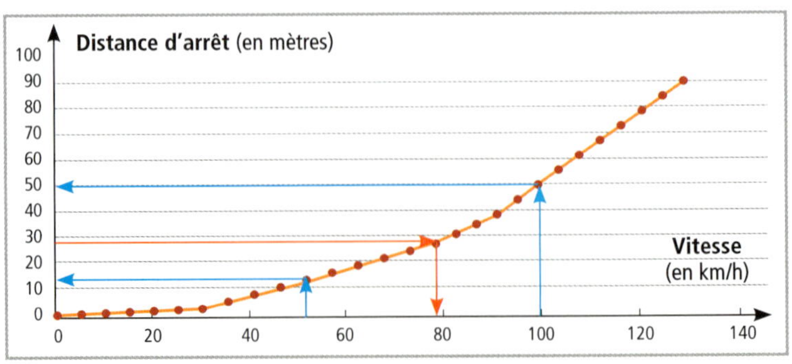

## S'entraîner

→ Corrigés p. 297

**1** ★ **En utilisant la relation E = 1/2 $mv^2$, calculez l'énergie cinétique d'une voiture dont la masse est de 750 kg lorsqu'elle se déplace à 50 km/h (attention à convertir la vitesse en m/s).**

..........................................................................

**2** ★★ **À votre avis, de ces deux voitures, quelle est celle qui avait la plus grande vitesse au moment de l'accident ? Pourquoi ?**

..........................................................................

..........................................................................

..........................................................................

Voiture A

Voiture B

**3** ★★★ **Pour chaque affirmation ci-dessous, cochez VRAI ou FAUX.**

**1.** L'énergie cinétique d'un objet en mouvement dépend de sa masse. ☐ **Vrai** ☐ **Faux**

**2.** L'énergie cinétique d'un objet en mouvement est proportionnelle à la vitesse avec laquelle il se déplace. ☐ **Vrai** ☐ **Faux**

**3.** Pour doubler l'énergie cinétique d'un mobile en mouvement, il suffit de multiplier sa vitesse par deux. ☐ **Vrai** ☐ **Faux**

**4.** Une camionnette de masse 3 500 kg qui roule à 50 km/h possède une énergie cinétique 5 fois plus grande qu'une voiture de 700 kg qui roule à 50 km/h. ☐ **Vrai** ☐ **Faux**

**5.** Si on lâche d'une hauteur de 1 m deux billes en acier, l'une de 50 g et l'autre de 70 g, elles arrivent sur le sol avec la même énergie cinétique. ☐ **Vrai** ☐ **Faux**

**4** ★★★ **Quelle est la masse d'un mobile qui se déplace à 3,5 m/s si l'énergie cinétique accumulée est 73,5 J ?**

..........................................................................

**5** ★★★ **Complétez le tableau à partir des données ci-dessous.**

| Distance de freinage sur route sèche | Distance de freinage sur route mouillée | Distance parcourue pendant le temps de réaction |
|---|---|---|
| 5 m à 30 km/h<br>15 m à 50 km/h<br>25 m à 70 km/h<br>40 m à 90 km/h<br>90 m à 130 km/h | 10 m à 30 km/h<br>30 m à 50 km/h<br>50 m à 70 km/h<br>80 m à 90 km/h<br>180 m à 130 km/h | 8 m à 30 km/h<br>14 m à 50 km/h<br>20 m à 70 km/h<br>25 m à 90 km/h<br>36 m à 130 km/h |

| Vitesse en km/h | Distance d'arrêt sur route sèche | Distances d'arrêt sur route mouillée |
|---|---|---|
| 30<br>70<br>130 | | |

**Auto évaluation** Très bien ☐ Bien ☐ Pas assez bien ☐

# Quiz-Bilan

Pour faire le point dans toutes les matières !

## Français

**1** **« C'était un chat noir avec de grands yeux jaunes, brillants, un pelage écaille de tortue. »**

**a.** ☐ discours narratif
**b.** ☐ discours explicatif
**c.** ☐ discours descriptif

**2** **« Le chat passe devant moi, se glisse dans la porte entrebâillée, disparaît dans le jardin. »**

**a.** ☐ discours narratif
**b.** ☐ discours explicatif
**c.** ☐ discours descriptif

**3** **Quel est l'intrus dans les mots de cette famille ?**

**a.** ☐ sangsue
**b.** ☐ sanguinaire
**c.** ☐ sanglant
**d.** ☐ sanglot

**4** **Quel est l'intrus dans ces synonymes ?**

**a.** ☐ poli
**b.** ☐ aimable
**c.** ☐ correct
**d.** ☐ lisse

**5** **Quel est l'antonyme de l'adjectif « adroit » ?**

**a.** ☐ habile
**b.** ☐ gauche
**c.** ☐ empâté
**d.** ☐ expert

**6 Quel terme générique convient pour le champ lexical suivant : mont, colline, vallée, plaine, fjord ?**

a. ☐ relief
b. ☐ terre
c. ☐ hauteurs
d. ☐ mer

**7 Quelle forme verbale correspond à la 3e personne du futur simple ?**

a. ☐ placerons
b. ☐ placerait
c. ☐ placera
d. ☐ plaça

**8 Quel mot comporte un préfixe ?**

a. ☐ imitation
b. ☐ imaginaire
c. ☐ immerger
d. ☐ impératif

**9 « Antoine laissa tomber dans le verre dix gouttes, qui colorèrent légèrement l'eau. » Quelle est la nature de cette phrase ?**

a. ☐ phrase simple
b. ☐ phrase complexe coordonnée
c. ☐ phrase complexe juxtaposée
d. ☐ phrase complexe subordonnée

**10 Quelle forme convient pour compléter ce groupe nominal : « ses qualités, ses dons… » ?**

a. ☐ naturelles  b. ☐ naturels  c. ☐ naturel  d. ☐ naturelle

**11 « Son cri a rompu le silence de plomb qui régnait dans la rue. » Quelle est cette figure de style ?**

a. ☐ comparaison
b. ☐ métaphore
c. ☐ périphrase

**12 « Eau, quand donc pleuvras-tu ? quand tonneras-tu, foudre ? » est un :**

a. ☐ octosyllabe
b. ☐ décasyllabe
c. ☐ alexandrin

Réponses : 1-c / 2-a / 3-d / 4-d / 5-b / 6-a / 7-c / 8-c / 9-d / 10-b / 11-b / 12-c.

# Maths

**1** **Parmi les propositions suivantes, une seule est fausse. Laquelle ?**

a. ☐ 19 est un diviseur de 4617
b. ☐ 19 est un diviseur de 4522
c. ☐ 19 est un diviseur de 4513

**2** **Le plus grand diviseur commun de 621 et 667 est :**

a. ☐ 19 b. ☐ 23 c. ☐ 29

**3** **On considère l'expression $A(x) = (2x + 3)(3 - 4x)$. Cette expression admet pour développement :**

a. ☐ $-8x^2 - 6x + 9$
b. ☐ $8x^2 - 6x - 9$
c. ☐ $-8x^2 + 6x - 9$

**4** **On considère l'expression $B(x) = 16x^2 - 24x + 9$. Cette expression admet pour factorisation :**

a. ☐ $(4x + 3)^2$
b. ☐ $(-4x + 3)^2$
c. ☐ $(8x - 3)^2$

**5** **La somme $3\sqrt{2} + \sqrt{8} + \sqrt{72}$ peut aussi s'écrire :**

a. ☐ $11\sqrt{2}$ b. ☐ $7\sqrt{8}$ c. ☐ $12\sqrt{2}$

**6** **Le système $\begin{cases} 2x + y = -2 \\ 3x - 2y = 4 \end{cases}$ admet :**

a. ☐ le couple (3 ; –8) pour solution
b. ☐ le couple (2 ; 1) pour solution
c. ☐ le couple (0 ; –2) pour unique solution

**7** **L'inéquation qui admet pour solutions tous les nombres supérieurs ou égaux à 2 est :**

a. ☐ $-3x + 2 \leq 1$
b. ☐ $-3x + 4 \leq -2$
c. ☐ $2x + 3 \geq 4$

**8** **Le produit $2^3 \times 2^{-1} \times 2^5$ peut aussi s'écrire :**

a. ☐ $2^7$ b. ☐ $2^8$ c. ☐ $2^{-15}$

**9** **On appelle $x$ la mesure en degrés d'un angle aigu d'un triangle rectangle. Si $\cos x = \frac{3}{4}$ alors on peut affirmer que :**

a. ☐ $\sin x = \frac{3}{4}$ b. ☐ $\sin x = \frac{1}{4}$ c. ☐ $\sin x = \frac{\sqrt{7}}{4}$

**10** **ABC est un triangle rectangle et isocèle en B. Dans ce cas, on a :**

a. ☐ $AC = 2AB$ b. ☐ $AC = AB\sqrt{2}$ c. ☐ $AC = \frac{BC}{\sqrt{2}}$

**11** **Les dimensions d'une pyramide à base carrée ont été toutes multipliées par 3. Dans ce cas :**

a. ☐ l'aire de la pyramide a été multipliée par 3
b. ☐ l'aire de la pyramide a été multipliée par 6
c. ☐ le volume de la pyramide a été multiplié par 27

**12** **Le volume d'une boule de rayon $\sqrt{3}$ cm est :**

a. ☐ $4\sqrt{3}\pi$ cm³
b. ☐ $12\pi$ cm³
c. ☐ $12\sqrt{3}\pi$ cm³

**13** **Rémi a obtenu les notes suivantes (sur 20) : 8 ; 12 ; 17 ; 15 ; 13. Dans ce cas, on peut affirmer que :**

a. ☐ l'étendue des notes est égale à 8
b. ☐ sa note moyenne et sa moyenne sont égales à 13
c. ☐ le premier quartile de la série de note correspond à 12

**14** **Soit $f$ la fonction définie : $f : x \mapsto 3x^2 - 2x + 1$. Dans ce cas, on peut affirmer que :**

a. ☐ l'image de −1 vaut 6
b. ☐ L'image de −1 vaut 0
c. ☐ l'image de −1 vaut 2

**15** **Soit $g$ la fonction définie : $g : x \mapsto \frac{3x - 1}{2 - x}$. Dans ce cas, on peut affirmer que :**

a. ☐ 2 admet pour antécédent 0
b. ☐ 2 admet pour antécédent −1
c. ☐ 2 admet pour antécédent 1

**Réponses :** 1-c / 2-b / 3-a / 4-b / 5-a / 6-c / 7-b / 8-a / 9-c / 10-b / 11-c / 12-a / 13-b / 14-a / 15-c.

Quiz-Bilan

## Histoire-Géographie
## Éducation civique

**1 L'une de ces propositions n'est pas datée de la Première Guerre mondiale : laquelle ?**

a. ☐ la guerre des tranchées
b. ☐ le génocide arménien
c. ☐ la bataille de Stalingrad

**2 Parmi ces éléments, lequel ne caractérise pas un régime totalitaire ?**

a. ☐ l'embrigadement de la population
b. ☐ les élections libres
c. ☐ l'existence d'une police politique

**3 Quel événement n'est pas daté de 1947 ?**

a. ☐ la fin de la guerre d'Algérie
b. ☐ la partition de l'Inde
c. ☐ le plan Marshall

**4 Pour la France, à quoi la période 1981-1995 correspond-elle ?**

a. ☐ aux années de Gaulle
b. ☐ aux années Mitterrand
c. ☐ aux années Chirac

**5 Quand le traité de Maastricht marquant le passage de la Communauté économique européenne à l'Union européenne a-t-il été signé ?**

a. ☐ 1957
b. ☐ 1992
c. ☐ 2002

**6 Lequel de ces territoires n'est pas un espace de la Francophonie ?**

a. ☐ la Corée du Nord
b. ☐ le Viêt Nam
c. ☐ le Sénégal

**7 Un intrus s'est glissé parmi ces propositions sur l'urbanisation dans le monde : lequel ?**

a. ☐ Plus d'un habitant sur deux vit en ville aujourd'hui.
b. ☐ Le taux d'urbanisation est plus élevé dans les États du Nord.
c. ☐ La croissance urbaine est faible dans les États du Sud.

**8 Quelle est la proposition juste caractérisant l'ALENA ?**

a. ☐ le traité de libre-échange regroupant les États-Unis, le Canada et le Mexique

b. ☐ le traité de libre-échange regroupant le Brésil, l'Argentine, le Paraguay et l'Uruguay

c. ☐ le traité de libre-échange regroupant les États de la Triade

**9 Où sont situés les sièges sociaux des firmes transnationales commercialisant les produits Panasonic, Sony et Toshiba ?**

a. ☐ en Allemagne

b. ☐ aux États-Unis

c. ☐ au Japon

**10 Lequel de ces trois États n'est pas un membre permanent du Conseil de sécurité de l'ONU ?**

a. ☐ les États-Unis

b. ☐ la France

c. ☐ le Japon

**11 Quand les Françaises ont-elle obtenu le droit de vote ?**

a. ☐ 1944

b. ☐ 1945

c. ☐ 1946

**12 Quelle est la proposition résumant le mieux le peintre Otto Dix ?**

a. ☐ un peintre expressionniste et antimilitariste, très marqué par la guerre

b. ☐ un peintre impressionniste aimant la nature

c. ☐ un peintre célébrant les Trente Glorieuses

**13 Qui est Primo Levi, l'auteur de *Si c'est un homme* ?**

a. ☐ C'est un Italien, déporté à Auschwitz et survivant de la Shoah.

b. ☐ C'est un Italien admirant Hitler et le système concentrationnaire nazi.

c. ☐ C'est un Italien ayant vécu en URSS.

**14 *Le Dictateur* est un film américain et satirique mettant en scène Hitler : quand était-il au pouvoir ?**

a. ☐ de 1924 à 1953

b. ☐ de 1933 à 1945

c. ☐ de 1939 à 1945

Réponses : **1**-c / **2**-b / **3**-a / **4**-b / **5**-b / **6**-a / **7**-c / **8**-a / **9**-c / **10**-c / **11**-a / **12**-a / **13**-a / **14**-b.

# Anglais

**1** **Qu'exprime la phrase suivante : « My boyfriend calls me in the evening. » ?**

a. ☐ une habitude
b. ☐ une action en cours
c. ☐ une vérité générale

**2** **Coche la (ou les) traduction(s) possible(s) de : « She's been painting her bedroom green for two days. »**

a. ☐ Elle peint sa chambre en vert depuis deux jours.
b. ☐ Cela fait deux jours qu'elle peint sa chambre en vert.
c. ☐ Elle a peint sa chambre en vert il y a deux jours.

**3** **Complétez la phrase suivante : « I ...... my favourite series when my computer screen ...... black. »**

a. ☐ downloaded + was going to
b. ☐ downloaded + went
c. ☐ was downloading + went

**4** **Quel est le début de la phrase suivante : « ... if I pass my driving license. » ?**

a. ☐ I shall buy a new car
b. ☐ I will buy a new car
c. ☐ I'm going to buy a new car

**5** **Deux phrases signifient la même chose. Lesquelles ?**

a. ☐ You needn't call me. Just text me!
b. ☐ You don't have to call me. Just text me!
c. ☐ You can't call me. Just text me!

**6** **Quelle est la question dont la réponse est « 9 » ?**

a. ☐ How many afternoons a week does he go jogging?
b. ☐ How old is his little brother?
c. ☐ How far is the post-office?

**7** **Complétez la phrase suivante : « This is the town ...... I'm going to live, ...... I can't find any flat to rent here ».**

a. ☐ that + unless
b. ☐ where + yet
c. ☐ where + unless

**Réponses :** **1**-a / **2**-a et b / **3**-c / **4**-b / **5**-a et b / **6**-b / **7**-c.

# Espagnol

**Cochez la bonne proposition pour compléter les phrases.**

**1 Pedro mira :**
- **a.** ☐ a Pablo
- **b.** ☐ Pablo
- **c.** ☐ de Pablo

**2 Nosotros queremos que tu :**
- **a.** ☐ vienes
- **b.** ☐ vengas
- **c.** ☐ vendrás

**3 Mi hermano :**
- **a.** ☐ es rubio
- **b.** ☐ está rubio
- **c.** ☐ soy rubio

**4 Yo :**
- **a.** ☐ soy cantando
- **b.** ☐ está cantando
- **c.** ☐ estoy cantando

**5 Su padre :**
- **a.** ☐ hablo conmigo
- **b.** ☐ habló conmigo
- **c.** ☐ hablé conmigo

**6 Si hiciera buen tiempo :**
- **a.** ☐ saldremos
- **b.** ☐ salgamos
- **c.** ☐ saldríamos

**7 Me ayudó para que :**
- **a.** ☐ terminara más pronto
- **b.** ☐ terminará más pronto
- **c.** ☐ termine más pronto

Réponses : **1**-a / **2**-b / **3**-a / **4**-c / **5**-b / **6**-c / **7**-a.

# Allemand

**Cochez la bonne proposition pour compléter les phrases.**

**1** **Ich soll unbedingt Oma anrufen, ........ ihr zum Geburtstag zu gratulieren.**

**a.** ☐ damit
**b.** ☐ um
**c.** ☐ ohne

**2** **Zeig mal die Klamotten, ........ du dir gestern gekauft hast!**

**a.** ☐ die
**b.** ☐ den
**c.** ☐ das

**3** **........ der Schule wollen wir uns im Kaffeehaus treffen. Kommst du mit?**

**a.** ☐ Nachdem
**b.** ☐ Bevor
**c.** ☐ Nach

**4** **Beeilt ........, wir fahren in zehn Minuten zum Bahnhof.**

**a.** ☐ uns
**b.** ☐ euch
**c.** ☐ dich

**5** **Ich brauche mehr Schlaf ........ du.**

**a.** ☐ als
**b.** ☐ wie
**c.** ☐ so wie

**6** **Hoffentlich kommen Sie bald wieder ........ uns!**

**a.** ☐ um
**b.** ☐ bei
**c.** ☐ zu

**7** **Mit ........ hast du dich so lange unterhalten? Kenne ich ihn?**

**a.** ☐ wer
**b.** ☐ wen
**c.** ☐ wem

**Réponses :** **1**-b / **2**-a / **3**-c / **4**-b / **5**-a / **6**-c / **7**-c.

**1** **Si nous pouvions manipuler notre génome en modifiant nos chromosomes, quels caractères pourrions-nous modifier ?**

a. ☐ la qualité du bronzage et le fait de posséder des grains de beauté
b. ☐ la couleur des yeux et le groupe sanguin
c. ☐ le fait de parler deux langues vivantes

**2** **Lors d'une division cellulaire, les deux cellules filles héritent du même patrimoine génétique car :**

a. ☐ la cellule mère copie à l'identique son génome avant la division
b. ☐ la cellule mère possède deux chromosomes homologues par paire et chaque cellule fille en hérite d'un
c. ☐ chaque cellule a un noyau

**3** **Une crise géologique est toujours marquée par :**

a. ☐ un changement d'orbite de la planète Terre
b. ☐ des extinctions d'espèces
c. ☐ l'arrivée d'extraterrestres

**4** **En comparant l'architecture du membre chiridien, on a pu rapprocher sur l'arbre évolutif :**

a. ☐ une ammonite et un escargot
b. ☐ un maquereau et une huître
c. ☐ un stégosaure et un moineau

**5** **Louis Pasteur a découvert :**

a. ☐ la génération spontanée des microbes
b. ☐ l'existence des microbes et le vaccin contre la rage
c. ☐ le vaccin contre la diphtérie et la rougeole

**6** **Les macrophages :**

a. ☐ digèrent les microbes et les cellules mortes
b. ☐ transportent l'oxygène dans le sang
c. ☐ libèrent des anticorps

**7** **Pour garder une bonne santé, il faut :**

a. ☐ fumer deux cigarettes par jour et manger des frites
b. ☐ faire des grasses matinées et se coucher tard
c. ☐ avoir une alimentation variée et équilibrée et faire du sport

**Réponses :** **1**-b / **2**-a / **3**-b / **4**-c / **5**-b / **6**-a / **7**-c.

# Physique-Chimie

**1 Le pH d'une solution permet de :**

a. ☐ savoir si un liquide est basique, acide ou neutre

b. ☐ savoir si un corps est solide, liquide ou gazeux

c. ☐ savoir si un corps est dangereux, car si son pH est de 7, il n'est pas dangereux

**2 Un ion est :**

a. ☐ un atome qui a perdu ou gagné un ou plusieurs neutrons

b. ☐ un atome qui a perdu ou gagné un ou plusieurs protons

c. ☐ un atome qui a perdu ou gagné un ou plusieurs électrons

**3 Pour identifier un ion dans une solution, on utilise des réactifs qui :**

a. ☐ permettent l'apparition d'une couleur rouge

b. ☐ provoquent un précipité

c. ☐ chauffent la solution et entraînent un dégagement gazeux

**4 Un alternateur transforme :**

a. ☐ l'énergie solaire en énergie électrique

b. ☐ l'énergie mécanique en énergie électrique

c. ☐ l'énergie chimique en énergie électrique

**5 L'énergie électrique que chacun consomme à son domicile est :**

a. ☐ exprimée en kilowatts et tout le monde paye le même prix

b. ☐ exprimée en kilowattheures et chacun paye proportionnellement à sa consommation

c. ☐ exprimée en ampères et mesurée par le disjoncteur

**6 Le poids d'un corps :**

a. ☐ est dû à l'attraction de la Terre

b. ☐ est égal à la masse de ce corps

c. ☐ correspond à la masse divisée par 10

**7 Par rapport à un véhicule qui se déplace sur une route sèche, un véhicule qui se déplace sur route mouillée :**

a. ☐ a besoin d'une distance plus grande, environ deux fois plus

b. ☐ n'a pas besoin d'une plus grande distance surtout s'il dispose de l'ABS

c. ☐ a besoin d'une distance 5 fois plus grande

**Réponses :** **1**-a / **2**-c / **3**-b / **4**-b / **5**-b / **6**-a / **7**-a.

# Spécial Brevet

## I – Présentation de la 3e et du nouveau brevet

• La 3e est une **classe de transition** : d'une part, vous attestez des **connaissances acquises jusqu'à la fin du collège** (avec le brevet) qui vous mettront en mesure d'entrer au lycée pour en suivre l'enseignement, et d'autre part, vous êtes amené à choisir une **orientation** (seconde générale, professionnelle ou technologique).

• Le **diplôme national du brevet**, mis en place à la session 2011, comprend :
– trois épreuves écrites : **français**, **mathématiques**, **histoire-géographie-éducation civique** ;
– une épreuve orale : **histoire des arts** ;
– les notes obtenues en **contrôle continu** pendant l'année sur l'ensemble des disciplines ;
– une note de **vie scolaire** ;
– la possibilité de choisir des **options facultatives**, où seuls les points supérieurs à la moyenne sont pris en compte ;
– la validation des 7 compétences issues du **socle commun** ;
– la validation du Brevet informatique et Internet (**B2i**) ;
– la validation du **niveau A2** dans une langue vivante.

## II – Déroulement des épreuves écrites

### 1 – Français

**Durée :** 3 heures

**Points :** la première partie est notée sur 25 points (15 points pour les questions, en général 4 points pour la réécriture et 6 points pour la dictée) ; la seconde partie (rédaction) est notée sur 15 points, soit un total de 40 points.

**• 1re partie : Questions sur un texte – Réécriture – Dictée**

Un texte de 20 à 50 lignes est accompagné de questions portant sur la compréhension, le vocabulaire et la grammaire.
L'exercice de réécriture peut proposer de changer le temps des verbes, ou de passer du singulier au pluriel, du masculin au féminin, du style direct au style indirect, etc.
Ensuite, pour la dictée, le surveillant se chargera de lire un extrait de texte que vous devrez écrire sans commettre d'erreurs d'orthographe sur votre copie.
Cette première partie dure 1h30. Elle est suivie d'une pause de 15 minutes.

**• 2e partie : Rédaction**

Pour cet exercice qui s'appuie sur le texte que vous aurez étudié en première partie d'épreuve, vous conservez le sujet de la première partie, et vous avez le droit d'utiliser un dictionnaire.
Cette seconde partie dure 1h30.

### 2 – Mathématiques

**Durée :** 2 heures

**Points :** chacune des trois parties est notée sur 12 points et 4 points sont attribués à la rédaction et à la présentation, soit un total de 40 points.

**• 1re partie : Activités numériques**

Cette première partie consiste en 3 ou 4 courts exercices indépendants, destinés à évaluer vos techniques de calcul.
Prévoyez environ 30 minutes.

**• 2e partie : Activités géométriques**

Cette partie consiste en 2 ou 3 courts exercices indépendants, permettant d'évaluer vos acquis en matière de théorèmes classiques du programme de collège.
Prévoyez environ 30 minutes.

**• 3e partie : Problème**

Le problème est constitué d'une série de questions courtes et enchaînées et peut porter sur plusieurs thèmes du programme à la fois (géométrie, gestion de données, fonctions, travaux numériques).
Prévoyez environ 45 minutes.
Il vous restera donc 15 minutes pour une relecture attentive.

### 3 – Histoire-Géographie, Éducation civique

**Durée :** 2 heures

**Points :** la 1re partie (histoire ou géographie) est notée sur 18 points ; la 2e partie (éducation civique) est notée sur 12 points ; la 3e partie (repères chronologiques et spatiaux) est notée sur 6 points ; enfin, 4 points sont attribués à la rédaction et à la présentation, soit un total de 40 points.

### • 1re partie : Histoire ou géographie

Vous avez le choix entre deux sujets, portant sur des parties différentes du programme. Chaque sujet comprend trois documents, des questions et un paragraphe argumenté, qui doit compter une vingtaine de lignes.
Prévoyez environ 50 minutes.

### • 2e partie : Éducation civique

Le sujet comprend trois documents, dont un texte de référence, des questions et un paragraphe argumenté, qui doit compter une quinzaine de lignes.
Prévoyez environ 40 minutes.

### • 3e partie : Repères chronologiques et spatiaux

Cette partie porte sur les quatre niveaux du collège, de la 6e à la 3e ; en histoire, il s'agit des repères chronologiques appris depuis la 6e, et en géographie, d'un repérage s'appuyant sur un support cartographique.
Prévoyez environ 15 minutes.
Il vous restera donc 15 minutes pour une relecture attentive.

## III – Déroulement de l'épreuve orale : Histoire des arts

**Durée :** 15 minutes maximum

**Points :** cette épreuve est notée, comme les trois épreuves écrites, sur 40 points.

• Les modalités de cette épreuve sont définies par les établissements. L'oral se déroule dans le collège et sera évalué par deux professeurs, dont l'un doit obligatoirement être associé à l'enseignement artistique ou à l'histoire.

• Cette épreuve porte sur la période historique inscrite au programme d'histoire de 3e, même si elle fait intervenir un grand nombre de disciplines. Vous devrez cependant prolonger ce que vous avez abordé en classe en développant une réflexion personnelle autour d'un thème que vous aurez choisi (ou tiré au sort le jour de l'épreuve). Les thèmes croisent des sujets historiques et culturels (guerre, propagande, progrès techniques, évolution de la société…) avec les différentes formes d'expression artistique (littérature, théâtre, cinéma, architecture, sculpture, musique…).

## IV – Déroulement des autres évaluations

### 1 – Socle commun

La validation des sept compétences du socle commun est indispensable. Le B2i et le niveau A2 font partie de ce socle commun, en plus des cinq autres compétences suivantes :

• Maîtrise de la langue française ;
• Mathématiques, culture scientifique et technologique ;
• Culture humaniste (histoire-géographie et histoire des arts) ;
• Compétences sociales et civiques ;
• Autonomie et initiative.

Toutes ces compétences seront évaluées puis validées par vos professeurs respectifs et sont obligatoires pour l'obtention de votre brevet des collèges.

### 2 – B2i

Le Brevet Informatique et Internet, dit B2i, vise à évaluer votre capacité à utiliser les outils informatiques et Internet en validant des savoir-faire.

### 3 – Niveau A2 dans la langue vivante

L'obtention du niveau A2 dans une langue vivante étrangère est, elle aussi, obligatoire. C'est vous, élèves, qui choisissez la langue vivante dans laquelle vous souhaitez valider votre niveau A2. Ce niveau correspond à un niveau de langue « usuel » ; il s'agit de :
– comprendre de façon claire un court texte ou un dialogue ;
– se faire comprendre par des expressions de base.

## V – Calcul des points

• Pour obtenir le brevet, il faut cumuler au moins **190 points** (sur un total de 380) avec les épreuves listées ci-dessus (épreuves écrites, épreuve orale, contrôle continu, vie scolaire et options facultatives), ce qui correspond à une **moyenne générale** au moins égale à **10** sur **20**.

• Les **épreuves écrites** (français, mathématiques, histoire-géographie, éducation civique) et l'**épreuve orale** (histoire des arts) peuvent **chacune** rapporter **40 points**.

***Attention !*** Tout zéro dans une épreuve écrite est éliminatoire.

• Le **contrôle continu** constitue une partie importante pour l'attribution du brevet des collèges : **les points** sont répartis, selon la **série**, sur **neuf**, **dix** ou **onze matières** (excepté l'histoire-géographie), chacune sur 20 points.

• Les **points supérieurs à la moyenne** obtenus grâce aux **options** facultatives sont **ajoutés** à la moyenne.

• Il existe un système de **mentions** :
– mention « assez bien » pour une moyenne générale supérieure ou égale à 12/20 ;
– mention « bien » pour une moyenne générale supérieure ou égale à 14/20 ;
– mention « très bien » pour une moyenne générale supérieure ou égale à 16/20.

Les **élèves boursiers** peuvent obtenir une bourse au mérite complémentaire grâce à une mention « bien » ou « très bien ».

# Français

## Sujet (corrigés p. 297)

*Amérique du Nord, juin 2010, série collège*

*Hélène, âgée de quinze ans, vient de quitter la Russie après la Révolution et séjourne en Finlande, en plein hiver. Elle a fait la connaissance de Fred Reuss, un jeune homme. Ils ont trouvé un petit traîneau dans un hangar.*

Ils grimpèrent tous les deux derrière le traîneau et le lancèrent dans la neige. Il dégringola la pente, allant de plus en plus vite ; le vent soufflait aux oreilles et les cinglait cruellement.

« Attention, attention », criait Fred, et ses joyeux éclats de rire sonnaient dans l'air pur et glacé. « Attention ! L'arbre ! La pierre ! Nous tombons ! Nous sommes morts ! Tenez-vous bien, Hélène... Frappez la terre du pied ! Comme cela ! Encore ! Encore !... Plus vite... Oh ! C'est délicieux... »

La respiration coupée, ils glissaient sans bruit avec une vitesse vertigineuse de songe, le long de la pente, le long du blanc chemin de glace dans la plaine. Ils roulèrent jusqu'au moment où le traîneau eut heurté une racine d'arbre et versé ses passagers dans la neige. Dix fois, cent fois, sans se lasser, ils recommencèrent, hissant le traîneau jusqu'au haut de la côte et se laissant glisser ensuite le long de la pente gelée. Hélène sentait le souffle ardent du jeune homme dans son cou ; le froid cruel lui arrachait des larmes qui coulaient sur son visage sans qu'elle pût les essuyer : le vent de la course les séchait sur ses joues. Comme des enfants, ils poussaient tous deux des cris aigus, joyeux, qui s'exhalaient d'eux sans qu'ils en eussent conscience et ils frappaient le sol gelé. Le petit traîneau bondissait alors et dévalait la colline comme une flèche. Enfin, Fred dit :

« Écoutez, ça ne va pas assez vite. Ce qu'il faudrait, c'est un vrai traîneau.

– Comment faire ? dit Hélène, la dernière fois nous l'avons abîmé et le cocher, depuis, se méfie et ferme à clef la remise. Mais ici, dans le hangar, j'en ai vu un... »

Ils retournèrent en courant vers le hangar, prirent le plus beau des traîneaux, doublé de rouge et bordé d'un rang de grelots. Ils eurent quelque peine à le faire descendre, mais une fois l'élan donné, rien au monde ne pouvait se comparer à la rapidité de sa course ; la neige volait dans leurs visages, entrait dans leurs bouches entr'ouvertes, haletantes, les aveuglait, cinglait leurs joues. Hélène ne voyait plus rien. La blancheur étincelante de la plaine fulgurait sous les rayons du soleil d'hiver ardent et rouge, qui allumait sur la neige un feu écarlate. Peu à peu, cependant, il pâlit, devint rosé.

« Quelle ivresse ! » songea Hélène.

Ils ne comptaient plus leurs chutes ; enfin, après l'une d'elles qui les jeta au fond d'un ravin et d'où ils sortirent avec peine, les joues griffées par les aiguilles de glace, Reuss, qui pleurait à force de rire, dit : « Nous allons nous casser la tête, c'est clair ! Reprenons nos paisibles traîneaux finlandais.

– Jamais de la vie ! Rouler dans la neige, c'est ce qu'il y a de plus amusant. »

Irène Némirovsky, *Le Vin de solitude*, Éditions Albin Michel, 1935 (pages 31 à 33).

## PREMIÈRE PARTIE

### Questions *(15 points)*

**I. La nature finlandaise** *(4,5 points)*

**1.** Où et quand se déroule la scène ? Relevez quelques éléments du texte pour justifier votre réponse.

**2.** Donnez le sens de « cinglait » (l. 3), (l. 28).

**3.** Quelles sont les expansions du nom « soleil » (l. 30) ? Donnez la classe grammaticale (c'est-à-dire la nature) et la fonction de chacune de ces expansions.

**4.** Montrez que la nature finlandaise est ici à la fois hostile et belle, en vous appuyant sur un relevé précis et organisé.

**II. Le jeu du traîneau** *(5,5 points)*

**1.** Quel personnage mène d'abord le jeu ? Prouvez-le en vous appuyant en particulier sur les paroles rapportées.

**2.** À quel moment les rôles s'inversent-ils ? Pourquoi ?

**3.** Relevez, dans le passage qui va de « Frappez la terre du pied ! » (l. 6) à « ... comme une flèche. » (l. 18), quatre expressions qui appartiennent au champ lexical de la vitesse.

**4.** Transformez la phrase « Il dégringola [...] cruellement. » (l. 2-3) en remplaçant la juxtaposition par une subordination. Quel rapport de sens avez-vous ainsi mis en valeur ?

**5.** « Dix fois, cent fois, sans se lasser, ils recommencèrent... » (l. 11-12) Quelle figure de style est ici utilisée ? Dans quel but ?

**6.** En vous appuyant sur les réponses aux questions précédentes et sur le texte, dites pourquoi Fred et Hélène trouvent ce jeu « amusant ».

**III. Des sentiments et sensations intenses** *(5 points)*

**1.** Expliquez l'expression « une vitesse vertigineuse de songe » (l. 8-9).

**2.** « Quelle ivresse ! » (l. 32) Précisez le type et la forme de cette phrase. Quelle sensation traduit-elle ?

**3.** Justifiez l'emploi de l'imparfait de l'indicatif de « Hélène sentait... » (l. 13) à « ... comme une flèche. » (l. 18).

**4.** Quel sentiment dominant éprouvent les deux personnages ? Vous répondrez en prenant précisément appui sur le texte.

**5.** Toujours en citant le texte, montrez que les deux jeunes gens cherchent à atteindre les limites du jeu. Observez en particulier ce que dit Fred.

### Réécriture *(5 points)*

Vous réécrirez le passage qui va de « Ils retournèrent... » (l. 24) à « ... cinglait leurs joues. » (l. 28) en remplaçant « ils » par « nous » et en transposant les temps au futur de l'indicatif. Vous effectuerez toutes les modifications nécessaires.

### Dictée *(5 points)*

On entend souvent dire : « Si j'avais ceci, si j'avais cela, je serais heureux », et l'on prend l'habitude de croire que le bonheur réside dans le futur et ne vit qu'en conditions exceptionnelles. Le bonheur habite le présent et le plus quotidien des présents ; il faut dire : « J'ai ceci, j'ai cela, je suis heureux. » Et même dire : « Malgré ceci et malgré cela, je suis heureux. »

Les éléments du bonheur sont simples, et ils sont gratuits, pour l'essentiel. Ceux qui ne sont pas gratuits finissent par donner une telle somme de bonheurs différents qu'au bout du compte ils peuvent être considérés comme gratuits.

Jean Giono, *La Chasse au bonheur,* Gallimard, 1988.

# SECONDE PARTIE

## ■ Rédaction *(15 points)*

Vous avez vous aussi, au cours d'un jeu, partagé un bonheur intense avec un(e) ou des camarade(s). Racontez, en prenant soin de décrire le jeu lui-même et d'exprimer les sentiments que vous avez éprouvés.

*Il sera tenu compte, dans l'évaluation, de la correction de la langue et de l'orthographe, de la richesse et de la précision du vocabulaire.*

# Mathématiques

## Sujet *(corrigés p. 299)*

*Sujet national, juin 2010, série collège*
*L'usage de la calculatrice est autorisé, dans le cadre de la réglementation en vigueur.*

## ACTIVITÉS NUMÉRIQUES *(12 points)*

### Exercice 1

On considère le programme de calcul ci-dessous :
- choisir un nombre de départ
- multiplier ce nombre par (– 2)
- ajouter 5 au produit
- multiplier le résultat par 5
- écrire le résultat obtenu.

**1. a.** Vérifier que, lorsque le nombre de départ est 2, on obtient 5.
**b.** Lorsque le nombre de départ est 3, quel résultat obtient-on ?
**2.** Quel nombre faut-il choisir au départ pour que le résultat obtenu soit 0 ?
**3.** Arthur prétend que, pour n'importe quel nombre de départ, l'expression $(x - 5)^2 - x^2$ permet d'obtenir le résultat du programme de calcul. A-t-il raison ?

### Exercice 2

L'eau, en gelant, augmente de volume. Le segment de droite ci-dessous représente le volume de glace (en litres) obtenu à partir d'un volume d'eau liquide (en litres).

**Volume de la glace en litre en fonction du volume d'eau liquide en litre**

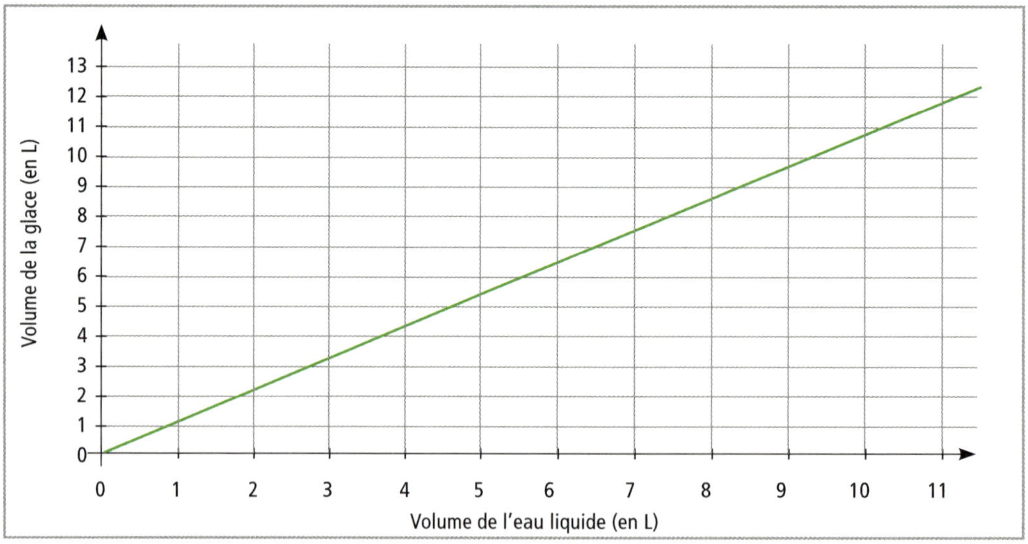


**1.** En utilisant le graphique, répondre aux questions suivantes.
**a.** Quel est le volume de glace obtenu à partir de 6 litres de liquide ?
**b.** Quel volume d'eau liquide faut-il mettre à geler pour obtenir 10 litres de glace ?
**2.** Le volume de glace est-il proportionnel au volume d'eau liquide ? Justifier.
**3.** On admet que 10 litres d'eau donnent 10,8 litres de glace. De quel pourcentage ce volume d'eau augmente-t-il en gelant ?

# ACTIVITÉS GÉOMÉTRIQUES *(12 points)*

## Exercice 1

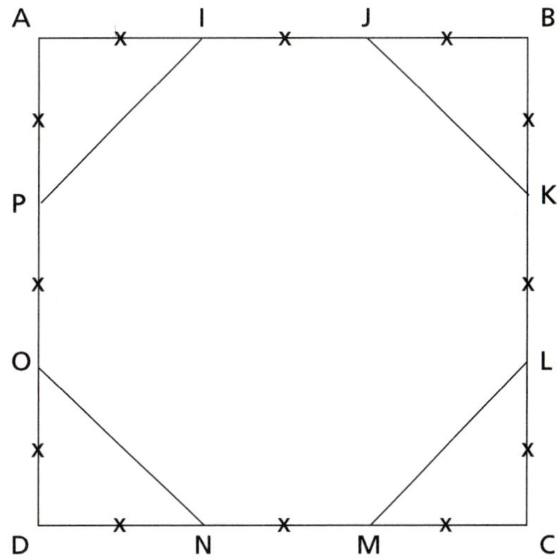


Dans la figure ci-contre :
- ABCD est un carré de côté 9 cm ;
- les segments de même longueur sont codés.

**1.** Faire une figure en vraie grandeur.
**2. a.** Calculer JK.
**b.** L'octogone IJKLMNOP est-il un octogone régulier ? Justifier la réponse.
**c.** Calculer l'aire de l'octogone IJKLMNOP.
**3.** Les diagonales du carré ABCD se coupent en S.
**a.** Tracer sur la figure en vraie grandeur le cercle de centre S et de diamètre 9 cm.
**b.** Le disque de centre S et de diamètre 9 cm a-t-il une aire supérieure à l'aire de l'octogone ? Justifier la réponse.

## Exercice 2

SABC est une pyramide de base triangulaire ABC telle que : AB = 2 cm ; AC = 4,8 cm ; BC = 5,2 cm.
La hauteur SA de cette pyramide est 3 cm.

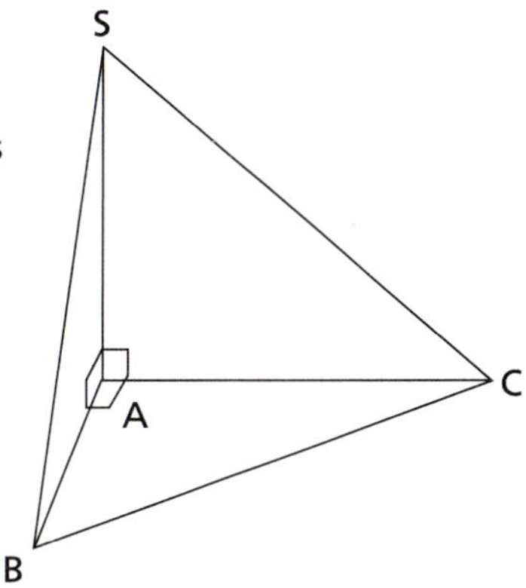


**1.** Dessiner en vraie grandeur le triangle ABC à partir des deux points B et C donnés sur la figure ci-dessous.
**2.** Quelle est la nature du triangle ABC ? Justifier.
**3.** On veut construire un patron en vraie grandeur de la pyramide SABC. Le début de ce patron est dessiné ci-contre à main levée. Compléter le dessin pour obtenir le patron complet, en vraie grandeur de la pyramide.

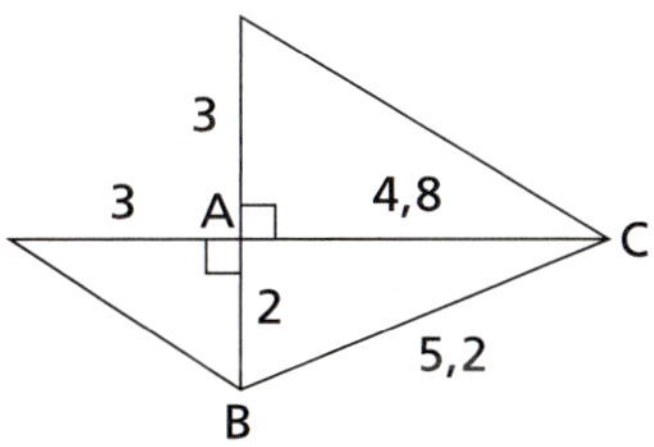


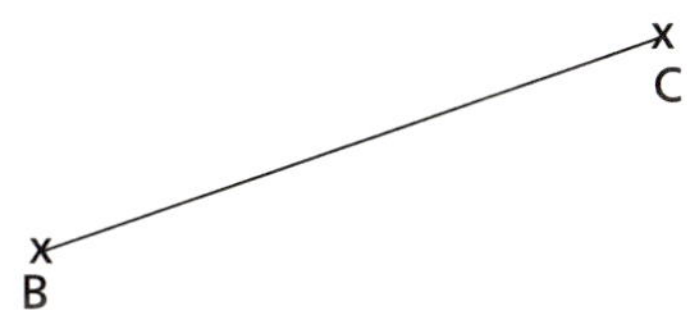


**4.** Calculer le volume de SABC en cm.
On rappelle que le volume d'une pyramide est donné par la formule :
$V = \frac{1}{3} B \times h$ où B est l'aire d'une base et *h* la hauteur associée.

# PROBLÈME *(12 points)*

Une entreprise doit rénover un local.
Ce local a la forme d'un parallélépipède rectangle.
La longueur est 6,40 m, la largeur est 5,20 m et la hauteur sous plafond est 2,80 m.
Il comporte une porte de 2 m de haut sur 0,80 m de large et trois baies vitrées de 2 m de haut sur 1,60 m de large.

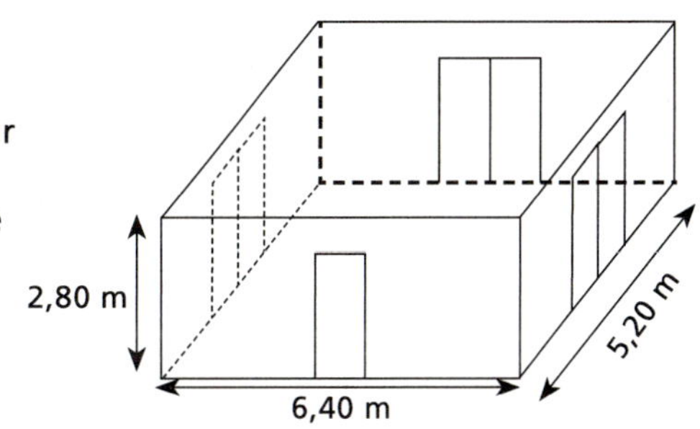

## Première partie : Peinture des murs et du plafond

Les murs et le plafond doivent être peints. L'étiquette suivante est collée sur les pots de la peinture choisie.
Peinture pour murs et plafond
Séchage rapide
Contenance : 5 litres
Utilisation recommandée : 1 litre pour 4 m$^2$

**1. a.** Calculer l'aire du plafond.
**b.** Combien de litres de peinture faut-il pour peindre le plafond ?
**2. a.** Prouver que la surface de mur à peindre est d'environ 54 m$^2$.
**b.** Combien de litres de peinture faut-il pour peindre les murs ?
**3.** De combien de pots de peinture l'entreprise doit-elle disposer pour ce chantier ?

## Deuxième partie : Pose d'un dallage sur le sol

**1.** Déterminer le plus grand diviseur commun à 640 et 520.
**2.** Le sol du local doit être entièrement recouvert par des dalles carrées de même dimension.
L'entreprise a le choix entre des dalles dont le côté mesure 20 cm, 30 cm, 35 cm, 40 cm ou 45 cm.
**a.** Parmi ces dimensions, lesquelles peut-on choisir pour que les dalles puissent être posées sans découpe ?
**b.** Dans chacun des cas trouvés, combien faut-il utiliser de dalles ?

## Troisième partie : Coût du dallage

Pour l'ensemble de ses chantiers, l'entreprise se fournit auprès de deux grossistes. Les tarifs proposés pour des paquets de 10 dalles sont :

Grossiste A : 48 € le paquet, livraison gratuite.

Grossiste B : 42 € le paquet, livraison 45 € quel que soit le nombre de paquets.

**1.** Quel est le prix pour une commande de 9 paquets :
**a.** avec le grossiste A ?
**b.** avec le grossiste B ?
**2.** Exprimer en fonction du nombre $n$ de paquets :
**a.** le prix $P_A$ en euros d'une commande de $n$ paquets avec le grossiste A ;
**b.** le prix $P_B$ en euros d'une commande de $n$ paquets avec le grossiste B.
**3. a.** Représenter graphiquement chacun de ces deux prix en fonction de $n$ dans le repère.
**b.** Quel est, selon le nombre de paquets achetés, le tarif le plus avantageux ?

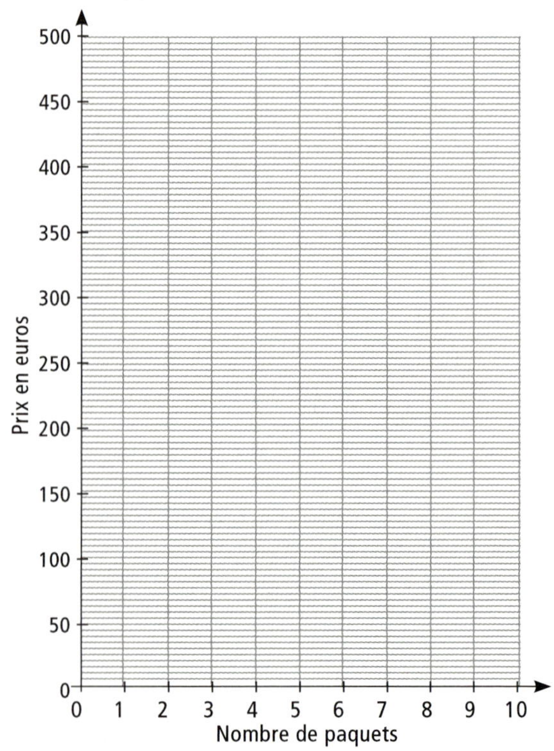

# Histoire-Géographie
# Éducation civique

## Sujet *(corrigés p. 301)*

### PREMIÈRE PARTIE : HISTOIRE-GÉOGRAPHIE *(18 points)*

Vous traiterez l'un des sujets au choix.

### HISTOIRE

*Sujet national, juin 2010, série collège*

### La Première Guerre mondiale, une guerre totale

#### Documents

**Document 1 : Soldats français et coloniaux de Madagascar devant un ballon d'observation en Picardie pendant la Première Guerre mondiale**

Source : Archives départementales de l'Oise (collection C. Commessy, 1914-1918).

**Document 2 : Déclaration de Georges Clemenceau, ministre de la Guerre**

Nous nous présentons devant vous dans l'unique pensée d'une guerre intégrale. Ces Français que nous fûmes contraints de jeter dans la bataille, ils ont des droits sur nous… nous leur devons tout, sans aucune réserve. Notre France accepte de souffrir encore pour la défense du sol des grands ancêtres.

Ces silencieux soldats de l'usine[1], ces vieux paysans courbés sur leur terre, ces robustes femmes au labour : voilà nos poilus. Plus tard, songeant à la grande œuvre, ils pourront dire, comme ceux des tranchées, j'en étais. [...] Nous allons entrer dans la voie des restrictions alimentaires, à la suite de l'Angleterre, de l'Italie, de l'Amérique elle-même. [...] Nous demanderons à chaque citoyen de prendre toute sa part de la défense commune, de donner plus et de consentir à recevoir moins. [...]
Quelque chose de notre épargne nous est aussi demandé. [...] Nous en attendons la consécration par le succès complet de notre emprunt de guerre.

1. Soldats de l'usine : ouvriers.

Extrait de la déclaration de Georges Clemenceau, président du Conseil, ministre de la Guerre, à la Chambre des députés, le 20 novembre 1917.

**Document 3 : Mobilisation des ressources pour l'industrie de guerre**

Affiche allemande de 1914 : « Il y a suffisamment d'aluminium, de cuivre, de nickel et de zinc dans le pays. Donnez. L'armée en a besoin ! »
Source : *Larousse de la Grande Guerre*, Larousse, 2007.

## Questions *(8 points)*

**Document 1** *(2 points)*

1. D'après la photographie, à quels soldats et à quel moyen matériel l'armée française recourt-elle ?

**Document 2** *(3 points)*

2. Quelles sont les trois catégories de population qui doivent participer à l'effort de guerre ?

**Documents 2 et 3** *(3 points)*

3. Quels efforts supplémentaires les États demandent-ils à leur population ?

## Paragraphe argumenté *(10 points)*

À partir des informations tirées des documents et de vos connaissances personnelles, rédigez un paragraphe argumenté d'une vingtaine de lignes montrant que la Première Guerre mondiale est une guerre totale.

# GÉOGRAPHIE

*Sujet national, juin 2008, série collège*

## La puissance française dans le monde

### Documents

**Document 1 : La France, une puissance mondiale**

Avec seulement 1 % de la population [mondiale] sur 1 % du territoire [mondial], elle est la cinquième puissance économique mondiale. La réussite mondiale des grandes entreprises françaises est spectaculaire. Ainsi, parmi les 500 premières entreprises mondiales, 39 sont françaises (2e place après les États-Unis), devant la Grande-Bretagne (38) et l'Allemagne (32).

Les capacités technologiques françaises (aéronautiques, spatiales…) sont de premier plan.

À cela s'ajoutent de nombreux autres atouts, qui ne sont pas strictement économiques :

– notre langue, une des cinq ou six langues de culture et de civilisation ;
– notre politique étrangère, une de celles qui comptent ;
– notre capacité militaire à l'extérieur, la plus forte en Europe après celle des Britanniques ;
– l'image de la qualité de vie en France ;
– sans oublier un formidable potentiel agricole.

Ce tableau ne justifie pas un excès prétentieux de confiance en soi – il y a beaucoup à faire – mais il invalide le pessimisme ambiant. Il appartient aux dirigeants de l'assumer.

D'après H. Védrine, *Rapport pour le président de la République sur la France et la mondialisation*, Paris, présidence de la République, 2007.

**Document 2 : Des entreprises françaises dans le monde**

| Danone | Alstom | Louis Vuitton | Carrefour |
|---|---|---|---|
| DANONE | ALSTOM | LOUIS VUITTON | |
| – N° 1 mondial des produits laitiers frais, et n° 2 mondial de l'eau conditionnée et des biscuits.<br>– Présent dans 45 pays.<br>– Environ 90 000 employés dans le monde. | – Un des leaders mondiaux dans les infrastructures d'énergie et de transport.<br>– Présent dans 70 pays.<br>– Environ 65 000 employés. | – Un des leaders mondiaux de l'industrie du luxe (maroquinerie, mode, montres, bijoux…).<br>– Plus de 350 magasins dans 51 pays.<br>– Environ 11 400 employés. | – N° 1 en Europe et n° 2 dans le monde dans le domaine de la grande distribution.<br>– Présent dans 30 pays.<br>– Environ 150 000 employés. |

Source : Sites Internet des entreprises.

**Document 3 : La France dans le monde en 2007**

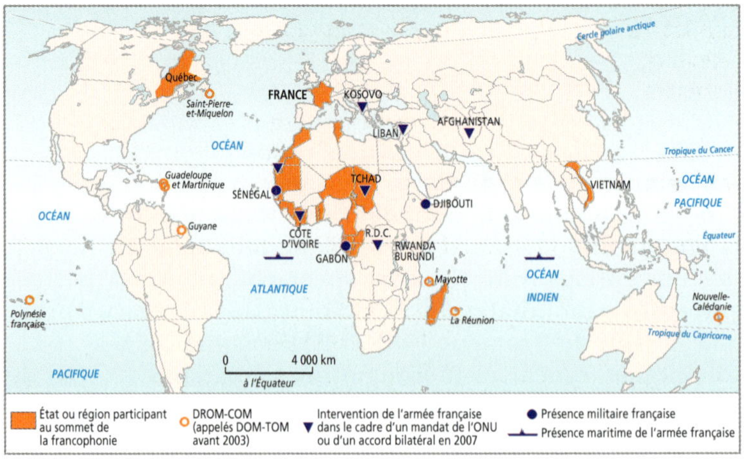


Source : Ministère de la Défense.

## Questions *(8 points)*

**Documents 1 et 2** *(3 points)*

**1.** Relevez les trois secteurs économiques qui font de la France une puissance mondiale.

**Documents 1 et 3** *(3 points)*

**2.** Citez deux éléments qui font de la France une puissance militaire et un élément qui montre son rayonnement culturel.

**Document 3** *(2 points)*

**3.** Sur quel continent se manifestent à la fois cette puissance militaire et ce rayonnement culturel ? Justifiez votre réponse en citant un État précis.

## Paragraphe argumenté *(10 points)*

À partir des informations extraites des documents et de vos connaissances personnelles, rédigez un paragraphe argumenté d'une vingtaine de lignes montrant que la France est une puissance mondiale.

# DEUXIÈME PARTIE : ÉDUCATION CIVIQUE *(12 points)*

*Sujet national, juin 2008, série collège*

## Les droits et les devoirs du citoyen

## Documents

**Document 1 : La cérémonie de remise du livret du citoyen et de la carte électorale à un jeune devenu majeur dans la mairie de la ville de Longjumeau, le 3 avril 2007**

**Document 2 : Extraits des pages 3, 4, 7 et 8 du livret du citoyen**

| | |
|---|---|
| Grâce au livret du citoyen,<br>vous venez de prendre connaissance<br>de vos principaux droits et devoirs,<br>liés à vos nouvelles responsabilités.<br><br>Désormais informés,<br>à vous d'exercer votre citoyenneté.<br><br>Signature du maire Signature du titulaire | La majorité vous confère des<br>droits et des devoirs.<br><br><u>Les droits</u><br>Le droit de vote<br>La majorité civile<br>La majorité matrimoniale[1]<br>La majorité pénale<br>Les droits civiques[2]<br><br><u>Les devoirs</u><br>Respect de la loi<br>Fraternité<br>Payer des impôts<br>Service national[3] |

1. La majorité matrimoniale : avoir le droit de se marier sans autorisation de parents ou de tuteurs.
2. Les droits civiques : en plus du droit de vote : l'éligibilité, le droit d'exercer une fonction de juge ou d'être juré ; le droit de représenter ou d'assister une partie devant la justice ; le droit de témoigner en justice.
3. Malgré la suspension du service national depuis 1997, tout citoyen peut être mobilisé pour la défense de la nation.

**Document 3 : Extrait de la Constitution de la Ve République (1958)**

<u>Article 1</u> : La France est une République indivisible, laïque, démocratique et sociale. Elle assure l'égalité devant la loi de tous les citoyens sans distinction d'origine, de race ou de religion. Elle respecte toutes les croyances.

<u>Article 3</u> : La souveraineté nationale appartient au peuple qui l'exerce par ses représentants et par la voie du référendum.

<u>Article 4</u> : Les partis et groupements politiques concourent à l'expression du suffrage. Ils se forment, exercent leur activité librement. Ils doivent respecter les principes de la souveraineté nationale et de la démocratie.

## Questions *(4 points)*

**Documents 1 et 2** *(2 points)*

1. À quel moment de sa vie un citoyen peut-il se voir remettre le livret du citoyen ?
2. Relevez deux symboles républicains montrant que la cérémonie de remise du livret du citoyen présente un caractère officiel.

**Documents 2 et 3** *(2 points)*

3. Comment peut s'exprimer la souveraineté nationale d'après les articles 3 et 4 de la Constitution de 1958 ?
4. À quels devoirs de citoyen l'expression suivante « la République est sociale » se rapporte-t-elle ? *(Deux réponses attendues)*

## Paragraphe argumenté *(8 points)*

En vous appuyant sur les éléments fournis par les documents et sur des exemples de votre choix, vous rédigerez un paragraphe argumenté d'une quinzaine de lignes montrant que, si les citoyens disposent de droits, ils ont aussi des devoirs.

## TROISIÈME PARTIE : REPÉRAGES CHRONOLOGIQUES ET SPATIAUX *(6 points)*

*Sujet national, juin 2010, série collège*

**Question 1 – Histoire** *(1,5 point)*
Indiquez les dates qui correspondent à ces grandes inventions de l'humanité.

| Inventions | Périodes |
|---|---|
| Naissance de l'écriture | |
| Naissance de l'imprimerie en Occident | |
| La machine à vapeur | |

**Question 2 – Histoire** *(1,5 point)*
Indiquez la date ou l'événement manquant.

| Événements | Dates |
|---|---|
| La chute de Constantinople | |
| | 1949 |
| L'affaire Dreyfus | |

**Question 3 – Géographie** *(3 points)*

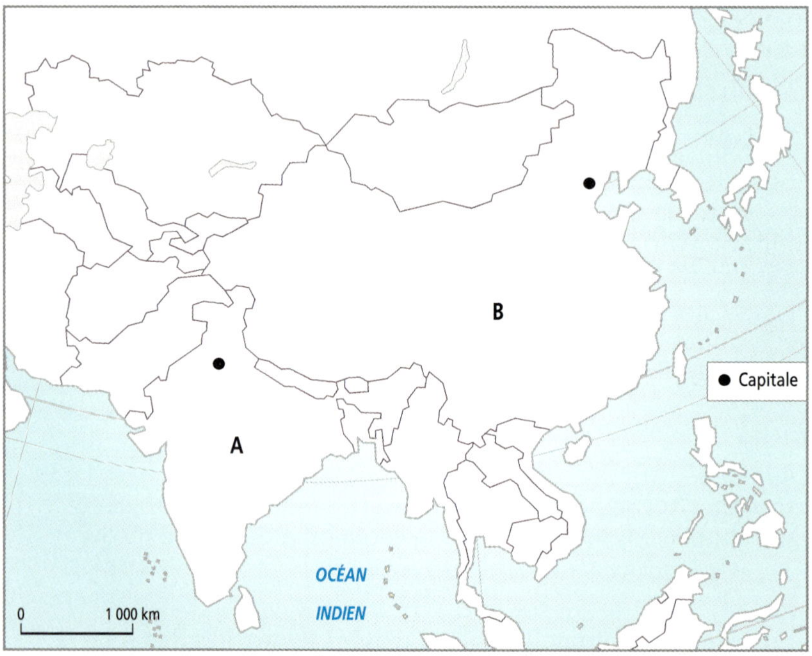


Nommez :
- le pays indiqué par la lettre **A :**
- le pays indiqué par la lettre **B :**

À quel continent appartiennent-ils ?

# Histoire des arts

## La nature de l'épreuve

• L'évaluation est organisée dans l'établissement et prend la forme d'un oral de quinze minutes au maximum comprenant l'exposé suivi de l'entretien avec le jury (deux professeurs dont un professeur d'enseignement artistique ou d'histoire).
• L'évaluation donne lieu à une note sur 20 points, affectée d'un coefficient 2.

## Les connaissances requises

Savoir présenter l'œuvre en fonction de repères artistiques (le mouvement ou période artistique), historiques (date et période), géographiques (l'origine géographique de l'artiste) ou culturels (éléments caractéristiques d'une époque).

## Les capacités exigées

• Savoir identifier les éléments constitutifs de l'œuvre en utilisant le vocabulaire adéquat (forme et composition de l'œuvre, source de lumière, technique utilisée, significations, usage privé ou public, propagande, etc.).
• Donner du sens à l'œuvre en effectuant éventuellement des rapprochements avec d'autres œuvres de l'artiste ou celles d'autres artistes à partir de critères précis comme l'époque, les techniques utilisées, le genre, le sens esthétique.
• Savoir appuyer son jugement personnel sur une argumentation construite à partir d'œuvres étudiées au cours de la scolarité au collège et présentes dans un cahier. Il ne faut pas dire « j'aime bien, je n'aime pas » mais « l'œuvre me plaît parce que... ».

## L'attitude souhaitée

• Témoigner d'une curiosité et/ou d'une créativité artistique.
• S'exprimer clairement, écouter et prendre la parole au bon moment et à bon escient.
• S'investir dans la présentation des œuvres (photocopies, dessins, utilisation d'un vidéoprojecteur, etc.).

# Français

## 1 La formation des mots p. 5

**1.** Mots simples : 4, 7 – Mots dérivés : 2, 5, 6, 9 – Mots composés : 1, 3, 8 (les deux éléments se sont soudés).

**2.** **1.** glissade, glissement, glissière, glissant, glisse, antiglisse – **2.** blanchissant, blanchissement, blanchissage, blanchiment, blanchisseuse – **3.** débattre, débat, débatteur, combattre, combat, combatif, combattant, imbattable – **4.** fumée, fumeur, fumerie, fumeux, fumigène, fumoir, enfumer, fumant, fumerolle – **5.** étendre, retendre, détendre, tension, tendu, tendeur, tendoir, étendoir, étendage – **6.** reproduire, reproducteur, reproduction, producteur, production, reproductible, productivité, productif, improductif

**3.** **1.** lentement – **2.** franchement – **3.** fraîchement – **4.** ardemment – **5.** savamment – **6.** méchamment – **7.** gentiment – **8.** bonnement

**4.** Noms de métiers : plombier, charcutier, menuisier.
Noms d'arbres fruitiers et de plantes : pommier, poirier, prunier, fraisier. Noms d'objets, d'instruments : plumier, panier, levier.

**5.** **1.** Le suffixe *-asse* a une nuance péjorative ; une tignasse est une chevelure mal peignée, rebelle. – **2.** Le suffixe *-âtre* désigne une chevelure qui tire sur le roux, mais sans doute un roux peu joli. – **3.** Le suffixe *-ard* est péjoratif ; le mot désigne donc un mauvais chauffeur, un mauvais conducteur.

**6.** **1.** invisible – **2.** irresponsable – **3.** anormal – **4.** débrancher – **5.** désaccord – **6.** déplier – **7.** mésaventure

**7.** **1.** porte-plume – **2.** protège-cahier – **3.** laissez-passer – **4.** mille-pattes – **5.** café-crème – **6.** pèse-personne – **7.** timbre-poste – **8.** grand-mère

**8.** **1.** froid-ure (nom) – **2.** in-compréhens-ion (nom) – **3.** emprisonn-er (verbe) – **4.** affectueuse-ment (adverbe) – **5.** fratricide (nom, adjectif) – **6.** auto-bio-graphie (nom) – **7.** orthographe (nom)

**9.** **1.** somn-ambule : sommeil, insomnie ; déambuler, ambulatoire – **2.** anthropo-phage : misanthrope, anthropomorphisme ; œsophage, sarcophage – **3.** carni-vore : incarner, chair ; dévorer, omnivore – **4.** bio-logie : biographie, biosphère ; géologie, logique – **5.** auto-mobile : automate, autocollant ; mobilier, immobilier

**10.** **1.** surexcités – **2.** supersoniques – **3.** antirouille – **4.** désordre

## 2 Synonymie, antonymie, homonymie p. 7

**1.** **1.** maladroit, malhabile – **2.** poli – **3.** froment – **4.** constance, loyauté – **5.** inadmissible, intolérable – **6.** pesant – **7.** toucher– **8.** satisfaction, plaisir, gaieté

**2.** **1.** rigide – **2.** riche – **3.** mou – **4.** insensé, fou – **5.** désinstaller – **6.** déménager – **7.** inconstant, infidèle, volage – **8.** extraordinaire – **9.** sucré

**3.** 6 – 7 – 3 – 1 – 4 – 2 – 5

**4.** **1.** possèdent – **2.** a obtenu – **3.** portait – **4.** ont reçu – **5.** fabriquions – **6.** a promulgué

**5.** **1.** **a.** cher ; **b.** chair ; **c.** chaire ; **d.** (bonne) chère. – **2.** **a.** foi ; **b.** foie ; **c.** fois. – **3.** **a.** père ; **b.** pair ; **c.** paire ; **d.** pair (de France) ; **e.** pers.

**6.** **1.** air, ère – **2.** L'air est pollué. L'ère quaternaire a vu l'extension des grands glaciers.

**4.** **1.** à. – **2.** étang ; vint ; vis ; saut – **3.** étaient – **4.** C'était ; à ; et.

## 3 Le champ lexical et sémantique p. 9

**1.** **1.** la ville – **2.** la danse – **3.** la peinture – **4.** les romanciers.

**2.** **1.** Demande d'argent dans un dessein charitable ; recherche ; recherche du gibier par un chien d'arrêt. – **2.** Extrémité supérieure du corps humain ; représentation d'une tête d'homme ou d'animal ; partie de la tête qui porte les cheveux (tête blonde) ; ensemble des bois du cerf, du daim ; animal compté dans un troupeau (tête de bétail) ; personne très intelligente ; coup donné dans le ballon avec la tête ; cime d'un arbre ; partie de forme arrondie (tête d'ail, de chou)… – **3.** Couleur, pigment ; qui a pris la couleur du feu, par élévation de la température ; couleur des feux tricolores ; vin rouge ; communiste ; maladie des chiens. – **4.** Suite de véhicules traînés ou avançant ensemble (péniches, troncs d'arbres, bateaux) ; ensemble de wagons tirés par une locomotive ; suite, succession (train de mesures) ; ensemble d'organes mécaniques fonctionnant ensemble (train de pneus) ; allure d'un cheval ; allure d'une personne ; style de vie ; arme de la circulation des transports routiers de l'armée de terre… – **5.** Qui a de la finesse, de la ruse pour se sortir d'embarras ; qui montre de la méchanceté ; (nom) le diable ; pernicieux, grave (tumeur maligne).

**3.** **1.** vampire, vampirisme (a, c, d, e, h, i, j, k, l, m, n) – **2.** peur (b, f, g, o, p)

**4.** **1.** scène, acte, réplique, monologue, tirade, dialogue, aparté, comédien, pièce, comédie, tragédie, drame, rideau, coulisses… – **2.** juillet, août, été, hiver, plage, mer, bain, île, montagne, ski, neige, sieste, farniente, bronzage, soleil, bouchons… – **3.** visuel, auditif, olfactif, tactile, gustatif, doux, rugueux, amer, salé, sucré, couleurs, bruit, bruyant, silencieux, agréable, nauséabond, pestilentiel…

**5.** Le tableau de Van Gogh s'est vendu à un prix astronomique. Les résultats de l'entreprise pour le premier semestre ont été présentés sous forme de tableau. Un garçon et une fille se battaient devant le collège ; tu vois d'ici le tableau !

**6.** **1.** Règne animal : « brebis », « chien », « âne », « dos », « troupeau », « vautours », « col pelé », « paîtra ». Règne végétal : « bâton », « houx », « chêne », « néflier », « buissons blancs ». Relief : « coteau », « montagne », « pics », « immensité ». Homme : « ton parapluie », « tes vêtements », « tu », « forgerons », « villages ». Lumière, temps climatique : « ciel », « vapeurs », « s'allument », « fumées », « rouges », « brumes ». Religion : « esprit de Dieu ». Sentiments : « tranquillité ». – **2.** Ces champs lexicaux se combinent pour montrer la place de l'homme, du berger, lors de la transhumance des troupeaux de moutons qui gagnent les estives (prairies des montagnes) où ils passeront l'été. Le poète vante les charmes de cette vie paisible, proche de la nature, du rythme des saisons. L'homme y prend conscience de la présence de Dieu, créateur de ces merveilles, qui sont bien éloignées de la vie moderne et urbaine. C'est la nostalgie de la vie passée.

## 4 Le lexique et l'expressivité p. 11

**1.** **1.** La comparaison : les chiens sont comparés à des veaux et à des ânes, à cause de leur grande taille, de leur poids. – **2.** La métaphore et la personnification : livres et cahier sont assimilés à des complices et des amis auxquels la personne confie ses secrets, ses sentiments. – **3.** La personnification : le vent agit comme un être humain (*sa voix, il murmurait, il ronflait*).

**2.** **1.** *Soleil noir* : opposition du jaune et du noir. – **2.** *Enfer* et *polaire* : opposition du chaud et du froid. – **3.** *Je vis, je meurs* : vie et mort ; *brûle* et *noie* : feu et eau ; *chaud* et *froidure* : chaleur et froid ; *molle* et *dure*.

**3.** **1.** Le fer : l'épée (la matière pour l'arme). – **2.** Un Picasso : un tableau peint par Picasso (l'artiste pour l'œuvre). – **3.** Une voile : un navire (une partie pour le tout). – **4.** La mort : une maladie qui provoque la mort (l'effet pour la cause).

**4.** **1.** Les commodités de la conversation : les sièges (langage précieux au XVIIe siècle). – **2.** Un choc de Titans : un terrible combat des Titans, créatures mythologiques, fils de la Terre, et qui ont combattu Jupiter pour les uns, à ses côtés pour d'autres. – **3.** Ville éternelle, Ville aux sept collines : Rome.

**5.** L'auteur file la métaphore et la comparaison : le feu est assimilé à un liquide, une vague qui se répand : « se liquéfia », « gicla » ; il est aussi comparé à une bête : « une énorme bête rousse », « rampa », « au souffle court », « sa queue », « tentacules échevelés », « debout et couché », « la course », « nettoya jusqu'à l'os ». La 2 CV est assimilée à un animal dévoré (« os »). Les étincelles sont assimilées à des soleils. Une antithèse : « tout à la fois debout et couché ». L'auteur cherche à effrayer le lecteur en lui montrant la puissance destructrice du feu qui, tel une vague, se répand partout, et tel un monstre (une pieuvre), dévore tout sur son passage. L'antithèse révèle la taille gigantesque de l'incendie, qui est en même temps debout et couché.

## 5 L'alternance des genres p. 13

**1.** **1.** pâtissière – **2.** patronne – **3.** préfète – **4.** chamelle – **5.** travailleuse – **6.** conductrice – **7.** duchesse – **8.** journaliste – **9.** marraine – **10.** veuve

**2.** **1.** moniteur – **2.** souverain – **3.** loup – **4.** sanglier – **5.** fils/garçon – **6.** dieu – **7.** poulain – **8.** époux – **9.** colonel – **10.** damoiseau

**3.** **1.** ras/rase – **2.** malin/maligne – **3.** paysan/paysanne – **4.** complet/complète

**4.** **1.** une boisson fraîche – **2.** une fille gentille – **3.** une chanson entraînante – **4.** une chose banale – **5.** une enfant fluette – **6.** une voix aiguë – **7.** une face pâlotte

**5.** **1.** À bonne chatte, bonne rate. – **2.** Les louves ne se mangent pas entre elles. – **3.** Quand les coqs sont perchés, la pluie est annoncée. – **4.** Ânesse qui saute et brait sans fin, pluie pour demain.

**6.** **1.** Cette femme grande, mince et élégante a un accent ; c'est sûrement une Anglaise. – **2.** Le frère de Jacques est un élève assidu et brillant. Il veut devenir avocat. – **3.** La vieillarde (la vieille femme) bavarde racontait de longues histoires. On aurait dit une actrice de cinéma !

## 6 L'alternance des nombres p. 15

**1.** **1.** des envois – **2.** des aveux – **3.** des noyaux – **4.** des rôles – **5.** des années – **6.** des épouvantails – **7.** des poux – **8.** des fous – **9.** des unions – **10.** des lits – **11.** des bocaux – **12.** des bureaux – **13.** des esquimaux – **14.** des pieux

**2.** **1.** joujou (joujoux) – **2.** landau (landaus) – **3.** champs (champ) – **4.** émail (émaux)

**3.** **1.** enfantins – **2.** puérils – **3.** épaisses – **4.** idiotes – **5.** bleus – **6.** douillets – **7.** secrètes – **8.** joyeuses – **9.** routiers – **10.** jumeaux

**4.** **1.** des agents spéciaux – **2.** de magnifiques récitals – **3.** de beaux éventails – **4.** d'énormes choux – **5.** des vitraux bleu et rouge (= qui comportent de la couleur ; contrairement à des vitraux bleus et rouges = il y a des vitraux bleus et des vitraux rouges) – **6.** des chambres bleues – **7.** des yeux marron

**5.** **1.** des noix marron – **2.** des pommes vertes – **3.** des joues roses – **4.** des cheveux roux – **5.** des pneus noirs

**6.** **1.** C'étaient des fillettes avec des robes mauves qui s'arrêtaient aux genoux. – **2.** Les ouvriers avaient terminé les travaux dans les chantiers navals. – **3.** Les épouvantails portaient de jolis chapeaux. – **4.** Les carreaux bleu et rouge dominaient dans les vitraux de cette église moderne.

**7.** La chaleur était partout : dans les cieux, sur la terre, dans le fond des terres et même dans les eaux. Les petits oiseaux quittaient les nids, se posaient sur les branches, mais dès qu'ils fermaient les yeux, ils perdaient l'équilibre. On entendait dans les pins vert foncé les récitals des cigales. Bientôt les feux de la Saint-Jean effraieraient les hiboux. Sur les sièges bancals, les aïeux prendraient place et conteraient une histoire de désert, de chacals peu amicaux, de berger lançant des cailloux pour chasser les animaux.

## 7 L'accord de l'adjectif qualificatif p. 17

**1.** **1.** vigilants – **2.** colorés – **3.** verdoyantes – **4.** française et italienne (chaque pays n'a qu'une capitale) – **5.** bleu ciel – **6.** appétissants – **7.** amusantes – **8.** démonstratifs – **9.** protectrices – **10.** mûrs

**2.** **1.** libanaises – **2.** fumé – **3.** vides – **4.** isolé – **5.** folkloriques

**3.** **1.** méchants – **2.** inoffensive – **3.** impatientes – **4.** malheureuse ; sotte – **5.** élégants

**4.** Située ; imposante ; vêtu ; Inquiet ; sombres ; méfiante ; accablé ; grande ouverte ; sculpté ; bleue

**5.** Je vis une pauvre danseuse, voûtée, caduque, décrépite, une ruine de femme, adossée contre un des poteaux de sa cahute. Elle était muette et immobile.

## 8 L'accord du verbe p. 19

**1.** Le brouillard qui, deux heures auparavant, flottait sur l'eau, s'était peu à peu retiré et ramassé sur les rives. Laissant le fleuve absolument libre, il avait formé sur chaque berge une colline (*antécédent de qui*) ininterrompue, haute de six ou sept mètres, qui brillait sous la lune avec l'éclat superbe des neiges. De sorte qu'on ne voyait rien d'autre que cette rivière lamée de feu entre ces deux montagnes blanches ; et là haut, sur ma tête, s'étalait, pleine et large, une grande lune illuminante au milieu d'un ciel bleuâtre et laiteux.

**2.** **1.** pleut – **2.** sont – **3.** marche – **4.** reçoit – **5.** jouons – **6.** chantent – **7.** semblent ; s'absentent – **8.** rencontrent

**3.** **1.** défilent – **2.** avertiront – **3.** était ballottés – **4.** disaient ; partirait – **5.** ont cessé ; soufflent – **6.** dépassaient

**4.** **1.** Mon père/Ma mère/Lui et moi – **2.** quelques étoiles – **3.** les explosions du feu d'artifice – **4.** Je/Tu – **5.** Moi ; je

**5.** Ils ont couru derrière la vie, vite et longtemps. Mais c'est trop rarement qu'ils l'ont rattrapée. L'unique chose qu'ils attendent d'elle aujourd'hui : un peu de légèreté et de liberté intérieure ; ils savent déjà que, dans ce monde trompeur, ils n'en auront que quelques grammes, alors qu'ils en voulaient par kilos.

**6.** Elles étaient arrivées tard, avec leur(s) mère(s), dans un village normand ; elles logeaient dans une petite maison. Elles devinaient qu'elles étaient venues pour la mer ; elles ne l'avaient jamais vue, leur(s) mère(s) non plus. Elles étaient impatientes de la découvrir. À la nuit tombée, elles s'échappèrent seules. Elles n'oublieront pas cette première impression.

## 9 L'accord du participe passé p. 21

**1.** jaunies – mangées – rayées – rouillés – ouvertes – taillée – lézardé – indiqués – peintes

**2.** **1.** Le passager a aidé un peu à la manœuvre ; un matelot furieux l'a frappé rudement et l'a étendu sur les planches ; mais des coups qu'il lui a donnés, il a eu lui-même une si violente secousse qu'il est tombé hors du vaisseau, la tête la première. Il est resté suspendu et accroché à une partie de mât rompue. Jacques a couru à son secours, l'a aidé à remonter et des efforts qu'il a faits, il a été précipité dans la mer.

**2.** *suspendu* et *accroché* s'accordent avec le sujet du verbe attributif *reste*, *il*, pronom masculin singulier. *Rompue*, employé seul, comme un adjectif qualificatif, s'accorde avec *une partie* (et non pas avec *mât*).

**3.** **1.** Quels longs hurlements la bête a poussés ! – **2.** Quelles années difficiles ces gens ont vécues ! – **3.** Quelles merveilleuses toiles Picasso a peintes ! – **4.** Quelle belle voiture mes voisins se sont achetée ! – **5.** Quelles sottises on a racontées sur la guerre !

**4.** **1.** Le passant et l'étudiante se sont jetés à l'eau sans hésiter. – **2.** Tous les rats de la ville se sont enfuis. – **3.** Ma sœur Lou s'est offert une télé 3D. – **4.** Les témoins de la scène se sont indignés. – **5.** Mes grands-parents se sont aperçus de ces changements.

**5.** **1.** et **2.** Bibi-la-Grillade s'est levé pour aller lui chercher un verre d'anisette. Elle a approché sa chaise, elle s'est attablée. Pendant qu'elle sirotait son anisette, elle a eu tout d'un coup un souvenir, elle s'est rappelé la prune qu'elle avait mangée avec Coupeau. – **3.** Le participe passé employé avec *avoir* s'accorde avec le C.O.D. placé avant le verbe, *qu'*, relatif dont l'antécédent est *la prune* (féminin singulier).

## 10 Les principales fonctions — p. 23

**1.** loin : adverbe, complément circonstanciel de lieu de *rejeter* ; de pareilles propositions : groupe nominal, C.O.D. de *rejeter* ; vous : pronom personnel, sujet de *être* ; une dupe : groupe nominal, attribut du sujet *vous* ; vous : pronom personnel, complément d'objet second de *demander* ; des cinq ou six cents pistoles : groupe nominal, C.O.D. de *demander*

**2.** **1.** exposée, entourée : apposés à *demeure* ; levant : épithète de *soleil* ; petit : épithète de *jardin* ; accueillante, invisible, intégrée : épithètes de *demeure* (énumération d'adjectifs et non pas apposition) ; heureuse et aisée : épithètes de *famille*. – **2.** timide : apposé à *Pauline* ; perfide, hostile, cruel : attributs du sujet *monde* ; compliquée : attribut du sujet *vie*

**3.** À souligner : de mon marchand – de bric-à-brac – de terre rouge – de Boule – aux panneaux d'ébène – de cuivre

**4.** **1.** complément circonstanciel de comparaison – **2.** complétive, C.O.D. de *répéter* – **3.** complément circonstanciel de cause – **4.** complément circonstanciel de temps – **5.** complétive (interrogative indirecte), C.O.D. de *demander* – **6.** complément circonstanciel de conséquence (tellement… que)

**5.** « Sur le bateau », « dans l'eau », « dans le ciel ». Les passagers effectuent une traversée sur le bateau ; ils sont sur le pont du navire : au-dessus, le ciel, au-dessous, l'eau ; ils se trouvent entre deux infinis extraordinaires, le ciel et la mer.

## 11 Les subordonnées complétives et relatives — p. 25

**1.** **1.** Les rues, que les soldats occupaient, offraient un spectacle de guerre. – **2.** Certains pensaient qu'il ne s'agissait pas d'un simple orage. – **3.** Les maisons, que dominait le velours noir de ciel d'apocalypse, étaient éclairées. – **4.** Diana dit qu'il faudrait fermer portes et fenêtres, pour se protéger de ces nuages.

**2.** **1.** Jenny s'inquiéta de savoir si nous devions fermer les fenêtres. – **2.** Diana demanda si ce cauchemar était bientôt terminé. – **3.** Les rares passants se demandaient où la trombe de feu bleu était tombée.

**3.** **1.** La secrétaire déclara que le professeur avait disparu depuis le matin 8 heures. – **2.** Elle dit à Roy qu'elle avait peur, que tout cela lui faisait peur. – **3.** Elle répondit que, si le professeur était parti en vacances, elle le saurait. – **4.** Le docteur Morrison déclara que c'était une excellente idée, une bonne précaution.

**4.** **1.** On avait entrepris des analyses dont il fallait attendre les résultats avant d'avertir la population. – **2.** Il alluma une cigarette et jeta l'allumette enflammée dans le cendrier où elle continua de brûler. – **3.** Les infirmiers soignaient le blessé que les pompiers avaient trouvé dans une maison effondrée. – **4.** Dehors, on entendait tomber la pluie dont le chant, dans la campagne anglaise, les berçait.

**5.** **1.** subordonnée relative (explicative), apposée à *la Tamise* – **2.** subordonnée complétive, C.O.D. de *sait* – **3.** interrogative indirecte, C.O.D. de *comprendre* – **4.** subordonnée relative (déterminative), épithète de *rues* – **5.** subordonnée complétive, sujet du verbe *semblait*

## 12 Les subordonnées circonstancielles — p. 27

**1.** **1.** Delhomme était le plus riche du pays parce qu'il possédait de nombreuses terres et des vignes. – **2.** La pluie tombait sans cesse depuis trois jours au point qu'il avait fallu interrompre les vendanges. – **3.** Delhomme avait investi dans du nouveau matériel agricole de sorte que sa production de céréales augmenterait. – **4.** Jean aimait les promenades dans les bois parce qu'on y apercevait souvent un animal sauvage. – **5.** Les paysans ont fait beaucoup de bruit si bien que nous n'avons pas fermé l'œil. – **6.** La carriole disparut, alors que Jean, la fille et la vache continuèrent de marcher dans la plaine sans fin. – **7.** Le père Osmont pouvait parler bien qu'il eût (*subjonctif*) la gorge serrée à la pensée de perdre ses terres.

**2.** **1.** E – **2.** P – **3.** I (dans le passé) – **4.** I (dans le présent)

**3.** Le carton était si mat, si rugueux que, pour copier le plus de texte possible, il fallait adopter une écriture minimaliste.

**4.** **1.** Pour que ; complément circonstanciel de but du verbe *conduisait* – **2.** Quand ; complément circonstanciel de temps de *se retourna* et *partit* – **3.** Parce que ; complément circonstanciel de cause de *se hâtaient* – **4.** Alors que ; complément circonstanciel d'opposition de *buta* et *tomba dans la luzerne* – **5.** Si… que ; complément circonstanciel de conséquence de *cria* – **6.** Si ; complément circonstanciel d'hypothèse (de condition) : action possible

## 13 Les connecteurs — p. 29

**1.** Temps : *tout d'abord, aussitôt, puis, enfin.*
Espace : *là, plus loin.*

**2.** Or (opposition), en effet, car (cause, explication, justification), donc (conséquence, conclusion)

**3.** et – Puis – Alors – et – ensuite – Soudain

**4.** Le marin chercha dans sa veste la boîte qui ne le quittait jamais car c'était un fumeur acharné, mais il ne la trouva pas.

**5.** **1.** alors – toutefois – au contraire – Car – or – en effet – **2.** Remplacer les deux points par *car*.

## 14 Les types et les formes de phrases — p. 31

**1.** Phrases déclaratives : « Mme Ruth ne comprit pas. » ; « La clef de ma porte que vous gardez. » ; « Il me la faut car j'ai perdu la mienne. » ; « Je ne l'ai pas sur moi. » ; « Je vous attends. » ; « Hermet frotta une allumette. » ; « Nous y voilà. »
Phrase interrogative : « Vous trouvez la clef ? »
Phrases exclamatives : « Je vous demande la clef ! » ; « La clef ! » ; « Allez la chercher ! »

**2.** **1.** N – **2.** E – **3.** N – **4.** A

**3.** **1.** Leïla, avant de se coucher, ne soufflait jamais la lampe à pétrole. – **2.** Personne ne ronflait sur le divan du salon. – **3.** Cédric ne vient pas tous les jeudis. – **4.** Le fils de la voisine ne portait plus son imperméable sur ses épaules. – **5.** Ce n'est pas lui le coupable. Ses bottes n'étaient pas mouillées ni salies par la boue du chemin.

**4. 1.** Ne vous aventurez pas seul en montagne par ce temps : c'est dangereux. – **2.** Ne fumez pas dans les lieux publics. – **3.** L'autoroute A7 est encombrée : ne viens pas par là, mais par la nationale. – **4.** Ne salissez pas cette aire de pique-nique pour qu'elle reste aussi propre qu'à votre arrivée.

**5. 1.** Lire Maupassant, c'est un réel plaisir. – **2.** Voici des enfants heureux, au bord de la Seine, sur le sable de Paris-Plage. – **3.** Voici un nouveau contrat de conclu. – **4.** Ces tableaux de Monet sont très beaux, mais il y en a un que je préfère par-dessus tout. – **5.** C'est une histoire vraie que Tom nous a racontée.

## 15 La modalisation — p. 33

**1.** Termes négatifs : 4, 5, 7, 8, 9.

**2. 1.** *Ce garnement, maigre, long, un peu crochu, cheveux jaunes si légers qu'ils semblaient un duvet de poule plumée, si rares qu'il avait l'air chauve, énormes, géantes, colosse.* **2.** Portrait dévalorisant.

**3.** La sélection des périphrases qui se substituent aux noms des joueurs révèle un point de vue et une subjectivité. Objectivité : *grand* (taille), *américain, le Suisse, le champion olympique* ; subjectivité : *ce chevelu, double mètre et patachon, le XXL, l'ami américain de Brooke Shields.* Le journaliste évalue qualitativement, et avec humour, les joueurs, leur aspect physique, vestimentaire, leur jeu ; il formule ces évaluations en employant des expressions très marquées.

**4. 1.** Les adjectifs péjoratifs « honteux », « pauvre », « voûté », « caduc », « décrépit » qualifient le vieux saltimbanque. – **2.** Cette information répétée montre que le personnage est à l'écart, comme exclu de la fête foraine. – **3.** Le participe passé « exilé » renforce cette idée. – **4.** Baudelaire veut provoquer la pitié, la compassion du lecteur.

## 16 Les actes de parole — p. 35

**1. 1.** c – **2.** b – **3.** d – **4.** a

**2. 1.** interrogation – **2.** affirmation – **3.** ordre – **4.** conseil – **5.** promesse – **6.** condamnation – **7.** plaidoirie – **8.** accusation – **9.** aveu

**3. 1.** question, mais pour savoir si le meurtrier pourrait être une femme – **2.** ordre – **3.** affirmation, reproche – **4.** affirmation, négation

**4. 1.** Sortez : il n'y a plus de danger. – **2.** Ne cachez rien au juge. – **3.** Accompagnez-moi au commissariat pour votre déposition. – **4.** Si /Dès que l'avocat ouvre la bouche, les jurés ont des larmes dans les yeux.

**5** Par cette série d'impératifs (phrases injonctives), Hugo cherche à convaincre d'abolir la peine de mort.

## 17 Les mots de reprise — p. 37

**1. 1.** Ces petits clercs (groupe nominal) : l'un, l'autre (pronoms indéfinis) – **2.** Il est arrivé quelque chose de grave à ma mule ! (phrase) : en (pronom personnel) – **3.** Cette mule-là (groupe nominal) : elle (pronom personnel) – **4.** sa mule (groupe nominal) : Elle (pronom personnel) ; folle (adjectif qualificatif) : le (pronom personnel)

**2. 1.** ces fruits (terme englobant) / ces pommes d'or (périphrase) – **2.** d'insectes (terme englobant) – **3.** la maison (terme englobant, synonyme) – **4.** existence (synonyme)

**3. 1.** « son parrain », « le vieillard », « le docteur » – **2.** Minoret est le parrain du personnage féminin, Ursule, sa « pupille » ; il est mort (« Feu ») et il était docteur. – **3.** *lui* désigne Ursule ; *avec lui* : *lui* désigne Minoret.

## 18 Le présent et le passé simple — p. 39

**1.**

| | étendre | gémir | conclure | peindre | connaître |
|---|---|---|---|---|---|
| Groupe | 3e | 2e | 3e | 3e | 3e |
| 1re personne | j'étends | je gémis | je conclus | je peins | je connais |
| 3e personne | il étend | il gémit | il conclut | il peint | il connaît |

**2.**

| | offrir | éteindre | résoudre | percer | survenir |
|---|---|---|---|---|---|
| Groupe | 3e | 3e | 3e | 1er | 3e |
| Participe passé | offert | éteint | résolu | percé | survenu |
| 1re personne | j'offris | j'éteignis | je résolus | je perçai | je survins |
| 3e personne | ils offrirent | ils éteignirent | ils résolurent | ils percèrent | ils survinrent |

**3. 1.** je loue, tu loues, il loue, nous louons – **2.** je mange, tu manges, il mange, nous mangeons – **3.** je place, tu places, il place, nous plaçons – **4.** je sème, tu sèmes, il sème, nous semons – **5.** je rejette, tu rejettes, il rejette, nous rejetons – **6.** je blanchis, tu blanchis, il blanchit, nous blanchissons – **7.** je découvre, tu découvres, il découvre, nous découvrons – **8.** je vois, tu vois, il voit, nous voyons – **9.** je sais, tu sais, il sait, nous savons – **10.** je joins, tu joins, il joint, nous joignons – **11.** je remets, tu remets, il remet, nous remettons – **12.** je combats, tu combats, il combat, nous combattons – **13.** je convaincs, tu convaincs, il convainc, nous convainquons – **14.** je veux, tu veux, il veut, nous voulons

**4. 1.** je fus, il fut – **2.** j'eus, il eut – **3.** je dus, il dut – **4.** j'errai, il erra – **5.** j'allai, il alla – **6.** je recouvris, il recouvrit – **7.** je défis, il défit – **8.** je ressentis, il ressentit – **9.** je reçus, il reçut – **10.** je bus, il but

**5.** Cette voix me rassure, je ne suis plus seule ; mais curieuse de savoir qui s'amuse à me contrefaire, je rentre dans l'appartement, je crois y trouver quelqu'un. J'y suis absolument seule comme à l'ordinaire. Je reviens sur la terrasse, et j'appelle ma mère ; la voix répète le mot d'une voix très douce, mais très nette, et cela me donne beaucoup à penser. Je grossis ma voix.

**6.** Maria se réveilla tôt. Quand elle sentit le vent chaud entrant par la fenêtre, elle bondit, revêtit son jean et son pull. Elle descendit l'escalier de l'immeuble et retrouva la place déserte, les parkings encore silencieux. Elle perçut de nouveau la brise chaude sur son visage ; la caresse la fit frissonner. Soudain, le bruit des motos vint très vite, elle l'entendit éclater entre les tours.

## 19 L'emploi des temps de l'indicatif — p. 41

**1. 1.** présent de l'indicatif (*je me lève, il est, Lorgnon a l'air, s'agite, sort, je suis installé*) – **2.** imparfait de l'indicatif (*Nous devions, disait*) ; passé simple (*nous montâmes, nous nous rendîmes, je fus présenté et accueilli, s'ensuivit, je pris*) ; futur simple (*Je ne parlerai pas*)

**2. 1.** Vérité générale (fait scientifique) – **2.** Présent d'énonciation – **3.** Présent de narration – **4.** Vérité générale (proverbe) – **5.** Futur proche, immédiat.

**3.** *Trois possibilités :* **1.** Elle sourit en le regardant ; elle commença même à rire ; et il perdit la tête, cherchant un compliment à dire. Mais il ne trouva rien. Alors, saisi d'une audace de poltron, il pensa : « Tant pis, je risque tout ». – **2.** Elle souriait en le regardant ; elle commençait même à rire ; et il perdait la tête, cherchant un compliment à dire. Mais il ne trouvait rien. Alors, saisi d'une audace de poltron, il pensa : « Tant pis, je risque tout ». – **3.** Elle sourit en le regardant ; elle commence même à rire ; et il perd la tête, cherchant un compliment à dire. Mais il ne trouve rien. Alors, saisi d'une audace de poltron, il pense : « Tant pis, je risque tout ».

**4.** **1.** Elle se précipite dans le courant et sent rouler sous ses pieds le sable et les galets tapissant le fond qui s'incline rapidement. Elle plonge dans l'eau fraîche, émerge en soufflant et nage d'une brasse vigoureuse vers la rive opposée. – **2.** Elle s'est précipitée dans le courant et a senti rouler sous ses pieds le sable et les galets tapissant le fond qui s'est incliné rapidement. Elle a plongé dans l'eau fraîche, a émergé en soufflant et a nagé d'une brasse vigoureuse vers la rive opposée.

## 20 Le discours rapporté — p. 43

**1.** **1.** style indirect – **2.** style direct – **3.** style indirect libre – **4.** style direct – **5.** style indirect.

**2.** Style direct : « Oh ! c'est vilain de boire ! »
Style indirect : « Et elle raconta qu'autrefois, avec sa mère, elle buvait de l'anisette, à Plassans. »
Style indirect libre : « Mais elle avait failli en mourir un jour, et ça l'avait dégoûtée ; elle ne pouvait plus voir les liqueurs. »

**3.** Style direct (« Louis Langremont », « Quelle brute ! ») et style indirect libre (« qui était cet homme ? De quel âge ? De quelle taille ? De quelle figure ? N'était-ce pas révoltant qu'un étranger, un inconnu, vînt ainsi troubler votre vie, tout d'un coup, sans raison, par pur caprice, à propos d'une vieille femme qui s'était querellée avec son boucher ? »)

**4.** **1.** Éliane se dit : « J'aimerais mieux marcher pieds nus. » – **2.** Mila crie : « Je ne veux pas retourner là-bas, dans cette ville qui semble morte. » – **3.** Elle dit : « Ramenez-moi chez moi, au pays du soleil. »

**5.** **1.** Elle me disait qu'elle, elle resterait près de mon lit jusqu'à ce que je m'endorme et que, si je voulais, elle me raconterait l'histoire de Diamantine. – **2.** Elle me disait que mes parents ne m'abandonneraient jamais, qu'ils me garderaient près d'eux. – **3.** Elle me disait que ses parents ne s'étaient pas occupés d'elle. – **4.** Elle me disait que c'étaient ses grands-parents qui l'avaient élevée.

## 21 Le discours narratif — p. 45

**1.** narratif : 2, 4 – descriptif : 1, 5 – explicatif : 3

**2.** **1.** A. – **2.** S – **3.** R (repère temporel, plus-que-parfait)

**3.** **1.** narrateur-personnage (1re personne) ; point de vue interne – **2.** narrateur anonyme (3e personne) ; point de vue omniscient – **3.** narrateur anonyme (3e personne) ; point de vue externe (évocation objective des faits, du décor)

**4.** La Bruyère raconte la sortie de Ménalque, ses mésaventures dans les rues ; en réalité, il veut dénoncer la distraction du personnage, faire son portrait en action : le récit sert à définir le « caractère » du distrait. La narration a une visée satirique.

## 22 Le discours descriptif — p. 47

**1.** descriptif : 2, 4 – narratif : 1 – explicatif : 3.

**2.** **1.** objet (*coffret, écrin, théière Colonie, bijou, caisse*), matière (*faïence*), couleurs (*quatre couleurs*), appréciation (*vrai bijou, précieux, magnifique*), bijou (*écrin, bijou, précieux*), tradition (*traditions, anciennes, usage, art de vivre*), pays (*vietnamiennes, Indochine*). – **2.** La description ne semble pas suivre d'ordre précis logique : on commence par la présentation, on poursuit par la référence aux traditions, au passé, puis par la description de l'objet (matière, couleurs, art de vivre) ; on termine par la décoration et le passé, en concluant par un jugement valorisant. – **3.** La description produit une impression de préciosité : la théière est comparée à un bijou, elle est présentée dans un écrin. La tradition et le passé, l'art de vivre ancien sont valorisés car ce sont des valeurs sûres. – **4.** La description valorise ce produit, ustensile de la vie quotidienne, en en faisant presque une œuvre d'art, pour qu'on l'achète (convaincre et persuader).

**3.** La description est itinérante : l'observateur se déplace dans cet espace ; les divers paysages découverts se succèdent grâce aux connecteurs *tantôt… tantôt, quelquefois… quelquefois*. La description produit une impression de diversité, de variété des paysages ; le promeneur est parfois enfermé dans le bois, le brouillard, parfois libéré dans des paysages immenses par leur profondeur (*gouffre*) ou leur ouverture (*prairie*).

**4.** **1.** Description subjective : texte 1. Marques de la subjectivité : « je », « me » (l'observateur est un personnage qui dit ce qu'il perçoit ; champ lexical des sensations), lexique négatif (*jaunâtre, remuée, vents humides, odeurs de goudron, de chanvre, et de planches de sapin, monotone, laid*). Le paysage est présenté comme une source de souffrance pour le personnage. – **2.** Point de vue interne (récit à la 1re personne, narrateur-personnage principal). L'autre description est plutôt objective : absence d'un réel point de vue qui « jugerait » le paysage, exprimerait des sentiments.

## 23 Les discours explicatif et argumentatif — p. 49

**1.** **1.** E – **2.** A – **3.** E – **4.** A

**2.** Le texte 2 est explicatif. Il est objectif : il explique les caractéristiques, le fonctionnement du pot catalytique ; le lexique est technique. L'organisation est chronologique et logique. L'autre texte met en avant les innovations d'un constructeur automobile, qui préserve le plaisir de conduire ; ce sont des arguments pour faire acheter.

**3.** **1.** Inciter les jeunes téléspectateurs à regarder ce court métrage. – **2.** Certes, le chiot ressemble à un « saucisson sur pattes », mais il est sympathique, « délicieux ». Valeur informative et documentaire du film : s'occuper d'un chien ; voir vivre une famille. Qualité, charme et fantaisie du film : « savoureux », « délirant ».

**4.** **1.** l'argent – **2.** être économe – **3.** La vie est devenue difficile ; il ne faut donc pas gaspiller l'argent. Indispensable et superflu : hiérarchie de ces deux valeurs. Argent facile et (mal) honnêteté : la valeur de l'argent, argent et travail (pénible).

## 24 Le paragraphe argumentatif — p. 51

**1.** Idée directrice : l'homme a toujours le « démon de l'aventure ». L'auteur la développe grâce à une opposition entre l'aventure vécue et l'aventure rêvée (« Or »). Il concède quelques explications à la préférence pour l'aventure rêvée (série d'interrogations) et avance sa propre justification (« Mais ») : le rôle de l'imagination, de la littérature et des médias ; il cite quelques exemples : romans, feuilletons, films.

**2.** **1.** Le renard est un nuisible (les détracteurs). Le renard est utile (la personne qui répond à la question).
**2.** L'interviewé ne précise guère pourquoi il est utile ; il se contente de dire comment on peut limiter les inconvénients qu'il provoque (exemple du poulailler). Il condamne les procédés employés pour se débarrasser du renard. Il explique cette haine par les croyances, les superstitions ancestrales, non fondées sur la réalité. La stratégie adoptée ici est de montrer que les détracteurs ont tort (réfuter leur thèse).

**3.** **1.** La visée est de convaincre le public d'acheter ce produit. **2.** La thèse affirmée est : « Il n'y a que Whiskas qui lui apporte ce plaisir-là, un plaisir qui le mène par le bout du nez ». **3.** Les arguments : la société Whiskas connaît parfaitement les chats, *votre chat* : l'origine du chat, son régime alimentaire passé. Cette société aime les chats, et connaît leur caractère, leur singularité ; elle tente d'apparaître comme proche du maître du chat, de partager ses préoccupations. Autre argument : le plaisir du chat, qui dévore ces produits (répétition et insistance). On aboutit donc logiquement à la thèse énoncée à la fin : pour toutes les raisons évoquées, seul Whiskas fait plaisir au chat. La valeur affirmée est qu'il ne suffit pas de nourrir son chat, il faut aussi lui donner ce qu'il aime.

### 25 Les genres p. 53

**1.** **1.** théâtre (Beaumarchais, *Le Barbier de Séville*) – **2.** récit (roman) – **3.** poésie (Rimbaud, « Le dormeur du val ») – **4.** autobiographie.

**2.** « Dessin » du texte sur la surface de la page : dialogue, alternant le nom des personnages qui parlent ; emploi de l'italique. Didascalies : nom des personnages en petites majuscules introduisant chaque réplique ; indications de jeu en italique (sentiments, attitude). Dialogue : succession de répliques. Composition spécifique : acte, scène. Par ailleurs, il n'y a aucun verbe introducteur, aucun narrateur qui rapporte les paroles des personnages comme dans le dialogue de roman.

**3.** « Dessin » du texte sur la surface de la page : décalage vers la droite, « blocs » de texte séparés par un blanc, occupation partielle de la ligne (vers). Poème en vers réguliers (alexandrins, 12 syllabes). Forme fixe : sonnet (deux quatrains, deux tercets) ; schéma des rimes (abba/abba/ccd/ede). Emploi de la majuscule à chaque début de vers.

**4.** **1.** c – **2.** d – **3.** f – **4.** b – **5.** a – **6.** e

# Maths

### 1 Puissances entières d'un nombre relatif p. 55

**1.** **1.** $(2^3)^4 = 2^{12}$.
**2.** $(2^3)^4 = 4^6$.
**3.** $(2^3)^4 = 8^4$.
**4.** $(2^3)^4 = 16^3$.

**2.** **1.** $(4^3)^4 = 2^{24}$.
**2.** $(2^3)^4 = 2^{12}$.
**3.** $(2^3)^4 = 4^6$.
**4.** $(2^2)^4 = 256$.

**3.** **1.** $3^4 \times 3^5 = 3^9$.
**2.** $3^3 \times 3^5 = 3^8$.
**3.** $4^4 \times 4^6 = 4^{10}$.
**4.** $6^4 \times 3^5 = 16 \times 3^9$.

**4.** **1.** $(-1)^3 \times (-1)^5 \times (-1)^4 \times (-1)^3 \times (-1) = 1$.
**2.** $(-2)^{-3} \times (-2)^4 \times (-2)^2 \times (-2) = (-2)^4 = 16$
**3.** $(2)^3 \times (2^{-3})^{-2} \times (2)^3 = (2)^{3+6+3} = 4\,096$.
**4.** $(-1)^3 + (-1)^5 - (-1)^4 + (-1)^3 - (-1) = -3$.

**5.** **1.** $A = \dfrac{5^4}{5^2} \times 5^{-1} = 5^1 = 5$.
**2.** $B = 3^{-2} \times \dfrac{3^6}{3^{-1}} = 3^5$.
**3.** $C = \dfrac{4^6}{4^{-3}} \times \dfrac{4^3}{4^7} = 4^5$.
**4.** $D = \dfrac{6^{-2}}{6^5} \times \dfrac{(6^2)^3}{6^3} = 6^{-4}$.

**6.** **1. a.** $A = 9 + 3^3 \times (11 - 8)^{-2} = 9 + 27 \times 3^{-2} = 9 + 3 = 12$.
**b.** $B = (8 - 6)^3 \times 2^{-4} \times 6^{-1} = 2^3 \times 2^{-4} \times 2^{-1} \times 3^{-1} = \dfrac{1}{12}$.
**c.** $C = \dfrac{4^2 + 2^3}{4^2 - 2^3} = \dfrac{2^2(2^2 + 2)}{2^2(2^2 - 2)} = \dfrac{6}{2} = 3$.
**2.** On en déduit que $A \times B \times C = 3$.

**7.** **1.** V = Aire de la base × Hauteur du cylindre
Donc $V = \pi \times (2^4)^2 \times 2^6$
Donc $V = 16\,384\,\pi$ cm³
**2.** Une valeur approchée de ce volume est $V \approx 51$ dm³.

**8.** **1.** $V = \dfrac{1}{3} \times$ Aire de la base × hauteur
Donc $V = \dfrac{\dfrac{3^5 \times 3^4}{2} \times \dfrac{1}{2} \times 3^7}{3}$
Donc $V = \dfrac{3^5 \times 3^4 \times 3^7}{3} \times \dfrac{1}{2}$
Donc $V = \dfrac{3^{16}}{3^1} \times \dfrac{1}{2} = \dfrac{3}{2} \times 3^{15}$
Donc $V = 7174453{,}5$ cm³.
**2.** Donc $V \approx 7{,}2$ m³.

### 2 Identités remarquables p. 57

**1.** **1.**

| $a^2$ | $2ab$ | $b^2$ | $(a + b)^2$ |
|---|---|---|---|
| $4x^2$ | $16x$ | $16$ | $4x^2 + 16x + 16$ |
| $25$ | $20x$ | $4x^2$ | $25 + 20x + 4x^2$ |
| $1$ | $6x$ | $9x^2$ | $1 + 6x + 9x^2$ |

**2.**

| $a^2$ | $2ab$ | $b^2$ | $(a - b)^2$ |
|---|---|---|---|
| $4x^2$ | $12x$ | $9$ | $4x^2 - 12x + 9$ |
| $25$ | $30x$ | $9x^2$ | $25 - 30x + 9x^2$ |
| $9$ | $30x$ | $25x^2$ | $9 - 30x + 25x^2$ |

**3.**

| $a^2$ | $b^2$ | $(a + b)(a - b)$ |
|---|---|---|
| $x^2$ | $4$ | $x^2 - 4$ |
| $49$ | $4x^2$ | $49 - 4x^2$ |
| $49$ | $9x^2$ | $49 - 9x^2$ |

**2.** **1.**

| $a$ | $b$ | $a^2$ | $2ab$ | $b^2$ | $(a + b)^2$ |
|---|---|---|---|---|---|
| $4x^2$ | $3$ | $16x^2$ | $24x$ | $9$ | $16x^2 + 24x + 9$ |
| $7$ | $2x$ | $49$ | $28x$ | $4x^2$ | $49 + 28x + 4x^2$ |
| $1$ | $5x$ | $1$ | $10x$ | $25x^2$ | $1 + 10x + 25x^2$ |

**2.**

| $a$ | $b$ | $a^2$ | $b^2$ | $(a^2 - b^2)$ |
|---|---|---|---|---|
| $6x$ | $4$ | $36x^2$ | $16$ | $36x^2 - 16$ |
| $5$ | $4x$ | $25$ | $16x^2$ | $25 - 16x^2$ |
| $8$ | $4x$ | $64$ | $16x^2$ | $64 - 16x^2$ |

**3.** **1.** $(2x + 1)^2 = 4x^2 + 4x + 1$.
**2.** $A = 4x^2 + 4x + 1 - (2 + 3x)(1 + 2x)$ donc $A = (2x + 1)^2 - (2x + 1)(2 + 3x)$ donc $A = (2x + 1)[2x + 1 - (2 + 3x)]$
donc $A = (2x + 1)(2x + 1 - 2 - 3x) = (2x + 1)(-x - 1)$
donc $A = -(2x + 1)(x + 1)$.

**4.** **1.** $(3x - 2)^2 = 9x^2 - 12x + 4$.
**2.** $B = 9x^2 - 12x + 4 - 3(2x + 1)(3x - 2)$ donc $B = (3x - 2)^2 - 3(3x - 2)(2x + 1)$ donc $B = (3x - 2)[3x - 2 - 3(2x + 1)]$ donc $B = (3x - 2)(3x - 2 - 6x - 3) = (3x - 2)(-3x - 5)$
donc $B = -(3x - 2)(3x + 5)$.

### 3 Équations-produit p. 59

**1.** **1.** $-3$ et $3$ ; **2.** $-2$ et $4$ ; **3.** $-\dfrac{3}{2}$ et $1$ ; **4.** $-\dfrac{5}{2}$ et $\dfrac{4}{3}$ ; **5.** $-\dfrac{1}{2}$ ; **6.** 1, 2 et 3.

**2.** **1.** $F = (2x - 5)^2 - x(2x - 5) = 4x^2 - 20x + 25 - 2x^2 + 5x$ donc $F = 2x^2 - 15x + 25$.
**2.** $F = (2x - 5)^2 - x(2x - 5) = (2x - 5)(2x - 5 - x)$
donc $F = (2x - 5)(x - 5)$.
**3.** Soit $2x - 5 = 0$ ou $x - 5 = 0$. Soit $x = \dfrac{5}{2}$ ou $x = 5$.
Les solutions de l'équation sont : $\dfrac{5}{2}$ et 5.

**3.** **1.** $F = 9x^2 - 16 + 4(3x - 4)^2 = 9x^2 - 16 + 4(9x^2 - 24x + 16)$
donc $F = 9x^2 - 16 + 36x^2 - 96x + 64$
donc $F = 45x^2 - 96x + 48$.
**2.** $9x^2 - 16 = (3x)^2 - 4^2 = (3x - 4)(3x + 4)$.
**3.** $F = 9x^2 - 16 + 4(3x - 4)^2 = (3x - 4)(3x + 4) + 4(3x - 4)^2$ donc $F = (3x - 4)[3x + 4 + 4(3x - 4)]$ donc $F = (3x - 4)(3x + 4 + 12x - 16)$ donc $F = (3x - 4)(15x - 12) = 3(3x - 4)(5x - 4)$.

**4.** Soit $3x - 4 = 0$ ou $5x - 4 = 0$ Soit $x = \frac{4}{5}$ ou $x = \frac{4}{3}$. Les solutions de l'équation sont : $\frac{1}{5}$ et $\frac{4}{3}$.

**4. 1.** $E = (4x + 5)^2 - (3x - 2)^2$ $= 16x^2 + 40x + 25 - (9x^2 - 12x + 4)$ donc $E = 16x^2 + 40x + 25 - 9x^2 + 12x - 4$ donc $E = 7x^2 + 52x + 21$.

**2.** $E = (4x + 5)^2 - (3x - 2)^2 = (4x + 5 + 3x - 2)(4x + 5 - 3x + 2)$ donc $E = (7x + 3)(x + 7)$.

**3.** Soit $7x + 3 = 0$ ou $x + 7 = 0$. Soit $x = -\frac{3}{7}$ ou $x = -7$.

Les solutions de l'équation sont : $-\frac{3}{7}$ et $-7$.

**5. 1.** On a : $S_1 = 5^2 = 25$, $S_2 = 5^2 - 3^2 - x^2 = 16 - x^2$ et $S_3 = 5^2 - (x + 3)^2 = 25 - (x + 3)^2$.

**2.** On a : $E = 25 - (x + 3)^2 = 25 - (x^2 + 6x + 9)$ $= 25 - x^2 - 6x - 9 = -x^2 - 6x + 16$. On a : $E = 25 - (x + 3)^2$ $= 5^2 - (x + 3)^2 = (5 + x + 3)(5 - x - 3) = (8 + x)(2 - x)$.

**3.** Soit $2 - x = 0$ ou $x + 8 = 0$. Soit $x = 2$ ou $x = -8$. Les solutions de l'équation sont donc $-8$ et $2$. On pouvait prévoir la solution $x = 2$ d'après la figure 3, car si $x$ valait 2, alors l'aire de la partie hachurée ($S_3$) était nulle.

## 4 Inéquations ______ p. 61

**1. 1.** $2x + 3 < 3 - 4x$ si et seulement si $6x < 0$ ; $2x + 3 < 3 - 4x$ si et seulement si $x < 0$. Les solutions de l'inéquation sont donc tous les nombres strictement négatifs.

**2.** $2(3 - x) - 3(2x - 1) > 0$ si et seulement si $6 - 2x - 6x + 3 > 0$ ; $2(3 - x) - 3(2x - 1) > 0$ si et seulement si $-8x > -9$ ;

$2(3 - x) - 3(2x - 1) > 0$ si et seulement si $x < \frac{9}{8}$.

Les solutions de l'inéquation sont donc tous les nombres strictement inférieurs à $\frac{9}{8}$.

**3.** $5x - 3(2x - 3) \geqslant 3 + x$ si et seulement si $5x - 6x + 9 \geqslant 3 + x$. $5x - 3(2x - 3) \geqslant 3 + x$ si et seulement si $-2x \geqslant -6$. $5x - 3(2x - 3) \geqslant 3 + x$ si et seulement si $x \leqslant 3$. Les solutions de l'inéquation sont tous les nombres inférieurs ou égaux à 3.

**4.** $12x - 3 + 12x^2 - 3x \leqslant 12x^2 - 10x - 6x + 5$ donc $28x \leqslant 8$ donc $x \leqslant \frac{2}{7}$.

**2. 1. a.** 0 est solution de l'inéquation s'il vérifie l'inégalité : $4 \times 0 + 7 > 2 - 3 \times 0$. Cette inégalité est vraie, donc 0 est une solution de l'inéquation : $4x + 7 > 2 - 3x$.

**b.** On a : $4 \times (-1) + 7 = 3$ et $2 - 3 \times (-1) = 5$. Or 7 n'est pas inférieur à 5, donc $(-1)$ n'est pas une solution de l'inéquation.

**2.** $4x + 7 > 2 - 3x$ si et seulement si $7x > -5$ ; $4x + 7 > 2 - 3x$ si et seulement si $x > -\frac{5}{7}$.

Les solutions de l'inéquation sont tous les nombres supérieurs strictement à $-\frac{5}{7}$.

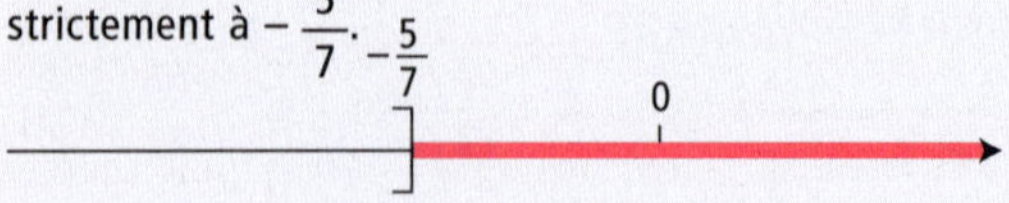


**3. 1.** $3 - 2x > 2 + 5x$ si et seulement si $7x < 1$ ;

$3 - 2x > 2 + 5x$ si et seulement si $x < \frac{1}{7}$. Les solutions de l'inéquation sont donc

tous les nombres strictement inférieurs à $\frac{1}{7}$.

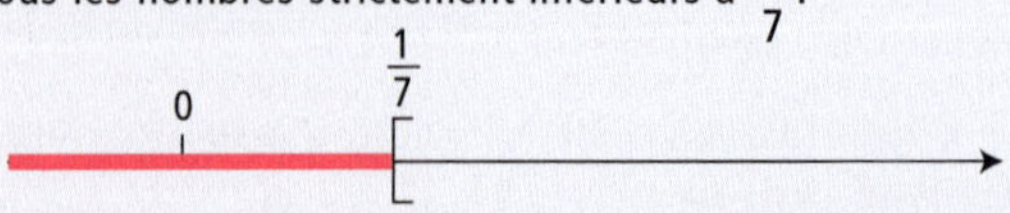


**2.** $3(2 + 3x) - 4(5x - 1) \leqslant 1$ si et seulement si $6 + 9x - 20x + 4 \leqslant 1$ ; $3(2 + 3x) - 4(5x - 1) \leqslant 1$ si et seulement si $-11x \leqslant -9$

$3(2 + 3x) - 4(5x - 1) \leqslant 1$ si et seulement si $x \geqslant \frac{9}{11}$.

Les solutions de l'inéquation sont tous les nombres supérieurs ou égaux à $\frac{9}{11}$.

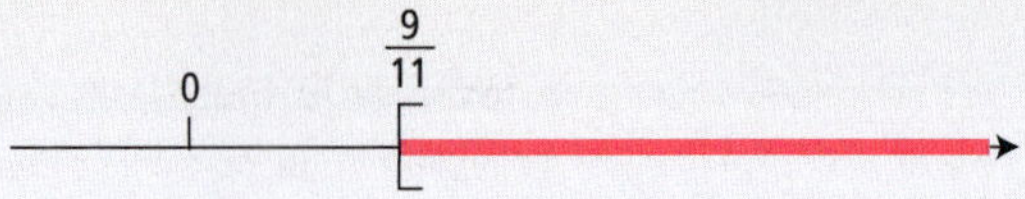


**3.** $6 + 3x - 5(2 - 5x) < 6$ si et seulement si $6 + 3x - 10 + 25x < 6$ ; $6 + 3x - 5(2 - 5x) < 6$ si et seulement si $28x < 10$ ;

$6 + 3x - 5(2 - 5x) < 6$ si et seulement si $x < \frac{5}{14}$. Les solutions de l'inéquation sont tous les nombres strictement inférieurs à $\frac{5}{14}$.

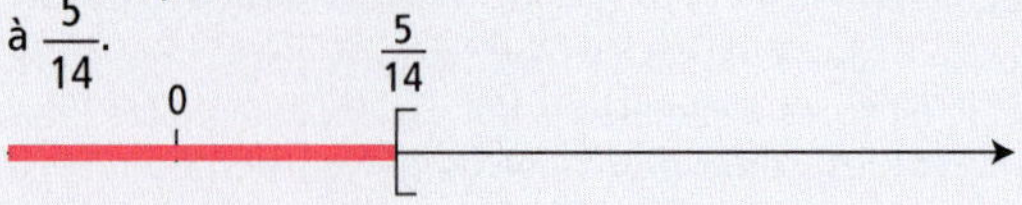


**4.** $18 - 6x - 6 - 3x \geqslant 0$ donc $12 \geqslant 9x$ donc $x \leqslant \frac{4}{3}$.

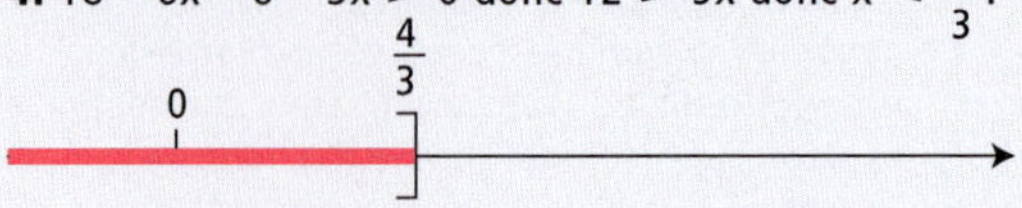


**4. 1.** ABCDEF est un prisme droit. Ses bases sont les côtés parallèles et superposables. Il s'agit des triangles ABC et DEF. Dans le triangle ABC, on a : $AC^2 + BC^2 = 3^2 + 4^2 = 5^2 = 25$ et $AB^2 = 5^2 = 25$. Conclusion : $AC^2 + BC^2 = AB^2$, donc la réciproque du théorème de Pythagore nous permet de démontrer que le triangle ABC est rectangle en C.

**2.** L'aire latérale d'un prisme droit est le produit du périmètre d'une base par la hauteur du prisme. Donc l'aire du prisme droit de hauteur $x$ vaut $12x$.

**3.** $x$ est donc solution des inéquations : $12x \geqslant 36$ et $12x \leqslant 180$. Ainsi : $x \geqslant 3$ et $x \leqslant 15$. Conclusion : l'aire latérale du prisme droit est comprise entre 36 et 180 pour tout $x$ compris entre 3 cm et 15 cm.

**5. 1. a.** Pour $x =$ , on a : $D = \dfrac{4 \times \frac{3}{4} + 2}{5} = 1$.

**b.** Ainsi, pour $x = \frac{3}{4}$, on a $D = 1 < 3$.

Donc $\frac{3}{4}$ est solution de l'inéquation $\dfrac{4x + 2}{5} < 3$ .

**2.** $4x + 2 < 15$ si et seulement si $x < \frac{13}{4}$. Conclusion : Les solutions de l'inéquation sont tous les nombres strictement inférieurs à $\frac{13}{4}$.

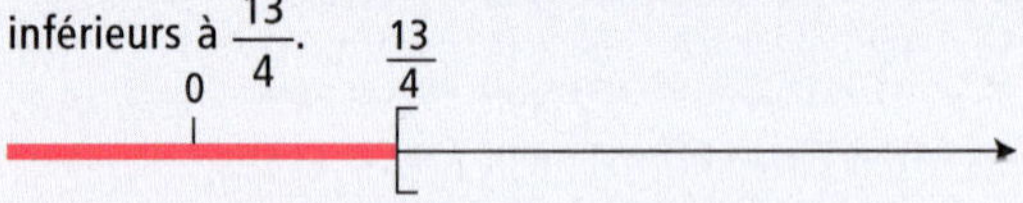


## 5 Système de deux équations (1) ______ p. 63

**1. 1.** $1 \times 2 - (-1) \times 1 = 2 + 1 = 3$ et $3 \neq 0$.

Donc le système admet un unique couple solution.

À l'aide de la première équation, on peut exprimer $x$ en fonction de $y$ : $x = 1 + y$. On substitue $x$ par $1 + y$ dans la seconde équation. On obtient alors une équation à une inconnue : $1 + y + 2y = 1$. Donc $1 + 3y = 1$. On résout cette équation : $y = 0$. On reporte cette valeur dans l'une ou l'autre des deux équations pour déterminer la valeur de $x$ correspondante : $x = 1 + 0 = 1$. On conclut : Le couple solution du système est le couple $(1 ; 0)$.

**2.** On applique la même méthode : la solution du système est le couple : $\left(\frac{7}{5} ; \frac{1}{5}\right)$.

**3.** La solution est le couple : $\left(\frac{3}{5} ; -\frac{2}{5}\right)$.

**4.** La solution est le couple : $\left(\frac{19}{13} ; -\frac{14}{13}\right)$.

**2. 1.** On a : $x^2 - y^2 = (x + y)(x - y)$. **2.** La seconde équation nous permet de remplacer $x + y$ par 1. Donc le système $\begin{cases} x^2 - y^2 = 1 \\ x + y = 1 \end{cases}$ est équivalent au système : $\begin{cases} x - y = 1 \\ x + y = 1 \end{cases}$.

Corrigés

**3.** Le couple solution de ce système est le couple : (1 ; 0).

**3.** Soit $x$ le prix d'une heure de leçon et $y$ le prix d'une journée de stage. Exprimons le prix payé par Marie en fonction de $x$ et de $y$ : $16x + 3y = 344$. Exprimons le prix payé par Anne en fonction de $x$ et de $y$ : $18x + 2y = 332$. Ainsi, $x$ et $y$ sont solutions du système : $\begin{cases}16x + 3y = 344\\18x + 2y = 332\end{cases}$. En utilisant la méthode par substitution, le couple solution du système est : (14 ; 40). Une heure de leçon coûte 14 €, alors que le prix d'une journée de stage est de 40 €.

**4. 1.** On peut appliquer le théorème de Thalès qui nous permet d'écrire l'égalité des rapports : $\frac{AM}{AB} = \frac{AN}{AC} = \frac{MN}{BC}$. En particulier, on a : $\frac{AM}{AB} = \frac{MN}{BC}$.

Application numérique : $\frac{6}{10} = \frac{x}{y}$ ;

autrement dit : $\frac{x}{y} = 0{,}6$.

**2.** Exprimons l'aire du trapèze rectangle MNCB($A_{MNCB}$) en fonction de $x$ et de $y$. On a : $A_{MNCB} = \frac{(x + y) \times 4}{2} = 2x + 2y$.

Or $A_{MNCB} = 120$ cm². On en déduit donc que : $2x + 2y = 120$. Conclusion : $x$ et $y$ sont solutions de l'équation : $x + y = 60$.

**3.** Finalement, les nombres $x$ et $y$ sont solutions du système :

$\begin{cases}\frac{x}{y} - 0{,}6\\x + y = 60\end{cases}$

Ce système est équivalent au système : $\begin{cases}x - 0{,}6y = 0\\x + y = 60\end{cases}$

On le résout en utilisant la méthode par substitution et l'on obtient que l'unique couple solution est : (22,5 ; 37,5).

Conclusion : $x$ = MN = 22,5 cm et $y$ = BC = 37,5 cm.

**5. 1.** $3 \times 3 - 2 \times 1 = 9 - 2 = 7$ et $7 \neq 0$. Donc le système admet un unique couple solution. À l'aide de la seconde équation, on peut exprimer $x$ en fonction de $y$ : $x = 32 - 3y$. On substitue $x$ par $32 - 3y$ dans la seconde équation.

On obtient alors une équation à une inconnue : $3(32 - 3y) + 2y = 47$. Donc $96 - 9y + 2y = 47$. On résout cette équation : $y = 7$. On reporte cette valeur dans l'une ou l'autre des deux équations pour déterminer la valeur de $x$ correspondante : $x = 32 - 3 \times 7 = 11$. On conclut : Le couple solution du système est le couple (11 ; 7).

**2.** Appelons $x$ et $y$ les prix respectifs d'un plant de manguier et d'un plant de goyavier. Exprimons le prix acquitté par les deux clients en fonction de $x$ et de $y$. Pour le 1er client, on a : $3x + 2y = 47$. Pour le 2e client, on a : $x + 3y = 32$. Ainsi, $x$ et $y$ sont solutions du système : $\begin{cases}3x + 2y = 47\\x + 3y = 32\end{cases}$ que nous avons résolu. On peut donc dire que le prix d'un plant de manguier est 11 €, alors que le prix d'un plant de goyavier est 7 €.

## 6 Système de deux équations (2) — p. 65

**1. 1.** Vérifions que le système admet un unique couple solution. On a : $2 \times 5 - 3 \times 4 = 10 - 12 = -2$ et $-2 \neq 0$, donc le système admet un unique couple solution. Supprimons les $x$. On va multiplier la première équation par 2. On obtient ainsi le système $\begin{cases}4x + 6y = 10\\4x + 5y = 6\end{cases}$. On soustrait alors membre à membre les deux équations. On a alors : $6y - 5y = 10 - 6$. On résout cette équation : $y = 4$. Supprimons les $y$. On va multiplier la première équation par 5 et la seconde équation par 3. On obtient ainsi le système $\begin{cases}10x + 15y = 25\\12x + 15y = 18\end{cases}$. On soustrait alors membre à membre les deux équations. On a alors : $10x - 12x = 25 - 18$. On résout cette équation : $x = -\frac{7}{2}$. Conclusion : la solution du système est le couple $(-\frac{7}{2} ; 4)$.

**2.** On a : $2 \times (-5) - 4 \times 3 = -10 - 12 = -22$ et $-22 \neq 0$, donc le système admet un unique couple solution. Supprimons les $x$. On va multiplier la première équation par 3 et la seconde équation par 5. On obtient ainsi le système $\begin{cases}-15x + 12y = 9\\15x + 25y = 10\end{cases}$. On ajoute alors membre à membre les deux équations. On a alors : $12y + 25y = 9 + 10$. On résout cette équation : $y = \frac{19}{37}$. Supprimons les $y$. On va multiplier la première équation par 5 et la seconde équation par 4. On obtient ainsi le système $\begin{cases}-25x + 20y = 15\\12x + 20y = 8\end{cases}$. On soustrait alors membre à membre les deux équations. On a alors : $-25x - 12x = 15 - 8$. On résout cette équation : $x = -\frac{7}{37}$.

Conclusion : La solution du système est le couple $(-\frac{7}{37} ; \frac{19}{37})$.

**3.** Le couple solution est : $(\frac{37}{23} ; \frac{-2}{23})$.

**4.** Le couple solution est : $(\frac{7}{5} ; -\frac{8}{5})$.

**2. 1.** ABCD et CEFG sont des rectangles.

On a : $P = 2.(3x + 2y)$ et $P' = 2.(5x + 3y)$.

**2.** $P = 36$ donc $3x + 2y = 18$. $P' = 58$ donc $5x + 3y = 29$. Il s'ensuit que le couple $(x ; y)$ est solution du système : $\begin{cases}3x + 2y = 18\\5x + 3y = 29\end{cases}$.

Vérifions que le système admet un unique couple solution. On a : $3 \times 3 - 2 \times 5 = 9 - 10 = -1$ et $-1 \neq 0$ donc le système admet un unique couple solution. Supprimons les $x$. On va multiplier la première équation par 5 et la seconde équation par 3. On obtient ainsi le système $\begin{cases}15x + 10y = 90\\15x + 9y = 87\end{cases}$.

On soustrait alors membre à membre les deux équations. On a alors : $10y - 9y = 90 - 87$. On résout cette équation : $y = 3$. Supprimons les $y$. On va multiplier la première équation par 3 et la seconde équation par 2. On obtient ainsi le système $\begin{cases}9x + 6y = 54\\10x + 6y = 58\end{cases}$. On soustrait alors membre à membre les deux équations. On a alors : $9x - 10x = 54 - 58$. On résout cette équation : $x = 4$.

Conclusion : la solution du système est le couple (4 ; 3).

**3. 1.** Le système est : $\begin{cases}5x + 3y = 5{,}85\\3x + 2y = 3{,}65\end{cases}$.

**2.** Le couple solution du système est : (0,75 ; 0,70). Le prix d'un pain au chocolat est 0,75 €, alors qu'un croissant coûte 0,70 €.

**4.** On appelle respectivement $x$ et $y$ la longueur et la largeur du rectangle. Raisonnons sur les aires. L'aire du rectangle est $xy$. Si l'on augmente la longueur de 2 et la largeur de 3, l'aire du rectangle augmente de 56. Ainsi, l'aire du nouveau rectangle est : $(x + 2).(y + 3) = xy + 56$. Cette équation peut s'écrire plus simplement : $3x + 2y = 50$ (1). Si l'on diminue la longueur de 3 et la largeur de 4, l'aire du rectangle diminue de 57. Ainsi, l'aire du nouveau rectangle est : $(x - 3).(y - 4) = xy - 57$. Cette équation peut s'écrire plus simplement : $4x + 3y = 69$ (2). Rassemblons les équations (1) et (2). Il s'ensuit que le couple $(x ; y)$ est solution du système : $\begin{cases}3x + 2y = 50\\4x + 3y = 69\end{cases}$.

Vérifions que le système admet un unique couple solution. On a : $3 \times 3 - 2 \times 4 = 9 - 8 = 1$ et $1 \neq 0$ donc le système admet un unique couple solution. Supprimons les $x$. On va multiplier la première équation par 4 et la seconde équation par 3. On obtient ainsi le système $\begin{cases}12x + 8y = 200\\12x + 9y = 207\end{cases}$. On soustrait alors membre à membre les deux équations. On a alors : $8y - 9y = 200 - 207$. On résout cette équation : $y = 7$. Supprimons les $y$. On va multiplier la première équation par 3 et la seconde équation par 2. On obtient ainsi le système $\begin{cases}9x + 6y = 150\\8x + 6y = 138\end{cases}$. On soustrait alors membre à membre les deux équations. On a alors : $9x - 8x = 150 - 138$. On résout cette équation : $x = 12$. La solution du système est le couple (12 ; 7). Autrement dit, le rectangle a une longueur de 12 mètres et une largeur de 7 mètres.

**3.** **1.** Le système est : $\begin{cases} 5x + 3y = 5{,}85 \\ 3x + 2y = 3{,}65 \end{cases}$. **2.** Le couple solution du système est : (0,75 ; 0,70). Le prix d'un pain au chocolat est de 0,75 euro, alors qu'un croissant coûte 0,70 euro.

## 7 Racines carrées ______ p. 67

**1.** **1.** $A = \sqrt{8} = \sqrt{2^2 \times 2} = \sqrt{2^2} \times \sqrt{2} = 2\sqrt{2}$.
**2.** $B = \sqrt{75} = \sqrt{5^2 \times 3} = \sqrt{5^2} \times \sqrt{3} = 5\sqrt{3}$.
**3.** $C = \sqrt{48} = \sqrt{4^2 \times 3} = \sqrt{4^2} \times \sqrt{3} = 4\sqrt{3}$.
**4.** $D = \sqrt{192} = \sqrt{8^2 \times 3} = \sqrt{8^2} \times \sqrt{3} = 8\sqrt{3}$.

**2.** **1.** $A = \sqrt{9} \times \sqrt{4} = \sqrt{9 \times 4} = \sqrt{36} = 6$.
**2.** $B = \sqrt{3} \times \sqrt{12} = \sqrt{3 \times 12} = \sqrt{36} = 6$.
**3.** $C = \sqrt{8} \times \sqrt{2} \times \sqrt{4} = \sqrt{8 \times 2 \times 4} = \sqrt{64} = 8$.
**4.** $D = \sqrt{5} \times \sqrt{2} \times \sqrt{10} = \sqrt{5 \times 2 \times 10} = \sqrt{100} = 10$.

**3.** **1.** $A = \dfrac{\sqrt{27}}{\sqrt{3}} = \sqrt{\dfrac{27}{3}} = \sqrt{9} = 3$.
**2.** $B = \dfrac{\sqrt{63}}{\sqrt{112}} = \sqrt{\dfrac{63}{112}} = \sqrt{\dfrac{9}{16}} = \dfrac{4}{3}$.
**3.** $C = \dfrac{\sqrt{27} \times \sqrt{7}}{\sqrt{189}} = \sqrt{\dfrac{27 \times 7}{189}} = \sqrt{\dfrac{189}{189}} = 1$.
**4.** $D = \dfrac{\sqrt{6 \times 13}}{\sqrt{3} \times \sqrt{26}} = \sqrt{\dfrac{6 \times 13}{3 \times 26}} = \sqrt{\dfrac{78}{78}} = 1$.

**4.** La base de la pyramide SABCD est un carré ABCD, donc le triangle ABC est rectangle en B. Nous pouvons appliquer le théorème de Pythagore pour calculer la longueur AC. On a ainsi : $AC^2 = AB^2 + BC^2$, donc $AC^2 = 5^2 + 5^2 = 50$.
Conclusion : $AC = 5\sqrt{2}$ cm. [SO] est la hauteur de la pyramide, donc les droites (SO) et (AC) sont perpendiculaires en O. De plus, la pyramide étant régulière, sa hauteur coupe la base perpendiculairement en son centre O. Cela implique que O est le milieu du segment [AC] et donc $AO = \dfrac{5\sqrt{2}}{2}$ cm.
Appliquons alors le théorème de Pythagore dans le triangle rectangle OAS. On a $AS^2 = AO^2 + OS^2 = \dfrac{25}{2} + 36 = \dfrac{97}{2}$.
Conclusion : $AS = \sqrt{\dfrac{97}{2}}$ cm.

**5.** $A = 5\sqrt{3} - 4\sqrt{27} + \sqrt{75}$ donc $A = 5\sqrt{3} - 4\sqrt{9 \times 3} + \sqrt{25 \times 3} = 5\sqrt{3} - 4 \times 3\sqrt{3} + 5\sqrt{3}$ donc $A = 5\sqrt{3} - 12\sqrt{3} + 5\sqrt{3}$ donc $A = -2\sqrt{3}$.

**6.** $B = 7\sqrt{2} - 3 \times 2\sqrt{2} + 2 \times 6\sqrt{2} = 13\sqrt{2}$

**7.** **1.** $A = (\sqrt{7} + 1)^2 + (\sqrt{7} - 1)^2$ donc $A = 7 + 2\sqrt{7} + 1 + 7 - 2\sqrt{7} + 1$ donc $A = 16$ (qui est un nombre entier).
**2.** D'après ce qui précède, on a l'égalité : $(\sqrt{7} + 1)^2 + (\sqrt{7} - 1)^2 = 4^2$. Soit un triangle dont les côtés mesurent respectivement $\sqrt{7} - 1$ ; $\sqrt{7} + 1$ et 4. L'égalité précédente permet d'utiliser la réciproque du théorème de Pythagore et cela nous permet de conclure que le triangle est rectangle.

## 8 Équations du type $x^2 = a$ ______ p. 69

**1.** **1.** $64 > 0$ donc les solutions de cette équation sont : −8 et 8 ; **2.** $x^2 = \dfrac{121}{9}$ et $\dfrac{121}{9} > 0$ donc les solutions de cette équation sont : $-\dfrac{11}{3}$ et $\dfrac{11}{3}$ ; **3.** $x^2 = \dfrac{12}{5}$ et $\dfrac{12}{5} > 0$ donc les solutions de cette équation sont : $\sqrt{\dfrac{12}{5}}$ et $-\sqrt{\dfrac{12}{5}}$ ; **4.** $9x^2 = 9$ donc $x^2 = 1$. Les solutions de cette équation sont : −1 et 1 ;
**5.** $-3x^2 = -15$ donc $x^2 = 5$.
Les solutions de cette équation sont : $-\sqrt{5}$ et $\sqrt{5}$.

**2.** **1.** $A = 9x^2 - 49 + (3x + 7)(2x + 3)$ donc $A = 9x^2 - 49 + 6x^2 + 9x + 14x + 21$ donc $A = 15x^2 + 23x - 28$.
**2.** $9x^2 - 49 = (3x)^2 - 7^2 = (3x - 7)(3x + 7)$.
Donc $A = (3x - 7)(3x + 7) + (3x + 7)(2x + 3)$.
Donc $A = (3x + 7)[(3x - 7) + (2x + 3)]$.
Donc $A = (3x + 7)(5x - 4)$.
**3.** Il s'agit d'une équation-produit. Ce produit est nul si et seulement si l'un au moins, des facteurs est nul.
Soit $3x + 7 = 0$ ou $5x - 4 = 0$. Soit $x = -\dfrac{7}{3}$ ou $x = \dfrac{4}{5}$.
Les solutions de l'équation sont donc : $-\dfrac{7}{3}$ et $\dfrac{4}{5}$.

**3.** **1.** $2(3x - 1)^2 = -(5x - 1)^2 < 0$. Donc cette équation n'admet pas de solution ; **2.** $(2x + 1)^2 - [4(2 - x)]^2 = 0$ donc $(2x + 1)^2 - (8-4x)^2 = 0$ donc $(2x + 1 - 8 + 4x)(2x + 1 + 8 - 4x) = 0$ donc $(6x - 7)(-2x + 9) = 0$. Donc les solutions de cette équation sont : $\dfrac{7}{6}$ et $\dfrac{9}{2}$ ; **3.** $4x^2 + 4x + 1 - 25(3 - 4x)^2 = 0$ donc $(2x + 1)^2 - [5(3 - 4x)]^2 = 0$ donc $(2x + 1)^2 - (15 - 20x)^2 = 0$ donc $(2x + 1 - 15 + 20x)(2x + 1 + 15 - 20x) = 0$ donc $(22x - 14)(-18x + 16) = 0$. Donc les solutions de cette équation sont : $\dfrac{7}{11}$ et $\dfrac{8}{9}$.

**4.** Le volume $V_{Py}$ de la pyramide est : $V_{Py} = \dfrac{1}{3}(x - 1)^2 \times 3 = (x - 1)^2$. Le volume $V_{Pa}$ du pavé droit est : $V_{Pa} = (2x - 3)^2 \times 1 = (2x - 3)^2$. Les volumes $V_{Py}$ et $V_{Pa}$ sont égaux si et seulement si : $(x - 1)^2 = (2x - 3)^2$. Cette équation est équivalente à l'équation : $(x - 1)^2 - (2x - 3)^2 = 0$. Or $(x - 1)^2 - (2x - 3)^2 = (x - 1 + 2x - 3)(x - 1 - 2x + 3) = (3x - 4)(-x + 2)$.
Finalement, les solutions de l'équation sont : $\dfrac{4}{3}$ et 2. Donc la seule valeur entière est 2, ce qui nous permet d'exclure le cas où $x = \dfrac{4}{3}$. La pyramide régulière aura donc pour base un carré de 1 m de côté et une hauteur de 3 m. Le pavé droit sera en fait un cube de 1 m d'arête. Dans ces conditions, les volumes des deux solides seront égaux à 1 m³.

## 9 Méthode des soustractions successives ______ p. 71

**1.** 665 – 323 = 342 donc PGCD (665 ; 323) = PGCD (342 ; 323).
342 – 323 = 19 donc **PGCD (342 ; 323)** = PGCD (323 ; 19).
323 – 19 = **304** donc PGCD (323 ; 19) = PGCD (304 ; 19).
**304 – 19** = 285 donc PGCD (304 ; 19) = PGCD (285 ; 19).
285 – 19 = 66 donc PGCD (285 ; 19) = **PGCD (266 ; 19)**.
266 – 19 = 247 donc **PGCD (266 ; 19)** = PGCD (247 ; 19).
247 – 19 = 228 donc PGCD (247 ; 19) = PGCD (228 ; 19).
228 – 19 = 209 donc PGCD ( 228 ; 19) = PGCD (209 ; 19).
209 – 19 = 190 donc PGCD (209 ; 19) = PGCD (190 ; 19).
190 – 19 = 171 donc PGCD (190 ; 19) = PGCD (171 ; 19).
171 – 19 = 152 donc PGCD (171 ; 19) = PGCD (152 ; 19).
152 – 19 = 133 donc PGCD (152 ; 19) = PGCD (133 ; 19).
133 – 19 = 114 donc PGCD (133 ; 19) = PGCD (114 ; 19).
114 – 19 = 95 donc **PGCD (114 ; 19)** = PGCD (95 ; 19).
**95 – 19 = 76** donc **PGCD (95 ; 19)** = PGCD (76 ; 19).
**76 – 19 = 57** donc **PGCD (76 ; 19)** = **PGCD (57 ; 19)**.
**57 – 19 = 38** donc **PGCD (57 ; 19)** = PGCD (38 ; 19).
Conclusion : le plus grand diviseur commun des nombres 665 et 323 est 19.

**2.**

| | |
|---|---|
| 4029 – 1785 = 2244 | 357 – 51 = 306 |
| 2244 – 1785 = 459 | 306 – 51 = 255 |
| 1785 – 459 = 1326 | 255 – 51 = 204 |
| 1326 – 459 = 867 | 204 – 51 = 153 |
| 867 – 459 = 408 | 153 – 51 = 102 |
| 459 – 408 = 51 | 102 – 51 = 51 |
| 408 – 51 = 357 | |

Conclusion : le PGCD de 4029 et 1785 est 51.

**3.** **1.** 23 ; **2.** 23 ; **3.** Des résultats précédents, on peut établir 23.

**4.** **1.** Méthode des soustractions successives : $540 - 300 = 240$ ; $300 - 240 = 60$ ; $240 - 60 = 180$ ; $180 - 60 = 120$ ; $120 - 60 = 60$. Conclusion : le PGCD des nombres 540 et 300 est 60.

**2. a.** Pour qu'il y ait le moins de dalles possible, il faut qu'elles soient les plus grandes possible. Ainsi, la condition précédente impose que la longueur du côté d'un carré soit : d'une part, un diviseur de 5,40 et de 3,00 ; d'autre part, que ce nombre soit le plus grand possible. Longueur du côté d'une dalle carrée : PGCD de 5,40 et de 3,00. Le PGCD de 540 et 300 est 60.
Donc, les dalles sont des carrés de 60 cm de côté.

**b.** L'aire de la pièce à recouvrir est : $5{,}4 \times 3 = 10{,}8$ m². Or l'aire d'une dalle est : $0{,}6 \times 0{,}6 = 0{,}36$ m².
Donc il faudra $\frac{10{,}8}{0{,}36} = 30$ dalles carrées pour recouvrir la pièce.

## 10 Algorithme d'Euclide p. 73

**1.** **1.** $1332 = 2 \times 629 + 74$ ; $629 = 8 \times 74 + 37$ ;
$74 = 2 \times 37 + 0$.

**2.** Le PGCD correspond au dernier reste non nul (dans la suite des divisions euclidiennes successives), soit 37.

**2.** Les deux cases vierges du tableau sont à compléter par le nombre 23. Le PGCD de 391 et 161 est le dernier reste non nul (du tableau précédent), c'est-à-dire 23.

**3.** **1.** Les deux cases vierges du tableau sont à compléter par le nombre 37.

**2.** Le PGCD des nombres 1961 et 1147 est le dernier reste non nul (du tableau précédent), c'est-à-dire 37.

**4.** **1.**

| | | | | |
|---|---|---|---|---|
| | | 1 | 3 | **Quotients** |
| **Dividendes** | 1 756 | 1 317 | 439 | **Diviseurs** |
| **Restes** | 439 | 0 | | |

**2. a.** Le fleuriste veut faire des bouquets tous identiques. Donc le nombre de bouquets est un diviseur de 1756 et 1317. Par ailleurs, il veut composer le maximum de bouquets en utilisant toutes les fleurs. Donc le nombre de bouquets est le plus grand diviseur commun de 1756 et 1317. Ainsi, le nombre maximum de bouquets est le PGCD des nombres 1756 et 1317, c'est-à-dire 439.

**b.** On a : $1756 = 4 \times 439$ et $1317 = 3 \times 439$. Donc, chacun des 439 bouquets sera composé de 4 roses blanches et 3 roses rouges.

## 11 Fractions irréductibles p. 75

**1.** **1.** $851 = 253 \times 3 + 92$ ; $253 = 92 \times 2 + 69$ ;
$92 = 69 \times 1 + 23$ ; $69 = 23 \times 3 + 0$.

**2.** Le PGCD des nombres 851 et 253 correspond au dernier reste non nul. Donc le PGCD de 851 et 253 est 23.

**3. a.** On a : $A = 3 + \frac{92}{253} = \frac{759}{253} + \frac{92}{253} = \frac{851}{253}$.
Or le PGCD des nombres 851 et 253 est différent de 1.

**b.** La fraction n'est donc pas irréductible. Pour la simplifier, on divise le numérateur est le dénominateur de la fraction par leur PGCD. On obtient ainsi : $A = \frac{23 \times 37}{23 \times 11} = \frac{37}{11}$.

**2.** **1.** On utilise l'algorithme d'Euclide. On obtient ainsi : PGCD (9240 ; 3822) = 42.

**2.** Le PGCD des nombres 9240 et 3822 est différent de 1. Donc les nombres 9240 et 3822 ne sont pas premiers entre eux. Donc la fraction $\frac{3\,822}{9\,240}$ n'est pas irréductible.
$\frac{3\,822}{9\,240} = \frac{42 \times 91}{42 \times 220} = \frac{91}{220}$.

**3.** **1.** On utilise l'algorithme d'Euclide. On obtient ainsi : PGCD (5148 ; 1386) = 198.

**2.** Le PGCD des nombres 5148 et 1386 est différent de 1. Donc les nombres 5148 et 1386 ne sont pas premiers entre eux. Donc la fraction $\frac{5\,148}{1\,386}$ n'est pas irréductible.
$\frac{5\,148}{1\,386} = \frac{198 \times 26}{98 \times 7} = \frac{26}{7}$.

**4.** • On utilise l'algorithme d'Euclide. On obtient ainsi : PGCD (1681 ; 108) = 1. Le PGCD des nombres 1681 et 108 est égal à 1. Donc les nombres 1681 et 108 sont premiers entre eux. Donc la fraction $F = \frac{1\,681}{108}$ est irréductible.

• On utilise l'algorithme d'Euclide. On obtient ainsi : PGCD (6652 ; 924) = 4. Le PGCD des nombres 6652 et 924 est différent de 1. Donc les nombres 6652 et 924 ne sont pas premiers entre eux. Donc la fraction $G = \frac{6\,652}{924}$ n'est pas irréductible. Pour la simplifier, on divise le numérateur et le dénominateur de la fraction par leur PGCD. On obtient ainsi :
$G = \frac{6\,652}{924} = \frac{4 \times 1\,663}{4 \times 231} = \frac{1\,663}{231}$.

**5.** **1.** On utilise l'algorithme d'Euclide. On obtient ainsi : PGCD (10780 ; 3520) = 220.
Le PGCD des nombres 10780 et 3520 est différent de 1. Donc les nombres 10780 et 3520 ne sont pas premiers entre eux. Donc la fraction $\frac{3\,520}{10\,780}$ n'est pas irréductible. Pour la simplifier, on divise le numérateur est le dénominateur de la fraction par leur PGCD.
On obtient ainsi : $F = \frac{3\,520}{10\,780} = \frac{220 \times 16}{220 \times 49} = \frac{16}{49}$.

**2. a.** Soit $n$ un entier naturel tel que : $n^2 = 49 \times F$ donc $n^2 = 16$. Cette équation admet un unique entier naturel comme solution : $n = 4$.

**b.** Soit $p$ un entier relatif tel que : $p^2 = 49 \times F$ donc $p^2 = 16$. Cette équation admet deux entiers relatifs comme solutions : $p = -4$ et $p = 4$.

## 12 Théorème de Thalès p. 77

**1.** **1.** La démonstration suivante vaut pour les trois configurations proposées. Dans le triangle ABC, on a : M ∈ (AB) ; N ∈ (AC) ; les droites (MN) et (BC) sont parallèles. Dans ces conditions, le théorème de Thalès peut s'appliquer et nous permet d'écrire l'égalité des rapports : $\frac{AM}{AB} = \frac{AN}{AC} = \frac{MN}{BC}$ (E).

**2.** Cas 1 : (E) nous indique : $\frac{AM}{AB} = \frac{MN}{BC}$. Avec AM = 5 ; AB = 5 + $x$ ; MN = 4 et BC = 10, on obtient alors : $\frac{5}{5+x} = \frac{4}{10}$, ce qui est équivalent à : $10 \times 5 = 4(5 + x)$. Donc $50 = 20 + 4.x$. Donc $x = 7{,}5$.
Cas 2 : (E) nous indique : $\frac{AM}{AB} = \frac{MN}{BC}$. Avec AM = 5 ; AB = 3 ; MN = $y$ et BC = 6, on obtient alors : $\frac{5}{3} = \frac{y}{6}$, ce qui est équivalent à : $6 \times 5 = 3.y$. Donc $y = 10$.
Cas 3 : (E) nous indique : $\frac{AM}{AB} = \frac{AN}{AC}$. Avec AM = 3 ; AB = 9 ; AN = 5 et AC = $z$, on obtient alors : $\frac{3}{9} = \frac{5}{z}$, ce qui est équivalent à : $9 \times 5 = 3z$. Donc $z = 15$.

**2.**

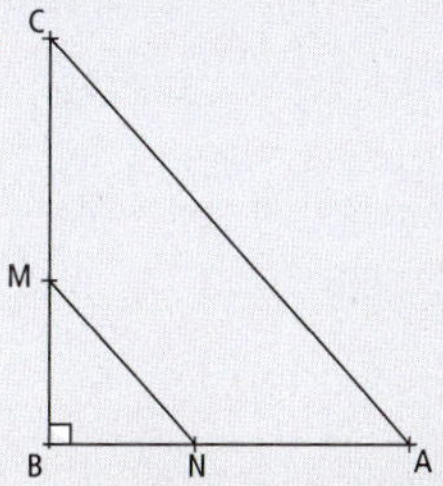


**1.** Remarquons que : $AB^2 + AC^2 = 7{,}5^2 + 10^2 = 156{,}25$ et $BC^2 = 12{,}5^2 = 156{,}25$. Donc nous avons l'égalité : $AB^2 + AC^2 = BC^2$. Dans le triangle ABC, l'égalité précédente nous permet d'appliquer la réciproque du théorème de Pythagore et nous pouvons affirmer que le triangle ABC est rectangle en B.

**2. a.** Voir la construction page précédente.

**b.** Par M, on mène la parallèle à la droite (AC) qui coupe le segment [AB] en N, cela signifie donc que les droites (MN) et (AC) sont parallèles. Dans le triangle ABC, on a : M ∈ [BC] ; N ∈ [BA] ; les droites (MN) et (AC) sont parallèles. Dans ces conditions, le théorème de Thalès peut s'appliquer et nous permet d'écrire l'égalité des rapports : $\frac{BM}{BC} = \frac{BN}{BA} = \frac{MN}{AC}$.

En particulier : $\frac{BM}{BC} = \frac{BN}{BA}$ et $\frac{BM}{BC} = \frac{MN}{AC}$.

D'où : $BN = \frac{BM \times BA}{BC}$ et $MN = \frac{BM \times AC}{BC}$.

Applications numériques : $BN = \frac{7{,}5 \times 4}{10}$ et $MN = \frac{12{,}5 \times 4}{10}$.

Conclusion : BN = 3 cm et MN = 5 cm.

**3. 1.** Dans le triangle AEB, on a : C ∈ (BE) ; D ∈ (AE) ; les droites (AB) et (CD) sont parallèles. Dans ces conditions, le théorème de Thalès peut s'appliquer et nous permet d'écrire l'égalité des rapports : $\frac{EA}{ED} = \frac{EB}{EC} = \frac{AB}{CD}$. En particulier : $\frac{EA}{ED} = \frac{AB}{CD}$ d'où : $CD = \frac{AB \times ED}{EA}$. Application numérique : $CD = \frac{20 \times 6}{10} = 12$. Conclusion : CD = 12 cm.

**2.** Remarquons que BE = 16 cm et BF = 12,8 cm, avec E et F deux points du segments [BC]. Cela implique que BF < BE, ce qui signifie que le point F appartient au segment [BE].

De plus, on a : $\left.\begin{array}{l} \frac{BF}{BE} = \frac{12{,}8}{16} = 0{,}8 \\ \frac{BG}{BA} = \frac{16}{20} = 0{,}8 \end{array}\right\}$ donc $\frac{BF}{BE} = \frac{BG}{BA}$. Ainsi, dans le triangle ABE, on a : F ∈ [BE] ; G ∈ [AB] ; les points B, F , E et B, G, A sont alignés dans le même ordre ; de plus, on a montré que : $\frac{BF}{BE} = \frac{BG}{BA}$. Dans ces conditions, la réciproque du théorème de Thalès nous permet d'affirmer que les droites (FG) et (AE) sont parallèles.

**4. 1.** et **2.**

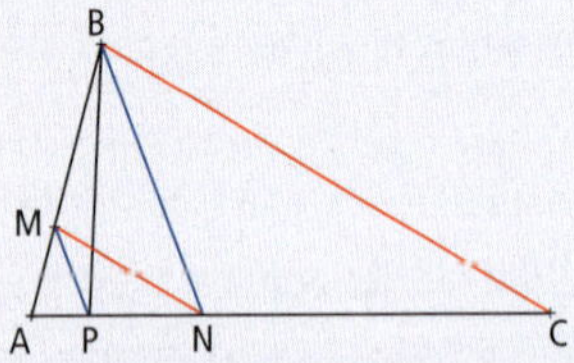


**3.** La parallèle à la droite (BN) passant par P coupe le segment [AB] en M, donc les droites (MP) et (BN) sont parallèles. La parallèle à la droite (MN) passant par B coupe la droite (AN) en C, donc les droites (MN) et (BC) sont parallèles. Nous allons appliquer deux fois consécutivement le théorème de Thalès.
Dans le triangle ABN, on a : M ∈ [AB] ; P ∈ [AN] et les droites (MP) et (BN) sont parallèles. Dans ces conditions, le théorème de Thalès peut s'appliquer et nous permet d'écrire l'égalité des rapports : $\frac{AM}{AB} = \frac{AP}{AN} = \frac{MP}{BN}$ (1). Dans le triangle ABC, on a : M ∈ [AB] ; N ∈ [AC] ; les droites (MN) et (BC) sont parallèles. Le théorème de Thalès peut s'appliquer et nous permet d'écrire l'égalité des rapports : $\frac{AM}{AB} = \frac{AN}{AC} = \frac{MN}{BC}$ (2).

Des égalités (1) et (2), on tire l'égalité : $\frac{AP}{AN} = \frac{AN}{AC}$, donc : $AN^2 = AP \times AC$.

**4.** De l'égalité établie précédemment, on a : $AC = \frac{AN^2}{AP}$.
Application numérique : $AC = \frac{3{,}6^2}{1{,}2} = 10{,}8$ cm.

## 13 Réciproque du théorème de Thalès p. 79

**1. 1.** Dans le triangle ABC, on a : R ∈ (AC) ; P ∈ (AB) ; les points R, A, C et P, A, B sont alignés dans le même ordre. De plus, on a : $\frac{AC}{AR} = \frac{28}{6} = \frac{14}{3}$ et $\frac{AB}{AP} = \frac{35}{7{,}5} = \frac{14}{3}$. Donc $\frac{AC}{AR} = \frac{AB}{AP}$. Dans ces conditions, la réciproque du théorème de Thalès s'applique et nous permet de conclure que les droites (BC) et (PR) sont parallèles.

**2.** Dans le triangle ABC, on a : R ∈ (AC) ; P ∈ (AB) ; les droites (BC) et (PR) sont parallèles. Dans ces conditions, le théorème de Thalès s'applique et nous permet d'écrire l'égalité des rapports : $\frac{AC}{AR} = \frac{AB}{AP} = \frac{BC}{RP}$. En particulier : $\frac{AC}{AR} = \frac{BC}{RP}$ donc $RP = \frac{BC \times AR}{AR}$. Application numérique : $RP = \frac{21 \times 6}{28} = 4{,}5$ cm.

**2. 1.** On a : $\left.\begin{array}{r} AG^2 + GF^2 = 4^2 + 3^2 = 25 \\ AF^2 = 5^2 = 25 \end{array}\right\}$ donc $AG^2 + GF^2 = AF^2$. Dans ces conditions, la réciproque du théorème de Pythagore s'applique et nous permet de conclure que le triangle AFG est rectangle en G.

**2. a.** Dans le triangle ADE, on a : F ∈ [AD] ; G ∈ [AE] ; les droites (DE) et (FG) sont parallèles. Dans ces conditions, le théorème de Thalès s'applique et nous permet d'écrire l'égalité des rapports : $\frac{AF}{AD} = \frac{AG}{AE} = \frac{FG}{DE}$. En particulier : $\frac{AF}{AD} = \frac{FG}{DE}$ donc $AD = \frac{AF \times DE}{FG}$. Application numérique : $AD = \frac{5 \times 7{,}5}{3} =$ 12,5 cm. Le point F appartient au segment [AD], donc FD = AD − AF. Application numérique : FD = 12,5 − 5 = 7,5 cm.

**b.** Dans le triangle ADE, on a : F ∈ [AD] ; G ∈ [AE] ; les droites (DE) et (FG) sont parallèles. Dans ces conditions, le théorème de Thalès s'applique et nous permet d'écrire l'égalité des rapports : $\frac{AF}{AD} = \frac{AG}{AE} = \frac{FG}{DE}$. En particulier : $\frac{AG}{AE} = \frac{FG}{DE}$ donc $AE = \frac{AG \times DE}{FG}$. Application numérique : $AE = \frac{4 \times 7{,}5}{3} = 10$ cm.
Le point G appartient au segment [AE], donc EG = AE − AG.
Application numérique : FD = 10 − 4 = 6 cm.

**3.** Dans le triangle ABC, on a : F ∈ (AB) ; G ∈ (AC) ; les points F, A, B et G, A, C sont alignés dans le même ordre. De plus, on a : $\frac{AB}{AF} = \frac{3{,}75}{5} = 0{,}75$ et $\frac{AC}{AG} = \frac{3}{4} = 0{,}75$. Donc $\frac{AB}{AF} = \frac{AC}{AG}$. Dans ces conditions, la réciproque du théorème de Thalès s'applique et nous permet de conclure que les droites (BC) et (FG) sont parallèles.

**3. 1.** Dans le triangle ABE, on a : F ∈ (AE) ; C ∈ (AB) ; les droites (EB) et (CF) sont parallèles. Dans ces conditions, le théorème de Thalès s'applique et nous permet d'écrire l'égalité des rapports : $\frac{AE}{AF} = \frac{AB}{AC} = \frac{EB}{CF}$. En particulier : $\frac{AE}{AF} = \frac{AB}{AC}$ donc $AE = \frac{AB \times AF}{AC}$.
Application numérique : $EG = \frac{6 \times 12}{15} = 4{,}8$ cm.

**2.** Dans le triangle ABF, on a : B ∈ (AC) ; F ∈ (AK) ; les points A, B, C et A, F, K sont alignés dans le même ordre. De plus, on a : $\frac{AF}{AK} = \frac{12}{30} = 0{,}4$ et $\frac{AB}{AC} = \frac{6}{15} = 0{,}4$. Donc $\frac{AF}{AK} = \frac{AB}{AC}$. Dans ces conditions, la réciproque du théorème de Thalès s'applique et nous permet de conclure que les droites (BF) et (KC) sont parallèles.

**3.** On a : $\left.\begin{array}{r} AF^2 + FC^2 = 12^2 + 9^2 = 225 \\ AC^2 = 15^2 = 225 \end{array}\right\}$ donc $AF^2 + FC^2 = AC^2$.
Dans ces conditions, la réciproque du théorème de Pythagore

s'applique et nous permet de conclure que le triangle AFC est rectangle en F.

**4. 1.** Comparons d'abord les rapports : $\frac{CA}{CE}$ et $\frac{CB}{CD}$. On a $\frac{CA}{CE} = \frac{8}{20} = \frac{2}{5}$ et $\frac{CB}{CD} = \frac{6}{15} = \frac{2}{5}$. Donc $\frac{CA}{CE} = \frac{CB}{CD}$. Dans le triangle CDE, on a : $A \in [CE]$ ; $B \in [CD]$ ; les points C, A, E et C, B, D sont alignés dans cet ordre. De plus, on a l'égalité : $\frac{CA}{CE} = \frac{CB}{CD}$. Dans ces conditions, la réciproque du théorème de Thalès peut s'appliquer et nous permettre de conclure que les droites (AB) et (DE) sont parallèles.

**2.** Nous avons : $\left.\begin{array}{r} CD^2 + CE^2 = 15^2 + 20^2 = 625 \\ DE^2 = 25^2 = 625 \end{array}\right\}$ donc $CD^2+CE^2 = DE^2$. Dans le triangle CDE, l'égalité précédente nous permet d'appliquer la réciproque du théorème de Pythagore et de conclure que le triangle CDE est rectangle en C.

**3.** Dans le triangle CDE, on a : $A \in [CE]$ ; $B \in [CD]$ ; les droites (AB) et (DE) sont parallèles. Dans ces conditions, le théorème de Thalès peut s'appliquer et nous permet d'écrire l'égalité des rapports : $\frac{CA}{CE} = \frac{CB}{CD} = \frac{AB}{DE}$.

En particulier : $\frac{CA}{CE} = \frac{AB}{DE}$ donc $AB = \frac{CA \times DE}{CE}$.

Application numérique : $AB = \frac{8 \times 25}{50} = 10$ cm.

**4.** Le triangle CDE étant rectangle en C, on peut y appliquer les formules de trigonométrie.

En particulier : $\cos \widehat{CDE} = \frac{CD}{DE}$ donc mes $(\widehat{CDE}) = \cos^{-1}(\frac{CD}{DE})$.

Application numérique : mes $(\widehat{CDE}) = \cos^{-1}(\frac{3}{5}) \approx 53°$.

## 14 Trigonométrie dans le triangle rectangle p. 81

**1. 1.** On a : $\tan x = \frac{\sin x}{\cos x}$ donc $1 + \tan^2 x = 1 + \frac{\sin^2 x}{\cos^2 x} = \frac{\cos^2 x + \sin^2 x}{\cos^2 x}$. Finalement, on a : $1 + \tan^2 x = \frac{1}{\cos^2 (x)}$.

**2.** La relation fondamentale de la trigonométrie s'écrit : $\cos^2 x + \sin^2 x = 1$. Donc $\cos^2 x = 1 - \sin^2 x = (1 - \sin x)(1 + \sin x)$. Finalement, la relation (1) nous permet d'écrire que : $(1 - \sin x)(1 + \sin x) = \frac{1}{1 + \tan^2 (x)}$.

**2.** On a : $1 + \tan^2 x = \frac{1}{\cos^2 (x)}$ donc $\cos^2 x = \frac{1}{1 + \tan^2 (x)}$.

Or $x$ désigne la mesure en degrés d'un angle aigu (donc $\cos x \geqslant 0$). Donc $\cos x = \frac{1}{\sqrt{1 + \tan^2 x}}$. Application : Pour $\tan x = \frac{3}{7}$, on a : $\cos x = \frac{1}{\sqrt{1 + \frac{3^2}{7^2}}} = \frac{1}{\sqrt{\frac{58}{7^2}}} = \frac{7}{\sqrt{58}} = \frac{7\sqrt{58}}{58}$.

La relation fondamentale de la trigonométrie s'écrit : $\cos^2 x + \sin^2 x = 1$. Donc $\sin^2 x = 1 - \cos^2 x$. Nous venons de démontrer que $\cos^2 x = \frac{49}{58}$. Donc $\sin^2 x = 1 - \frac{49}{58} = \frac{9}{58}$. Or $x$ désigne la mesure en degrés d'un angle aigu (donc $\sin x \geqslant 0$). Donc $\sin x = \sqrt{\frac{9}{58}} = \frac{3}{\sqrt{58}} = \frac{3\sqrt{58}}{58}$.

**3. 1.** Dans le triangle ABD rectangle en D, on peut appliquer le théorème de Pythagore. Donc $AD^2 = AB^2 - BD^2$.

Donc $AD^2 = 4$. Donc $AD = 2$.

**2.** On peut appliquer les formules de trigonométrie.

En particulier, on a : $\sin \widehat{BAD} = \frac{BD}{AB}$ et $\frac{BD}{AB} = \frac{1,5}{2,5} = \frac{3}{5}$.

Donc $\widehat{BAD} = \sin^{-1}\left(\frac{3}{5}\right)$. Donc $\widehat{BAD} \approx 37°$.

**3.** On peut également appliquer les formules de trigonométrie. En particulier, on a : $\sin \widehat{BAD} = \frac{EC}{AC}$ donc $AC = \frac{EC}{\sin \widehat{BAD}}$.

Donc $AC = \frac{4,5}{\frac{3}{5}} = 7,5$. Dès lors, nous pouvons appliquer le théorème de Pythagore pour trouver AE. On a : $AE^2 = AC^2 - EC^2$ donc $AE^2 = 7,5^2 - 4,5^2 = 36$ donc $AE = 6$.

**4. 1.** On a : $\left.\begin{array}{r} LM^2 + LN^2 = 4,8^2 + 6,4^2 = 64 \\ MN^2 = 8^2 = 64 \end{array}\right\}$ donc $LM^2 + LN^2 = MN^2$. Dans ces conditions, la réciproque du théorème de Pythagore s'applique et nous permet de conclure que le triangle LMN est rectangle en L.

**2.** $\cos (\widehat{LNM}) = \frac{LN}{MN}$ donc $\cos (\widehat{LNM}) = 0,8$.

Donc mes $(\widehat{LNM}) \approx 37°$.

**3.** Exprimons l'aire du triangle LMN rectangle en L de deux façons différentes : $A_{LMN} = \frac{1}{2}$ $LM \times LN = \frac{1}{2} \times 4,8 \times 6,4 = 15,36$ cm² ; $A_{LMN} = \frac{1}{2}$ $MN \times LK = \frac{1}{2} \times 8 \times LK = 4.LK$. Donc $15,36 = 4.LK$. Donc $LK = 3,84$ cm.

**4.** Appliquons les formules de trigonométrie dans les triangles RSN et LKN respectivement rectangles en R et en K. On a : $\sin (\widehat{LNK}) = \frac{RS}{SN}$ et $\sin (\widehat{LNK}) = \frac{LK}{LN}$. Donc : $\sin (\widehat{LNK}) = \frac{RS}{2}$ et $\sin (\widehat{LNK}) = \frac{3,84}{6,4}$.

On obtient finalement : $RS = 2 \times \frac{3,84}{6,4} = 1,2$ cm.

## 15 Théorème de l'angle inscrit p. 83

**1. 1.** Les angles $\widehat{BAC}$ et $\widehat{BOC}$ interceptent le même arc $\overset{\frown}{BC}$, donc on a : mes$(\widehat{BOC}) = 2 \times$ mes$(\widehat{BAC}) = 100°$.

**2.** Les angles $\widehat{BAC}$ et $\widehat{BOC}$ interceptent le même arc $\overset{\frown}{BC}$, donc on a : mes$(\widehat{BOC}) = \frac{1}{2} \times$ mes$(\widehat{BOC}) = 47°$.

**3.** L'angle $\widehat{CAD}$ et son angle au centre associé $\widehat{COD}$ interceptent le même arc $\overset{\frown}{CD}$, donc on a : mes$(\widehat{CAD}) = \frac{1}{2} \times$ mes$(\widehat{COD}) = 40°$. L'angle CBD et son angle au centre associé $\widehat{COD}$ interceptent le même arc $\overset{\frown}{CD}$, donc on a : mes$(\widehat{CBD}) = \frac{1}{2} \times$ mes$(\widehat{COD})$.

Conclusion : mes$(\widehat{CAD})$ = mes$(\widehat{CBD}) = 40°$.

**4.** L'angle $\widehat{DAC}$ et son angle au centre associé $\widehat{DOC}$ interceptent le même arc $\overset{\frown}{CD}$, donc on a : mes$(\widehat{DAC}) = \frac{1}{2} \times$ mes$(\widehat{DOC}) = 57°$. L'angle $\widehat{DBC}$ et son angle au centre associé $\widehat{DOC}$ interceptent le même arc $\overset{\frown}{CD}$, donc on a : mes$(\widehat{DBC}) = \frac{1}{2} \times$ mes(DOC).

Conclusion : mes(DAC) = mes$(\widehat{DBC}) = 57°$.

**2.**

| | Arc $\overset{\frown}{AB}$ | Arc $\overset{\frown}{AC}$ | Arc $\overset{\frown}{BC}$ |
|---|---|---|---|
| Angle inscrit | $\widehat{BCA}$ | $\widehat{ABC}$ | $\widehat{BAC}$ |
| Mesure de l'angle inscrit | $\frac{1}{2} \times 50° = 25°$ | $\frac{1}{2} \times 160° = 80°$ | $\frac{1}{2} \times 150° = 75°$ |
| Angle au centre associé | $\widehat{BOA}$ | $\widehat{AOC}$ | $\widehat{BOC}$ |
| Mesure de l'angle au centre | 50° | 360° – 150° – 50° = 160° | 150° |

## 16 Polygones réguliers p. 85

**1.**

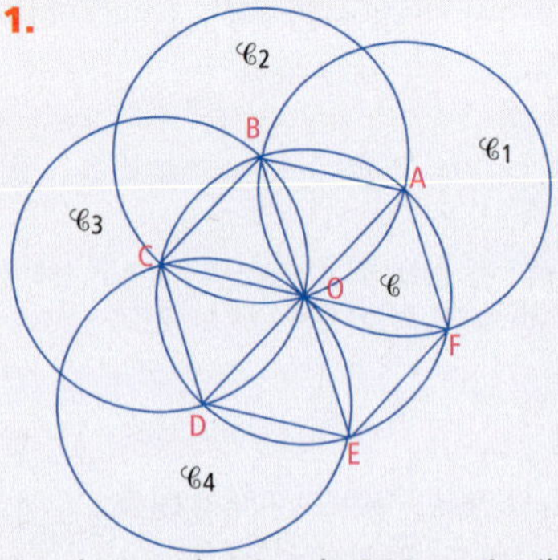


**1.** Remarquons que les cercles 𝒞, $𝒞_1$, $𝒞_2$, $𝒞_3$, $𝒞_4$ ont tous le même rayon (R). **2.** Le cercle $𝒞_1$ de centre A coupe le cercle 𝒞 en deux points B et F. Le point A appartient au cercle 𝒞, donc OA = R. Le point B appartient au cercle 𝒞 et au cercle $𝒞_1$, donc AB = OB = R. Donc OA = OB = AB = R.

Conclusion : le triangle OAB est équilatéral, donc $\text{mes}(\widehat{BAO}) = 60°$. On montrerait de manière identique que le triangle OAF est équilatéral. Donc $\text{mes}(\widehat{OAF}) = 60°$. De plus, $\text{mes}(\widehat{BAF}) = \text{mes}(\widehat{BAO}) + \text{mes}(\widehat{OAF})$. Donc $\text{mes}(\widehat{BAF}) = 120°$.

**3., 4., 5.** Avec un raisonnement analogue, on montrerait que les triangles OBC, OCD, ODE et OEF sont équilatéraux.

**6.** Voir figure ci-dessus.

**7.** On aurait ainsi : $\text{mes}(\widehat{CBA}) = \text{mes}(\widehat{DCB}) = \text{mes}(\widehat{EDC}) = \text{mes}(\widehat{FED}) = 120°$ ; AB = BC = CD = DE = EF = R.

**8.** L'hexagone ABCDEF, inscrit dans le cercle 𝒞 de centre O et de rayon R, a ses 6 côtés de même longueur et ses 6 angles ont la même mesure (120°), donc on peut affirmer que cet hexagone est régulier.

**2.** **1.** On peut appliquer le théorème de Pythagore. Donc $SO^2 + OB^2 = SB^2$. Application numérique : On a OB = R = 26 cm et SO = 83 cm, donc $SB^2 = 26^2 + 83^2 = 7565$.

**2.** La face SAB est une face latérale de la pyramide régulière, donc SAB est un triangle isocèle en S.
Or H est le milieu du segment [AB], donc (SH) est la médiatrice du segment [AB].

**3.** On peut appliquer le théorème de Pythagore. Donc $SB^2 = AH^2 + SH^2$. Donc $SH^2 = SB^2 - AH^2$. On a $AH = \frac{1}{2}AB = 13$ cm et $SB^2 = 7565$ donc $SH^2 = 7396$.

Donc SH = 86 cm.

**4.** $A_{SAB} = \frac{1}{2}AB \times SH = 13 \times 86 = 1118$ cm².

**5.** $6 \times 1118 = 6708$ cm².

**6.** On a $\frac{SO'}{SO} = \frac{33,2}{83} = 0,4$. Ce rapport est le coefficient de la réduction qui permet de passer de la pyramide SABCDEF à la pyramide SA'B'C'D'E'F'. L'aire latérale de la pyramide SA'B'C'D'E'F' est donc le produit de l'aire de la pyramide SABCDEF par le coefficient de réduction élevé au carré. On a ainsi l'aire latérale de la pyramide SA'B'C'D'E'F' :
$6708 \times 0,4^2 = 1073,28$ cm².
L'aire de l'abat-jour est la différence entre les aires latérales des pyramides SABCDEF et SA'B'C'D'E'F'.
Donc cette aire est : 6 708 – 1 073,28 = 5 634,72 cm².

## 17 Sphère et boule p. 87

**1.** **1.** L'intersection de la boule avec un plan passant par son centre s'appelle un grand disque ; il a pour rayon le rayon de la sphère. Ainsi, on peut déterminer la circonférence de ce grand disque à l'aide de la formule : 2πR. La circonférence correspond à la longueur de l'Équateur, soit environ : 40 024 km.

**2.** La longueur d'un arc de cercle et son angle associé sont des grandeurs proportionnelles.

| Angle de l'arc | 360° | $\text{mes}(\widehat{BOA}) = \text{mes}(\widehat{GOA}) - \text{mes}(\widehat{GOB}) = 42°–9° = 33°$ |
|---|---|---|
| Longueur de l'arc | 40024 | Longueur de l'arc $\widehat{AB} = x$ |

Donc, puisque le tableau est un tableau de proportionnalité, on a : $\frac{40\,024}{360} = \frac{x}{33}$. La mesure de l'arc $\widehat{AB}$ est $33 \times \frac{40\,024}{360} \approx 3\,669$ km.

**2.** **1.** On a : OI = h – R = 19,2 – 12 = 7,2 cm. Le triangle OIA est rectangle en I, donc on peut y appliquer le théorème de Pythagore. Donc $OA^2 = OI^2 + IA^2$. Donc $IA^2 = 12^2 - 7,2^2 = 92,16$. Donc $IA = \sqrt{92,16} = 9,6$ cm.

**2.** Donc $V = \pi\,\frac{19,2^2}{3} = \pi(3 \times 12 - 19,2) = 2\,064,384\pi \approx 6\,485$ cm³. Le volume d'eau contenu dans l'aquarium est donc 6 485 cm³ (soit environ 6,5L).

**3.** Appelons x la hauteur atteinte par l'eau dans le récipient parallélépipédique. On a alors : $6\,000 = 24 \times 26x$. Donc $x = \frac{6\,000}{26 \times 24} = \frac{6\,000}{624} \approx 9,6$. Le niveau de l'eau sera donc environ 9,6 cm.

**3.** **1. a.**

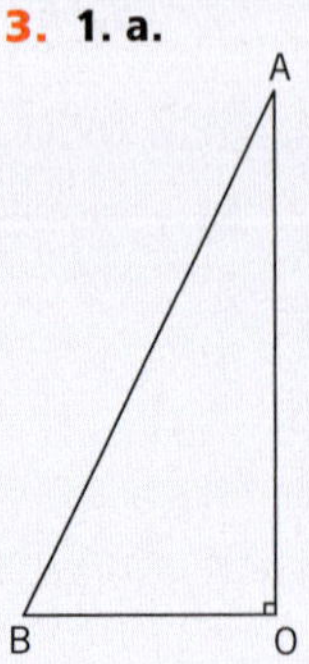


Appliquons le théorème de Pythagore dans le triangle AOB rectangle en O, sachant que O est le milieu du segment [BC]. Donc $AO^2 = BA^2 - BO^2 = 7^2 - 3^2 = 49 - 9 = 40$. Donc : $AO = \sqrt{40}$ cm.

**b.** Dans le triangle AOB rectangle en O, on peut appliquer les formules de trigonométrie. En particulier, $\sin\widehat{BAO} = \frac{BO}{BA} = \frac{3}{7}$.

Conclusion : $\text{mes}(\widehat{BAO}) = \sin^{-1}(\frac{3}{7}) \approx 25°$.

**2.** Le jouet est composé d'une demi-boule dont le volume est $\frac{1}{2}(\frac{4}{3}\pi \times 3^3)$ et d'un cône de révolution dont le volume est $\frac{\pi \times 3^2 \times \sqrt{40}}{3}$. Le volume de ce jouet est environ de 116 cm³.

## 18 Pourcentages p. 89

**1.** **1.** $\frac{35 \times 250}{100} = 87,5$ € ; **2.** $\frac{18 \times 1\,000}{100} = 180$ kg (1 tonne = 1000 kg) ; **3.** $\frac{15 \times 132}{100} = 19,8$ min = 1188 s.

**2.** Chez Midos, pour l'achat de 4 pneus, on n'en paie que 3. Ce qui équivaut à une remise globale de 25% du total (hors remise). Chez Pointos, la remise équivaut, pour l'achat de 4 pneus, à n'en payer que 3. Conclusion : Pour l'achat de 4 pneus, les deux magasins offrent la même remise. Autrement dit, Juliette ira dans le magasin qui, pour un pneu identique, pratique le meilleur tarif à l'unité.

**3.** La première remise est de 15 %, donc le prix intermédiaire correspond à 85 % du prix initial. La vente flash diminue encore ce prix de 10 %, donc le prix final correspondra à 90 % du prix intermédiaire. En résumé, le prix final de la console sera : $0,9 \times 0,85 \times 149 = 113,985$ €. Nino dispose de 115 € pour acheter une console de jeux dont le prix est de 113,985 €, donc il pourra accéder à l'objet convoité.

**4.** Appelons x le nombre de départ. Après la hausse de 20 %, ce prix sera $x_1 = x + 20\ \%$ de $x = 1,2x$. Après la baisse de 20 %, ce prix sera $x_2 = x_1 - 20\ \%$ de $x_1 = 0,8x_1 = 0,8 \times 1,2x = 0,96x$. Conclusion : L'effet d'une hausse de 20 % suivie d'une baisse de 20 % appliquées sur un même nombre correspond à une baisse de 4 % par rapport au nombre initial. Marianne avait donc bien raison.

**5.** Le volume V du parallélépipède rectangle est : $V = x.y.z$. Le volume V' du nouveau solide est : $V' = x'.y'.z'$.
Sachant que : $x' = x - 20\ \%$ de $x = 0,8x$ ; $y' = y$ ; $z' = z - 15\ \%$

de $z = 0,85.z$, le volume du nouveau solide est donc : $V' = 0,8x.y.0,85z = 0,68xyz$. Conclusion : $V' = 0,68V$, ce qui signifie que le volume du nouveau solide correspond à 68 % du volume du solide initial, soit une diminution de 32 % de ce volume (initial).

**6. 1.** On peut écrire : $\rho = \frac{M}{V}$. La cloche ayant un volume de 0,1 m³, son volume d'étain sera : V = 24 % de 0,1 m³ = 24 dm³ car 0,1 m³ = 100 dm³. Le volume V' de cuivre sera, quant à lui : V' = 76 dm³.
**2.** La masse volumique de l'étain est : $\rho = 7,29$ kg/dm³. Dès lors, nous pouvons calculer la masse M d'étain contenue dans la cloche : $M = \rho \times V$. Donc $M = 7,29 \times 24 = 174,96$ kg. La masse volumique du cuivre est : $\rho' = 8,9$ kg/dm³. Dès lors, nous pouvons calculer la masse M' de cuivre contenue dans la cloche : $M' = \rho' \times V'$. Donc $M' = 8,9 \times 76 = 676,4$ kg. Conclusion : La masse de la cloche est $M + M' = 174,96 + 676,4 = 851,36$ kg.

## 19 Statistiques — p. 91

**1. 1.**

| Âge | Moins de 15 ans | [15 ;25[ | [25 ;40[ | [40 ;60[ | 60 ans et plus | Total |
|---|---|---|---|---|---|---|
| Effectifs | 74018 | 39788 | 54346 | 38161 | 10208 | 216521 |
| Fréquences en % | 34,2 | 18,4 | 25,1 | 17,6 | 4,7 | 100 |
| Angle en ° (arrondi au 10e) | 123,1 | 66,2 | 90,4 | 63,4 | 16,9 | 360 |

**2.** Le nombre de personnes de plus de 40 ans est :
38 161 + 10 208 = 48 369.
**3.** Le pourcentage de personnes âgées de plus de 40 ans est : 17,6 % + 4,7 % = 22,3 %.

**2. 1.** Dans cette classe, il y a : 2 + 5 + 2 + 2 + 3 + 2 + 7 + 2 = 25 élèves.
**2.** La note moyenne est : $\bar{x} =$

$$\frac{2\times8+5\times9+2\times10+2\times11+3\times12+2\times13+7\times14+2\times15}{25}$$

donc $\bar{x} = \frac{293}{25} = 11,72$.
**3.** La note médiane est la 13e note, qui partage la série en deux séries de même effectif. La note médiane est donc 12.
**4.** L'étendue de la série correspond à la différence entre la meilleure note et la plus faible. Donc : 15 – 8 = 7. L'étendue de la série est de 7 points.

## 20 Quartiles d'une série statistique — p. 93

**1. 1.** La série est composée de 25 valeurs. Les valeurs sont rangées dans l'ordre croissant donc cette série est bien ordonnée. – **2.** 25% de 25 valeurs correspond à 6,25 donc le 1er quartile correspond à la 7e note, c'est-à-dire : 19. Donc $Q_1 = 19$. – **3.** 75% de 25 valeurs correspond à 18,75, donc le 3e quartile correspond à la 19e valeur, c'est-à-dire : 71. $Q_3 = 71$. – **4.** La distance interquartile est : $Q_3 - Q_1 = 71 - 19 = 52$.

**2. 1.** L'étendue de la série A est $E_A = 19 - 3 = 16$. L'étendue de la série B est $E_B = 14 - 2 = 12$.
La série A est composée de 24 notes. $Q_1 = 7$ et $Q_3 = 14$. Donc la distance interquartile est : $Q_3 - Q_1 = 14 - 7 = 7$.
La série B est composée de 26 notes. $Q_1 = 6$. $Q_3 = 12$. Donc la distance interquartile est : $Q_3 - Q_1 = 12 - 6 = 6$.
**2.** Ce sont des caractéristiques de dispersion. Ces deux valeurs montrent que la 3e A est une classe moins homogène que la 3e B.

**3. 1.** Soit $H_1$ et $H_2$ les hauteurs moyennes des précipitations lors des mois d'avril 2007 et 2008. On a $H_1 = 63/15 = 4,2$ mm et $H_2 = 87/15 = 5,8$ mm. – **2.** Non.
**3.** On appelle $E_1$ et $E_2$ les étendues des deux séries.
On a $E_1 = 12 - 0 = 12$ et $E_2 = 21 - 0 = 21$.

**4.**

| | 2007 | 2008 |
|---|---|---|
| Moyennes | 4,2 mm | 5,8 mm |
| Étendues | 11 mm | 21 mm |
| 1er quartile = $Q_1$ | 0 mm | 0 mm |
| 3e quartile = $Q_3$ | 9 mm | 9 mm |
| Distance interquartile = $Q_3 - Q_1$ | 9 mm | 9 mm |

Conclusion : il aura moins plu en 2007 qu'en 2008, mais la répartition des pluies aura été plus homogène en 2007 qu'en 2008.

## 21 Probabilités (1) — p. 95

**1. 1.** Expérience aléatoire. – **2.** Expérience non aléatoire. – **3.** Expérience non aléatoire. – **4.** Expérience aléatoire.

**2. 1.** Il s'agit d'une expérience aléatoire car chacune des 32 cartes a la même chance d'être tirée. De plus, on ne peut pas prévoir avec certitude la carte qui sera tirée.
**2.** Le jeu contient 32 cartes donc chaque carte a la même chance d'être tirée.
Ce jeu contient 8 cœurs donc la probabilité P(A) d'obtenir un cœur est : $P(A) = \frac{8}{32} = \frac{1}{4}$.
**3.** L'événement B « obtenir une carte qui ne soit pas un cœur » est l'événement contraire de l'événement A donc $P(B) = 1 - P(A) = \frac{3}{4}$.

**3. 1.** L'information « identiques et indiscernables au toucher » signifie que chaque événement élémentaire a la même probabilité d'être réalisé.
**2.** Par définition : $P(V) = \frac{\text{nombre de boules vertes}}{\text{nombre total de boules}}$ ; donc $P(V) = \frac{7}{12}$, soit 58 %.
**3.** $P(B) = 1 - P(V)$. Donc $P(B) = 1 - \frac{7}{12} = \frac{5}{12}$.
Ainsi, $P(B) = \frac{5}{12}$, soit 42 %.

**4. 1.** Vrai. **2.** Vrai. – **3.** Vrai. – **4.** Vrai. – **5.** Faux. – **6.** Faux.

## 22 Probabilités (2) — p. 97

**1. 1.**

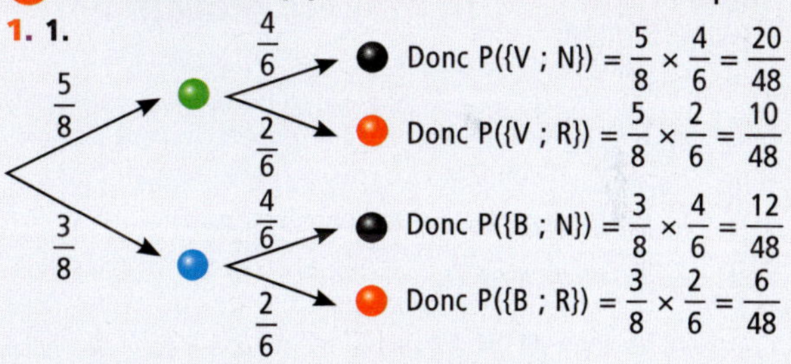


**2.** Une boule verte et une boule noire.

**2. 1.**

| | | Dé vert | | | | | |
|---|---|---|---|---|---|---|---|
| | | 1 | 2 | 3 | 4 | 5 | 6 |
| Dé rouge | 1 | (1 ; 1) | (1 ; 2) | (1 ; 3) | (1 ; 4) | (1 ; 5) | (1 ; 6) |
| | 2 | (2 ; 1) | (2 ; 2) | (2 ; 3) | (2 ; 4) | (2 ; 5) | (2 ; 6) |
| | 3 | (3 ; 1) | (3 ; 2) | (3 ; 3) | (3 ; 4) | (3 ; 5) | (3 ; 6) |
| | 4 | (4 ; 1) | (4 ; 2) | (4 ; 3) | (4 ; 4) | (4 ; 5) | (4 ; 6) |
| | 5 | (5 ; 1) | (5 ; 2) | (5 ; 3) | (5 ; 4) | (5 ; 5) | (5 ; 6) |
| | 6 | (6 ; 1) | (6 ; 2) | (6 ; 3) | (6 ; 4) | (6 ; 5) | (6 ; 6) |

**2.** Les sommes obtenues sont les nombres entiers compris entre 2 et 12. **3.** 7. **4.** $\frac{6}{36} = \frac{1}{6}$. **5.** $\frac{6}{36} = \frac{1}{6}$.

## 23 Fonctions linéaires p. 99

**1.** Les fonctions **1** et **5** sont les fonctions linéaires dont les coefficients de proportionnalité sont respectivement −4 et 2.

**2.**

| $x$ | 0 | 1 | 2 | 3 | 4 | 5 |
|---|---|---|---|---|---|---|
| $f(x)=2x^2+1$ | $f(0)=1$ | $f(1)=3$ | $f(2)=9$ | $f(3)=19$ | $f(4)=33$ | $f(5)=51$ |
| $g(x)=-2x+3$ | $g(0)=3$ | $g(1)=1$ | $g(2)=-1$ | $g(3)=-3$ | $g(4)=-5$ | $g(5)=-7$ |

**3.**

| $x$ | 0 | 2 | −4 | 6 | −8 | 10 |
|---|---|---|---|---|---|---|
| $f(x)=-3x$ | $f(0)=0$ | $f(2)=-6$ | $f(-4)=12$ | $f(6)=-18$ | $f(-8)=24$ | $f(10)=-30$ |

| $x$ | 0 | −3 | 6 | −9 | 12 | −15 |
|---|---|---|---|---|---|---|
| $g(x)=2x$ | $g(0)=0$ | $g(-3)=-6$ | $g(6)=12$ | $g(-9)=-18$ | $g(12)=24$ | $g(15)=-30$ |

**4.**

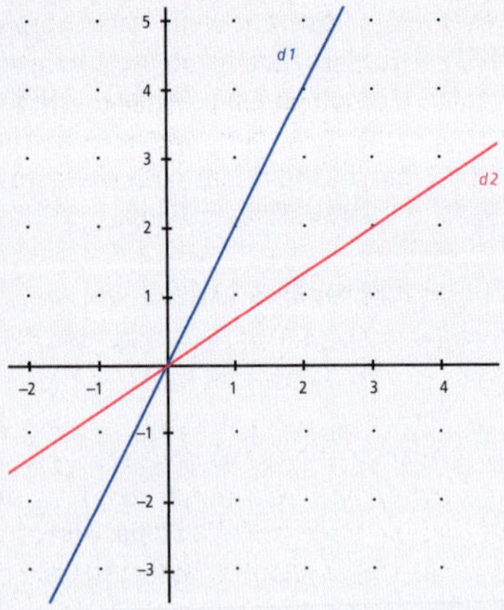


| $x$ | 0 | 2 |
|---|---|---|
| $f(x)$ | 0 | 4 |
| Points | O(0 ;0) | A(2 ;4) |

La représentation graphique de $f$ est la droite $(d_1)$.

| $x$ | 0 | 3 |
|---|---|---|
| $g(x)$ | 0 | 2 |
| Points | O(0 ;0) | B(3 ;2) |

La représentation graphique de $f$ est la droite $(d_2)$.

**5.** Soit $f : x \mapsto a.x$ et $g : x \mapsto a'.x$. On sait que $f(-3) = 5$ et $g(2) = 4$. Donc les coefficients $a$ et $a'$ sont respectivement les solutions des équations : $-3a = 5$ et $2a' = 4$. Donc $a = -\frac{5}{3}$ et $a' = 2$. Les fonctions linéaires cherchées sont :
$f : x \mapsto -\frac{5}{3}x$ et $g : x \mapsto 2x$.

## 24 Fonctions affines p. 101

**1.** Les fonctions **4** et **5** sont les fonctions affines.

**2.**

| $x$ | 3 | −3 | 9 | -5 | 15 | −7 |
|---|---|---|---|---|---|---|
| $f(x)=-3x+4$ | $f(3)=-5$ | $f(-3)=13$ | $f(9)=-23$ | $f(-5)=19$ | $f(15)=-41$ | $f(-7)=25$ |

**3.**

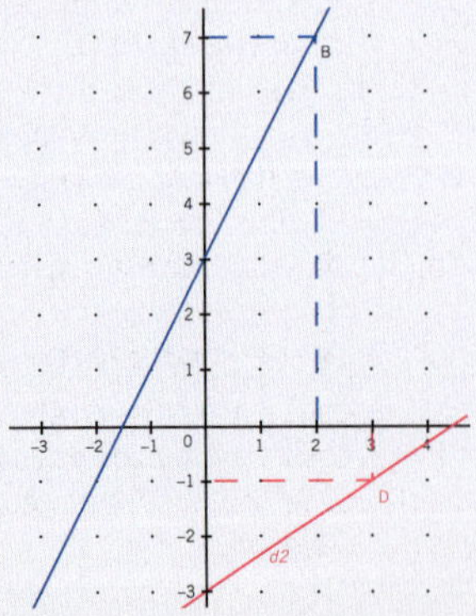


| $x$ | 0 | 2 |
|---|---|---|
| $f(x)$ | 3 | 7 |
| Points | A(0 ;3) | B(2 ;7) |

La représentation graphique de $f$ est la droite $(d_1)$.

| $x$ | 0 | 3 |
|---|---|---|
| $g(x)$ | −3 | −1 |
| Points | C(0 ;−3) | D(3 ;−1) |

La représentation graphique de $f$ est la droite $(d_2)$.

**4.** Soit $f : x \mapsto a.x + b$ et $g : x \mapsto a'.x + b'$.
On sait que $f(-3) = -14$ et $f(2) = 1$. Cela signifie que le couple $(a ;b)$ est la solution du système : $\begin{cases} -3a + b = -14 \\ 2a + b = 1 \end{cases}$.
On soustrait membre à membre les deux équations, ce qui nous permet de déterminer que $-5a = -15$ donc que $a = 3$. On en déduit, en remplaçant $a$ par 3 dans la seconde équation, que $b = 1 - 6 = -5$.
On sait que $g(1) = -1$ et $g(3) = -19$. Cela signifie que le couple $(a' ;b')$ est la solution du système : $\begin{cases} a' + b' = -1 \\ 3a' + b' = 19 \end{cases}$.
On soustrait membre à membre les deux équations, ce qui nous permet de déterminer que $-2a' = 18$ donc que $a' = -9$. On en déduit en remplaçant $a'$ par 9 dans la première équation que $b' = -1 - (-9) = 8$. Conclusion : Les fonctions linéaires cherchées sont : $f : x \mapsto 3x - 5$ et $g : x \mapsto -9x + 8$.

**5.** **1.** $f(3) = 1$, donc l'image de 3 par $f$ est 1.
**2.** $f(0) = 3$, donc 3 est l'image de 0 par $f$.
**3.** La fonction affine $f : x \mapsto ax + b$ est entièrement déterminée par l'image de 0 et la donnée d'un nombre (non nul) et de son image. Or $f(0) = 3$ donc $b = 3$ et $f(3) = 1$ donc $3a + 3 = 1$.
La fonction $f$ est définie ainsi : $f : x \mapsto -\frac{2}{3}x + 3$.

**6.** **1.**

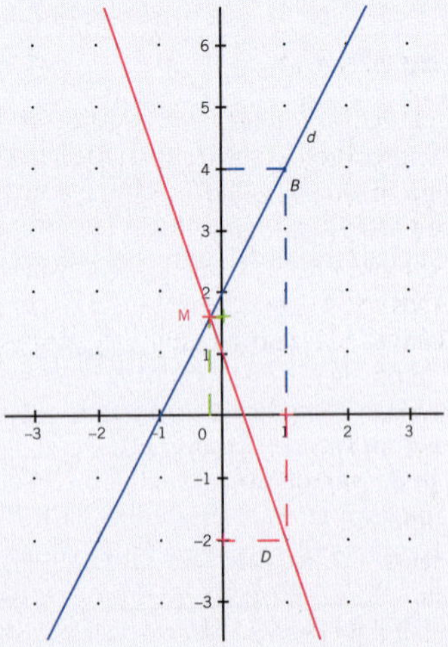


**2.** L'équation $2x + 2 = -3x + 1$ est équivalente à l'équation $5x = -1$ dont la solution est $x = -\frac{1}{5}$.
**3.** Cela signifie que le point M d'intersection des droites $(d)$ et (D) a pour abscisse $-\frac{1}{5} = -0{,}2$.

Corrigés

# Histoire-Géographie Éducation civique

## 1 La Première Guerre mondiale — p. 103

**1.** **1. a.** Les corps et visages des trois personnages sont marqués par les mutilations : des moignons au niveau des jambes, une main remplacée par une prothèse, des yeux crevés, des joues amputées, la peau absente sur le crâne du personnage central, les bouches de travers ou remplacées par des prothèses. **b.** Les trois journaux écrits en allemand en haut du tableau, la présence de la croix de fer (décoration militaire) portée par le personnage de droite et les pieds de chaise en métal (bas de tableau) rappelant les fils de fer barbelés des tranchées. – **2.** Quand Otto Dix colle des morceaux les uns à côté des autres pour représenter les mutilés, il renforce l'idée que les corps ont été disloqués, brutalisés par la guerre et « bricolés » par les médecins qui remplacent les morceaux de corps absents par des prothèses. – **3.** Ce sont des couleurs froides et foncées qui accentuent l'effet de malaise dégagé par l'œuvre. – **4.** Il est traumatisé par la violence et la brutalité de la guerre moderne qui détruit les hommes (la Première Guerre mondiale a coûté la vie à 10 millions d'hommes). Il condamne la guerre en montrant son aspect horrible, laid et effrayant. La guerre déforme l'humanité comme les blessures déforment le corps humain.

**2.** **1.** Elle perd l'Alsace et la Lorraine rendues à la France et elle est coupée en deux par le corridor polonais. – **2.** L'Autriche et la Hongrie deviennent deux États indépendants ; la Tchécoslovaquie, la Pologne et la Yougoslavie sont créées. – **3.** L'Empire russe disparaît et cède la place à l'URSS, dont le territoire est plus petit : la Lituanie, la Lettonie et l'Estonie ne font plus partie de l'URSS et la Pologne est devenue un État indépendant. – **4.** À la Serbie et aux Serbes. – **5.** C'est le problème des minorités allemandes de la Pologne et de la Tchécoslovaquie.

## 2 L'URSS de Staline — p. 105

**1.** **1.** Staline a écrit ce télégramme pour les membres du Politburo. – **2.** Iaroslavski a écrit un article dans *La Pravda* que Staline juge incorrect et nuisible au Parti. – **3.** Au Parti communiste, le parti unique de l'URSS.

**2.** Sur ce photomontage, Staline occupe la plus grande place, au centre. Son visage est en surimpression sur celui, blafard, du « glorieux Lénine ». Un drapeau rouge, symbole du communisme, occupe la partie gauche, tandis que sur la partie droite, une foule d'ouvriers, casquettes sur la tête, est emmenée par les représentants du Parti communiste, et suit le guide Staline. C'est une image de propagande car elle est réalisée pour glorifier le socialisme et Staline.

**3.** **1.** Des tracteurs traînant des charrues labourent un champ en traçant un cercle. – **2.** En 1929, Staline collectivise les campagnes. – **3.** Eisenstein fait l'éloge du socialisme ; c'est un film de propagande.

## 3 L'Allemagne nazie — p. 107

**1.** **1.** Ce sont les Juifs. Ils n'ont pas le droit de se marier avec un sujet de sang allemand, d'employer à leur service des femmes de ménage de sang allemand de moins de 45 ans, de hisser le drapeau allemand. – **2.** Ce sont des lois antisémites et racistes.

**2.** **1.** Ce sont les couplets d'une chanson destinée aux garçons allemands de 10 à 14 ans faisant partie des Jeunesses hitlériennes. – **2.** Dans le texte, ce sont les Juifs et les bolcheviks (les communistes) qui sont cités ; le sort qui leur est réservé est la mort. – **3.** L'encadrement psychologique des populations, notamment celui des enfants particulièrement perméables aux enseignements qui leur sont inculqués.

**3.** **1.** Un homme portant la moustache, vêtu d'un uniforme militaire et chaussé de bottes observe un globe et se demande comment il pourrait dominer le monde : c'est Adolf Hitler. – **2.** Le film sort en 1940 et Hitler, arrivé au pouvoir en 1933, a transformé l'Allemagne en un État totalitaire et a précipité l'Europe dans la guerre. Son coup de force en Pologne, le 1er septembre 1939, déclenche la Seconde Guerre mondiale puisque la France et le Royaume-Uni lui déclarent la guerre. – **3.** Il est contre la politique menée par Hitler. – **4.** Un film satirique puisque Chaplin l'appelle *Le Dictateur*.

**4.** L'Allemagne nazie est un État totalitaire dans la mesure où le NSDAP est le parti unique. La liberté d'expression des citoyens n'est plus respectée. Les élections sont truquées et la terreur est utilisée. La population est embrigadée par la propagande et les enfants, dès l'âge de 6 ans, subissent une éducation nazifiée dans le cadre des organisations de jeunesse (les Jeunesses hitlériennes). Les opposants au régime sont arrêtés par la Gestapo et déportés dans des camps de concentration (Dachau est le premier camp ouvert en 1933). L'Allemagne nazie est aussi un État raciste. En témoignent les lois de Nuremberg sur la « protection du sang allemand ». Hitler est en effet convaincu de la supériorité de la race aryenne et de l'infériorité des Juifs et des Tsiganes. Les Juifs sont humiliés, persécutés et, pendant la guerre, tués dans les camps d'extermination.

## 4 La France des années 1930 — p. 109

**1.** **1.** Les douze jours de congés payés ; la semaine de travail réduite à 40 heures ; la hausse des salaires ; les conventions collectives reconnues. – **2.** Pour la première fois, les ouvriers vont pouvoir disposer de loisirs : ils ne travaillent pas pendant 12 jours et ils sont payés. Cela donne un élan au tourisme. L'augmentation des salaires améliore leur niveau de vie : ils vont pouvoir consommer plus et acheter des bicyclettes pour partir en vacances.

**2.** **1.** Il s'agit d'une caricature de Polferjac parue dans *Le Canard enchaîné* le 12 août 1936. – **2.** On voit un couple : la femme prend un bain et son mari lui parle ; ils sont issus de la bourgeoisie (l'homme fume un cigare et la femme tient à la main ses binocles). – **3.** Le gouvernement du Front populaire dont Léon Blum est le président du Conseil. – **4.** Les douze jours de congés payés. – **5.** Les ouvriers. – **6.** Les ouvriers sont sur la plage en train de prendre un bain de soleil ou de se baigner. – **7.** Le caricaturiste se réjouit du fait que les ouvriers puissent avoir droit à des loisirs et il se moque des bourgeois qui ne « veulent pas se mélanger » aux ouvriers ; c'est pourquoi le caricaturiste les a représentés avec un broc, dans une baignoire sur la plage.

**3.** Dans les années 1930, a France connaît une crise économique et beaucoup de Français sont chômeurs ou vivent dans la misère. Sur le plan politique, les ligues d'extrême droite menacent la démocratie. Quand le Front populaire gagne les élections en 1936, c'est un immense espoir pour les ouvriers qui se mettent alors en grève. Les mesures prises par le gouvernement de Front populaire, qui ne veut ni mécontenter son électorat, ni effrayer les patrons, sont favorables aux ouvriers et constituent une réponse à la crise. Quand les salaires augmentent, le pouvoir d'achat augmente aussi. Cela entraîne une reprise de la consommation et de la production de l'économie. Pour compenser la diminution du temps de travail et les congés payés, les patrons peuvent embaucher des chômeurs, qui se remettent alors à consommer. Avec la confirmation de la reprise économique, la crise sociale disparaît d'elle-même.

## 5 La Seconde Guerre mondiale — p. 111

**1.** De jeunes hommes, des maquisards, reçoivent des armes et des radios depuis Londres et par parachutage et ils apprennent à s'en servir car leur objectif est de tout mettre en œuvre pour libérer la France de l'occupation allemande.

2. 1. Le service de propagande de Vichy a réalisé l'affiche. Elle s'adresse aux ouvriers. – 2. a. En bas à gauche : une mère tenant un enfant est protégée par un homme. b. Au centre : un ouvrier géant tenant un bouclier se protège et protège ses femme et enfant d'un ours. c. En haut à droite : l'étoile rouge symbolise le communisme ; le pays représenté est l'URSS. – 3. Depuis l'été 1940, Pétain est le chef de l'État français de Vichy et la nouvelle devise est « Travail, Famille, Patrie ». – 4. L'État français de Vichy fait de la propagande pour que les Français aillent travailler en Allemagne. C'est, à ses yeux, le moyen le plus sûr pour anéantir le communisme et l'URSS.

3.

| | Exercice 1 | Exercice 2 |
|---|---|---|
| Attitude choisie par les Français | Résistance | Collaboration |
| Nom des personnages incarnant en France ces deux choix | De Gaulle | Pétain |

4. La collaboration entre l'État français de Vichy et l'Allemagne nazie est idéologique puisque, en France, les Juifs soumis au statut de 1940 sont victimes de rafles, arrêtés et déportés. La collaboration est politique puisque l'État français de Vichy met la police et l'administration (les préfets) au service de l'Allemagne nazie. La collaboration est économique puisque la main-d'œuvre française est d'abord incitée à travailler en Allemagne puis contrainte par le STO ou service du travail obligatoire.

## 6 De Berlin à Berlin _______ p. 113

1. 1. La construction du mur de Berlin en 1961, surnommé le « mur de la honte ». – 2. La chute du mur de Berlin en 1989. – 3. Le blocus de Berlin décidé par Staline en 1948 : les Occidentaux décident de ravitailler les zones d'occupation française, américaine et britannique de Berlin par un pont aérien. – 4. Le discours du président américain Kennedy prononcé à Berlin-Ouest : il montre que les États-Unis ont choisi le camp de la liberté et qu'ils soutiennent Berlin-Ouest et la RFA.

2. Ordre chronologique : 3, 1, 4, 2.

3. En 1945, les Alliés (Américains, Soviétiques, Britanniques et Français) décident de partager l'Allemagne et Berlin en 4 zones d'occupation. Lorsqu'en 1947 les discours de Truman et de Jdanov marquent la fin de l'alliance entre les deux Grands et le début de la guerre froide, l'Allemagne et Berlin deviennent une zone de contact entre les deux blocs. En 1948, les puissances occidentales décident d'unifier leurs zones d'occupation pour constituer un État libéral. Staline s'y oppose et engage le blocus de Berlin qui dure un an. Les Occidentaux organisent un pont aérien pour ravitailler Berlin. Cette première crise entre les Alliés débouche sur la création de deux États allemands : la RFA est un État libéral et la RDA est une démocratie populaire. En 1961, à cause de l'exode massif de Berlinois de l'Est vers l'Ouest, les autorités est-allemandes, soutenues par l'URSS, décident d'ériger le mur de Berlin, dénommé « mur de la honte » par les États du bloc occidental. Les États-Unis, par le biais de Kennedy, s'engagent à défendre cette ville contre les menaces soviétiques. En 1989, suite au desserrement de la tutelle de l'URSS sur les démocraties populaires, des mouvements libéraux se développent en Europe de l'Est et le mur de Berlin tombe. Il est le prélude à la réunification de l'Allemagne en 1990 et au démantèlement de l'URSS en 1991. C'est la fin du monde bipolaire.

## 7 La décolonisation _______ p. 115

1. 1. Les deux manières d'accéder à l'indépendance sont la lutte armée et les méthodes non-violentes constitutionnelles et légitimes. Il opte pour la voie non-violente et constitutionnelle. – 2. Il préconise l'agitation politique, des campagnes de presse et d'enseignement ainsi que des grèves, des boycottages et la non-coopération avec le colonisateur.

2. 1. Il dénonce l'hégémonie (la suprématie d'un peuple sur un autre) et le colonialisme (doctrine favorable à la colonisation). – 2. Un pays indépendant n'a de compte à rendre à personne et n'a d'ordre à recevoir de personne ; de plus, il peut coopérer avec un autre État, mais sa coopération ne peut se réaliser que sur un pied d'égalité. – 3. C'est le continent africain : la majeure partie des colonies africaines deviennent indépendantes dans les années 1960.

3. La décolonisation s'est majoritairement déroulée entre la fin de la Seconde Guerre mondiale et les années 1960. Elle a pris deux formes : la décolonisation douce et la décolonisation violente quand la puissance coloniale n'a pas voulu renoncer à sa colonie. En Inde, la décolonisation britannique s'effectue pacifiquement. Gandhi obtient la décolonisation par la non-violence mais, dès 1947, des troubles religieux graves se produisent entre les musulmans et les hindouistes de l'Union indienne et du Pakistan, les deux États nés de la décolonisation de l'Inde. Si le Royaume-Uni a abandonné toute souveraineté politique sur ses colonies, il préserve ses intérêts économiques dans le cadre du Commonwealth. La France, quant à elle, illustre les deux formes de décolonisation. En Afrique noire, la loi-cadre (loi Deferre) ayant organisé la décolonisation entre 1958 et 1960, les relations de la France avec les nouveaux États indépendants sont bonnes. En revanche, en Indochine puis en Algérie, l'indépendance est obtenue après deux violentes guerres. La guerre d'Indochine dure de 1945 à 1954 et s'achève par la signature des accords de Genève. La guerre d'Algérie dure de 1954 à 1962 et s'achève par la signature des accords d'Évian, suivie de la proclamation de l'indépendance de l'Algérie et le rapatriement des Français d'Algérie.

## 8 Les inégalités dans le monde _______ p. 117

1. 1. « Le Nord » est l'ensemble des pays riches et développés le plus souvent situés dans l'hémisphère Nord. – 2. « Le Sud » est l'ensemble des pays pauvres et en développement situés au sud des pays du Nord.

2. L'Australie est un État du Nord ; l'Inde, la Chine et le Brésil sont des pays émergents ; le Canada et le Japon font partie de la Triade.

3. 1. En 1980, un Américain est 22 fois plus riche que l'un des habitants des pays les plus pauvres ; en 2000, l'Américain est 86 fois plus riche : cela signifie que la richesse des États-Unis s'est accentuée et que la pauvreté des États du Sud s'est aggravée. – 2. Les habitants du Sud ont faim (leur revenu quotidien étant très bas), ils ne peuvent pas se loger dans des conditions décentes (vivant souvent dans des bidonvilles), ils ne peuvent pas se soigner ni être éduqués (n'allant pas à l'école, ils ne savent ni lire ni écrire, ils s'enferment dans le cercle vicieux de la pauvreté : ils sont dans l'incapacité d'acquérir une qualification professionnelle leur permettant un métier mieux rémunéré donc un accès à une vie meilleure).

4. 1. C'est un planisphère représentant les utilisateurs d'Internet dans le monde. – 2. Les régions les plus impliquées sont l'Amérique du Nord, l'Europe de l'Ouest et le Japon (la Triade ou les États du Nord) ; les régions restées à l'écart sont l'Afrique, l'ouest de l'Asie et la majeure partie de l'Amérique du Sud. – 3. On retrouve, à travers l'utilisation d'Internet, l'opposition entre les pays du Nord riches, dont les habitants peuvent acheter un ordinateur et se connecter à Internet, et les États du Sud, dont les habitants n'ont pas accès à ces biens de consommation puisqu'ils n'ont même pas toujours l'argent nécessaire pour se nourrir.

## 9 L'urbanisation _______ p. 119

1. 1. Tokyo, New York, Los Angeles au Nord et les autres villes au Sud. 2. Les mégapoles sont plus nombreuses au Sud qu'au Nord.

2. 1. Rassembler les savoirs et les services ; des pôles de haute technologie ; les ressources humaines hyperqualifiées ; la tour de

télévision ; le gratte-ciel le plus élevé d'Asie qui abrite des banques et un inévitable hôtel de luxe ; un hypermarché accueillant une foule de consommateurs ; des constructions de bureaux. – **2.** Shanghai veut ressembler à Tokyo, Los Angeles et New York. – **3.** Cela se traduit par la course à la verticalité ou la construction de gratte-ciel.

**3.** Des transports en commun, des routes goudronnées témoignant d'une voirie bien aménagée, des parkings pour accueillir des automobilistes et des espaces verts autour d'immeubles bien entretenus.

## 10 Géopolitique du monde actuel — p. 121

**1.** Le monde compte plus d'États en 2010 ; le Mexique fait partie de l'ALENA ; l'UE compte 27 États en 2010.

**2.** **1.** Souvent, c'est la libre circulation des produits, des biens et des services ; parfois, c'est une harmonisation des politiques commerciales entre plusieurs États ; il peut aussi y avoir des politiques communes mises en place. – **2.** La plus ancienne est l'Union européenne qui concerne l'ouest du continent européen ; la plus récente est l'ALENA qui concerne l'Amérique du Nord et le Mexique. – **3.** Les régions les plus concernées par les accords sont le continent américain, l'Europe de l'Ouest, l'espace Asie-Pacifique et le sud-est de l'Asie, c'est-à-dire des espaces économiques très actifs ; les régions du monde à l'écart sont l'Afrique et l'ouest de l'Asie, car il s'agit souvent de PMA qui sont à l'écart de la mondialisation et des échanges mondiaux.

**3.** **1.** La construction de murs (exemple : entre les États-Unis et le Mexique pour lutter contre l'immigration clandestine), la naissance de nouveaux États (République tchèque et Slovaquie, la Croatie, la Slovénie, la Bosnie, la Serbie, le Monténégro). **2.** L'élargissement de l'Union européenne qui comptait 6 États lors de la signature du traité de Rome en 1957, qui en rassemble 27 depuis 2007 et qui peut encore s'élargir à l'avenir.

## 11 Les États-Unis d'Amérique — p. 123

**1.** **1. a.** Membre du G8, PNB, dépenses de recherche-développement, grandes entreprises, commerce extérieur, capitalisation boursière, investissements directs à l'étranger, monnaie de réserve, consommation d'énergie, puissance spatiale, production de blé, production de pétrole. **b.** Budget de la défense, puissance nucléaire, membre du Conseil de sécurité de l'ONU. **c.** Accueil d'étudiants étrangers, prix Nobel depuis 1901, langue internationale. **2.** Ils sont une puissance complète et la première puissance du monde.

**2.** L'immigration de « cerveaux » explique le nombre important de prix Nobel aux États-Unis.

**3.** Boston, New York, Philadelphie, Baltimore, Washington ; la Californie appartient à la Sun Belt.

**4.** **1. a.** Le cœur des États-Unis – **b.** La Sun Belt ou périphérie dynamique et attractive – **c.** L'espace agricole en réserve – **2. a.** Grand centre d'impulsion économique mondial – **b.** Grande métropole – **c.** Déplacement des activités et des hommes – **d.** Flux migratoires internationaux.

## 12 Le Japon — p. 125

**1.** **1.** L'activité sismique et le manque de place.

**2.**

| Type d'espace | Aménagements | Conséquences pour les habitants de Tokyo |
|---|---|---|
| Polder de fond de baie | Plages artificielles, centres commerciaux et de loisirs, logements, hôtels, sièges sociaux d'entreprises | Davantage d'espace disponible ; plus de loisirs ; plus d'emplois donc des conditions de vie et de travail meilleures |

**2.** Légende de la carte : La mégalopole japonaise. Deux caractéristiques : elle concentre l'essentiel des activités économiques japonaises et 90 % de la population japonaise.

**3.** Le Japon est un géant économique mais un nain politique.

**4.** **1.** La puissance culturelle. **2.** Le Japon est une puissance commerciale et une puissance régionale en Asie.

## 13 L'Union européenne — p. 127

**1.** **1.** Le Royaume-Uni, l'Allemagne ou l'Espagne. – **2.** La mer du Nord et la Garonne. – **3.** Le traité de Rome de 1957. – **4.** Charlemagne, couronné empereur en 800. – **5.** Deuxième moitié du XVIII$^{e}$ siècle.

**2.** **1.** L'aéronautique, qui est une industrie de pointe. **2.** Les Boeing, aux États-Unis. **3.** L'Union européenne occupe une très bonne place dans l'industrie de pointe.

**3.** C'est la puissance économique : quasiment la moitié des 104 premières multinationales mondiales sont européennes même si l'UE est un regroupement d'États.

**4.** L'UE c'est d'abord 6, puis 9, 10, 12, 15, 25 et 27 États ; il y a encore des candidats à l'entrée dans l'UE (Croatie, Turquie) ; depuis 2009, un haut-représentant pour les Affaires étrangères et la Sécurité représente l'UE sur la scène internationale. C'est une puissance en construction car en un demi-siècle, elle est passée de 6 États membres à 27 et elle peut encore s'agrandir. Sur le plan monétaire, 17 États sur 27 utilisent l'euro mais dès que cela sera autorisé, les nouveaux venus dans l'UE adopteront à leur tour la monnaie commune. Enfin, sur le plan politique, il existe des institutions communes (Conseil européen, Conseil des ministres, Commission européenne et Parlement européen depuis seulement 1979) et depuis décembre 2009, l'Union européenne s'est donnée un ministre des Affaires étrangères commun.

## 14 La France depuis 1945 — p. 129

**1.** **1.** Elle est prise en1947, au jardin du Luxembourg. **2.** C'est un cliché instantané. **3.** Des mères, assises sur des chaises, passent leur temps dans un jardin public et sont accompagnées de leurs nombreux enfants dont beaucoup sont en landau. **4.** C'est le baby-boom, à l'origine d'une forte augmentation de la population.

**2.** Entre 1945 et 1975, grâce à la Sécurité sociale, la France connaît le baby-boom et une croissance rapide de sa population. Les femmes entrent dans la vie active et leurs droits s'étendent tandis que les jeunes forment une nouvelle classe d'âge avec leurs idoles, leur mode et leurs valeurs. Les campagnes se vident avec l'exode rural et les villes se développent en étendant leurs banlieues caractérisées par les barres d'immeubles. Pendant les Trente Glorieuses, les Français entrent dans la société de consommation et apprécient le confort. Ils achètent des biens d'équipement (appareils électroménagers, automobiles), écoutent la radio et regardent la télévision. Ils consomment aussi plus de culture et de loisirs (cinéma, vacances). La publicité participe à l'uniformisation sociale en imposant des modes, souvent éphémères. Mais, en 1973, le choc pétrolier met fin à cette période de croissance économique.

**3.** **1.** On peut voir une femme plutôt grande (1,66 m) et corpulente, ayant la tête couverte de bigoudis et la cigarette à la lèvre, vêtue d'un T-shirt moulant rose et d'une minijupe bleue, qui pousse un caddie débordant de produits alimentaires, de biscuits, coca-cola, croquettes pour animaux. **2.** Elle fait ses courses la tête couverte de bigoudis ; il y a une sorte de parallèle entre son corps aux formes arrondies, à l'étroit dans les vêtements, et le caddie trop petit par rapport à la quantité de marchandises contenues. **3.** Elle est réaliste car on a vraiment l'impression que cette femme sort de l'hypermarché où elle vient de faire son shopping. **4.** En 1969-1970. **5.** Les Trente Glorieuses. **6.** Il explique ce qu'est la société de consommation qui consiste à faire acheter et à faire consommer toujours plus. En même temps, l'aspect caricatural du personnage prouve que le sculpteur n'apprécie pas totalement la société de consommation.

Corrigés

## 15 La France, puissance européenne et mondiale — p. 131

1.

| Puissance politique et diplomatique | Puissance culturelle | Puissance militaire |
|---|---|---|
| L'un des 5 membres permanent du Conseil de sécurité de l'ONU disposant du droit de veto ; siège du Parlement européen à Strasbourg. | Le rayonnement de sa langue ; le siège de l'UNESCO à Paris. | Accords de coopération signés avec des États africains et permettant d'intervenir partout dans le monde ; force de frappe nucléaire (bombe atomique). |

2. **1. a.** Il s'agit de l'enseigne publicitaire du groupe français Danone à Varsovie (Pologne). **b.** Il s'agit de l'enseigne publicitaire du groupe français Carrefour à Taïwan. **2. a.** L'agro-alimentaire. **b.** La grande distribution. **3.** Firme multinationale (FMN) ou transnationale (FTN). **4.** La puissance économique.

## 16 Les institutions de la Vᵉ République — p. 133

1. **1.** Le Président de la République et le Premier ministre. – **2.** L'Assemblée nationale et le Sénat (qui composent le Parlement). – **3.** Nommer le Premier ministre ; dissoudre l'Assemblée nationale ; consulter les citoyens par référendum. – **4.** Discuter et voter les lois ; l'Assemblée nationale peut renverser le gouvernement en votant une motion de censure.

2. **1.** Initiative des lois par le Premier ministre (projet de loi) ou par les députés ou les sénateurs (proposition de loi) (article 39). – **2.** Examen et discussion par les deux Assemblées pour l'établissement d'un texte identique (article 45). – **3.** Vote de la loi par le Parlement (article 34). – **4.** Vérification de la loi par le Conseil constitutionnel (article 61). – **5.** Promulgation de la loi par le président de la République (article 10).

3. La Constitution de 1958 établit un gouvernement du peuple car les citoyens sont appelés aux urnes pour élire au suffrage universel leurs représentants (le président de la République et les députés – les sénateurs, quant à eux, sont élus par les maires, conseillers généraux et régionaux au suffrage universel indirect). Elle établit aussi un gouvernement par le peuple car les citoyens députés et les citoyens sénateurs discutent et votent les lois tandis que d'autres citoyens exercent les fonctions de ministres et de secrétaires d'État. Enfin, elle établit un gouvernement pour le peuple car les décisions sont prises dans l'intérêt général des citoyens. Les lois votées sont les mêmes pour tous, et tous sont obligés de les respecter.

## 17 La citoyenneté politique et sociale — p. 135

1. **1.** b – **2.** c – **3.** a.

2. **1.** Elles se développent dans le domaine social, humanitaire, celui de la promotion culturelle, les activités sportives et les loisirs. – **2. a.** « les associations […] jouent un rôle dans la vie quotidienne de nos concitoyens » ou « chacun […] a eu besoin des "services" d'une association ». **b.** « décider en commun, élaborer des projets au service du plus grand nombre » ou « des actes qui […] donnent des leçons de civisme ».

3. **1.** Le citoyen peut adhérer à un syndicat, en tant que cotisant ou en tant que responsable, et il peut aussi utiliser son droit de grève. Par exemple, quand un projet de délocalisation industrielle se dessine, les syndicats qui représentent l'intérêt de leurs adhérents se mobilisent pour que soit pris en compte le sort des ouvriers, qu'ils soient défendus et que des solutions soient apportées à ceux qui deviendraient chômeurs. – **2.** Quand le gouvernement entend supprimer les services publics comme EDF-GDF, les syndicalistes et les citoyens manifestent dans la rue pour sensibiliser le public et l'avertir des conséquences de la mesure envisagée.

4.

| 3 engagements dans la vie sociale | 3 engagements dans la vie politique |
|---|---|
| Être actif dans une association locale, nationale, internationale (ONG). | Proposer sa candidature à une élection. |
| Action syndicale : participer en tant que délégué syndical à la détermination des conditions de travail et à la gestion des entreprises. | Adhérer à un parti politique (droit d'éligibilité). |
| Faire grève quand la situation le nécessite : pas de négociation possible et des conditions intolérables. | Voter lors des élections. |

## 18 L'État et les collectivités territoriales — p. 137

1. Le département (conseil général).

2.

| Collectivités territoriales | Conseil élu qui les représente | Mode d'élection des conseils |
|---|---|---|
| Région | Conseil régional | Au suffrage universel direct par les citoyens |
| Département | Conseil général | Au suffrage universel direct par les citoyens |
| Commune | Conseil municipal | Au suffrage universel direct par les citoyens |

3. **1.** Les recettes proviennent des impôts payés par les citoyens (taxe foncière, taxe d'habitation), des dotations de l'État et des emprunts. – **2.** La région intervient dans l'éducation (formation professionnelle, apprentissage et enseignement supérieur, éducation et mobilité des jeunes), dans l'économie (développement économique), dans les transports (infrastructures et transports) et dans l'aménagement du territoire.

## 19 La Défense et la paix — p. 139

1. **1.** Le président de la République est le chef des armées. **2.** Le Premier ministre est responsable de la Défense nationale. **3.** Le Parlement autorise la déclaration de guerre.

2. L'armée française se professionnalise car elle utilise un matériel de plus en plus sophistiqué. L'armée française peut intervenir dans le cadre de missions commandées par l'ONU.

3.

| | 1. ONU | 2. FAO | 3. OMS |
|---|---|---|---|
| **Description du logo** | Un globe entouré de branches d'olivier (symbole de paix) sur fond bleu (le ciel sans nuage symbole de paix). | Un épi de blé et la citation latine *fiat panis* (« que le pain soit », en d'autres termes : « qu'il y ait du pain pour tout le monde »). | Un globe entouré de branches d'olivier marqué par la présence du caducée, symbole de la médecine. |
| **Expression de la Charte des Nations unies** | Maintenir la paix et la sécurité internationales. | En résolvant les problèmes internationaux d'ordre économique (mise en place de programmes d'alimentation et d'agriculture dans les pays touchés par la famine et la malnutrition). | En résolvant les problèmes internationaux d'ordre social ou humanitaire. |

# Anglais

## 1 Le présent simple, le présent be + -ing ______ p. 141

**1.** **1.** présent simple – **2.** présent simple – **3.** présent simple – **4.** présent *be* + *-ing* – **5.** présent simple – **6.** présent simple – **7.** présent *be* + *-ing*.

**2.** **1.** a – **2.** c – **3.** d – **4.** g – **5.** e, f – **6.** b – **7.** e, f.

**3.** **1.** She isn't growing tomatoes in her garden. – **2.** Hermione doesn't meet Harry Potter during the summer holidays. – **3.** Don't you know the name of their school? – **4.** I'm not reading the fifth volume.

**4.** **1.** He buys… – **2.** She doesn't want… – **3.** You aren't… – **4.** Harry Potter is playing… – **5.** Does she like…

**5.** **1.** Do you know – **2.** are you going – **3.** travels ; takes – **4.** I'm listening – **5.** rises ; sets.

## 2 Le *present perfect*, le *present perfect* be + -ing ______ p. 143

**1.** **1.** e – **2.** c – **3.** f – **4.** b – **5.** a – **6.** d.

**2.** **1.** since – **2.** for – **3.** for – **4.** since – **5.** since – **6.** for.

**3.** **1.** have ; heard – **2.** Have ; been – **3.** hasn't seen – **4.** have ; waited – **5.** hasn't ; looked.

**4.** **1.** The Olympic games have just started. – **2.** I have never seen such a great competition. – **3.** Have you ever been to a concert?

**5.** **1.** I've just listened to your message. – **2.** He has already answered the question. – **3.** I have never sung so well.

**6.** **1.** a – **2.** a – **3.** b – **4.** b – **5.** a.

## 3 Le prétérit simple, le prétérit be + -ing, le *past perfect* ______ p. 145

**1.** **1.** died – **2.** came – **3.** became – **4.** was – **6.** made.

**2.** **1.** Lady Diana used to wear great dresses. – **2.** Carla Bruni used to be a model… – **3.** We used to watch *Friends*…

**3.** **1.** a – **2.** b – **3.** a – **4.** a – **5.** b.

**4.** **1.** a – **2.** a – **3.** b.

**5.** **1.** discovered – **2.** were trying ; raised – **3.** started ; had done – **4.** was interviewing ; arrived – **5.** read ; hadn't read.

## 4 L'expression du futur ______ p. 147

**1.** **1.** c, e – **2.** a, f – **3.** b – **4.** d – **5.** a, f – **6.** c, e.

**2.** **1.** f – **2.** b – **3.** a – **4.** e – **5.** c – **6.** d.

**3.** **1.** I will call you back as soon as I get your message. – **2.** He will mail me when he receives the documents. – **3.** We will start the match as soon as the playground is dry. – **4.** You will read this novel as soon as you borrow it from the library. – **5.** They will give us more information as soon as they can. – **6.** She will see the London Eye when she goes to London with her schoolfriends next week.

**4.** **3.** "You will be the richest man…" – **4.** I will tell you as soon as… – **6.** It's going to rain very soon.

## 5 Les modaux ______ p. 149

**1.** **1.** a – **2.** c – **3.** g – **4.** f – **5.** e – **6.** b – **7.** d.

**2.** **1.** a – **2.** b – **3.** b – **4.** a – **5.** b.

**3.** **1.** a – **2.** b – **3.** a – **4.** a – **5.** b.

**4.** **1.** Could ; can't – **2.** weren't able – **3.** mustn't – **4.** had to – **5.** may – **6.** shouldn't ; can – **7.** must.

## 6 L'interrogation ______ p. 151

**1.** **1.** f – **2.** d – **3.** e – **4.** g – **5.** a – **6.** c – **7.** b.

**2.** **1.** When did Elizabeth George write this novel? – **2.** What is the title of her best-seller? – **3.** Where did she go for holidays? – **4.** What is the weather like today? – **5.** How many thrillers does she write a year?

**3.** **1.** How many eggs do you need for this cake? – **2.** Whose laptop is it? – **3.** How far is your school from where you live? – **4.** How long is *Catwoman*? – **5.** Which camera is yours?

**4.** **1.** a – **2.** b.

**5.** **1.** would – **2.** have – **3.** did – **4.** do – **5.** is.

## 7 Les phrases complexes ______ p. 153

**1.** **1.** a – **2.** c – **3.** c – **4.** c – **5.** c – **6.** b – **7.** c.

**2.** **1.** whom – **2.** Who – **3.** who – **4.** whose – **5.** Whose – **6.** who.

**3.** **1.** but – **2.** in order to – **3.** unless – **4.** whereas – **5.** Yet/However.

**4.** **4.** We're going to photocopy this paper in order to give everybody one.

**5.** **1.** It's exactly what she has just said. – **2.** I don't know where to go to buy his/her present.

**6.** **1.** I'll make some tea unless you prefer coffee. – **2.** This colour is very pretty. However, the blue tee-shirt is more beautiful.

## 8 Les comparatifs, les superlatifs ______ p. 155

**1.** **1.** fantastic – **2.** hand-made – **3.** trendy schoolbag – **4.** This is easier – **5.** as funny as.

**2.** **1.** a short-haired – **2.** a left-handed – **3.** a nice-looking.

**3.** **1.** clearer – **2.** worse – **3.** more fashionable – **4.** further/farther.

**4.** **1.** the clearest – **2.** the worst – **3.** the most fashionable – **4.** the farthest/the furthest.

**5.** **1.** the highest – **2.** the most horrible – **3.** the trendiest – **4.** the loveliest.

**6.** **1.** Jessie is as nice as Kim. – **2.** Unfortunately her new film is less thrilling. – **3.** This museum isn't as interesting as it used to be. – **4.** This single is a flop and this is the least I can say!

**7.** **1.** He is the most handsome boy I have ever seen! – **2.** Her/His house is farther.

## 9 L'infinitif, le gérondif ______ p. 157

**1.** **1.** Ø – **2.** to – **3.** Ø – **4.** to – **5.** Ø – **6.** to.

**2.** **1.** going – **2.** ask – **3.** staying – **4.** Reading – **5.** listening – **6.** lend – **7.** go.

**3.** **1.** c – **2.** b – **3.** a.

**4.** **1.** I want you to do this exercise. – **2.** He would like you to come to the market with him. – **3.** It goes without saying. – **4.** They love roller-skating. – **5.** They are not very fond of skiing.

**5.** **3.** Nobody likes getting scolded. – **4.** He wants her to come back.

**6.** This is the story of a young man travelling down south to find a job. "What about getting a job in a car company down south", his dad said, "you've always enjoyed talking about car mechanics."

## 10 La voix passive ______ p. 159

**1.** **1.** was redecorated – **2.** has been renewed – **3.** can be served chilled – **4.** is going to be delayed – **5.** is being discussed.

**2.** **1.** will solve the mystery – **2.** is delivering a speech – **3.** has launched a new product – **4.** was following me.

**3.** **1.** given – **2.** held – **3.** broken – **4.** forbidden.

**4.** À la voix passive : **2**, **3** et **4**.

**5.** **1.** The passengers' passports are being checked. – **2.** The case will be investigated by Inspector Colombo. – **3.** Drinking alcohol is forbidden at Disneyland. – **4.** Two pupils were summoned by the headmaster yesterday.

**6.** **1.** The solution has just been found. – **2.** I was told that all the tickets had been sold.

**7.** **1.** a – **2.** b.

### 11 Le style indirect p. 161

**1.** **1.** (that) this show was amazing – **2.** (that) he wouldn't change his mind – **3.** he would give me/us the solution – **4.** (that) the situation was getting more and more difficult – **5.** traffic was building up.

**2.** **1.** was her – **2.** we ; our ; us – **3.** their ; their.

**3.** **1.** why I was furious – **2.** what he would do – **3.** it had been easy or not – **4.** they were going to leave for good – **5.** where they had been.

**4.** **1.** "I don't want to see you anymore." – **2.** "How long did the flight take?" – **3.** "I have nothing to declare." – **4.** "We'll write every week." – **5.** "I'm innocent."

**5.** I think he said he was off this week.

**6.** **1.** He said (that) he would buy some fish for dinner. – **2.** She asked him if he would like to come to her birthday party.

### 12 Le pluriel p. 163

**1.** **1.** cities – **2.** churches – **3.** ideas – **4.** countries – **5.** tomatoes – **6.** feet – **7.** eyes – **8.** ladies.

**2.** **1.** men – **2.** advice – **3.** information – **4.** children – **5.** mice – **6.** coffee – **7.** women.

**3.** **1.** Their children are nightmares! – **2.** There are books on the tables. – **3.** These boxes are very heavy. – **4.** What good ideas! – **5.** How exciting their stories are!

**4.** **1.** b – **2.** b – **3.** a – **4.** c – **5.** b – **6.** c.

**5.** **3.** I think I need more information... – **5.** Her two children...

**6.** **1.** There are no buses today. – **2.** You didn't listen to my advice. – **3.** It's a salad with tomatoes and mozzarella. – **4.** I don't like milk.

## Espagnol

### 1 Les pronoms personnels p. 165

**1.** **1.** Ellos – **2.** Yo – **3.** Tú – **4.** Vosotros/Vosotras – **5.** Tú – **6.** Nosotros/Nosotras – **7.** Usted – **8.** Ustedes.

**2.** **1.** Vosotros/Vosotras ; irse – **2.** Tú ; peinarse – **3.** Ellos ; reconocerse – **4.** Nosotros/Nosotras ; ponerse – **5.** Él/Ella ; vestirse – **6.** Yo ; presentarse – **7.** Tú ; sentirse.

**3.** **1.** Ustedes no necesitan mucho dinero. – **2.** Usted se fue a Nueva York. – **3.** Ustedes se lavarán con el agua del río. – **4.** ¿Usted llamó a su primo?

**4.** **1.** insistance – **2.** COI – **3.** avec préposition – **4.** pronom réfléchi – **5.** COD – **6.** avec préposition.

**5.** **1.** Me lo regala. (COD) – **2.** La pondréis. (COD) – **3.** Le escribe una carta. (COI) – **4.** Le dijo su secreto. (COI) – **5.** La observabas. (COD) – **6.** Les pedirán la llave de su casa. (COI)

**6.** **1.** Están ayudándole. – **2.** Tuvimos que devolverle su carpeta. – **3.** Explíquenla. – **4.** Estoy leyéndolo.

### 2 Les prépositions p. 167

**1.** **1.** Destination. (Ce cadeau est pour vous.) – **2.** Opinion. (À notre avis, ce n'est pas un film comique.) – **3.** But. (Vous travaillez pour partir en vacances.) – **4.** Date précise. (Pendant la Semaine sainte, nous irons à Séville.)

**2.** **1.** para – **2.** Para ; por – **3.** para – **4.** por – **5.** por – **6.** por – **7.** por – **8.** Para.

**3.** **1.** accompagnement – **2.** matière – **3.** situation dans le temps – **4.** complément direct de personne – **5.** origine.

**4.** Por – al – para – A – con – en – del – a – a – para – por.

**5.** **1.** con ; en – **2.** a ; en – **3.** del – **4.** en ; con – **5.** a ; del ; al – **6.** de ; de – **7.** conmigo ; al – **8.** en – **9.** contigo – **10.** a.

### 3 Le présent de l'indicatif, le présent du subjonctif p. 169

**1.** **1.** estudian – **2.** hago – **3.** subís – **4.** tienes – **5.** construye – **6.** eres – **7.** pido – **8.** cuenta.

**2.** **1.** comáis – **2.** escribas – **3.** piense – **4.** sean – **5.** salga – **6.** vista – **7.** duerman.

**3.** **1.** sean – **2.** hagáis – **3.** ayude – **4.** vayamos – **5.** lleguéis.

**4.** **1.** es (indicatif : vérité générale) – **2.** pasemos (subjonctif : souhait) – **3.** vuelves (indicatif : question) – **4.** gustan (indicatif : réalité) – **5.** entienda (subjonctif : but) – **6.** venga (subjonctif : hypothèse) – **7.** gritéis (subjonctif : interdiction).

**5.** quiero – vengas – sé – vaya – sepas – llamas – estés – puedo.

### 4 L'impératif p. 171

**1.** **1.** imaginemos – **2.** beban – **3.** define – **4.** propon – **5.** satisfaga – **6.** ocultad.

**2.** **1.** venir ; tú – **2.** tomar ; vosotros – **3.** callarse ; usted – **4.** sentarse ; vosotros – **5.** decir ; tú – **6.** comer ; ustedes – **7.** ponerse ; vosotros.

**3.** **1.** ¡No trabajéis! – **2.** ¡No describas este cuadro! – **3.** ¡No cojan el autobús! – **4.** ¡No coma este queso! – **5.** ¡No estudiemos el poema! – **6.** ¡No conduzcáis la moto! – **7.** ¡No vengas con nosotros!

**4.** **1.** ¡Mírame! – **2.** ¡Haced mucho ruido! – **3.** ¡Dígame! – **4.** ¡Traigamos el postre! – **5.** ¡Salgan por la noche!

**5.** **1.** Hazlo. – **2.** Explíqueme. – **3.** Prepárense. – **4.** Contadlos. – **5.** Reúnamonos. – **6.** Mandádsela (la carta). – **7.** Descríbesela (la foto).

**6.** **1.** Redacta un texto. – **2.** Llevaos un saco de dormir. – **3.** Pongámonos en fila. – **4.** No pasen la frontera. – **5.** No duerma en este hotel.

### 5 Le gérondif p. 173

**1.** **1.** andando – **2.** conociendo – **3.** permitiendo – **4.** muriendo – **5.** diciendo – **6.** distribuyendo.

**2.** **1.** El padre está limpiando la casa. – **2.** Los niños están jugando al baloncesto. – **3.** Estamos yendo por la Gran Vía de Madrid. – **4.** El queso está estropeándose.

**3.** **1.** Martín va aprendiendo a cocinar. – **2.** Vais acercándoos. – **3.** Los árboles van creciendo.

**4.** **1.** Llevamos dos años viviendo aquí. – **2.** Siguen viendo la televisión. – **3.** Llevo quince años trabajando de panadero. – **4.** Llevas cinco minutos hablando por teléfono.

**5.** **1.** Al abrir la puerta, nos encontramos. – **2.** Al leer una revista, descubrió nuevas medicinas. – **3.** Al acordarse de aquel momento, se ponen a llorar. – **4.** Al ir al mercado, compraréis verdura. – **5.** Al subir al tren, le di un beso. – **6.** Al ver los molinos, Don Quijote pensó que eran gigantes.

**6.** llevo *(idée de durée)* – sigues *(action qui se poursuit)* – va *(action progressive)* – estoy *(être en train de)*.

## 6 *Ser et estar* p. 175

**1.** **1.** pronom possessif – **2.** caractéristique – **3.** heure – **4.** voix passive – **5.** matière – **6.** nom – **7.** caractéristique.

**2.** **1.** date – **2.** complément de lieu – **3.** présent progressif – **4.** attitude – **5.** expression – **6.** état passager – **7.** état passager – **8.** situation géographique.

**3.** **1.** estoy – **2.** está – **3.** es – **4.** son – **5.** estás – **6.** sois – **7.** estamos – **8.** estoy – **9.** está – **10.** Son.

**4.** **1.** Es una historia de brujas. – **2.** El castillo es visitado por los fantasmas. – **3.** Estamos sorprendidos. – **4.** Las niñas están furiosas porque sus juguetes están rotos. – **5.** Son las dos de la noche, estoy cansada, no estás aquí.

## 7 Les temps du passé de l'indicatif p. 177

**1.** **1.** Cuando Elena era niña, jugaba a la muñeca. –**2.** Yo leía muchos libros de aventuras. – **3.** Cuando hacía calor, vosotros ibais a la playa. – **4.** Cada domingo, nosotros veíamos dibujos animados.

**2.** **1.** répétition – **2.** action ponctuelle n'ayant plus de lien avec le présent – **3.** conséquence dans le présent.

**3.** **1.** Javier ha comprado la tarta de cumpleaños. – **2.** Sofía y Belén han recibido a los invitados. – **3.** Yo he escrito un poema con mi profesora de francés. – **4.** Ellos me han dicho que ellos han visitado el museo. – **5.** Hace mucho frío, ¿por qué tú has abierto la ventana?

**4.** **1.** Gema y yo bailamos toda la noche. – **2.** Cristóbal Colón descubrió el nuevo continente. – **3.** Ayer mis amigos me hicieron una sorpresa. – **4.** El año pasado, vosotros fuisteis a Guatemala. – **6.** Al oír los gritos, él se puso nervioso.

**5.** era *(narration)* – iba *(habitude)* – conocí *(action ponctuelle dans le passé)* – nos hicimos *(récit d'un passé révolu)* – presentó *(action ponctuelle dans le passé)* – habéis organizado *(action ayant un lien direct avec le présent)* – has querido (*action ayant un lien direct avec le présent)* – habéis tenido *(action ayant un lien direct avec le présent)*.

## 8 Le futur simple et le conditionnel p. 179

**1.** **1.** llamaré – **2.** vendrán – **3.** cumplirá – **4.** te levantarás – **5.** podréis – **6.** tendré – **7.** dirán.

**2.** **1.** saldréis – **2.** dirá – **3.** trabajaremos – **4.** podría – **5.** pondrías – **6.** jugarían – **7.** harás – **8.** habría – **9.** tendré – **10.** sabríamos.

**3.** **1.** contaría – **2.** desearía – **3.** podríamos – **4.** sería – **5.** se pondría – **6.** vendríais – **7.** saldrías.

**4.** **1.** D – **2.** C – **3.** D – **4.** D – **5.** C.

**5.** **1.** No había nadie en casa, iríais a ver a la abuela. – **2.** No nos contestaste, no recibirías nuestra carta. – **3.** Felipe se quedaría con sus amigos.

## 9 La concordance des temps et le subjonctif imparfait p. 181

**1.** **1.** trabajaran – **2.** defendiéramos – **3.** describieras – **4.** estuviera – **5.** fuerais – **6.** viniera – **7.** oyeran – **8.** hiciera.

**2.** **1.** escribamos – **2.** pasen – **3.** utilice – **4.** salgamos – **5.** saques.

**3.** **1.** viera – **2.** fuerais – **3.** tuvieras – **4.** supieran.

**4.** **1.** confesaran – **2.** viniera – **3.** hicierais – **4.** te fueras – **5.** mandáramos.

**5.** **1.** enciendas – **2.** fuera – **3.** reservara – **4.** encontrara – **5.** se fueran – **6.** esté – **7.** lloviera – **8.** preparara – **9.** durmiera.

**6.** **1.** Nos pidió que llegáramos a las ocho de la tarde. – **2.** No queríamos que escucharas sus consejos. – **3.** Me habla como si no me conociera. – **4.** No se lo diría si no fuera verdad.

## 10 Les pronoms relatifs et les présentatifs p. 183

**1.** **1.** que – **2.** que – **3.** quienes – **4.** quienes – **5.** quien.

**2.** **1.** cuya – **2.** cuyo – **3.** cuyos – **4.** cuyas – **5.** cuyo.

**3.** **1.** con quien – **2.** con la que – **3.** en la que – **4.** por la que – **5.** por las que.

**4.** **1.** Es aquí donde se encuentra mi despacho. – **2.** Fue en 1492 cuando Boabdil entregó las llaves de Granada. – **3.** Será mañana cuando iremos a la piscina. – **4.** Fue por la ventana como entraron los ladrones. – **5.** Será en Santiago de Compostela donde se encontrarán.

**5.** **1.** que – **2.** al que – **3.** en el que – **4.** donde – **5.** cuyo – **6.** cuando – **7.** como.

**6.** **1.** que – **2.** con quien – **3.** donde – **4.** cuando.

# Allemand

## 1 Cas et fonctions p. 185

**1.** **1.** datif – **2.** datif – **3.** génitif – **4.** accusatif – **5.** accusatif – **6.** datif – **7.** nominatif – **8.** accusatif – **9.** datif.

**2.** **1.** a – **2.** b – **3.** b, c – **4.** b – **5.** a, c – **6.** b, c – **7.** a, c – **8.** a, b.

**3.** **1.** Mir – **2.** mir – **3.** Ich ; ich – **4.** mir – **5.** mich – **6.** mich ; ich.

## 2 Les déterminants p. 187

**1.** **1.** b – **2.** a – **3.** b – **4.** a – **5.** a – **6.** b – **7.** b.

**2.** **1.** meine Schwester ; meiner Schwester ; meiner Schwester – **2.** unsere Lehrerin ; unserer Lehrerin ; unserer Lehrerin – **3.** den Schüler ; dem Schüler ; des Schülers – **4.** dieses Mädchen ; diesem Mädchen ; dieses Mädchens – **5.** einen Lehrer ; einem Lehrer ; eines Lehrers.

**3.** **1.** Ja, das ist seine Jacke. – **2.** Ja, ich habe sein Auto. – **3.** Ja, ich kaufe ihre CD. – **4.** Nein, ihr Kleid mag ich nicht. – **5.** Ihre Schuhe sind Klasse! – **6.** Ja, mit ihrem Bruder verstehe ich mich gut. – **7.** Nein, ihre Schwester habe ich noch nie gesehen. – **8.** Ja, ich bin sein Sohn. – **9.** Ihr Mann heißt Robert.

**4.** **1.** Sind alle Schüler da? – **2.** Er hat viele CDs. – **3.** Ich kaufe diese Schuhe. – **4.** Karin ruft ihre Großmutter an.

## 3 L'adjectif épithète p. 189

**1.** **1.** h – **2.** a – **3.** f – **4.** b – **5.** e – **6.** c – **7.** d – **8.** g – **9.** j – **10.** i.

**2.** **1.** ein gutes Zeugnis – **2.** lustige Fotos – **3.** ein neuer Lehrer – **4.** schöne Ferien – **5.** gute Reise – **6.** liebe Oma – **7.** ein netter Junge – **8.** ein rotes Fahrrad.

**3.** **1.** großen – **2.** guten – **3.** grünen – **4.** neue – **5.** siebzehnten – **6.** ersten – **7.** neue.

**4.**

| | Masculin | Féminin |
|---|---|---|
| **Nominatif** *Das ist…/Das sind…* | der nette Metzger | eine ruhige Straße |
| **Accusatif** *Ich gehe in…* | den alten Tabakladen | eine ruhige Straße |
| **Datif** *Wir sind in…* | dem kleinen Blumenladen | der neuen Apotheke der großen Apotheke |
| **Génitif** *Er ist der Verkäufer…* | des billigen Drogeriemarktes | der neuen Apotheke der großen Apotheke |

Corrigés

| | Neutre | Pluriel |
|---|---|---|
| **Nominatif** *Das ist.../Das sind...* | das größte Kaufhaus | die schönen Geschäfte |
| **Accusatif** *Ich gehe in...* | das größte Kaufhaus | die schönen Geschäfte |
| **Datif** *Wir sind in...* | dem berühmten Kaufhaus | den typischen Geschäften |
| **Génitif** *Er ist der Verkäufer...* | des praktischen Kaufhauses des hohen Kaufhauses | der zwei Modegeschäfte |

## 4 La comparaison p. 191

**1.** **1.** Sophia ist in Deutsch so gut wie Tim. – **2.** Sophia ist in Physik nicht so gut wie Tim. – **3.** Sophias Note in Mathe ist schlimmer als Tims. – **4.** Sophia ist in diesem Fach schwächer als Tim. – **5.** In Geschichte ist Tim besser als Sophia.

**2.** **1.** Auf der Autobahn darf ich schneller fahren als auf der Landstraße. – **2.** Ein neues Auto ist teurer als ein Gebrauchtwagen. – **3.** Das Studium eines Arztes ist länger und schwieriger als das Studium einer Sekretärin.

**3.** **1.** Ich finde Krimis interessanter als Romane. – **2.** Ferien am Meer gefallen mir am besten. – **3.** Ich ziehe lieber Röcke als Hosen an. – **4.** Ich esse lieber Fleisch als Fisch.

## 5 Le directif et le locatif p. 193

**1.** **1.** d – **2.** c – **3.** f – **4.** e – **5.** a – **6.** b.

**2.** **1.** fahren – **2.** bleiben – **3.** bleiben – **4.** fahren – **5.** bleiben – **6.** fahren.

**3.**

| Wie komme ich bitte...? | | | | |
|---|---|---|---|---|
| **in die** | **nach** | **zum** | **zu** | |
| x | | | | Stadt |
| | x | | | Hameln |
| | x | | | Hause |
| | | x | | Flughafen |
| | | x | | Bahnhof |

| Bist du noch...? | | | | | |
|---|---|---|---|---|---|
| **in der** | **in** | **zu** | **bei** | **beim** | |
| x | | | | | Stadt |
| | x | | | | Hameln |
| | | x | | | Hause |
| | | | | x | Direktor |
| | | | x | | Opa |

**4.** **1.** zu ; in – **2.** ins – **3.** zu – **4.** vor – **5.** die – **6.** in ; auf – **7.** nach – **8.** auf.

## 6 Le présent p. 195

**1.** **1.** er/sie/es – **2.** du/er/sie/es – **3.** er/sie/es/ihr – **4.** er/sie/es – **5.** ihr – **6.** du – **7.** ich/er/sie/es – **8.** ihr – **9.** ihr – **10.** ihr – **11.** ich – **12.** er/sie/es – **13.** er/sie/es/ihr – **14.** ihr.

**2.** **1.** musst – muss – müsst – **2.** benutzt – benutzt – benutzt – **3.** lächelst – lächelt – lächelt – **4.** nimmst ab – nimmt ab – nehmt ab – **5.** vergisst – vergisst – vergesst – **6.** wirfst – wirft – werft – **7.** fährst Rad – fährt Rad – fahrt Rad – **8.** schläfst ein – schläft ein – schlaft ein.

**3.** **1.** Zeichnest – **2.** wartet – **3.** kennst – **4.** antwortest – **5.** Spricht – **6.** Trägst – **7.** Siehst – **8.** Bastelt.

## 7 Le prétérit p. 197

**1.** **1.** verbe fort ; *treffen* – **2.** verbe faible ; *erlauben* – **3.** verbe fort ; *essen* – **4.** verbe fort ; *finden* – **5.** verbe faible ; *verdienen* – **6.** verbe fort ; *verstehen* – **7.** verbe faible ; *spielen* – **8.** verbe fort ; *aufstehen* – **9.** verbe faible ; *haben* – **10.** verbe fort ; *sein*.

**2.** **1.** wir/sie – **2.** wir/sie – **3.** wir/sie – **4.** ich/er/sie/es – **5.** du – **6.** ich/er/sie/es – **7.** ihr – **8.** ich/er/sie/es – **9.** wir/sie – **10.** wir/sie – **11.** ich/er/sie/es – **12.** wir/sie – **13.** ich/er/sie/es – **14.** du – **15.** ich/er/sie/es.

**3.** **1.** Sie hatte Fieber. – **2.** Wo warst du denn? – **3.** Ich hatte keine Zeit. – **4.** Die Polizei war schon da. – **5.** Wir sollten immer früh aufstehen. – **6.** Ich spielte sehr gut Fußball. – **7.** Wohntet ihr schon in Wien? – **8.** Es gab keinen Streß.

## 8 Le parfait, le plus-que-parfait p. 199

**1.** Verbes faibles : schicken, betrachten, verkaufen, putzen, reparieren, tanzen. – Verbes faibles irréguliers : bringen, kennen, denken. – Verbes forts : einschlafen, verstehen, sehen, gehen, sein, fernsehen, laufen.

**2.** **3.** geöffnet – **10.** getrunken.

**3.** aufgestanden – gehört – gegangen – geduscht – angezogen – gefrühstückt – gefahren – gewesen – gesagt – gehabt.

**4.** **1.** habe – **2.** Hat – **3.** hat – **4.** hat – **5.** Hast – **6.** Hast – **7.** Bist.

**5.** bin – angekommen – haben – geschlafen – bin – aufgewacht – haben – gemacht – habe – gekauft – gefunden.

## 9 Werden p. 201

**1.** **1.** futur – **2.** futur – **3.** passif – **4.** passif – **5.** passif – **6.** passif – **7.** passif – **8.** futur.

**2.** **1.** Im Jahre 2030 werden alle Leute ein Handy haben. – **2.** Im Jahre 2030 wird jeder seinen eigenen Computer haben. – **3.** Im Jahre 2030 werden alle Autos mit umweltfreundlichem Benzin fahren. – **4.** Im Jahre 2030 wird meine Schwester Anja 12 Jahre alt sein. – **5.** Im Jahre 2030 werden wir einen neuen Bürgermeister haben. – **6.** Im Jahre 2030 werde ich eine Familie haben.

**3.** wird – gemacht – werden – werden – werden – werden – garniert.

## 10 La proposition subordonnée p. 203

**1.** **1.** e. – **2.** g. – **3.** f. – **4.** c. – **5.** d. – **6.** h. – **7.** a. – **8.** b.

**2.** **1.** den – **2.** die – **3.** die – **4.** den – **5.** die – **6.** den – **7.** die – **8.** der.

**3.** **1.** Ich weiß nicht, ob sie Geschwister hat. – **2.** Findest du nicht, dass meine Hose zu kurz ist? – **3.** Er hat mir versprochen, das nächste Mal die Wahrheit zu sagen. – **4.** Wir fahren immer mit dem Zug, weil mein Vater nicht gern Auto fährt. – **5.** Du kannst immer zu uns kommen, wenn du Lust hast.

# Sciences de la vie et de la terre

## 1 Unicité et diversité des êtres humains p. 205

**1.** **1.** Faux. – **2.** Faux. – **3.** Vrai. – **4.** Vrai.

**2.** **1.** Lucile a les yeux de sa mère, le menton de son père, le nez de son arrière-grand-mère, des poils sur la deuxième phalange des doigts, roule sa langue en U comme son cousin Pierre. Tous ces caractères sont communs entre deux membres de la même famille. Ils se retrouvent au cours des générations : ce sont des caractères héréditaires. Il arrive enfin que plusieurs membres d'une même famille possèdent un grain de beauté au même endroit. Dans ce cas, ce caractère est héréditaire. – **2.** Se décolorer les cheveux, se muscler, bronzer sont des modifications transitoires de notre aspect physique. Ils ne sont pas héréditaires. Le grain de beauté au milieu du dos peut apparaître spontanément. Dans ce cas, il n'est pas héréditaire. – **3.** Son cousin ne peut pas partager les caractères physiques hérités de la famille maternelle. Comme il est écrit dans l'énoncé, il possède des poils sur la deuxième phalange des doigts, roule sa langue en U. Il peut aussi avoir le même menton que son oncle.

**3.** **1.** II.6, III.4, IV.2 sont les personnes atteintes de façon certaine. – **2.** L'homme III.4 est hémophile comme l'est son oncle II.6 et son neveu IV.2. C'est un caractère héréditaire. – **3.** Si c'est une fille, elle ne sera pas hémophile. La maladie ne touche que les garçons. Si le père est atteint, le fils est atteint, si le père n'est pas atteint, le fils semble avoir un risque sur deux d'être hémophile. Une explication plus poussée : cette maladie est en réalité portée par le chromosome sexuel X. Chez une fille, il y a deux chromosomes X (un hérité de la mère et un de son père). Si un ne porte pas le gène codant l'hémophilie, la fille ne développe pas la maladie, elle est dite « porteuse saine ». Le garçon, qui possède comme chromosomes sexuels X (de sa mère) et Y (de son père), est hémophile si le chromosome X porte le gène codant la maladie.

## 2 Les chromosomes, supports de l'information génétique p. 207

**1.** **1.** d. ; **2.** c. ; **3.** a. ; **4.** b.

**2.** **1.** L'information génétique est contenue dans le noyau. Le reste de la cellule permettrait à cette information de s'exprimer. **2.** Un têtard naîtrait puis se métamorphoserait en un crapaud brun.

**3.** **1.** On doit entourer les cellules dont les chromosomes sont individualisés.

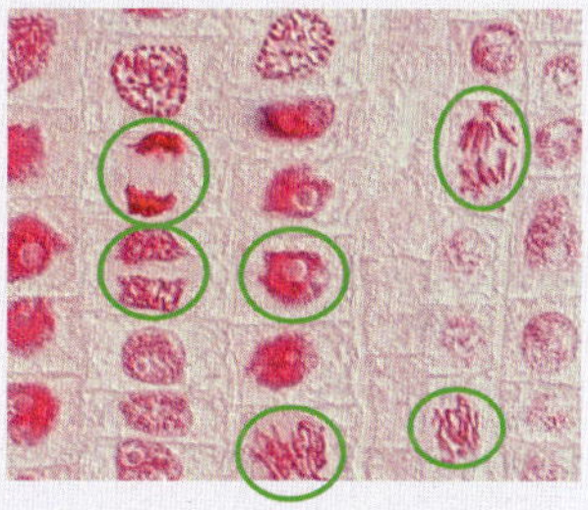

**2.** Les chromosomes n'ont qu'un seul brin (= chromatide) et sont dans le noyau. Ils sont visibles sous forme de chromatine.

**4.** Le père est de groupe sanguin A donc il possède le gène *a* soit en un exemplaire, soit en deux exemplaires. De même pour la mère et le gène *b*. Plusieurs cas sont possibles :

– chaque parent ne possède qu'un seul gène (donc le père a *ao* et la mère *bo*) ; les enfants auront pour gènes, avec la même probabilité : *ab*, *ao*, *bo*, *oo* soit les groupes sanguins AB, A, B ou O ;

– un seul parent a les gènes en double exemplaire : soit le père a pour gènes *aa* et la mère *bo*, les enfants auront *ab* ou *ao* donc seront de groupe sanguin AB ou A ; soit la mère a *bb* et le père *ao*, les enfants auront *ba* ou *bo* et seront de groupe sanguin AB ou B ;

– les deux parents possèdent les deux gènes codant leur groupe sanguin (le père *aa* et la mère *bb*), les enfants seront tous *ab* soit de groupe sanguin AB.

## 3 La transmission des chromosomes et des gènes p. 209

**1.** **1.** Vrai, car si c'est une fille, elle aura une paire de chromosomes X, si c'est un garçon, il aura un chromosome X et un chromosome Y. Ces chromosomes portent des gènes codant l'évolution des organes sexuels pendant le développement embryonnaire. – **2.** Faux. S'il y a plus ou moins de 46 chromosomes, il y a soit mort de l'embryon, soit des malformations et des troubles. Une cellule possédant plus de 46 chromosomes est cancéreuse. – **3.** Vrai, si la cellule a un noyau (on exclut donc les globules rouges du sang).

**2.** Nous avons 46 chromosomes, donc le blé en a 42, la poule 32, l'ascaris 4, le haricot 22, la baleine 44, le chat 38, la mouche 8, la pomme de terre 48.

**3.** **1.** C'est une fille car elle a deux chromosomes X. – **2.** Ce caryotype possède 47 chromosomes, car la paire de chromosomes n° 21 est remplacée par un triplet. – **3.** C'est une trisomie 21 (ou syndrome de Down). Ce n'est pas létal, mais les personnes atteintes ont un retard mental plus ou moins marqué, des traits physiques caractéristiques (aspect du visage mongoloïde, pli palmaire, etc.).

**4.** **1.**

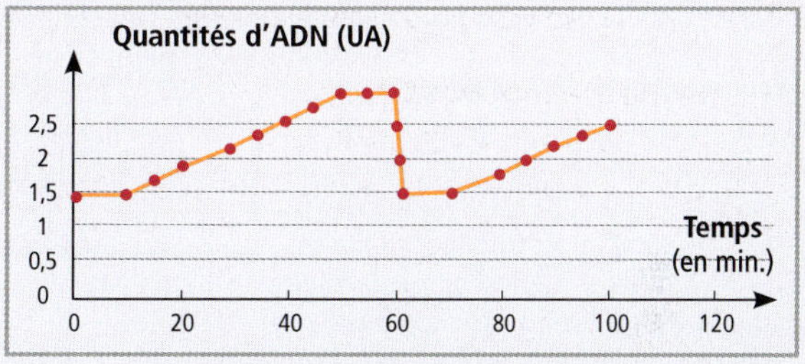


**2.** Il y a une division cellulaire après le temps $t = 60$ min. – **3.** En se basant sur les quantités similaires d'ADN, on peut évaluer le temps à 70 min. S'il faut 70 min pour qu'une cellule en donne deux, il faut 5 divisions pour en obtenir 32, ce qui prendra $5 \times 70 = 350$ min (5 h 50 min).

**5.** Un des deux gamètes avait un chromosome sexuel surnuméraire (soit l'ovule possédait XX et le spermatozoïde Y, soit l'ovule avait normalement X et le spermatozoïde XY).

## 4 Reconstitution de l'histoire de la Terre p. 211

**1.** De ces deux animaux fossiles, il ne reste que les deux coquilles. Celui de gauche a deux coquilles dissymétriques, la dorsale étant plus petite que la ventrale. Celui de droite semble avoir deux coquilles similaires. On peut imaginer que celle de gauche est le fossile d'un brachiopode, celle de droite est le fossile d'un mollusque bivalve (c'est une coque).

**2.** **1.** Il y a 65 Ma. – **2.** Crise du Crétacé-Tertiaire. – **3.** Les traces d'iridium semblent liées à la chute de météorites (un cratère lié à la collision de la Terre avec une météorite de grosse taille et datée de 65 Ma est dans le golfe du Mexique). Le volcanisme intense à l'échelle terrestre a pu contribuer à l'extinction de nombreuses espèces. L'hypothèse actuelle est que ces phénomènes se sont conjugués sur une période plus ou moins longue, produisant une grande quantité de poussières dans l'atmosphère, ce qui a réduit l'efficacité de la photosynthèse des végétaux. Moins de végétaux à manger a réduit les populations d'herbivores puis de carnivores. Si les reptiles, les brachiopodes ont été touchés, les mollusques, les oiseaux et les mammifères par exemple ont eu peu d'extinction. – **4.** Fossiles stratigraphiques = répartition mondiale vaste, mais courte durée de vie à l'échelle des temps géologiques. *Globigerina fringa* est le fossile semblant répondre à ce critère.

**3.** La couche la plus superficielle est la plus récente. Plus on descend dans les couches, plus l'âge des dépôts augmente. Les couches datent de 19,5 Ma, elles se sont accumulées rapidement. Selon le principe de l'actualisme, on estime que les conditions de formation des roches actuelles sont identiques à celles du passé. Il peut être utile de réaliser une enquête préalable, via Internet ou à la bibliothèque, afin de déterminer les milieux de vie des différents animaux fossiles. Les mactres sont des mollusques lamellibranches marins, de même que les couteaux (solens), les tellines, les glycyméris (amandes de mer)... Ainsi, il y a 19 Ma environ, la région de Bordeaux était envahie par l'océan Atlantique. La couche 7 est composée de sable calcaire, la couche 6 est un falun (= formation du Tertiaire, composée de sable et d'argile, plus ou moins compact, riche en coquilles)... À chaque strate correspond un milieu marin, plus ou moins profond (figures de courant signe un milieu plus agité que sable fin). Remarque : ce falun de Léognan-Saucats est le stratotype du Burdigalien (de 20,43 à 15,97 millions d'années) au Miocène.

## 5 Évolution des espèces p. 213

**1. 1.** Tous ces végétaux sont verts, ces structures sont nervurées. Pour la fougère comme la feuille de chêne, la structure est lobée ; pour la fougère arborescente et le palmier, la structure est découpée. – **2.** Ce sont tous des végétaux, mais les fougères ont des frondes, le chêne et le palmier des feuilles. Les fougères appartiennent au phylum des Ptéridophytes, le chêne et le palmier au phylum des Angiospermes. – **3.** Oui, le mode de reproduction est souvent un critère essentiel.

**2. 1.** Tous ont une structure similaire : un os du bras, un os de l'avant-bras et les os de la main. Ils semblent avoir évolué à partir d'un ancêtre commun aux Tétrapodes. – **2.** En comparant le squelette trouvé avec ceux d'animaux actuels, on peut essayer de replacer cet animal dans la filiation des vertébrés. Ainsi, la structure du membre antérieur du dinosaure ressemble à celle de l'oiseau. (Le Compsognathus fait partie des Thérapodes comme le Tyrannosaure, mais aussi les oiseaux !)

**3. 1.** Ces deux crânes ont une structure similaire : des yeux de face, deux mâchoires comparables, un trou occipital. – **2.** La taille du crâne peut être un argument, la présence de crêtes sagittale et nucale comme un bourrelet sus-orbitaire (spécifiques du crâne de Gorille) permet d'attribuer ce crâne à un gorille. De même, la position de l'axe du trou occipital, les dents (en particulier la grandeur des canines) peuvent être discriminantes. Toutefois, afin d'obtenir le maximum d'indices, les crânes doivent être les plus complets possible.

## 6 Les grandes étapes de la vie sur Terre p. 215

**1.**

| Invention | Date (années) |
|---|---|
| Mâchoire | – 430 millions |
| Membre chiridien | – 380 millions |
| Œuf à coquille | – 310 millions |
| Plume rémigère | – 197 millions |
| Œil | – 535 millions |
| Vertèbre | – 500 millions |
| Premières traces de vie | – 535 millions |
| Cellules eucaryotes | – 1 800 millions |
| Métazoaires | – 1 milliard |

**2. 1.** Le nombre de taxons présents sur la surface de la terre fluctue au cours des âges. Ainsi, le nombre de taxons maximum est à la fin du Cambrien-Ordovicien, le minimum est atteint lors des grandes crises Permo-Trias et Crétacé-Tertiaire. – **2.** Il existe des périodes de forte biodiversité et d'autres sous l'influence de facteurs divers (chutes de météorites, volcanisme, etc.) pendant lesquelles les espèces s'éteignent en masse. Ces extinctions massives servent souvent à délimiter les ères.

**3. 1.** La crise Crétacé-Tertiaire il y a 65 Ma. – **2.** Non. Les dinosaures disparaissent tous. Certains mammifères disparaissent, d'autres ne sont pas affectés et certains prolifèrent après la crise (une niche écologique est libérée par la disparition des dinosaures et de certains mammifères et ne demande qu'à être colonisée). Certains foraminifères ne sont pas affectés par la crise (continuant leur prolifération initiée auparavant), d'autres sont fragilisés, mais repartent dans leur diversification. Enfin, certaines espèces de foraminifères apparaissent après la crise. – **3.** Les traits continus concernent des animaux, non touchés par la crise Crétacé-Tertiaire.

**4. 1.** Parmi toutes ces causes, seule l'attaque extraterrestre peut être exclue. Le regroupement des continents a décimé des espèces entières : ainsi, les marsupiaux occupaient toute l'Amérique du Sud. Quand ce continent a été rattaché à l'Amérique du Nord, les mammifères placentaires ont exterminé les marsupiaux. La chute de météorite a été attestée comme une des causes de la crise Crétacé-Tertiaire, de même que le volcanisme intense. L'extinction permienne est liée également au volcanisme (en Sibérie) et au dégazage du méthane marin. Les variations du niveau de la mer seraient également impliquées dans la crise Crétacé-Tertiaire. Quant aux destructions humaines, selon la théorie du réchauffement global, elles seraient la cause de la prochaine extinction d'espèces (son implication dans la disparition du Dodo est attestée). – **2.** Toutes les espèces apparaissent puis disparaissent. L'espèce humaine disparaîtra un jour de la surface de la Terre, mais nul ne peut prédire quand ni comment.

## 7 Un environnement pathogène p. 217

**1.** L'antibiotique le plus efficace tue le maximum de bactéries donc a une plage de lyse plus importante : F > D > A > E > B et C.

**2. 1.** Le fait d'éliminer tout micro-organisme d'une surface (à opérer par exemple). – **2.** Les bactéries, les protozoaires, les champignons... et parfois les virus (parfois exclus des micro-organismes car entités non vivantes). – **3.** La peau, nos muqueuses. – **4.** Ce sont deux bactéries, mais le bacille est en bâtonnet et le coque sphérique. Le bâtonnet forme des chaînettes, le coque des grappes. – **5.** Non, certaines sont très utiles. Les bactéries vivant sur notre peau nous protègent des micro-organismes pathogènes, les bactéries du yaourt permettent de faire fermenter le lait. – **6.** Les champignons. – **7.** Surtout pas. Si l'antibiotique n'est pas automatique, il est prescrit par le médecin en cas d'infection bactérienne. En prenant l'antibiotique, la population bactérienne va diminuer petit à petit. Si on arrête le traitement avant l'élimination des bactéries, les survivantes vont alors muter et devenir résistantes à l'antibiotique. Une nouvelle infection plus difficile à traiter va avoir lieu.

**3. 1.** La pasteurisation. – **2.** Comparons la pasteurisation et la stérilisation UHT. Dans les deux cas, la température est fortement augmentée, rapidement. Le lait peut se conserver plusieurs jours. – **3.** Il est possible de stocker le lait UHT plus longtemps à température ambiante, s'il n'est pas ouvert. – **4.** En faisant des fromages.

## 8 La protection par le système immunitaire p. 219

**1. 1.** b. et d. : ces cellules quittent les vaisseaux sanguins pour attaquer les parasites dans les tissus. Les anticorps sont fabriqués par d'autres globules blancs, les lymphocytes B. – **2.** a. et b. – **3.** a. et c.

**2.**

| Allergie | Respiratoire | Cutanée | Alimentaire |
|---|---|---|---|
| Allergène | Crotte d'acarien<br>Plume d'oiseau<br>Poussière | Latex<br><br>Nickel | Kiwi<br>Gluten<br>Œuf |

**3. 1.** La production d'anticorps dirigés contre les antigènes A et B augmente après l'injection. Quand la rencontre avec l'antigène a lieu pour la première fois, quelques jours sont nécessaires avant de détecter la présence d'anticorps. Puis le taux d'anticorps baisse au bout d'une semaine pour être quasi nul. Une seconde injection provoque une augmentation immédiate, plus importante et d'une durée plus longue. – **2.** Le taux d'anticorps augmente brutalement puis redescend rapidement jusqu'à s'annuler. Cela est normal puisqu'on injecte directement les anticorps. – **3.** La mémoire du système immunitaire (c'est le principe des vaccins).

**4. Expérience 1 :** la toxine tétanique est mortelle pour les souris. **Expérience 2 :** la toxine diphtérique est mortelle pour les souris. Il y a, dans le sérum des souris de l'expérience 1, une substance (en fait des anticorps) qui protège contre la toxine tétanique. Si les souris de l'expérience 1 sont mortes, elles n'ont pas eu le temps de synthétiser suffisamment d'anticorps pour se protéger. Cette protection est spécifique de l'élément pathogène. **Expérience 3 :** la sérothérapie a un effet immédiat. Au bout de quelques jours, les anticorps injectés sont détruits, on se retrouve dans le cas de l'expérience 1. **Expérience 4 :** les souris sont préalablement injectées avec la toxine modifiée. Si on injecte la toxine non modifiée immédiatement, le système immunitaire n'a pas eu le temps de fabriquer suffisamment d'anticorps et une partie des souris meurt. Si l'injection de la toxine tétanique est réalisée 20 jours après celle de la toxine modifiée, l'animal a le temps de fabriquer suffisamment d'anticorps pour neutraliser la toxine dès son injection.

## 9 Responsabilité humaine en matière de santé p. 221

**1. 1.** Préservatif : méthode de contraception mécanique ; la rencontre des gamètes (spermatozoïdes et ovules) est empêchée en piégeant les spermatozoïdes. Il existe des préservatifs féminins, positionnés au fond du vagin. – **2.** Pilule : méthode de contraception chimique. Des molécules similaires aux hormones féminines sont prises à heure fixe selon des dosages spécifiques de chaque pilule, chaque jour ou 21 jours par mois. Les organes sexuels féminins (et, en particulier, les ovaires) sont mis au repos, il n'y a pas d'ovulation et l'utérus n'est pas prêt à recevoir un éventuel embryon. Il existe une pilule masculine qui empêche la formation de spermatozoïdes. – **3.** FIV : fécondation *in vitro*. La rencontre de l'ovule et du spermatozoïde a lieu dans l'éprouvette et non dans les voies génitales féminines. Après quelques divisions cellulaires, l'embryon est implanté dans l'utérus. Ce n'est pas une méthode contraceptive. – **4.** Stérilet : le stérilet est une méthode contraceptive uniquement parce qu'il est souvent associé à des hormones féminines. C'est plus précisément une méthode contragestive, puisque le stérilet est positionné dans l'utérus et empêche la nidation de l'embryon et donc empêche la poursuite d'une grossesse.

**2. 1.** À 0,5 g/L d'alcool dans le sang, le temps de réaction augmente et le champ visuel se rétrécit. Il y a donc danger pour la conduite automobile (et cycliste). – **2.** M. X a un taux de 0,95 g/L, soit 0,95 – 0,5 = 0,45 g/L en trop. En 1 h, l'alcoolémie baisse de 0,15 g/L, en 3 h, 3 × 0,15 = 0,45, il faut donc 3 h pour que M. X retrouve une alcoolémie compatible avec la législation…

**3. 1.** Un individu séropositif est une personne infectée par le virus, mais qui ne présente aucun symptôme clinique. Elle possède dans le sang des anticorps dirigés contre le VIH. – **2.** 1 mois après le début du traitement, tous les médicaments et combinaisons de médicaments sont efficaces pour lutter contre l'infection. Au bout de 12 mois, seule la combinaison (3TC + anti-protéase) et, dans une moindre mesure, les associations (AZT + 3TC) et (AZT + antiprotéase) sont encore efficaces pour lutter contre le virus. Les traitements AZT ou 3TC ou antiprotéase seuls deviennent inefficaces. Le virus devient résistant aux médicaments.

## 10 Impact de l'activité humaine sur l'environnement p. 223

**1.**

| | Parc naturel | Usine | Après l'usine |
|---|---|---|---|
| Importance de la pollution | Aucune | Très pollué | De moins en moins pollué |
| Animaux | Larves de perles, d'éphémères gammares, limnées, sangsues | Larves d'éristales, les cyanobactéries gammares, limnées, sangsues | Gammares, limnées, sangsues<br>À une certaine distance : les larves de perles, d'éphémères |

**2. 1.** Les industries libèrent des polluants atmosphériques comme le dioxyde de soufre et le dioxyde de carbone dans l'environnement. – **2.** L'augmentation de la température moyenne à l'échelle du globe en raison de l'effet de serre provoque la fonte des glaciers et, de ce fait, la montée des eaux.

**3. 1.**

| Espèce disparue | Espèce menacée | Espèce non menacée |
|---|---|---|
| Tyrannosaure<br>Dodo de Madagascar<br>Loup de Tasmanie<br>Mammouth<br>Moa géant | Thon rouge<br>Ours blanc<br>Cabillaud<br>Orang-outan<br>Tigre du Bengale<br>Gorille des montagnes<br>Panda géant<br>Grand requin blanc | Maquereau<br>Moustique<br>Tortue de Floride<br>Pigeon<br>Homme<br>Chien |

**2.** Pollution, réchauffement de la Terre, mauvaise exploitation des ressources naturelles de la Terre sont autant de causes qui provoquent la disparition des espèces et/ou leur extinction progressive. L'espèce humaine n'est pas responsable de la disparition des Tyrannosaures et peu de celle des mammouths.

**4. 1.** Aujourd'hui, les forêts recouvrent encore 30 à 40 % des terres de la planète. On les trouve essentiellement dans la région intertropicale, la pluie et le soleil leur apportant une profusion de nourriture et d'énergie. – **2.** Cet écosystème répond de manière spécifique selon la latitude, le climat, la nature du sol, les ressources disponibles, la quantité de pluie et les activités humaines. En Amérique centrale, en Équateur, en Afrique centrale et du Sud, en Asie du Sud-Est et en Indonésie, on dénombre plus de 5 000 espèces végétales par 10 000 $km^2$, une population cinq fois plus dense que sous nos latitudes ! – **3.** Les forêts contribuent à la fixation et à la conservation des sols. Les racines s'étendant dans la terre ont un effet stabilisateur qui diminue l'érosion naturelle. Les arbres freinent également la force des vents et des intempéries, protégeant ainsi les sols sur lesquels ils vivent. L'eau qui circule en forêt (pluie, source, rivière, etc.) est stockée par les végétaux qui la restituent ensuite à l'atmosphère dans un cycle continu d'absorption et d'évapo-transpiration. Enfin, grâce au mécanisme de la respiration chlorophyllienne, les forêts absorbent jusqu'à 46 % du carbone émis par la Terre et qui contribue à l'effet de serre et produisent en contrepartie de l'oxygène. La forêt est bien le « poumon de la Terre » (avec l'océan et le plancton).

# Physique-chimie

## 1 Les métaux — p. 225

**1.** Il faut entourer : cuivre, acier, or, plomb et zinc.

**2.** Il faut entourer : le moteur d'une automobile, la tour Eiffel et un rail de chemin de fer.

**3.** Métaux : le cuivre, le platine et l'or.
Alliages : le bronze, la fonte, le laiton et le fer.

**4.** **1.** Faux ; c'est un alliage contenant de l'or. – **2.** Faux ; elles sont en acier. – **3.** Vrai. – **4.** Faux ; c'est un acier inoxydable.

**5.**

| | |
|---|---|
| cuivre | une gouttière de maison |
| or | du fil électrique |
| argent | un bracelet (jaune) |
| aluminium | les rails de chemin de fer |
| zinc | une canette de soda |
| fer | de luxueux couverts de table |

**6.** L'argent a une masse volumique plus grande que l'aluminium. À dimensions identiques, le cube d'argent est plus lourd. C'est celui du plateau gauche.

**7.** La seule affirmation juste est la première.

**8.** Les clous vont rouiller. C'est dû à une réaction chimique avec le dioxygène de l'air.

## 2 Atomes et ions — p. 227

**1.** Solution inconnue n° 1 :

| Réactif utilisé | Précipité obtenu | Ion présent |
|---|---|---|
| Nitrate d'argent | Blanc | Chlorure |
| Hydroxyde de sodium | Bleu | Cuivre $Cu^{2+}$ |

La solution est du chlorure de cuivre.

Solution inconnue n° 2 :

| Réactif utilisé | Précipité obtenu | Ion présent |
|---|---|---|
| Hydroxyde de sodium | Vert | Fer $Fe^{2+}$ |
| Nitrate d'argent | Blanc | Chlorure |

La solution est du chlorure de fer.

Solution inconnue n° 3 :

| Réactif utilisé | Précipité obtenu | Ion présent |
|---|---|---|
| Hydroxyde de sodium | Marron orangé | Fer $Fe^{3+}$ |
| Nitrate d'argent | Blanc | Chlorure |

La solution est du chlorure de fer.

**2.** **1.** Faux. – **2.** Faux. – **3.** Faux.

**3.** Réponses vraies : **1.** et **2.** Réponses fausses : **3.** Le noyau de l'atome contient des protons et des neutrons. – **4.** Entre le noyau et les électrons, il y a du vide. – **5.** La dimension d'un atome est de l'ordre de 10 millions de fois plus petit que 1 mm. – **6.** Les neutrons n'ont aucune charge électrique, ils sont neutres. – **7.** Dans l'atome, il y a autant de protons que d'électrons car l'atome est neutre. – **8.** Le courant électrique est un déplacement d'électrons.

**4.** **1. a.** Une solution qui contient des ions est conductrice de l'électricité. – **2. b.** On peut identifier des ions avec des réactifs appropriés. – **3. c.** Les matières plastiques ne réagissent pas avec les solutions qu'elles contiennent. – **4. a.** Pour repérer des ions chlorure, il faut du nitrate d'argent. – **5. a.** Avant d'utiliser un produit ménager, il faut lire la notice pour connaître les conditions d'utilisation.

## 3 Le pH — p. 229

**1.** **1.** Eau minérale, lait, eau gazeuse, bière, jus de tomate, cidre, limonade, vin blanc, soda. – **2.** L'eau minérale est neutre, son pH est 7. – **3.** Le papier-pH et le pH-mètre.

**2.** **1.** Les eaux acides sont toutes celles dont le pH est inférieur à 7 : Dax, Vichy Célestins, Montcalm, Celtic, César, Arcens, Carrefour. – **2.** Il y a 5 eaux minérales basiques. – **3. a.** Faux. – **b.** Vrai. – **c.** Faux. – **d.** Faux. – **4.** Carrefour. – **5.** Dans l'Ain.

**3.** **1.** A : 5 – B : 8 – C : 1 – D : 12. – **2.** C – A – B – D.

## 4 L'acide chlorhydrique et le fer — p. 231

**1.** Il faut rayer la seconde phrase.
Pour diluer un acide, il faut le verser lentement dans de l'eau.

**2.** **1.** Faux. – **2.** Faux. – **3.** Faux. – **4.** Faux. – **5.** Faux. – **6.** Vrai. – **7.** Faux. – **8.** Faux.

**3.** **1. a.** Lorsque le fer et l'acide chlorhydrique réagissent, il se forme du dihydrogène. – **2. d.** Peu importe, la réaction a toujours lieu. – **3. c.** La solution obtenue après réaction du fer et de l'acide chlorhydrique est du chlorure de fer. – **4. b.** Pour identifier la solution obtenue après réaction du fer et de l'acide chlorhydrique, on verse quelques gouttes d'hydroxyde de sodium pour identifier l'ion fer. – **5. a.** Avant la réaction du fer et de l'acide chlorhydrique, le pH de la solution est environ 1.

## 5 Les piles électrochimiques — p. 233

**1.** Appareils alimentés par une pile : lampe de poche, radio et baladeur.

**2.** A : Réveil et pile n° 2 – B : Pèse personne et pile n° 3 – C : Télécommande de volet électrique et pile n° 1.

**3.** Si les deux clous sont fabriqués avec le même métal, on ne pourra pas obtenir de différence de potentiel donc sa « pile » ne fonctionnera pas.

**4.** **1.** Faux. – **2.** Faux. – **3.** Faux. – **4.** Faux. – **5.** Faux.

**5.** **1. a.** Quand on relie plusieurs piles en série, la tension obtenue est plus forte. – **2. a.** Quand une pile produit un courant électrique, elle s'échauffe. – **3. a.** Une « pile rechargeable » s'appelle un accu. – **4. c.** Quand une pile est usagée, on la dépose dans un centre de traitement.

**6.**

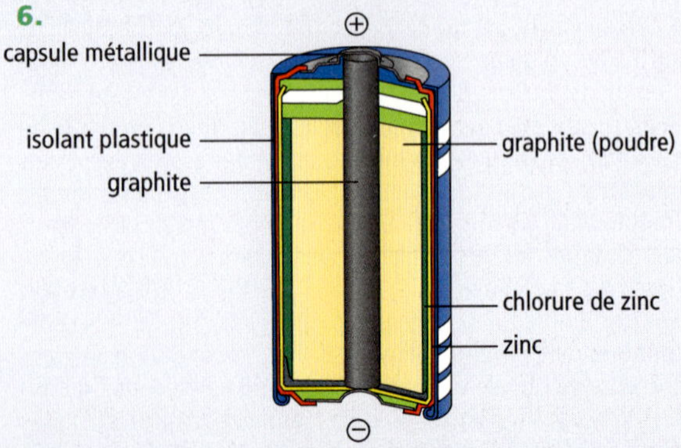


## 6 Synthèse d'espèces chimiques — p. 235

**1.** Produits naturels : le jus de pomme, la laine, la soie, le coton et le jus de citron.
Produits synthétiques naturels : l'arôme de vanille et la vanilline.
Produits synthétiques artificiels : la rayonne, le nylon et le polyester.

**2.** **1.** Faux. – **2.** Faux. – **3.** Faux. – **4.** Vrai. – **5.** Faux. – **6.** Vrai.

**3.** La fabrication du **savon** de Marseille

La transformation des ingrédients en **savon** s'appelle **saponification**. Un procédé à l'ancienne consiste à faire cuire la pâte dans un chaudron. Le principe est assez simple. Il s'agit de faire réagir de la soude avec un corps gras (**huile**, graisse...).

Dans un premier temps, on chauffe le mélange de soude et d'huile, on débarrasse la pâte de l'excès d'eau, des impuretés de matières grasses et de la glycérine en arrêtant l'ébullition (séparation en deux phases avec le savon qui surnage).

Le **savon** contenant encore des matières grasses qui n'ont pas réagi, on chauffe à nouveau en rajoutant de la soude plusieurs fois et en laissant décanter à chaque fois pour séparer le savon des « lessives ». Le **savon** est maintenant terminé. La liquidation consiste à faire bouillir à gros bouillons une dernière fois en arrosant à l'eau pure pour précipiter au fond du chaudron les dernières matières étrangères et colorantes qui vont former le « gras ».

Il faut ensuite faire passer le **savon** de l'état de liquide à un aspect solide pour pouvoir le mouler et l'empaqueter. Industriellement, cela se fait sous vide pour que le **savon** perde son eau. Il passe ensuite dans des machines appelées boudineuses pour le compresser. Il ne reste alors qu'à le mouler et l'envelopper pour le commercialiser.

Globalement, le processus de fabrication du savon est : **huile** (GRAISSE) + SOUDE = **savon** + GLYCÉRINE.

On peut fabriquer soi-même son **savon** à la maison, mais il faut être très vigilant car la soude est un produit extrêmement dangereux et doit être manipulée avec précaution. Le port de gants et de lunettes de protection est impératif.

## 7 La tension alternative – Production caractéristique p. 237

**1.** **1.** Faux, un alternateur produit du courant alternatif. – **2.** Vrai. – **3.** Faux, il faut avoir une rotation de l'alternateur pour produire du courant électrique. – **4.** Faux, c'est un alternateur qui permet d'alimenter l'éclairage sur une bicyclette. – **5.** Faux, il y a un alternateur sur toutes les voitures.

**2.** **1.** b – **2.** a – **3.** a – **4.** a – **5.** a – **6.** b – **7.** c – **8.** c – **9.** c.

**3.**

| Valeur maximale d'une tension en volts | Valeur efficace d'une tension en volts |
|---|---|
| 24 | 16,97 |
| 100 | 70,71 |
| 311,40 | 220 |
| 537,40 | 380 |
| 40 | 28.28 |

## 8 Énergie électrique – Puissance électrique p. 239

**1.** Consommation : 13 125 – 12 745 = 380 kWh.
Coût : 380 × 0,1058 = 40,20 €.

**2.** La lampe a une puissance de 1 000 W, soit 1 kW. En 1 h 30, elle consomme : 1 × 1,5 = 1,5 kWh, soit, en joules : 1,5 × 1 000 × 3 600 = 5 400 000 J.

**3.** **1.** P = 3 × 2 000 + 5 × 75 + 1 700 = 8 075 W. – **2.** En 2 h : 8 075 × 2 = 16 150 Wh, soit 16,15 kWh ; en 3 h : 8 075 × 3 = 24 225 Wh, soit 24,225 kWh ; en 4 h 30 : 8 075 × 4,5 = 36 337,5 Wh, soit 36,337 5 kWh.

**4.** **1.** 220 V ; 50 Hz ; 1 500 W. – **2.** 220 V : tension d'alimentation de l'appareil ; 50 Hz : fréquence du courant. – **3.** La puissance est 1 500 W. – **4.** I = P/U ; I = 1 500/220 ; I = 6,82. L'intensité est de 6,82 A.

**5.** La puissance la plus élevée est celle de l'appareil n° 3 ; la plus faible celle de l'appareil n° 1.

**6.** U.I = E/*t* donc E = U.I.*t*.

## 9 Le poids et la masse – Équilibre d'un objet soumis à deux actions p. 241

**1.** **1.** 10 N – **2.** 11 000 N – **3.** 8,5 N – **4.** 850 000 N.

**2.** M = P/*g* ; M = 5/10 ; M = 0,5 kg ; soit 500 g.

**3.** C'est Louise qui a raison.

**4.** Même droite d'action, sens opposé, mêmes valeurs.

**5.**

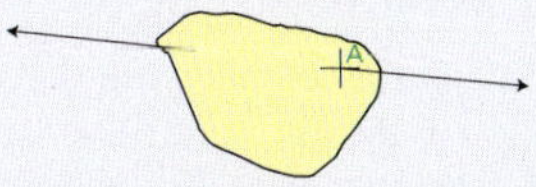

**6.** **1.** Il n'y a pas d'équilibre. – **2.** Le système n'est pas en équilibre. – **3.** Le système n'est pas en équilibre.

**7.** **1.** Son poids est : 780 N. – **2.** Pendant le vol, c'est-à-dire en état d'apesanteur, il lit une valeur nulle.

**8.**

| | Poids du véhicule | Réaction de la route |
|---|---|---|
| Point d'application | G | sur les roues |
| Droite d'action | verticale | verticale |
| Sens | vers le bas | vers le haut |
| Grandeur | 6 000 N | 6 000 N |

## 10 L'énergie cinétique p. 243

**1.** $E = \frac{1}{2} mv^2$

$E = \frac{1}{2} \times 750 \times (50 \times \frac{1\,000}{3\,600})^2$

E = 72 338 soit environ 72 kilojoules.

**2.** On peut penser que le véhicule n° 2 allait à une vitesse plus grande.

**3.** **1.** Vrai. – **2.** Faux, c'est le carré de la vitesse. – **3.** Faux, pour doubler l'énergie cinétique d'un mobile en mouvement, il faut multiplier sa vitesse par la racine carrée de 2. – **4.** Vrai. – **5.** Faux, même si elles ont la même vitesse, comme elles ont des masses différentes, les énergies cinétiques sont différentes.

**4.** $E = \frac{1}{2} mv^2$

$m = \frac{2E}{v^2}$

$m = \frac{2 \times 73,5}{3,5^2}$

*m* = 12 kg.

**5.**

| Vitesse en km/h | Distance d'arrêt sur route sèche | Distance d'arrêt sur route mouillée |
|---|---|---|
| 30 | 13 m | 18 m |
| 70 | 45 m | 70 m |
| 130 | 126 m | 216 m |

# Sujets du Brevet

## Français p. 257

### Questions

**I.** **1.** La scène se passe en hiver, en Finlande, comme l'indiquent l'introduction et plusieurs passages du texte : « ... dans la neige » (l. 1), « ... chemin de glace dans la plaine » (l. 9), « les rayons du soleil d'hiver » (l. 30), « ... nos paisibles traîneaux finlandais » (l. 36).

**2.** Le verbe « cingler » signifie « frapper fort, fouetter » en parlant du vent, de la pluie ou de la neige.

**3.** Le nom « soleil » a les expansions qui suivent : un groupe nominal, complément du nom (« d'hiver »), deux adjectifs qualificatifs épithètes (« ardent et rouge »), une subordonnée relative apposée ou épithète détachée (« ... qui allumait sur la neige un feu écarlate »).

**4.** La nature finlandaise est hostile, comme le montrent les citations suivantes : « ... le vent soufflait aux oreilles et les cinglait cruellement » (l. 2), « ... glacé » (l. 5), « blanc chemin de glace » (l. 9), « neige » (l. 1), (l. 11), (l. 27), (l. 37), « ... pente gelée » (l. 13), « le froid cruel lui arrachait des larmes » (l. 14), « ... sol gelé » (l. 17), « ... aveuglait, cinglait leurs joues » (l. 28), « griffées par les aiguilles de glace » (l. 34). Mais elle est aussi belle : « air pur » (l. 5), « La blancheur étincelante de la plaine fulgurait... » (l. 29), « ... les rayons du soleil d'hiver ardent et rouge, qui allumait sur la neige un feu écarlate. Peu à peu, cependant, il pâlit, devint rosé. » (l. 30).

**II. 1.** Fred Reuss mène le jeu du traîneau au début, comme le prouvent ses paroles : il donne les conseils ou les ordres : « Tenez-vous bien... » (l. 6), « Frappez la terre du pied ! » (l. 6), « Comme cela ! Encore ! [...] Plus vite... » (l. 7).

**2.** Les rôles s'inversent lorsqu'il faut trouver un traîneau plus rapide : « ... un vrai traîneau ». Hélène propose de le prendre dans le hangar. Ensuite, elle est enivrée par la vitesse, par les chutes dans la neige, ce qu'indiquent ses paroles (l. 32 et 37). Hélène ne veut pas reprendre les « ... paisibles traîneaux finlandais » (l. 36). Hélène, à la fin, mène le jeu.

**3.** Ces expressions appartiennent au champ lexical de la vitesse : « Plus vite... » (l. 7), « une vitesse vertigineuse » (l. 8), « bondissait » et « ... dévalait la colline comme une flèche » (l. 18).

**4.** Il dégringola la pente, allant de plus en plus vite, à tel point que le vent soufflait aux oreilles et les cinglait cruellement. Le rapport est un rapport de conséquence.

**5.** L'auteur utilise la répétition, « Dix fois, cent fois... » (l. 11), il insiste sur la répétition du jeu, des gestes : ils hissent le traîneau au sommet et glissent sur la pente gelée.

**6.** Fred et Hélène trouvent ce jeu amusant car la vitesse les étourdit, ils éprouvent un plaisir intense : « Oh ! C'est délicieux... » (l. 7) ; «Quelle ivresse ! » (l. 32) ; « Rouler dans la neige, c'est ce qu'il y a de plus amusant » (l. 37).

**III. 1.** Fred et Hélène vivent comme dans un songe ; le traîneau glisse en silence, dans ce paysage enneigé et glacé, c'est une sorte de rêve : les bruits sont imperceptibles, le silence règne. Ils éprouvent une sensation de vertige quand ils plongent dans la pente, semblable à celle que le dormeur éprouve en sombrant dans le sommeil et le rêve. Ces émotions sont fortes.

**2.** La phrase est exclamative, affirmative et nominale (sans verbe). Elle exprime l'euphorie, l'exaltation du personnage.

**3.** Dans ce passage, l'imparfait de l'indicatif décrit les sensations et les sentiments des personnages ; il évoque également des actions répétées puisque Fred et Hélène recommencent leur jeu dix fois, cent fois.

**4.** Les personnages ressentent une joie extrême, un sentiment de bonheur : « ses joyeux éclats de rire » (l. 4), « des cris aigus, joyeux » (l. 16). Cette exaltation stimule leurs sens, intensifie leurs émotions : sans s'en rendre compte, ils poussent de petits cris joyeux (l. 16).

**5.** Poussé à l'extrême, le jeu devient dangereux : « Nous tombons ! Nous sommes morts ! » (l. 5), « Nous allons nous casser la tête, c'est clair ! » (l. 35). Fred et Hélène cherchent à décupler le plaisir, la joie, l'euphorie dus au jeu : ils vont toujours plus vite, prennent davantage de risques. Leurs chutes sont plus nombreuses : ils remontent difficilement d'un ravin, leurs joues sont couvertes de griffures. Prudent, Fred propose alors de reprendre le petit traîneau finlandais, moins rapide, mais Hélène refuse car elle veut sans cesse repousser les limites.

## Réécriture

Nous retournerons en courant vers le hangar, prendrons le plus beau des traîneaux, doublé de rouge et bordé d'un rang de grelots. Nous aurons quelque peine à le faire descendre, mais une fois l'élan donné, rien au monde ne pourra se comparer à la rapidité de sa course ; la neige volera dans nos visages, entrera dans nos bouches entr'ouvertes, haletantes, nous aveuglera, cinglera nos joues.

## Dictée

– Dans cet extrait, le présent de l'indicatif domine, mais une phrase comporte un système hypothétique (si + imparfait de l'indicatif, principale au conditionnel présent). Il faut donc faire attention aux terminaisons des verbes, 1re et 3e personnes.

– Au présent de l'indicatif, les verbes du premier groupe, accordés avec leur sujet, se terminent par *–e* à la 3e personne du singulier : « le bonheur réside », « le bonheur habite... ». Les verbes du troisième groupe en *–endre* se terminent par *–d* à la 3e personne du singulier : « On entend... », « on prend ». Le verbe du deuxième groupe en *–ir* se termine par *–ssent* à la 3e personne du pluriel : « Ceux qui [...] finissent... ». Les verbes du troisième groupe se terminent en *–t* à la 3e personne du singulier : « le bonheur [...] vit » (vivre), « il faut » (falloir) ; certains de ces verbes ont plusieurs bases : je peux, nous pouvons, ils peuvent.

– Au présent de l'indicatif, le verbe « être » a plusieurs bases selon les personnes : « je suis », « Les éléments [...] sont simples et ils sont... », « Ceux qui [...] sont... ».

– À l'imparfait, le verbe « avoir » se conjugue avec la terminaison *–ais* à la 1re personne du singulier : « j'avais ». Cette terminaison se retrouve au conditionnel présent du verbe « être » : « je serais ».

– Plusieurs verbes dépendant d'une préposition ou d'un autre verbe que les auxiliaires « être » et « avoir » sont à l'infinitif : « de croire », « par donner », « On entend souvent dire... », « il faut dire », « Et même [il faut] dire... », « ils peuvent être ».

– Adjectifs qualificatifs et participes passés attributs du sujet s'accordent en genre (masculin/féminin) et en nombre (singulier/pluriel) avec le sujet : « je serais heureux », « Les éléments [...] sont simples... », « ils sont gratuits », « Ceux qui ne sont pas gratuits... », « ... ils peuvent être considérés comme gratuits. »

– Les adjectifs qualificatifs épithètes s'accordent en genre et en nombre avec le nom qu'ils qualifient : « ... conditions exceptionnelles », « bonheurs différents » (il y a plusieurs bonheurs).

– L'orthographe de certains mots est souvent une source d'erreur : « bo**nh**eur », « e**xc**eptio**nn**elles », « **qu**otidien », « malgr**é** », « com**pt**e » (à ne pas confondre avec conte, comte). Il ne faut pas confondre les homonymes : « ceci » (ceux-ci), « cela » (ceux-là), « ceux qui » (ce qui).

## Rédaction

Durant l'été 2005, j'ai découvert pour la première fois la mer. Nous avions loué un petit appartement dans un immeuble qui donnait sur la plage. Cette station balnéaire du Pas-de-Calais possède d'immenses plages de sable fin que la marée basse découvre sur des centaines de mètres. À notre arrivée, un roulement régulier, obsédant, et quelques cris joyeux, des rires m'intriguèrent. Je me précipitai sur la jetée et découvris au loin une bande d'adolescents, garçons et filles, qui filaient sur les étendues de sable mouillé, allongés dans une espèce d'engin bizarre. Chaque machine possédait trois roues, une à l'avant, deux au bout d'un bras horizontal et au milieu d'un

Corrigés

corps fuselé qui ressemblait à un kayak. Le nez de ce fuselage était surmonté d'un mât auquel était attachée une voile triangulaire. Ces engins étranges filaient à une vitesse vertigineuse sous les rafales du vent. Je les observais, intrigué mais aussi effrayé. Ils ne craignaient donc pas de se rompre le cou ! Je m'approchai du bord de l'eau où évoluaient ces bolides qui soulevaient des gerbes d'eau salée sur leur passage. L'un des adolescents s'apprêtait à se glisser dans son véhicule ; il tourna la tête et m'aperçut ; il vint vers moi et m'invita à découvrir cet engin. J'hésitais. Le garçon insistait. Je finis par accepter. Le garçon m'expliqua ce que c'était. Un char à voile, un véhicule que l'on trouve surtout sur les plages de cette région. Il me montra la coque où l'on s'allonge, le palonnier qui fait pivoter la roue avant avec les pieds, les deux roues arrière avec essieux et la roue avant. « Le gréement se compose d'un mât posé sur l'avant de la coque, d'une voile, d'une écoute, c'est un gros cordage qui sert à orienter la voile. La bôme en métal assure la liaison entre l'écoute et la voile... » Je ne comprenais pas tous les termes techniques mais j'étais fasciné par ce char et son jeune conducteur. Je n'avais jamais rien vu de tel. Il m'entraîna sans que je puisse réagir, me poussa au milieu des engins qui avaient interrompu leurs courses folles sur la plage.

Moi qui étais si solitaire, me voilà sur la plage, au milieu d'un groupe d'adolescents rieurs, heureux de vivre et sans doute grisés par la vitesse.

L'un d'eux me proposa tout à fait naturellement de faire un tour dans son char biplace. Un casque fut aussitôt posé sur ma tête, on me poussa, on m'aida à m'allonger ; sans que je comprenne, on ajusta des lunettes. Mon nouvel ami s'installa aux commandes, les autres s'écartèrent... et soudain, quel choc ! Je me retrouvai emporté, comme arraché par le vent. La voile s'était gonflée et avait donné de la vitesse. J'étais comme submergé, englouti, emporté par le vent qui cinglait mon visage... Quand je réussis à reprendre mes esprits et à ouvrir les yeux, je vis la plage défiler à une vitesse incroyable. Le nez du char se levait de temps en temps, la machine se cabrait puis repartait de plus belle. Tout à coup, le char se mit à virer, je baissai la tête au moment où la voile changea d'orientation. Quelle secousse dans le virage ! Mais quelles sensations ! Quelle griserie ! C'était incroyable, mon cœur battait à cent à l'heure ! J'entendais parfois les rires et les applaudissements des autres adolescents. Quelle sensation agréable de sentir le sel sur ses lèvres ! Quel bonheur que ces courses endiablées ! Je crois que j'étais heureux. Un bonheur inconnu. Puis le char ralentit et s'immobilisa. Je m'extirpai et, en posant les pieds sur le sable, je sentis mes jambes flageoler d'émotion, de tension. On m'entoura, me demanda comment c'était...

L'après-midi se termina sans voir le temps passer, sans même songer à goûter. Le soleil, à l'horizon, allait bientôt être dévoré par la mer. Je devais rentrer mais je savais que le lendemain nous nous retrouverions tous, à marée basse, pour recommencer nos jeux, pour filer, rapides comme le vent, et vivre de palpitantes aventures.

## Mathématiques p. 260

### Activités numériques

#### Exercice 1

**1.**

| Choisir un nombre de départ | 2 | 3 |
|---|---|---|
| Multiplier ce nombre par (–2) | $2 \times (-2) = -4$ | $3 \times (-2) = -6$ |
| Ajouter 5 au produit | $-4 + 5 = 1$ | $-6 + 5 = -1$ |
| Multiplier le résultat par 5 | $1 \times 5 = 5$ | $(-1) \times 5 = -5$ |
| Écrire le résultat obtenu | 5 | –5 |

**a.** Lorsque l'on choisit comme nombre de départ, 2, on obtient 5.
**b.** Lorsque l'on choisit comme nombre de départ, 3, on obtient –5.

**2.** Pour obtenir 0 en fin du processus, il suffit de résoudre l'équation $-10x + 25 = 0$.
Cette équation admet pour unique solution le nombre 2,5.
Il nous suffit alors de vérifier que la solution trouvée convient.

| Choisir un nombre de départ | $x$ | 2,5 |
|---|---|---|
| Multiplier ce nombre par (–2) | $x \times (-2) = -2x$ | $2{,}5 \times (-2) = -5$ |
| Ajouter 5 au produit | $-2x + 5$ | $-5 + 5 = 0$ |
| Multiplier le résultat par 5 | $(-2x + 5) \times 5$ | $0 \times 5$ |
| Écrire le résultat obtenu | $-10x + 25$ | 0 |

**3.** Vérifions les propos d'Arthur.
Soit $x$ le nombre de départ.
On a : $(x - 5)^2 - x^2 = x^2 - 10x + 25 - x^2 = -10x + 25$
Effectivement, Arthur a raison.

#### Exercice 2

**Volume de la glace en litre en fonction du volume d'eau liquide en litre**

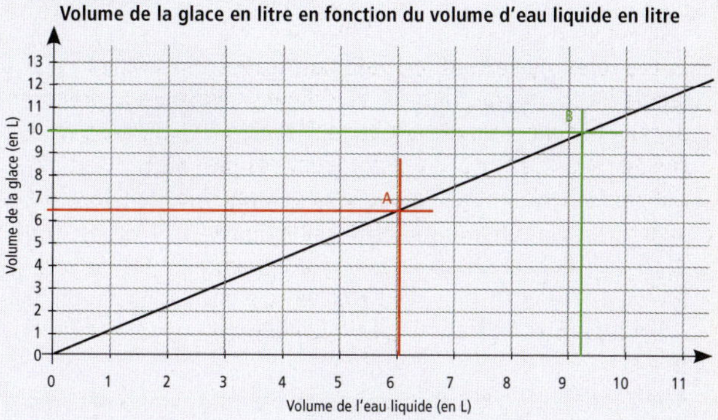


**1. a.** Le point A d'abscisse 6 a pour ordonnée 6,5. Cela signifie que 6 litres d'eau donneront 6,5 litres de glace.
**b.** Le point B d'ordonnée 10 a pour abscisse 9,2. Cela signifie que 10 litres de glace seront obtenus à partir de 9,2 litres d'eau.

**2.** Le volume de glace obtenu en fonction du volume d'eau est représenté graphiquement par un segment de droite dont l'une des extrémités est l'origine O du repère. Cela traduit une situation de proportionnalité : le volume de glace obtenu est bien proportionnel au volume d'eau.

**3.** Le pourcentage d'augmentation $x$ est défini par l'égalité :

$$x = \frac{\text{Volume de glace} - \text{Volume d'eau}}{\text{Volume d'eau}}$$

Donc $x = \dfrac{10{,}8 - 10}{10} = 0{,}08 = \dfrac{8}{100}$

Le volume d'eau augmente de 8 % en gelant.

### Activités géométriques

#### Exercice 1

**1.** et **3. a.**

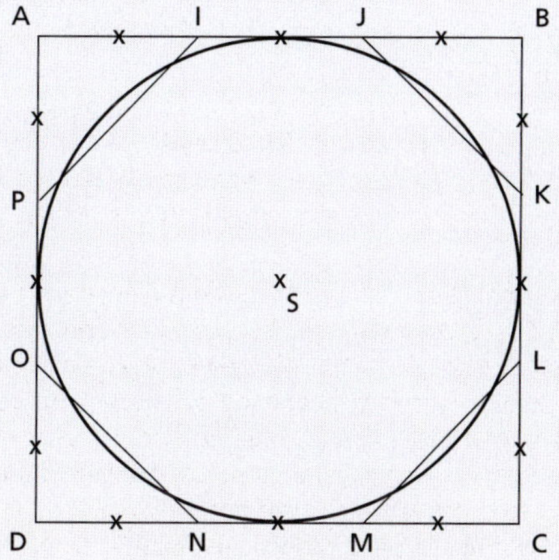

**2. a.** Le triangle JBK est rectangle en B donc on peut y appliquer le théorème de Pythagore.

Ainsi : $JK^2 = JB^2 + BK^2$ avec $BJ = BK = \frac{9}{3} = 3$ cm

Donc : $JK^2 = 3^2 + 3^2 = 18$

Donc : $JK = \sqrt{18} = 3\sqrt{2}$

Conclusion : Le segment [JK] mesure $3\sqrt{2}$ cm.

**b.** On sait que IJ = 3 et l'on vient de démontrer que $JK = 3\sqrt{2}$ donc $IJ \neq JK$.

Ainsi, l'octogone IJKLMNOP possède deux côtés consécutifs de longueurs différentes donc, par définition, il ne peut pas être régulier.

**c.** Raisonnons sur les aires. On a : aire (IJKJLMNOP) = aire (ABCD) – aire (AIP) – aire (BJK) – aire (DON) – aire (CLM).

Or les quatre triangles sont tous rectangles et isocèles avec des côtés égaux donc ils ont la même aire.

Donc : aire (IJKJLMNOP) = aire (ABCD) – 4 × aire (AIP)

Donc : aire (IJKJLMNOP) = $AB \times AD - 4 \times \frac{AI \times AP}{2}$

Application numérique : aire (IJKJLMNOP) = $9 \times 9 - 4 \times \frac{3 \times 3}{2}$ = 81 – 18 = 63

Conclusion : L'aire de l'octogone IJKJLMNOP est de 63 cm².

**3. b.** L'aire du disque de centre S et de diamètre 9 cm est égal à $\pi \times \left(\frac{9}{2}\right)^2 = \frac{81\pi}{4}$.

Donc le disque de centre S et de diamètre 9 cm a une aire arrondie au dixième de cm² près par défaut de 63,6 cm².

Donc l'aire du disque de centre S et de diamètre 9 cm est légèrement supérieure à celle de l'octogone (non régulier) IJKJLMNOP.

**Exercice 2**

**1.** et **3.**

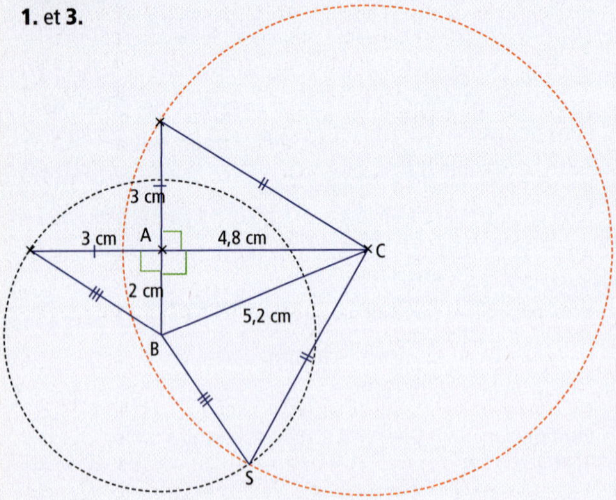


**2.** Dans le triangle ABC, on a : $AB^2 + AC^2 = 2^2 + 4{,}8^2 = 27{,}04$ et $BC^2 = 5{,}2^2 = 27{,}04$

donc $AB^2 + AC^2 = BC^2$

Dans ces conditions, la réciproque du théorème de Pythagore permet d'affirmer que le triangle ABC est rectangle en A.

**3.** Le volume V de la pyramide SABC en cm³ est défini par l'égalité : $V = \frac{1}{3} \times$ aire (ABC) × SA.

Donc $V = \frac{1}{3} \times \frac{AB \times AC}{2} \times SA$.

Donc $V = \frac{1}{3} \times \frac{2 \times 4{,}8}{2} \times 3 = 4{,}8$.

Donc le volume de la pyramide SABC est de 4,8 cm³.

## Problème

### Première partie

**1. a.** Le plafond est l'une des faces d'un parallélépipède rectangle donc il s'agit d'un rectangle.

Son aire est : 6,40 × 5,20 = 33,28 m².

**b.** Remplissons le tableau de proportionnalité suivant :

| | | |
|---|---|---|
| Volume de peinture (en L) | 1 | $x$ |
| Aire recouvrable (en m²) | 4 | 33,28 |

Donc $x = \frac{33{,}28}{4} = 8{,}32$

Il faut 8,32 litres de peinture pour peindre le plafond.

**2. a.** Déterminons la surface à peindre :

Aire des murs : 2 × 6,40 × 2,80 + 2 × 5,20 × 2,80 = 64,96 m²

Aire des 3 bais vitrées : 3 × 1,60 × 2,00 = 9,60 m²

Aire de la porte : 0,80 × 2,00 = 1,60 m²

La surface à recouvrir de peinture est donc :

64,96 – 9,60 –1,60 = 53,76 m²

Conclusion : La surface de murs à peindre est donc d'environ 54 m².

**b.** Remplissons le tableau de proportionnalité suivant :

| | | |
|---|---|---|
| Volume de peinture (en L) | 1 | $x$ |
| Aire recouvrable (en m²) | 4 | 54 |

Donc $x = \frac{54}{4} = 13{,}5$.

Il faut environ 13,5 litres de peinture pour peindre les murs.

**3.** Pour réaliser ce chantier, il faudra environ : 8,32 + 13,5 = 21,82 litres de peinture.

Sachant qu'un pot contient 5 litres de peinture, il faudra prévoir : 5 pots de peinture.

### Deuxième partie

**1.** Calculons le PGCD de 640 et 520 par la méthode d'Euclide. Consignons les différentes divisions successives effectuées dans le tableau suivant :

| | | | | | |
|---|---|---|---|---|---|
| | | 1 | 4 | 3 | Quotients |
| Dividendes | 640 | 520 | 120 | 40 | Diviseurs |
| Restes | 120 | 40 | 0 | | |

Le PGCD correspond au dernier reste non nul, c'est-à-dire 40.

Conclusion : Le plus grand diviseur commun de 640 et 520 est 40.

**2. a.** Le sol du local doit être entièrement recouvert par des dalles carrées de même dimension.

On veut, de plus, qu'il n'y ait aucune découpe à réaliser. Donc le côté des dalles carrées doit être un diviseur de 640 et de 520.

Nous avons montré que le PGCD de 640 et 520 est 40. Autrement dit, le plus grand côté possible pour une dalle carrée est 40 cm.

On peut également recouvrir la pièce avec des dalles de dimension 20 cm.

Conclusion : Les dalles que l'on peut utiliser ont pour côté 20 cm ou 40 cm.

**b.** Pour les dalles dont le côté est 40 cm, il faudra :

$\frac{640}{40}$ dalles pour la longueur et $\frac{520}{40}$ dalles pour la largeur.

Soit un total de 16 × 13 = **208** dalles pour recouvrir l'ensemble.

En revanche pour les dalles dont le côté est 20 cm, il en faudra 4 fois plus. Soit un total de 208 × 4 = **832** dalles.

### Troisième partie

**1.** Remplissons le tableau suivant :

| Nombre de paquets | 9 | $n$ |
|---|---|---|
| Prix Grossiste A (en €) | $9 \times 48 = 432$ | $48 \times n = 48n$ |
| Prix Grossiste B (en €) | $9 \times 42 + 45 = 423$ | $42 \times n + 45 = 42n + 45$ |

**a.** L'achat de 9 paquets chez le grossiste A coûtera 432 €.

**b.** L'achat de 9 paquets chez le grossiste B coûtera 423 €.

**2. a.** Le prix $P_A$ en euros d'une commande de $n$ paquets avec le grossiste $A$ est : $P_A(n) = 48n$.

**b.** Le prix $P_B$ en euros d'une commande de n paquets avec le grossiste $A$ est : $P_B(n) = 42n + 45$.

**3. a.** Représentation graphique des fonctions $P_A$ et $P_B$.

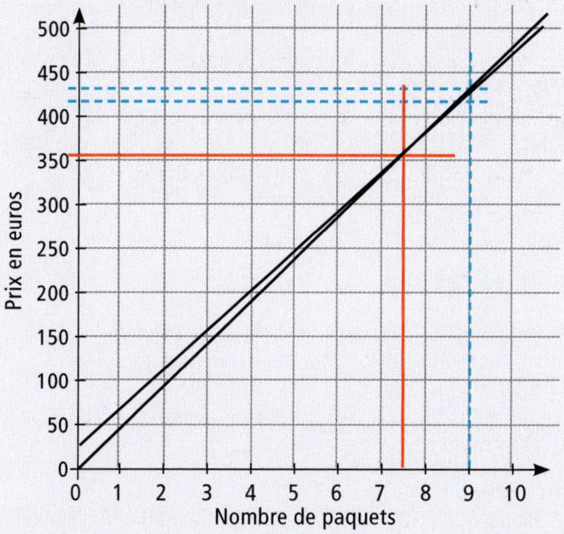


**b.** Le point d'intersection des deux droites a pour abscisse 7,5. On peut ainsi conclure : Jusqu'à 7 paquets (inclus), le tarif le plus intéressant est celui pratiqué par le grossiste A. À partir de 8 paquets, le tarif pratiqué par le grossiste B s'avère beaucoup plus avantageux.

## Histoire-Géographie, Éducation civique —— p. 263

### Histoire

**1.** La France, en plus des soldats français, recourt aux soldats coloniaux de Madagascar.

Le moyen matériel est le ballon d'observation.

**2.** Ce sont les « soldats de l'usine » ou les ouvriers, les vieux paysans et les femmes que l'on appelle aussi « l'arrière ».

**3.** Il faut accepter les restrictions alimentaires et participer financièrement à l'emprunt de guerre. Il faut aussi participer matériellement en donnant les produits nécessaires (des métaux) à l'industrie de guerre.

**Paragraphe argumenté**

Durant la Première Guerre mondiale, on assiste à la mobilisation des populations puisque les nations impliquées dans le conflit mobilisent l'ensemble des populations métropolitaines ou coloniales. Tout le monde participe à la guerre dans la mesure où les hommes jeunes sont envoyés au front pour se battre et les femmes et les hommes plus âgés les remplacent dans les usines et dans les champs. Soixante-sept millions d'hommes ont été mobilisés dans les deux camps et sont originaires de tous les continents. On dénombre des milliers d'Européens (Britanniques, Français, Allemands, Italiens, Russes, Austro-Hongrois…), et des milliers de tirailleurs sénégalais, d'Indochinois, d'Australiens, de Canadiens… morts dans les combats de Champagne ou de la Somme.

Économiquement, les États organisent la production de guerre en réquisitionnant les usines, en mobilisant les ingénieurs. Comme il faut fournir aux troupes armes et munitions, l'industrie est tournée vers l'effort de guerre. Les usines Renault sont reconverties dans la production d'obus ou de chars et les « munitionnettes » dans les usines d'armement doivent faire face à l'augmentation des cadences de production. De nouvelles armes (les gaz) sont créées et deviennent de plus en plus meurtrières.

Financièrement, la guerre coûte cher et rapidement, les pays en guerre manquent d'or. Les États lancent alors des emprunts nationaux. Dès 1915, la France fait appel à l'or des particuliers qu'elle échange contre des billets ou des certificats de civisme.

Même psychologiquement, tout est fait pour que l'arrière ne soit pas averti de la réalité du front. La propagande est faite dans la presse, les affiches, la littérature pour enfants. C'est un véritable « bourrage de crâne » qui ridiculise l'ennemi et présente la guerre comme un épisode héroïque et glorieux. Par exemple, la bande dessinée *Bécassine* entretient l'ardeur patriotique dans l'opinion publique. La censure est impitoyable. Les lettres échangées entre les soldats et leurs familles sont surveillées. Dans les journaux, les informations relatives aux opérations militaires sont contrôlées. À l'école, les instituteurs insistent sur le patriotisme et sensibilisent les enfants à la perte d'un père, d'un oncle.

### Géographie

**1.** Trois réponses parmi les suivantes : l'aéronautique et l'aérospatiale, le secteur agro-alimentaire, le secteur énergétique, l'industrie du luxe, la grande distribution.

**2.** Pour la puissance militaire, deux éléments parmi les suivants : la meilleure capacité militaire à l'extérieur après celle du Royaume-Uni ; l'intervention de l'armée dans le cadre d'un mandat de l'ONU ; la présence française en Afrique dans le cadre d'accords bilatéraux (entre la France et un État africain) ; la présence maritime de l'armée française dans l'océan Atlantique ou dans l'océan Indien.

Pour le rayonnement culturel, un élément parmi les suivants : le français est une langue de culture ou de civilisation ; beaucoup d'États ou de régions participent au sommet de la Francophonie.

**3.** C'est en Afrique, par exemple au Sénégal, au Gabon, en Côte d'Ivoire, au Tchad.

**Paragraphe argumenté**

La France doit sa puissance économique à ses entreprises, dont certaines sont des firmes transnationales qui se classent bien au niveau mondial. Elles sont très dynamiques dans les secteurs de la haute technologie, de l'agro-alimentaire ou encore de la distribution. La France est l'un des grands investisseurs mondiaux à l'étranger, elle est membre du G8, le groupe des États les plus industrialisés de la planète et, en 2011, elle exerce la présidence du G20.

La France est aussi une puissance militaire et, grâce à ses DROM-COM, son armée est présente dans le monde entier. La France dispose de l'arme nucléaire et elle joue un rôle au sein des organisations internationales. En tant que membre permanente du Conseil de sécurité de l'ONU, elle peut faire entendre sa voix dans les conflits qui secouent le monde d'aujourd'hui. Elle est ainsi partie prenante dans la résolution 1973 du Conseil de sécurité des Nations unies autorisant le recours à la force contre le régime de Khadafi en Libye. Comme membre de l'OTAN, la France peut aussi participer à des interventions militaires.

Sur le plan culturel, la Francophonie, un héritage de la colonisation, permet à la France d'assurer la défense de la culture française et la promotion de la langue, d'ailleurs l'une des langues officielles à l'ONU ou aux Jeux olympiques. La France est aussi la première destination touristique mondiale, sans doute parce ce que son image est associée à la qualité de la vie. En 2010, l'UNESCO, dont le siège est à Paris, a inscrit au patrimoine de l'humanité la pratique sociale du grand repas français. La France est célèbre pour ses grandes œuvres artistiques et littéraires et ses écoles ou lycées français à l'étranger sont réputés.

La France connaît donc un rayonnement au niveau mondial et au niveau européen puisqu'elle est l'un des six États membres fondateurs de l'Union européenne et qu'elle est, avec l'Allemagne, l'axe fort de l'Union européenne. Mais si la France est une puissance complète, elle reste cependant une puissance moyenne.

### Éducation civique

**1.** Il lui est remis à sa majorité.

**2.** Par exemple : la présence de Marianne, l'écharpe tricolore aux couleurs du drapeau, le portrait officiel du président de la République, la Déclaration des droits de l'homme et du citoyen.

**3.** La souveraineté nationale s'exprime lors d'un référendum, lors d'un suffrage ou lors d'élections.

**4.** Par exemple : payer des impôts, la fraternité ou encore le respect de la loi.

### Paragraphe argumenté

En France, le citoyen dispose, dès la naissance, de droits comme la liberté, le droit à l'éducation ou à la santé, et il peut faire partie d'une association pour pratiquer un sport ou une activité culturelle. Lorsque le citoyen atteint la majorité, des droits nouveaux lui sont accordés, comme celui de passer le permis de conduire. Les droits politiques sont également renforcés puisque le citoyen peut voter, être élu, fonder ou militer dans un parti politique. Il en est de même pour les droits civils. En effet, le citoyen peut accéder à la fonction publique, être présent ou agir dans des syndicats qui défendent les intérêts communs des adhérents. Ces droits, garantis par la Constitution de 1958, s'exercent donc toujours dans le respect de la démocratie et, en ce sens, la fortifient. Comme la France fait partie de l'Union européenne, le citoyen européen peut accéder à de nouveaux droits comme le droit de circulation ou le droit de pétition. Parallèlement, la citoyenneté implique aussi des devoirs, toujours définis par rapport à l'égalité et à la loi et s'inscrivant dans le respect des institutions, des principes et des lois de la République. C'est, par exemple, le devoir fiscal et, pour les jeunes, celui de se soumettre à l'obligation de recensement et de participer à la journée de préparation à la Défense.

### Repères chronologiques et spatiaux

**1.**

| Inventions | Périodes |
|---|---|
| Naissance de l'écriture | IVe millénaire avant J.-C. |
| Naissance de l'imprimerie en Occident | Milieu du XVe siècle |
| La machine à vapeur | 2e moitié du XVIIIe siècle |

**2.**

| Événements | Dates |
|---|---|
| La chute de Constantinople | 1453 |
| République populaire de Chine | 1949 |
| L'affaire Dreyfus | 1898 |

**3.** A : l'Inde – B : la Chine – Ils appartiennent à l'Asie (ou au continent asiatique).

Corrigés

Édition : Charlotte Cordonnier ; conception graphique : Yannick Le Bourg ; cartographie : Marie-Christine Liennard, Valérie Goncalves, Christel Parolini ; dessins techniques : Lionel Auvergne ; mise en pages : Linéale.

Aux termes du Code de la propriété intellectuelle, « toute reproduction ou représentation intégrale ou partielle de la présente publication, faite par quelque procédé que ce soit (reprographie, microfilmage, scannérisation, numérisation...) sans le consentement de l'auteur ou de ses ayants droit ou ayants cause, est illicite et constitue une contrefaçon sanctionnée par les articles L.335-2 et suivants du Code de la propriété intellectuelle ».
L'autorisation d'effectuer des reproductions par reprographie doit être obtenue auprès du Centre français d'exploitation du droit de copie (C.F.C.) – 20, rue des Grands-Augustins – 75006 PARIS – Tél. : 01 44 07 47 70 – Fax : 01 46 34 67 19.

© Éditions Magnard, 2011.
www.magnard.fr

Achevé d'imprimer en janvier 2012 par G. Canale & C. S.p.A. (Italie)
N° éditeur : 2012/0170
Dépôt légal : mai 2011

IMPRIM'VERT
Votre imprimeur agit pour l'environnement

Certificato PEFC
Questo prodotto è realizzato con materia prima da foreste gestite in maniera sostenibile e da fonti controllate
PEFC
PEFC/18-31-330
www.pefc.it

## DE LA COMMUNAUTÉ À 6 À